全国中国特色社会主义政治经济学研究中心（福建师范大学）
2022年重点项目研究成果

全国经济综合竞争力研究中心2022年重点项目研究成果

福建省"双一流"建设学科——福建师范大学理论经济学科
2022年重大项目研究成果

福建省社会科学研究基地——福建师范大学竞争力研究中心
2022年资助研究成果

全国中国特色社会主义政治经济学研究中心（福建师范大学）学者文库

主编 李建平

当代马克思主义经济学家经济学术思想研究丛书

卫兴华
经济学术思想研究

A STUDY ON WEI XINGHUA'S
ECONOMIC THOUGHTS

徐淑云 ◎ 著

中国财经出版传媒集团
经济科学出版社
Economic Science Press

图书在版编目（CIP）数据

卫兴华经济学术思想研究/徐淑云著. --北京：经济科学出版社，2022.11（2023.6 重印）
（当代马克思主义经济学家经济学术思想研究丛书）
ISBN 978-7-5218-4283-8

Ⅰ. ①卫⋯　Ⅱ. ①徐⋯　Ⅲ. ①卫兴华-经济思想-研究　Ⅳ. ①F092.7

中国版本图书馆 CIP 数据核字（2022）第 218578 号

责任编辑：孙丽丽　胡蔚婷
责任校对：王苗苗
责任印制：范　艳

卫兴华经济学术思想研究

徐淑云　著

经济科学出版社出版、发行　新华书店经销
社址：北京市海淀区阜成路甲 28 号　邮编：100142
总编部电话：010-88191217　发行部电话：010-88191522
网址：www.esp.com.cn
电子邮箱：esp@esp.com.cn
天猫网店：经济科学出版社旗舰店
网址：http://jjkxcbs.tmall.com
北京季蜂印刷有限公司印装
710×1000　16 开　24.5 印张　450000 字
2022 年 11 月第 1 版　2023 年 6 月第 2 次印刷
ISBN 978-7-5218-4283-8　定价：98.00 元
(图书出现印装问题，本社负责调换。电话：010-88191545)
(版权所有　侵权必究　打击盗版　举报热线：010-88191661
QQ：2242791300　营销中心电话：010-88191537
电子邮箱：dbts@esp.com.cn)

2017 年 9 月,卫兴华教授参加《资本论》出版 150 周年理论研讨会,与陈征教授、李建平教授合影

2017年4月,李建平教授携黄瑾教授到中国人民大学探望卫兴华教授

2016年12月,李建建教授携作者到中国人民大学采访和探望卫兴华教授

2015年8月,作者与卫兴华教授于福建师范大学图书馆前合影

总　序[*]

在 2017 年春暖花开之际，从北京传来喜讯，中共中央宣传部批准福建师范大学经济学院为重点支持建设的全国中国特色社会主义政治经济学研究中心。中心的主要任务是组织相关专家学者，坚持以马克思主义政治经济学基本原理为指导，深入分析中国经济和世界经济面临的新情况和新问题，深刻总结改革开放以来中国发展社会主义市场经济的实践经验，研究经济建设实践中所面临的重大理论和现实问题，为推动构建中国特色社会主义政治经济学理论体系提供学理基础，培养研究力量，为中央决策提供参考，更好地服务于经济社会发展大局。于是，全国中国特色社会主义政治经济学研究中心（福建师范大学）学者文库也就应运而生了。

中国特色社会主义政治经济学这一概念是习近平总书记在 2015 年 12 月 21 日中央经济工作会议上第一次提出的，随即传遍神州大地。恩格斯曾指出："一门科学提出的每一种新见解都包含这门科学的术语的革命。"[①] 中国特色社会主义政治经济学的产生标志着马克思主义政治经济学的发展进入了一个新阶段。我曾把马克思主义政治经济学 150 多年发展所经历的三个阶段分别称为 1.0 版、2.0 版和 3.0 版。1.0 版是马克思主义政治经济学的原生形态，是马克思在批判英国古典政治经济学的基础上创立的科学的政治经济学理论体系；2.0 版是马克思主义政治经济学的次生形态，是列宁、斯大林等人对 1.0 版的

---

[*] 总序作者：李建平，福建师范大学原校长，文科资深教授，全国中国特色社会主义政治经济学研究中心（福建师范大学）主任，经济学院和马克思主义学院教授，博士生导师。

[①] 资本论（第 1 卷）[M]．北京：人民出版社，2004：32．

坚持和发展；3.0 版的马克思主义政治经济学是当代中国马克思主义政治经济学，它发端于中华人民共和国成立后的 20 世纪 50～70 年代，形成于 1978 年党的十一届三中全会后开始的 40 年波澜壮阔的改革开放过程，特别是党的十八大后迈向新时代的雄伟进程。正如习近平所指出的："当代中国的伟大社会变革，不是简单套用马克思主义经典作家设想的模板，不是其他国家社会主义实践的再版，也不是国外现代化发展的翻版，不可能找到现成的教科书。"① 我国的马克思主义政治经济学"应该以我们正在做的事情为中心，从我国改革发展的实践中挖掘新材料、发现新问题、提出新观点、构建新理论。"② 中国特色社会主义政治经济学就是具有鲜明特色的当代中国马克思主义政治经济学。

中国特色社会主义政治经济学究竟包含哪些主要内容？近年来学术理论界进行了深入的研究，但看法并不完全一致。大体来说，包括以下 12 个方面：新中国完成社会主义革命、确定社会主义基本经济制度、推进社会主义经济建设的理论；社会主义初级阶段理论；社会主义本质理论；社会主义初级阶段基本经济制度理论；社会主义初级阶段分配制度理论；经济体制改革理论；社会主义市场经济理论；使市场在资源配置中起决定性作用和更好发挥政府作用的理论；新发展理念的理论；社会主义对外开放理论；经济全球化和人类命运共同体理论；坚持以人民为中心的根本立场和加强共产党对经济工作的集中统一领导的理论。对以上各种理论的探讨，将是本文库的主要任务。但是应该看到，中国特色社会主义政治经济学和其他事物一样，有一个产生和发展过程。所以，对中华人民共和国成立七十年来的经济发展史和马克思主义经济思想史的研究，也是本文库所关注的。从 2011 年开始，当代中国马克思主义经济学家的经济思想研究进入了我们的视野，宋涛、刘国光、卫兴华、张薰华、陈征、吴宣恭等老一辈经济学家，他们有坚定的信仰、不懈的追求、深厚的造诣、丰硕的研究成果，为中国特色社会主义政治经济学做出了不可磨灭的

---

① 李建平. 构建中国特色社会主义政治经济学的三个重要理论问题 [N]. 福建日报（理论周刊）. 2017 - 01 - 17.

② 习近平. 在哲学社会科学工作座谈会上的讲话 [M]. 北京：人民出版社，2016：21 - 22.

贡献，他们的经济思想也是当代和留给后人的一份宝贵的精神财富，应予阐释发扬。

全国中国特色社会主义政治经济学研究中心（福建师范大学）的成长过程几乎和改革开放同步，经历了40年的风雨征程：福建师范大学政教系1979年开始招收第一批政治经济学研究生，标志着学科建设的正式起航。以后相继获得：政治经济学硕士学位授权点（1985年）、政治经济学博士学位授权点（1993年），政治经济学成为福建省"211工程"重点建设学科（1995年）、国家经济学人才培养基地（1998年，全国仅13所高校）、理论经济学博士后科研流动站（1999年）、经济思想史博士学位授权点（2003年）、理论经济学一级学科博士学位授权点（2005年）、全国中国特色社会主义政治经济学研究中心（2017年，全国仅七个中心）。在这期间，1994年政教系更名为经济法律学院，2003年经济法律学院一分为三，经济学院是其中之一。40载的沐雨栉风、筚路蓝缕，福建师范大学理论经济学经过几代人的艰苦拼搏，终于从无到有、从小到大、从弱到强，成为一个屹立东南、在全国有较大影响的学科，成就了一段传奇。人们试图破解其中成功的奥秘，也许能总结出许多条，但最关键的因素是，在40年的漫长岁月变迁中，我们不忘初心，始终如一地坚持马克思主义的正确方向，真正做到了咬定青山不放松，任尔东西南北风。因为我们深知，"在我国，不坚持以马克思主义为指导，哲学社会科学就会失去灵魂、迷失方向，最终也不能发挥应有作用。"① 在这里，我们要特别感谢中国人民大学经济学院等国内同行的长期关爱和大力支持！因此，必须旗帜鲜明地坚持以马克思主义为指导，使文库成为学习、研究、宣传、应用中国特色社会主义政治经济学的一个重要阵地，这就是文库的"灵魂"和"方向"，宗旨和依归！

是为序。

李建平

2019年3月11日

---

① 习近平. 在哲学社会科学工作座谈会上的讲话[M]. 北京：人民出版社，2016：9.

他　序

新中国成立70周年时荣获"人民教育家"国家荣誉称号的卫兴华教授是我国著名的马克思主义经济学家，《资本论》研究的权威，从事马克思主义经济学教学和科研工作近70载，不仅为马克思主义政治经济学理论的创新和发展作出了卓越贡献，也为新中国的建设和发展培养了一大批优秀人才。

1984年我和魏杰、李连仲有幸成为卫老师的第一批博士生。在校期间，卫老师每周都会指导我们讨论经济理论问题，为我们上《资本论》和社会主义经济理论研究课程，并合作发表论文、出版著作、参加全国性的学术会议，这些都为我后来的学术研究和发展奠定了基础。卫老师不仅传授经济学理论知识，还十分注重对学生的学风和治学精神的培养。他时常叮嘱我们，不能做"风派理论家"，要不惟上、不惟书，不惟风、不惟众，只惟实，鼓励我们要敢于和善于独立思考、探索真理。他还强调，要把做人与做学问统一起来，为劳动人民、为弱势群体的利益讲话。正是在他这种教学思想的培育下，他培养的一批学生成长为守正出新的学者。

卫兴华教授始终坚守马克思主义阵地，以严谨、科学的态度研究经济学。在近70年的教学和科研工作中，他发表了大量马克思主义经济学和社会主义经济理论方面颇具学术价值的研究成果。他对马克思主义科学真理做到了真懂真信，始终保持坚定的马克思主义信念和立场，并在实践中加以运用。

卫兴华教授被媒体称为马克思主义经济学界的"清道夫""保洁员"。他强调，马克思主义经济学需要发展，必须要以准确把握马克思的原意为基础，不能错解曲解甚至编造马克思的观点。卫老师对不同学派的理论探讨和创新是赞同和宽容的，但他对任意歪曲马克思主义原理和社会主义理论与实践的观点从不容忍。在我国社会主义建设时期曾经有一段时间，由于把生产力的内容理解得很狭窄，致使我国的生产力发展在实践中出现了片面和偏颇。卫兴华根据马克思在《资本论》关于劳动生产力要素的论述，提出生产力多要素论。2019年5月，卫老师重病住院，我去看望他，他抓住我的手整整讲了半个小时马克思的所有制理论。他特别提到，对《资本论》第1卷中关于消灭资本主义私有制后重建个人所有制论断的解释，理论界还存在不同的认识，一种是解读为"重新建立消费资料的个人所有制"；另一种解读是指生产资料由众多个人联合起来共同占有的社会所有制。他表示要撰写文章对这一问题正本清源。出院不久，他就完成了2万字的解读马克思重建个人所有制的理论文章。这篇文章成为他的最后一篇准确解读马克思所有制理论的遗作。

虽然卫兴华教授一直教授马克思主义经济学基本原理，但他的研究并没有仅仅停留在对马克思主义经典著作的准确解读上，他的很多学术著作都紧扣时代脉搏，应用马克思主义经济学基本原理研究现实问题，推进了马克思主义经济学的中国化时代化。卫兴华教授是国内较早提出社会主义商品经济论的经济学家，1959年就在《学术月刊》发表论文提出社会主义商品经济论，认为消费资料和生产资料都应是商品。在我国的市场化改革开始以后，他将研究的重点转向社会主义商品经济运行机制问题。1986年卫兴华教授同我和魏杰合著《社会主义经济运行机制》等一系列论文，以马克思主义政治经济学基本原理为指导，提出"经济运行机制"的概念，并明确提出了"国家调节市场、市场引导企业"社会主义市场运行机制。这一思想得到经济学界的广泛认同，并为党的十三大报告所采用。正是基于企业、市场和政府经济运行机制这一原创性研究成果具有重要的理论价值和实践价值，卫兴华教授和他的团队荣获了2019年"中国经济理论创新奖"。

新中国成立70周年之际，卫兴华教授被授予"人民教育家"和"最美奋斗者"荣誉称号。他生前经常教育学生和后辈们：理论工作者要为劳动人民、为弱势群体的利益讲话。他用自己勤勉奋斗的一生来诠释"人民教育家"内涵。他执教近70年，即便在耄耋之年仍然坚持带博士生、博士后、访问学者，为中国培育了一大批经济学人才，无愧于"人民教育家"的称号。他心系马克思主义经济学教育这一事业，在获得吴玉章人文社科奖时，当即就把100万奖金悉数拿出，投入马克思主义事业，为马克思主义传承和发展贡献力量。卫兴华教授以人民利益为中心的这一治学态度还鲜明地反映在他对收入分配理论的研究中。在改革开放后的一段时期，学术界曾流行分配领域"效率优先，兼顾公平""初次分配注重效率，再分配注重公平"的提法，卫兴华教授多次发表论文对此进行讨论。他认为，生产领域应是效率优先，但分配领域不能效率优先于公平。社会主义应重视分配公平，分配公平有利于促进效率。

  本书的作者徐淑云博士在福建师范大学攻读的是经济思想史专业的博士，具有较扎实理论经济学专业基础，她的博士论文题目就是《卫兴华经济思想研究》。卫兴华教授的经济学术思想是我国经济学研究领域的宝贵财富，确实值得作为博士论文来系统研究。徐淑云博士在其博士论文的基础上进行了拓展，对卫兴华经济学术思想做了全面系统的研究和概括，形成了《卫兴华经济学术思想研究》一书。以卫兴华经济学术思想作为博士论文和著作选题进行系统研究的这是第一篇。该书设置八个章节对卫兴华经济学术思想进行梳理、阐释和评析。该书对卫兴华经济学术思想的把握较为准确。卫兴华教授的著述很多，徐淑云博士能把这些论著都找到并且进行通读和研究非常不易。而且她的导师李建建教授是我多年的朋友，前一段时间他请我为徐淑云博士的书作序，我欣然答应。这不仅因为卫兴华教授是我最尊敬的导师，也是我人生中最敬重的人，更是因为卫兴华经济学术思想所包含的内容正是对我国改革开放以来社会主义经济理论和实践的探索，是对中国特色社会主义经济理论的总结和中国探索社会主义道路实践的科学阐释。《卫兴华经济学术思想研究》一书对卫兴华经济学术思想进行研究和评析，不仅丰富了马克思主义经济学理论的研究，更是对新中国成立以来尤其是改革开放以来我国探索中国特色社会主义经济发展实践的理论总结和深化。对卫兴华经济学术思想进行系统概括和总结对构建中国特色社会主义政治经济学理论体系具有理论价值,是后来经济学者从事科研工作的宝贵财富,值得推广和传播。

卫兴华教授虽然离开了我们,但他留下了丰富的思想遗产,尤其是马克思主义经济学中国化和构建中国特色社会主义的思想遗产。他的坚定的马克思主义信仰、人民教育家的精神永存,永远是激励我们前进的动力。卫老师仙逝三周年之际,《卫兴华经济学术思想研究》一书的出版是对卫兴华教授一种最好的纪念。

是为序。

洪银兴

2022 年 3 月 18 日于南京大学

目录
CONTENTS

绪论 / 1

第一章　卫兴华经济学术思想的形成与发展 / 17
第一节　卫兴华学术生涯简介 / 17
第二节　卫兴华经济学术思想的发展阶段 / 22
第三节　卫兴华经济学术思想的主要内容 / 28

第二章　卫兴华对马克思主义经济学基本原理的研究 / 39
第一节　对马克思劳动价值理论的认识及贡献 / 40
第二节　对生产力理论的探索、发展与创新 / 62
第三节　对《资本论》其他理论问题的研究 / 86

第三章　卫兴华对社会主义初级阶段理论的研究 / 100
第一节　关于社会主义发展阶段划分的认识 / 101
第二节　对社会主义初级阶段基本经济特征的把握 / 110
第三节　对社会主义初级阶段主要矛盾变化的探究 / 118

第四章　卫兴华关于中国特色社会主义经济制度的探究 / 126
第一节　对初级阶段基本经济制度理论的探究 / 126
第二节　对社会主义公有制经济建立和发展的探索 / 138
第三节　关于国有经济的性质、地位和作用的认识 / 158
第四节　关于国有企业问题的研究 / 163

第五章　卫兴华对收入分配理论与实践问题的研究/175
　　第一节　关于社会主义收入分配制度的研究/176
　　第二节　对贫富分化与共同富裕问题的探索/187
　　第三节　对分配过程中公平与效率关系的研究/202

第六章　卫兴华关于社会主义市场经济理论与实践问题的研究/215
　　第一节　对社会主义商品经济理论的研究/216
　　第二节　对社会主义市场经济理论形成过程的总结和评析/228
　　第三节　对社会主义市场经济中政府与市场关系的研究/238
　　第四节　对社会主义市场经济与法治建设的研究/255

第七章　卫兴华经济学术思想的特征/263
　　第一节　坚守马克思主义经济理论阵地/263
　　第二节　勇于对重大经济理论是非问题进行辨析/275
　　第三节　紧扣经济发展实践来探索社会主义经济理论/289

第八章　卫兴华经济学术思想的现实意义/296
　　第一节　推动马克思主义政治经济学的发展和创新/296
　　第二节　推动中国特色社会主义经济理论体系与实践的发展/309
　　第三节　对政治经济学学科建设与发展做出了突出贡献/323
　　第四节　卫兴华治学精神对后来理论工作者的启示/336

参考文献/350
后记/380

绪　论

一、研究背景及意义

党的十八大以来，习近平同志高度重视马克思主义政治经济学的学习、应用和发展，多次就坚持和发展马克思主义政治经济学作出重要论述，多次强调要学好用好马克思主义政治经济学。以习近平同志为核心的党中央，将改革开放的经济发展实践和思想理念，上升到理论的高度，这不仅是对马克思主义政治经济学的巨大创新，更是对中国特色社会主义理论体系的极大丰富。2015 年 11 月 23 日，习近平总书记在主持中央政治局第二十八次集体学习时强调："我们要立足我国国情和我们的发展实践，深入研究世界经济和我国经济面临的新情况新问题，揭示新特点新规律，提炼和总结我国经济发展实践的规律性成果，把实践经验上升为系统化的经济学说，不断开拓当代中国马克思主义政治经济学新境界，为马克思主义政治经济学创新发展贡献中国智慧。"2016 年 7 月 8 日习近平总书记在主持召开经济形势专家座谈会时指出："坚持和发展中国特色社会主义政治经济学，要以马克思政治经济学为指导，总结和提炼我国改革开放和社会主义现代化建设的伟大实践经验，同时借鉴西方经济学的有益成分。"习近平总书记在 2021 年第 2 期《求是》杂志发表重要文章《正确认识和把握中长期经济社会发展重大问题》指出："我们要运用马克思主义政治经济学的方法论，深化对我国经济发展规律的认识，提高领导我国经济发展能力和水平。"我国当前已进入新时代，中国特色社会主义道路、理论、制度、文化不断发展，在迈入现代化强国进程中，离不开科学理论的指引。

如何在科学归纳我国改革开放以来社会主义经济建设实践和理论成果的基础

上,探索社会主义经济制度的本质和社会主义经济的发展规律,构建中国特色社会主义经济理论体系,是当前我国经济学研究面临的一个重大课题。新中国成立以来、特别是改革开放以来,伴随着我国社会主义经济建设实践、改革和发展进程的不断推进,以马克思主义为指导的中国特色的社会主义理论经济学顺时而生。在社会主义实践进程中,涌现出许多杰出的马克思主义经济学家,他们不断开拓创新,形成了一批具有中国特色和中国风格的理论成果,为马克思主义经济学的不断创新和发展奠定了学术基础,丰富了马克思主义经济学说发展史,为世界范围内经济科学的发展作出了中华民族应有的贡献。卫兴华便是其中一位。卫兴华教授是我国著名的马克思主义经济学家,中国经济学界的泰斗,马克思主义经济学中国化的重要奠基者。卫兴华教授从20世纪50年代初期开始从事马克思主义经济学和社会主义经济理论的教学和研究工作。他勤于耕耘,著述宏富,在《中国社会科学》《经济研究》《学术月刊》等刊物发表的论文和在《人民日报》《光明日报》等各类报纸上发表的文章(包括书评、序言等)达1000多篇,出版学术著作(含主编、合著)50多本。卫兴华教授关于中国社会主义经济理论及实践的研究成果引起了学界和中央决策部门的极大关注,不仅为党和政府制定政策提供了有价值的理论参考,而且在推动马克思主义经济学发展及社会主义经济发展和改革方面做出了重要贡献。卫兴华经济学术思想所包含的内容正是对我国改革开放以来社会主义经济理论和实践的探索,是对中国特色社会主义经济理论的总结和中国探索社会主义道路实践的科学阐释。本书对卫兴华经济学术思想进行研究和评析,不仅是对马克思主义政治经济学理论的丰富与发展,更是对新中国成立以来尤其是改革开放以来我国探索中国特色社会主义经济发展实践的理论总结和深化。

(一)卫兴华教授是我国著名经济学家,是马克思主义经济学中国化的重要奠基者

卫兴华教授始终致力于马克思主义政治经济学的教学与研究工作,勤于耕耘,著述宏富,在经济理论和经济改革方面提出了许多独创性的理论观点和政策建议,在推动马克思主义经济学中国化、政治经济学理论创新以及中国特色社会主义经济理论体系构建等方面做出了重要贡献。卫兴华始终坚守马克思主义理论阵地,坚定马克思主义信仰,不断创新和发展马克思主义经济理论,运用马克思主义基本原理、立场和方法分析现实经济问题,面对错解、误解和曲解马克思主义经济思想的观点和见解勇于辩驳,为马克思主义经济理论正本清源。其研究领域主要包含:马克思主义政治经济学基本原理、社会主义商品经济理论、社会主

义市场经济理论与实践、社会主义初级阶段理论、社会主义基本经济制度理论、社会主义收入分配理论等，这些研究领域进一步体现为以下具体内容：马克思劳动价值论、生产力理论以及其他马克思主义基本理论问题，社会主义市场经济运行机制理论、公有制存在形式和实现形式、混合所有制发展、社会主义市场经济理论形成过程、收入分配中的公平与效率问题、共同富裕问题、国有企业改革问题、经济增长与发展问题、政治经济学理论体系构建、政治经济学科学发展等方面。他对这些内容展开系统的研究，并以论著和论文的形式呈现出来。卫兴华关于社会主义经济理论与实践的许多观点为中国的理论经济学界所认同，并与中央的有关文件精神相一致，也为有关决策层所重视。《经济学动态》2002 年第 8 期如是评价卫兴华教授："是以马克思主义态度从事经济学研究的典范，是坚持马克思主义学风的楷模，是当代中国从事马克思主义经济学教学与研究的大师。他的科学观点令马克思主义者推崇、非马克思主义者认知、反马克思主义者敬畏，是社会主义经济理论的宝贵财富。"在卫兴华教授 90 华诞之际，世界政治经济学学会如是称赞卫兴华教授："卫兴华教授是马克思主义经济学领域的坚强战士，是我国创新马克思主义经济学派的杰出代表和领军者之一。他忧国忧民的情怀和对马克思主义的坚守，堪称楷模。"[①] 2015 年卫兴华获得吴玉章人文社科终身成就奖时颁奖辞如此评价："卫兴华先生，中国杰出的马克思主义经济学家，历经六十五载春秋，立经世济民之志，怀富民强国之愿，不跟风，不盲从，毕生从事马克思主义经济学和社会主义经济理论的教学与研究，是当代中国从事马克思主义经济学研究的大师。"他还被境外媒体誉为"《资本论》研究权威""中国稳健的改革派经济学家"。

（二）卫兴华对马克思主义经济学的研究和创新丰富了中国特色社会主义经济理论体系

改革开放 40 多年的社会主义实践为卫兴华经济学术思想的形成和发展提供了丰富的实践源泉。改革开放后，卫兴华将自己的研究转向社会主义市场经济理论与实践。随着社会主义实践进程的推进，卫兴华的研究成果也不断丰富，他的主要学术观点有：较早提出社会主义应发展商品经济的观点（《学术月刊》，1955 年）；较早对社会主义经济运行机制进行系统研究，提出"计划调节市场，市场引导企业"的新观点（1986 年），并持续对资源配置中政府与市场的关系展

---

① 胡岳岷. 九十长卷为兴华桃李芬芳自成家——卫兴华教授 90 华诞暨政治经济学创新与发展学术研讨会侧记 [J]. 当代经济研究，2014（11）.

开研究；较早提出研究公有制经济的实现形式问题（1986年）；较早提出了调整所有制结构，发展多种所有制经济的观点；较早提出了社会主义公有制经济之间也应开展竞争的观点（1980年）；突破生产力二要素、三要素之争，主张生产力多要素论（1980年）；较早关注国有企业改革问题，并针对国企改革面临的困境提出解决和发展思路（1995年），他对国企改革的关注一直延续至今，对新形势国企改革应重点关注哪些内容开展研究（2016年）；关注经济增长和经济发展问题，20世纪90年代初就提出经济发展不能只重视速度，更应重视质量和效益，在我国进入经济发展新阶段，再次重申和强调经济高质、高效发展的重要性（2010年），并始终坚持从生产力标准和社会主义价值标准（主要指生产关系标准）统一的视角发展和完善社会主义的观点。卫兴华教授提出的这些重要学术观点，不仅获得了学术界的认可，并引起中央的重视，为党和政府的决策提供了重要的理论参考。《卫兴华经济学文集》（三卷）、《我国新经济体制的构造》《市场功能与政府功能组合论》《政治经济学研究》（二卷）、《资本论（精选）》和《〈资本论〉（精选）讲解》《走进马克思经济学殿堂》《中国特色社会主义经济理论体系研究》《理论是非辨析》《社会主义初级阶段理论与实践》《中国特色社会主义政治经济学研究》《中国特色社会主义经济理论的发展与回顾——纪念中国改革开放40周年》等50余部著作（含主编、合著），在理论界产生了很大的影响。卫兴华教授"一辈子只做一件事"，对马克思主义经济学进行教学和研究，这使他在科研和教学方面荣获了许多重要奖项：国家级教学成果一等奖，国家教委优秀教材一等奖，教育部第一、二、三届人文社科优秀成果二、三等奖，北京市哲学社会科学优秀成果一、二等奖，宝钢教育奖优秀教师特等奖（1988年），中共中央纪念党的十一届三中全会十周年论文奖（1988年），1983年在《中国社会科学》第6期发表的《马克思的生产劳动理论》一文获孙冶方经济科学奖第一届论文奖，1986年在《学术月刊》发表的《论企业活力与企业行为约束机制》一文获孙冶方经济科学奖第二届论文奖；1989年，他与他的博士生洪银兴、魏杰二人合著的《经济运行机制概论》一书获第四届中国图书奖一等奖，《什么是社会主义》（1990年）一书获第五届中国图书奖二等奖。日本的《中国研究月刊》（1990年10月）曾刊载长文，对卫兴华关于经济体制改革的理论思想进行介绍，并称他为"稳健的改革派"。2013年5月，卫兴华教授获得与诺贝尔经济学奖齐名的世界马克思经济学奖。2015年获得第四届吴玉章人文社科终身成就奖。2019年9月，卫兴华被授予"人民教育家"国家荣誉称号和"最美奋斗者"荣誉称号。一个为新中国经济学辛勤耕耘了近70年的杰出的马克思主义经济学家，在新中国成立70周年之际获得了国家和人民给予的最高荣誉之后，为自己的奋斗人生画上了一个完美的句号。

（三）卫兴华经济学术思想为社会主义经济实践探索提供了重要的理论参考

卫兴华作为一名坚定的马克思主义经济学家，始终坚守马克思主义经济学理论阵地，坚持运用马克思主义立场、观点和方法来分析和解决中国社会主义事业建设和发展进程中遇到的新情况和新问题。卫兴华经济学术思想是灵活和科学运用马克思经济学基本原理指导中国社会主义市场经济建设事业的典范，对于如何坚持、发展和创新马克思主义经济学，为中国特色社会主义现代化建设服务具有重要的实践价值。本书对卫兴华经济学术思想的研究，充分体现了马克思主义经济学不是一成不变的、静止的科学，而是一门发展的科学，会随着改革开放社会主义现代化建设实践的发展而不断深化、发展和创新。本书对卫兴华经济学术思想进行全面系统的研究、总结和评析，既是对改革开放以来中国特色社会主义经济道路和实践的理论探索和深化，也是对中国特色社会主义政治经济学理论的创新与发展，更是对马克思主义经济思想史内容的极大丰富。卫兴华教授一直以来强调和坚持"严谨的治学精神、求真的科学态度"和"不唯上、不唯书、不唯风"的研究学风，力守"严肃的态度、严格的要求、严密的论证、严谨的学风""四严"的治学格言为后来的经济学工作者的培养具有重要影响。卫兴华教授面对战争、运动和逆境从不屈服的革命精神，面对理论界的是非问题敢于辨析、捍卫真理的高贵学术品质，更是我们年轻一辈学习的宝贵财富。

二、研究现状

目前学术界还未有系统研究卫兴华经济学术思想的著作。许多期刊和报纸刊登的关于卫兴华经济学术思想的文章，都仅针对其经济思想中某一方面的内容进行阐释或评析，或是对他的学术品质和治学精神进行报道和肯定，并未对卫兴华经济学术思想所包含的主要内容和观点进行全面系统的总结和评析。洪银兴（2020）对卫兴华教授"创新与发展中坚守马克思主义科学阵地"的高贵品质和研究特点进行详细阐释，并认为卫兴华教授在中国特色社会主义政治经济学方面具有重大开拓性贡献。李琼（2020）认为卫兴华教授为马克思主义政治经济学中国化做出了重要贡献，并将卫兴华的经济思想和学术贡献归结为六个方面：关于生产力问题的研究，关于劳动价值论的研究，关于地租理论的研究，关于商品经济、市场经济及其运行机制的研究，关于收入分配问题的研究，关于中国特色社会主义政治经济学理论体系问题的研究。前人对卫兴华的学术观点和学术发展历程进行的梳理和评述，在一定程度上扩展了卫兴华经济学术思想的研究成果，但遗憾的是现有的相关研究并未结合中国改革开放40多年经济发展实践和背景来阐释卫兴华经济学术思想形成和发展脉络，也未对卫兴华经济学术思想的特征进行较为全面的总结，对卫兴华经济学术思想也仅是停留在简要总结和概况上，并未对其思想进行系统评述。中国人民大学孙咏梅教授出版的《卫兴华传》对卫兴华的学术历程进行了梳理，但遗憾的是该书未对卫兴华经济学术思想进行全面和系统的概况和总结。这些关于卫兴华经济思想的论文、访谈及论著对本书的研究提供了一定的参考和启发。现将当前学者对卫兴华经济思想的研究情况概括如下。

（一）关于马克思主义政治经济学基本理论的研究

卫兴华教授对马克思主义经济学的基本理论及实践意义进行广泛和深入的探索，是当代中国从事马克思主义经济学教学和研究的大师。

（1）对劳动价值论理论的研究。卫兴华对劳动价值论作了长期深入探讨。李善明（1989）在《卫兴华〈政治经济学研究〉学术思想述评》一文从"按劳分配"是否应当以"各尽所能"为前提问题、按劳分配与等价交换的关系问题、"按劳分配"的原因问题三方面对卫兴华研究劳动价值理论的成果进行论述。张维达、潘石（1992）将卫兴华研究马克思主义劳动价值的具体内容进行归纳：在竞争机制的作用下，社会必要劳动时间决定商品的价值，供求关系通过对社会必要劳动时间产生作用来影响商品社会价值确立的界限；马克思所说的"另一种意义上的社会必要劳动时间"即第二种含义的社会必要劳动时间不决定商品的价值；在社会主义条件下，马克思劳动生产力同价值关系的三个原理如何发挥作用的问题。黄桂田（2001）从价值范畴的内涵、价值量与劳动生产力的关系、农产品的价值决定三方面阐释卫兴华对劳动价值论基本原理的认识，并"从新形势下马克思主义的劳动和劳动价值理论遇到了新的问题与挑战，卫兴华对这些问题进行了系统和比较深入的分析和回答"来阐释卫兴华教授对劳动和劳动价值理论的深化认识。洪银兴（2002）从价值范畴的内涵、价值决定问题、价值量与劳动生产力关系、农产品的价值决定等四个方面对卫兴华对劳动价值论的研究进行梳理。赵俊兰（2002）撰写《深化对劳动和劳动价值论认识的若干问题——卫兴华教授劳动价值论观点综述》一文，从劳动论与劳动价值论的关系、分配论与劳动价值论的关系、财富论与劳动价值论的关系对卫兴华对劳动价值论的研究进行较为全面的阐发。刘伟、赵晓楷（2020）从社会主义制度下对价值和价值规律的认识，价值决定与供求关系、劳动生产率、商品质量之间的关系，生产劳动与非生产劳动之间的区别等方面，全面论述和总结卫兴华教授在捍卫与发展马克思主义劳动价值论方面作出的重要学术贡献。孙咏梅（2005）、黄林（2014）也对卫兴华"主张坚持和发展劳动价值论"进行了简要论述。

（2）关于生产力理论的研究。张维达、潘石（1992）指出卫兴华关于生产力理论的研究是一个不断深化的过程，他们认为卫兴华关于生产力理论的研究主要体现在四个方面："坚持生产力是人类社会发展决定力量的历史唯物主义基本原理；强调生产力的发展是具有连续性的，是从较低水平向高水平发展的过程；向来主张生产力多要素论，指出生产力二要素和三要素论的局限性；在准确把握马克思生产劳动论的基础上来阐释社会主义的生产劳动"。黄桂田（2001）对卫兴华提出的生产力多要素论和生产力发展连续性的观点进行详细阐释，并重申了其社会历史发展最终由生产力来决定的观点。孙咏梅（2005）也对卫兴华教授的生产力多要素论进行简述。黄林（2014）从生产力没有阶级性、生产力的连续发展、生产力多要素论、生产力发展的源泉等方面对卫兴华教授关于生产力理论的观点进行阐述。洪银兴（2020）认为，卫兴华提出生产力多要素论，明确认识和遵循马克思的生产力多要素论，特别是把握马克思强调科学的独立作用，有利于我国推动生产力的快速健康发展。

（3）地租理论研究。地租理论是马克思政治经济学的重要组成部分。张维达、潘石（1992）认为卫兴华教授对地租理论的研究造诣很深：他不仅准确地阐明了级差地租的成因，还指出资本主义农业中的利润并不是绝对不参加利润的平均化过程，并科学地分析和说明了当代资本主义国家绝对地租的来源。黄桂田（2001）从绝对地租和级差地租加在一起的计算问题、当代资本主义农业中的绝对地租问题等两方面来阐释卫兴华对地租理论问题的探讨。洪银兴（2002）从"级差地租的成因、级差地租Ⅱ的形成、绝对地租和级差地租加在一起计算问题"三个方面对卫兴华对地租理论研究进行简要论述，并认为卫兴华关于地租理论的研究对我国经济学界研究地租理论具有重要推动作用。黄林（2014）不仅对卫兴华关于"级差地租的成因、绝对地租和级差地租加在一起计算问题"研究进行了简述，并对卫兴华关于地租理论现实实用性问题进行了简要介绍。

（4）关于社会主义按劳分配理论及实践的研究。张维达、潘石（1992）充分赞同卫兴华提出的"实行按劳分配的决定性条件是：在社会主义初级阶段，由于旧的社会分工的存在，劳动还主要是人们谋取生活的手段，但不是人们生活的第一需要"的观点，并对卫兴华"坚持用历史唯物主义观点解释劳动还没有成为生活的第一需要、提出按劳分配不是按劳动形成的价值分配，而是按为社会提供的劳动量分配、认为社会主义的分配原则就是按劳分配，不必附加'各尽所能'

的条件、社会主义商品经济条件下按劳分配原则实现的特点"等关于社会主义按劳分配理论的经典论述进行了详细阐发。孙咏梅（2005）不仅赞同卫兴华关于"按劳分配，不必附加'各尽所能'"的观点，还对卫兴华的"我国现阶段收入分配制度的理论与实际问题"中按劳分配与按生产要素分配的理论观点进行了简要概括。黄林（2014）从效率与公平并重和统一的视角对卫兴华关于收入分配制度改革研究进行探讨。洪银兴（2020）认为，卫兴华关于收入分配理论的研究成果充分体现了其对社会主义经济理论的科学探索。

（二）对社会主义初级阶段理论的探索与创新

（1）社会主义初级阶段理论的探索与创新。张维达、潘石（1992）认为，卫兴华将我国社会主义社会发展划分为"初级、中级和高级"三个阶段具有科学性，他们还对卫兴华提出的社会主义初级阶段存在的两个客观决定因素（社会生产力发展处在较低水平；社会主义生产关系发展还不够成熟）、社会主义初级阶段基本经济特征必须把握的两个根本原则（分析社会主义经济的一般规定性或一般特征在初级阶段的特殊表现；社会主义初级阶段的经济特征还应包括其他阶段不存在的阶段性特征）来详细阐发卫兴华的社会主义初级阶段论。洪银兴（2002）、孙咏梅（2005）、黄林（2014）在梳理卫兴华学术发展历程中对卫兴华关于社会主义初级阶段理论的研究都分别做了重点论述。

（2）社会主义市场经济、商品经济理论研究。胡乃武（1989）在《总结改革经验，积极探索社会主义经济运行规律——读卫兴华等著〈社会主义经济运行机制〉一书》一文中，从计划经济和商品经济相统一构成了社会主义经济运行过程、建立企业内部的自我激励和自我约束机制作为研究企业运行机制的中心、宏观调节机制在保证社会主义经济协调运转中的重要作用等三个方面对卫兴华的社会主义经济运行机制观点进行了简要阐述。张维达、潘石（1992）通过研究发现社会主义商品经济理论是卫兴华从事经济理论研究的一个重要领域：卫兴华不赞同社会主义非商品经济论、全民所有制非商品经济论和生产资料非商品经济论；他认为社会主义经济同商品经济之间既有统一的一面，也有矛盾之处；指出商品经济"不是社会主义经济的本质特征"，只是"社会主义经济借以运行的一种经济形式"；阐明了市场、市场调节、市场经济的概念以及三者之间的联系和区别；从指令性计划和指导性计划这两类调节机制视角对计划经济与市场调节二者如何结合方面进行探讨。黄桂田（2001）指出，卫兴华是较早对社会主义经济是否具有商品经济属性问题进行探讨的学者，并论述和阐释了卫兴华关于社会主义全民所有制内部存在商品经济的观点。洪银兴（2002）指出："卫兴华是国内较早认识社会主义商品经济的经济学家、是国内最早研究经济运行机制的经济学家"，并对卫兴华的"二层次调节论""指导性计划调节市场"以及"从指令性计划和指导性计划方面对计划经济与市场调节相结合的方式进行考察"的经典论述进行详细阐释。孙咏梅（2005）从计划调节与市场调节的关系、社会主义商品经济理论、社会主义市场经济三方面论述卫兴华对构建社会主义经济理论体系所做的贡献，并对"计划、计划调节、计划经济及市场、市场调节和市场经济的概念辨析"作了简单论述。黄林（2014）对卫兴华教授的社会主义商品经济理论和社会主义市场经济论的形成过程进行了详细阐述和总结，并着重对卫教授提出的"纵向二层次调节"的社会主义经济运行的新机制进行论述，并介绍了该理论与时俱进的发展过程。洪银兴（2020）认为，卫兴华在社会主义商品经济背景下提出的"国家调节市场，市场引导企业"的机制与社会主义市场经济的运行机制具有一致性。

（3）关于社会主义生产目的及实现问题。李善明（1989）对卫兴华教授的社会主义生产目的——"物质和文化的需要"的观点进行了阐释，即"不仅限于保证他们的生存资料，而且要保证他们的享受资料和发展资料"。研究社会主义生产目的，要以商品生产和整个商品经济的存在为前提。"由于商品经济的存在，使得社会主义生产目的的实现变得更加复杂"，并要处理好三个方面问题："一是要处理好社会主义生产目的同各个企业生产目的之间的关系。二是要处理好实现社会主义生产目的同获取最佳经济效果之间的关系。三是有支付能力的需要同实际需要、潜在需要之间的关系问题。"

（三）对社会主义经济体制改革若干理论问题的探索与创新

张维达、潘石（1992）对卫兴华教授关于社会主义经济体制改革理论若干问题的研究进行了提炼：指出经济体制与经济制度是两个不同的概念，强调改革主要是针对那些不适应生产力发展要求的旧经济体制进行改革，而不是要改变社会主义经济制度；并指出正确处理不同主体之间的物质利益关系是经济体制改革的核心，应通过建立有效的实现机制的方式，来改变改革开放初期存在的"端着'铁饭碗'吃'大锅饭'"的问题；指出改革开放不问姓"资"姓"社"的观点是不可取的，要正确对待姓"资"姓"社"问题；提出将市场取向的改革与非市场取向的改革结合起来；强调个人收入分配体制的改革。孙咏梅（2005）对卫兴华的经济体制改革问题、公有制的实现形式问题、股份制共有私有问题的研究进行了论述。黄林（2014）认为"主张完善公有制经济实现形式，澄清将公有制存在形式与公有制实现形式相混同的纰误"是卫兴华对经济体制改革思想的主要贡献,其主要观点体现在:股份制是一种资本组织形式或资产经营方式,既可以作为资本主义私有制的实现形式,也可以作为社会主义公有制的实现形式;关于国有企业改革的模式问题,卫兴华主张应因地制宜、因企制宜,不要对所有的国企采用一种绝对化模式。

(四) 对经济增长与经济发展问题的研究

黄桂田(2001)认为,卫兴华是较早对经济增长与经济发展问题进行了系统研究的学者,并对卫兴华的"经济增长速度多少为宜、经济增长不仅要保持高速度、而且要实现高效益、外延扩大再生产到内涵扩大再生产"等观点进行了再现和阐释。黄林(2014)指出,卫兴华较早提出要以科学的态度看待增长与发展问题的经济学家,在他的《卫兴华教授学术成就简述》一文中对卫兴华教授"中国不应将高增长速度作为首要政策目标,而应重视发展的质量和效益,实现'由数量扩张型的快速增长方式转为质量效益型的快速增长方式'"的主张进行了提炼,并充分赞同卫兴华教授关于"经济增长最终还是依靠两条路径:一是单纯的数量型的经济增长,二是主要依靠劳动生产率的提高来增加经济总量。中国经济增长方式应向提高劳动生产率的增长方式转变"的观点。

(五) 对卫兴华治学精神的概括与总结

对卫兴华治学精神的研究。李善明(1989)指出,卫兴华教授严谨的治学精神和勇于探索的科学态度和正确对待经典著作、科学运用经济原理和经济范畴、坚持将理论和实践进行结合的优良风范,为我们提供了很多的教益。张维达、潘石(1992)认为"坚持实事求是的科学态度和严谨的治学作风"是卫兴华教授的重要治学精神,具体表现为:"理论密切联系实际;准确地把握马克思主义基本原理;从不人云亦云,而是执着地求索真理;概念规范、文字严谨;勇于修正自己的认识和观点"。孙咏梅(2005)从四风方面对卫兴华教授的治学精神进行概括和总结:在治学方法方面,卫兴华教授对他的学生们提出了和自己一样的要求,即在从事经济理论研究中要做到"四严":"严肃的态度,严格的要求,严谨的学风,严密的论证";在治学的道路方面,卫兴华教授认为既要尊重敬佩学界的权威,但也不能一味迷信盲从;在阐释经济学基本理论的是非问题方面,卫兴华教授认为不能做"风派理论家",而是坚守"理论是真理的喉舌,而不是权势的奴仆"的信条;在争鸣中坚持马克思主义基本原理,既是卫兴华教授研究的特点,更是卫兴华教授开展学术研究中始终坚持的重要原则。除此之外,在《兰州学刊》(1992)、《沧桑》(1993)、《中国人民大学学报》(1994)、《生产力研究》（1995）、《人才管理》（1995）、《当代经济研究》（2011）等刊物的名人专访中，都对卫兴华教授的"严肃的态度、严格的要求、严密的论证、严谨的学风；不唯上、不唯书、不唯风；理论是真理的喉舌，而不是权势的奴仆；独立思考、实事求是，服从真理，走自己的路，让他人去说"等著名治学格言进行了充分论述。

对卫兴华人民教育家"人民性"的研究。徐可（2019）对卫兴华教授的理论品质展开研究认为，卫兴华教授作为我国杰出的马克思主义经济学家，其理论品质的形成过程是马克思主义在中国启蒙、传播和经受考验的过程，也是中国共产党追求真理的个人缩影。学习与研究卫兴华教授理论品质有助于我们树立理论自信，加快构建具有中国特色的社会主义经济理论体系。周文和何召鹏（2020）对卫兴华教授的经济学教育思想进行了诠释和总结，将卫兴华的教育理念归结为"经济学教育要坚持以信仰为根基，培养学生树立坚定的马克思主义理想信念、经济学教育要坚持以人民为中心，培养学生肩负社会责任和历史使命、经济学教育要坚持以真理为准绳，培养学生秉承治学的科学性和严肃性"等三个方面，并认为卫兴华教授的经济学教育理念、教学方法、教育成果是我们的宝贵财富，值得挖掘、整理和传播。李风、王慧（2020）对卫兴华的成长史展开研究，认为卫兴华成长历程对当今教育家培养有重要启示，即教育家要会利用环境，主动发展；教育家要有教育情怀，兴学育才；教育家要能坚持真理，勇于创新。余杰、范从来（2020）从人民性是卫兴华教授经济学研究的根本立场、人民性的保障是卫兴华教授对社会主义制度本质的坚持、人民性的实现是卫兴华教授对效率与公平并重思想的坚守等三个方面论证卫兴华教授经济学研究的人民性。周文（2021）将卫兴华的经济学教育观归结为学科观：理论经济学具有鲜明意识形态性，专业观：政治经济学是研究基本经济理论问题的专业，教材观：社会主义政治经济学教材应是具有严密逻辑结构的知识体系等三个方面。

三、研究思路及方法

（一）研究思路

本书结合新中国成立70多年的发展历程和背景，对卫兴华在不同时期提出的不同经济理论观点展开研究。根据社会主义实践和发展历程，将卫兴华经济学术思想划分为三个阶段，对我国站起来、富起来和强起来时代卫兴华经济学术思想所包含的主要内容进行概括。呈现了卫兴华经济学术思想在不同时代背景下的变迁和发展的过程，通过研究和阐释他的经济理论观点，把握卫兴华经济学术思想的发展脉络，归纳和总结了卫兴华经济学术思想的特征及对现实经济发展的影响，概括出其理论贡献，为现实经济发展实践提供理论启示。卫兴华在深入和准确把握马克思主义经济学基本原理的基础上，不断探索与创新政治经济学理论，为中国特色社会主义经济理论创建与发展做出了重要贡献，其中包含关于社会主义初级阶段论、社会主义市场经济与商品经济论、改革开放以来中国特色社会主义经济体制改革理论与实践问题、收入分配理论、经济增长与经济发展理论、国企改革问题等的研究、关于马克思主义政治经济学的创建与发展问题的思考，关于经济理论是非问题的辨析等方面内容。卫兴华关于社会主义经济理论的探索与创新，为中国特色社会主义经济实践提供了重要的理论参考。

（二）研究方法

本书所采取的研究方法有：文本分析法、社会调查法、比较分析法、逻辑与历史相统一法。

（1）文本分析法。本书的研究以卫兴华一系列文本（包括著作、论文、手稿、访谈、笔记等）作为基础，以还原卫兴华经济学术思想的核心观点和主要内容，为后人对卫兴华经济学术思想的研究提供一个科学的前提。通过文本研究，探究卫兴华经济学术思想对当代中国经济理论发展的贡献以及对社会主义经济发展的实践价值。

（2）社会调查法。访谈是社会调查的重要方法之一。在撰写本书前期和撰写本书的过程中，笔者曾多次到北京拜访卫兴华教授，对他本人进行访谈。不仅如此，本人还对与卫兴华教授较为熟悉的学术界前辈，以及卫兴华教授所带的博士生进行交流和访谈，以加深对卫兴华教授学术研究历程的了解。通过访谈为卫兴华经济学术思想的研究搜集第一手资料，使本研究更具有历史的真实性和厚实感。

（3）实证分析法。在归纳和总结卫兴华经济学术思想时，结合卫兴华当时的生活和社会环境背景，真实反映卫兴华经济学术思想的形成过程和学术贡献。在分析卫兴华经济学术思想特征和现实意义时，引证和罗列出卫兴华的观点和论述，以此体现卫兴华对马克思主义经济理论的坚持与捍卫。

（4）逻辑与历史相统一的方法。本书运用马克思历史唯物主义经济学方法和原理对卫兴华经济学术思想展开分析和研究，将逻辑思维和逻辑分析法贯穿于本书的各个章节的研究中，以求达到主观与客观的一致。对卫兴华经济学术思想进行阶段划分，力求使研究的思维逻辑进程与客观历史进程相统一。

（三）研究框架

在本书的绪论部分，介绍选题背景和研究意义，回顾和梳理了前人对卫兴华经济思想研究的概况，提出本书研究的主要内容以及所要采取的研究方法和创新之处等。除绪论部分外，笔者根据卫兴华经济学术思想的内容，将本书设置为八个章节，对卫兴华经济学术思想进行梳理、阐释和评析。

第一章，介绍卫兴华经济学术思想的形成与发展，并对卫兴华经济学术思想的内容进行总体概述。崇尚知识、重视教育的家庭背景、曲折的求学经历为卫兴华经济学术思想的初步形成奠定了基础。卫兴华始终与祖国同呼吸、共命运。在新中国站起来的时代，他克服各种困难对经济理论展开初步的研究和探索。在新中国富起来的时代，即改革开放以后，卫兴华对马克思主义经济理论进行不断的探索与创新，根据我国社会主义建设与发展的需要，调整了自己的研究方向和重点，把研究的重点转向了社会主义经济理论、经济体制改革理论、经济增长与发展理论等现实经济理论的研究。在新中国强起来的时代，卫兴华不仅对马克思主义经济理论进行探索与创新，还结合新中国成立70年、改革开放40多年的发展实践，对党的十八大以来党中央提出的新发展理念进行解读和阐释，对改革开放以来的实践问题进行深入研究。卫兴华经济学术思想在对马克思主义经济理论进行探索和对我国改革开放实践问题进行总结的基础上不断得到深化与发展，并被赋予新的时代内涵。

第二章，卫兴华对马克思主义经济学基本原理的研究。卫兴华对马克思的劳动论和劳动价值论、财富论与劳动价值论关系等进行多角度阐释，忠实马克思的原意，准确理解马克思劳动价值论的范畴，并对劳动价值论进行拓展与创新。卫兴华以动态和发展的眼光来研究马克思生产力理论，突出科技创新这一生产力要素，强调生产力和生产关系规律对社会制度变迁与人类社会发展中的决定作用。并着力对发展生产力和社会主义生产关系相统一、生产力标准与价值标准的统一、发展生产力与发展社会主义生产关系和上层建筑相统一等理论问题进行论述和评析。在对粗放型和集约型、外延型和内涵型等概念的辨析中把握马克思的再生产理论的内涵。卫兴华还对《资本论》研究对象、马克思货币理论、股份制理论等进行论述，撰写了一系列关于《资本论》当代价值的论文，积极挖掘《资本论》的当代价值，彰显《资本论》的时代价值和生命力。

第三章，卫兴华对社会主义初级阶段理论的研究。卫兴华自20世纪80年代开始关注社会主义阶段划分问题，对社会主义阶段划分及社会主义初级阶段的理论与实践问题进行持续研究。他阐释了社会初级阶段理论提出的理论和实践意义；并提倡将我国社会主义社会划分为"初级、中级和高级三个发展阶段"；社会生产力水平比较低和社会主义生产关系发展不够完善两个因素共同决定了社会主义初级阶段的客观存在；提出必须从两个根本原则来分析社会主义初级阶段的基本经济特征。对新中国成立以来社会主义初级阶段的主要矛盾进行了梳理，对新时代社会主要矛盾转化的是非问题进行辨析和科学解读。

第四章，卫兴华关于中国特色社会主义经济制度的探究。对社会主义初级阶段的基本经济制度形成与实践成就展开研究，阐明了初级阶段我国实行公有制为主体、多种所有制经济共同发展的基本经济制度的依据；阐释了社会主义实行公有制为主体的原则，对公有制的存在形式和实现形式进行辨析；对我国实行混合所有制经济改革思路提出的过程、为什么实行混合所有制经济以及怎样发展混合所有制经济等问题进行研究，并对学术界中出现的对中央发展混合所有制经济政策的误读、误解的观点进行了辨析。卫兴华强调国有经济的社会主义性质，坚持国有经济是共产党执政基础的观点，并主张发挥国有经济的主导作用。正确的认识和把握国有企业的地位和作用有，对贬公扬私、妖魔化国企、主张"国退民进"等观点进行了辩驳，提出新时期国有企业改革与发展要重点把握的问题，指出落实国有企业经营自主权是国企改革的重要环节，强调在国有企业改革中加强管理的重要性。

第五章，卫兴华对收入分配理论与实践问题的研究。以马克思按劳分配理论为基础，研究我国的收入分配理论与实践问题。强调马克思按劳分配思想的基础作用，论证了商品经济与按劳分配的兼容性。强调所有制关系决定分配关系，对社会主义初级阶段分配制度的形成与实践过程进行考察。关注收入分配中社会公平问题，注重分配原则中公平与效率关系的研究，主张公平与效率的统一和并重；努力探寻我国出现的收入差距扩大、贫富分化现象的原因；并对体现社会主义本质的共同富裕问题进行深入探讨，提出缩小收入差距过大趋势、消除贫富分化的具体途径。

第六章，卫兴华关于社会主义市场经济理论与实践问题的研究。对社会主义商品经济理论展开研究，正确认识商品经济和社会主义商品经济的概念，强调发展社会主义商品经济的重要意义；对社会主义市场经济中市场经济与商品经济的关系进行辨析，阐明了社会主义公有制经济与商品经济相统一的依据。准确把握邓小平市场经济思想发展的曲折历程，并对社会主义市场经济理论形成曲折的原因进行探析。卫兴华是最早对社会主义市场经济运行机制进行研究的经济学家，提出"国家调节市场、市场引导企业"的社会主义市场经济运行机制，从资源配置视角阐释政府与市场的关系，对新时代我国政府与市场关系进行重构。对社会主义市场经济与法治建设的研究，强调以法治引领和推动社会主义市场经济改革。

第七章，卫兴华经济学术思想的特征。通过对卫兴华经济理论观点的论述和总结，归纳出卫兴华经济学术思想的几个特征：坚守马克思主义经济理论阵地，坚定马克思主义信仰，准确把握马克思主义基本原理，运用马克思主义立场、观点和方法研究现实经济问题，不断创新和发展马克思主义经济理论；勇于对重大经济理论是非问题进行辨析，对错解、误解马克思经济思想的观点的批驳，对错解、曲解中国特色社会主义经济理论观点的辨析，对中国特色社会主义相关经济理论问题的辨析；紧密联系经济发展实践来探索社会主义经济理论，对改革和发展中的重大理论问题展开前瞻性研究，紧扣时代发展脉搏开展经济理论研究，始终站在经济理论前沿研究社会主义实践问题。

第八章，卫兴华经济学术思想的现实意义。通过对卫兴华经济学术思想主要内容的研究和梳理，总结出卫兴华经济学术思想的现实意义：推动马克思主义政治经济学的发展与创新，丰富了马克思主义政治经济学的研究内容，拓展马克思主义政治经济学的研究对象，推进马克思主义经济学的中国化与时代化；推动中国社会主义经济理论体系与实践的发展，构建中国特色社会主义政治经济学理论体系，提出的许多观点为中国社会主义经济改革与实践提供理论参考，提出了许多与中央决策精神相契合的理论观点；对政治经济学学科建设与发展做出了突出贡献，卫兴华治学精神对后来工作者的启示。

四、本书的创新之处

第一，从本书的选题来看，本书对卫兴华经济学术思想的研究具有整体性、综合性、系统性，体现出一定的新意。目前学术界对卫兴华经济学术思想进行研究的论文和报道较多，但对卫兴华经济理论延续性的研究及其经济学术思想内容进行全面性和系统性的研究基本没有，本书应该是迄今为止较为系统和全面介绍卫兴华经济学术思想形成与发展、较为全面的归纳卫兴华经济学术思想特征、较为深入地挖掘卫兴华经济学术思想现实意义和价值的文章。本书力图对半个多世纪以来，尤其是改革开放以来卫兴华所提出的主要理论观点进行系统的总结和概括，充分挖掘卫兴华经济学术思想的理论内涵，力争在研究中体现其思想发展的历史延续性和现实性。

第二，本书研究从原著思想和文本出发，发掘卫兴华经济学术思想的基本内容和特点。充分运用马克思主义唯物史观自身的实践性、辩证性和彻底性，以独特发展的眼光，动态地研究卫兴华经济学术思想发展过程、分析其思想内容、理论意义和实践意义，总结和界定卫兴华经济学术思想对马克思主义经济理论的贡献，以期为后来经济研究工作者的研究思路起一定的启发和借鉴作用。

第三，本书试图通过对卫兴华经济学术思想的研究，积极探索我国特色社会主义经济理论的形成与发展。卫兴华教授从事政治经济教研工作近70年，从20世纪50年代初开始，对社会主义经济理论进行探究，较早提出社会主义商品经济论及生产力多要素论等。改革开放以后，全国上下思想得到解放，卫兴华教授对中国特色社会主义经济理论和实践进行更加深入的探索和创新。卫兴华教授关于中国特色社会主义经济理论的系统研究，反映了中国特色社会主义经济理论体系的形成和发展过程，丰富了马克思主义经济思想史的内容。因此，对于我们探索和构建中国特色社会主义经济理论具有重要启发。

卫兴华经济学术思想的形成与发展

卫兴华经济学术思想的形成不是一蹴而就的，有其自身的发展背景和发展脉络。从20世纪50代初，卫兴华教授就开始对马克思主义经济理论和社会主义经济理论进行探索，卫兴华经济学术思想的形成和发展跨越半个多世纪。本书结合新中国成立70年、改革开放40多年的发展历程和背景来研究卫兴华经济学术思想的形成与发展过程，结合卫兴华教授的学术生涯和时代背景，将卫兴华经济学术思想的形成与发展划分为三个阶段：第一阶段，新中国站起来的时代，卫兴华对马克思主义经济理论的初步探索；第二阶段，新中国站起来的时代，卫兴华对中国特色社会主义经济学理论的探索和创新；第三阶段，新中国强起来的时代，卫兴华对马克思主义政治经济学的深化研究。并从对马克思主义政治经济学原理的坚持与发展，对中国特色社会主义经济理论与实践问题的研究，对新时代新发展理念的思考三个方面简要概括了卫兴华经济思想包含的主要内容和观点，以期将卫兴华经济学术思想的发展脉络和主要内容全面地呈现出来。

第一节 卫兴华学术生涯简介

一、卫兴华学术简介

卫兴华，1925年10月6日出生于山西省五台县阳白乡善文村一个农村家庭。1931年，他的父亲送他到大庙（延庆寺）读书。1937年春，就读于山西五台县东冶镇沱阳高级小学。1942年，以优异成绩考入东冶镇高级小学附设的中学补学班。1943年，到晋西并考入进山中学。1946年在太原进山中学读高中时参与地下工作。1947年7月，秘密赴太行解放区并正式加入中国共产党。1947年8月被山西特种警察指挥处逮捕，在狱中始终没有暴露党组织及个人身份。1949年10月1日，卫兴华作为华北大学学生代表参加开国大典庆祝游行。1950年转读于中国人民大学经济系，后进入该校政治经济学教研室就读研究生。1952年7月，卫兴华以全优成绩从中国人民大学首届政治经济学专业研究生毕业，后留校任教。卫兴华同志在中国人民大学辛勤从事教学科研工作68载。即使在"文革"期间受到政治运动的冲击，他仍潜心置身于马克思主义政治经济学基础理论研究，时刻关注着国家前途与命运。改革开放后，他用坚实深厚的马克思主义经济学功底，致力于中国特色社会主义经济理论与实践探索。[①]

卫兴华是中国马克思主义政治经济学的杰出代表、马克思主义经济学家，被誉为中国《资本论》研究权威，他坚持以马克思主义为指导，紧密结合我国社会主义经济建设实际，在经济理论和经济改革研究方面成果卓著，为马克思主义政治经济学中国化作出重要贡献。他主编的《政治经济学原理》教材是全国影响力和发行量最大的教材之一。他提出的商品经济论、生产力多要素论等，在我国经济学界具有举足轻重的理论地位和巨大的学术影响力。卫兴华从20世纪50年代初期开始从事马克思主义经济学和社会主义经济理论的教学和研究工作。从1956年到1958年，连续发表文章，在三个问题上提出了不同意见：一是货币没有阶级性；二是抽象劳动不是商品经济范畴；三是反对"固定资本的周转快慢影响利润率高低"的观点。这三条意见后来都得到了国内学术界的认同。1956年，他在《经济研究》1956年第1期发表论文《关于资本主义地租理论中的一些问题》，纠正了苏联和中国经济学界在资本主义级差地租与绝对地租加总计算上普遍存在的纰漏。1957年在《读书月报》第1期发表文章，否定抽象劳动是商品经济范畴。1958年，在《新建设》刊物发表文章，否认货币有阶级性。卫兴华不仅阐述和讨论马克思主义经济学基础理论，也批驳社会主义市场经济理论，关注经济体制改革理论、经济增长与发展理论等，在如何处理计划与市场的关系、国有企业改革、收入分配以及经济发展增长与发展方式转变等方面都提出了自己的见解。针对所谓社会主义生产关系是共产主义与资本主义两个因素的斗争的理论，发表了《驳所谓社会主义生产关系两因素论》；针对上层建筑决定论、社会主义生产关系决定生产力论和大批"唯生产力论"，发表了《生产力是社会发展的决定力量》《略论生产力发展的连续性》等；针对搞社会主义生产却不重视甚

---

① 孙咏梅. 卫兴华传［M］. 南京：江苏人民出版社，2017.

至不关心人民的物质文化生活水平的提高问题,写了《关于社会主义生产的目的问题》等文章。卫兴华对马克思主义经济理论问题的研究、探索与创新,以及对改革开放中出现的现实经济问题的研究,都与我们党和国家的路线、方针、政策紧密相连。同时,他的观点也被政府所认同。1994年在《经济理论与经济管理》第3期发表《论社会主义市场经济中的宏观调控》一文,被《求是》杂志1994年第11期全文转载,后经中国改革成果通报编审委员会审定,作为我国优秀改革理论成果,被《中国改革成果通报》(1997年卷)收录并公开发表。2005年,被中宣部所属的学习出版社选中,出版了《卫兴华自选集》。2006年出版的书籍《马克思主义政治经济学原理》(第二版)被评为2006年北京高等教育精品教材。2012年在《红旗文稿》上发表的《为什么说公有制是共产党执政的基础?》一文,引起了国务院国资委的高度重视,而后被列入中央企业宣传部中心组学习的重要内容。卫兴华在国际马克思主义经济学界也有很大的影响。1984年秋,应邀去日本九州大学从事学术活动和讲座。1989年6月,应邀去日本德山大学从事学术活动和讲学。日本《中国研究月刊》称他为"中国稳健的改革派经济学家"。

据统计,卫兴华一生发表文章1000多篇,出版著作50余本,荣获国家级、省部级教学与科研奖励20余项。1980年,卫兴华被评为北京高等学校优秀班主任。1981年获北京市劳动模范称号。1984年获孙冶方经济科学第一届论文奖,1986年获孙冶方经济科学第二届论文奖。1988年,获中央纪念党的十一届三中全会十周年论文奖。1990年获得第四届中国图书一等奖。1991年获得第五届中国图书二等奖,并被评为享受国务院特殊津贴的专家。1994年获北京市第三届哲学社会科学优秀成果论文奖一等奖。1997年荣获高等教育国家级教学成果一等奖。1998年,获教育部普通高等学校第二届人文社会科学研究成果二等奖,获宝钢教育基金优秀教师奖特等奖。1999年,出版的著作《马克思主义政治经济学原理》获得全国普通高校优秀教材一等奖。2002年,获得国家教育委员会优秀教材一等奖。2009年被授予中国人民大学首批荣誉一级教授称号,被选为"影响新中国60年经济建设的100位经济学家"之一。2010年获世界政治经济学学会杰出成果奖。2013年5月,获得第三届世界马克思经济学奖。2015年12月17日,获"第四届吴玉章人文社会科学终身成就奖",同年获中国人民大学理论工作特别贡献奖。2016年,获世界政治经济学学会杰出成果奖。2019年获北京市第十五届哲学社会科学优秀成果奖论文奖一等奖。2019年9月17日,习近平主席签署主席令,授予42人国家勋章、国家荣誉称号,卫兴华教授被授予"人民教育家"国家荣誉称号。同年9月,被授予"最美奋斗者"荣誉称号。

2019年11月24日，因在国内较早提出社会主义经济运行机制理论而荣获2019年中国经济理论创新奖。

卫兴华曾任中国人民大学经济学系系主任、校学术委员会副主任、校学位评定委员会理论经济学分会主席、《中国人民大学学报》总编辑等职。1984年被国务院学位委员会批准为政治经济学博士研究生导师。1985年担任全国高校社会主义经济理论与实践研讨会领导小组第一任秘书长。1991年开始享受国务院政府特殊津贴。2003年，被聘为中国马克思主义理论研究和建设工程政治经济学课题组和马克思主义基本原理课题组的主要成员。卫兴华还曾担任第三届国务院学位委员会经济学科评议组成员、中国《资本论》研究会副会长、全国哲学社会科学经济学科规划小组成员、全国综合性大学《资本论》研究会会长、中国社会科学院研究生院经济学专业博士生导师、中国工商行政管理学会常务理事等、闽南师范大学乡村振兴战略研究院顾问，兼任江西财经大学经济学院名誉院长，福建师范大学、南京大学等多所高校的名誉教授、兼职教授，中国社会科学院马克思主义研究院特聘研究员，中国中共文献研究会名誉理事，北京市中国特色社会主义理论体系研究中心学术顾问。

卫兴华同志的一生，为马克思主义经济学研究与人才培养、为中国特色社会主义政治经济学的理论创新作出了重要贡献。他的一生，是为共产主义事业奋斗的一生，是坚定捍卫马克思主义真理的一生，是为马克思主义经济学理论及其中国化事业奋斗的一生。

二、卫兴华经济学术思想的早期背景

（一）家庭背景对卫兴华经济学术思想的熏陶

1925年，卫兴华出生于山西省五台山善文村，他出生的年代正值军阀混战时期，但善文村有幸未受战争影响，村庄的百姓能够享受躬耕陇田的宁静生活。卫家祖辈世代为农，卫兴华的父亲卫真元虽然是个农民，但因小时候上过几年学的缘故，也是一个乡村知识分子，在村里担任过村干部，并因工作出色多次受五台县人民政府的奖励和表扬。[①] 卫兴华的父亲思想开明，尊重知识，高度重视子女教育，鼓励家里的孩子们要努力学习文化知识。卫父崇尚知识、重视教育的态度，对卫兴华未来的学习生涯及在经济学界取得的成就产生了很大影响。1931

---

① 孙咏梅. 卫兴华传［M］. 南京：江苏人民出版社，2017.

年，在卫兴华不到六周岁时，他的父亲就将其送到村里的小学读书。善文村小学的校舍环境十分简陋，卫家的家庭条件也仅能维持温饱，但这些都没能阻挡卫兴华渴望学习、追求知识的热情，而是成为卫兴华努力学习的动力。卫兴华到了小学高年级时读了不少古文著作，其中包括《古文观止》中的《辨奸论》等文章，这为他后来敢于对学界存在的错解和曲解马克思主义基本原理、混淆经济学基本经济概念、误解和误读中央有关政策和文件精神的观点进行辨析和澄清的态度养成打下了基础。

（二）抗日战争年代曲折求学经历

卫兴华从小生活在战争年代，在中华民族饱受战争摧残的环境下，卫兴华的学习生涯也十分曲折。抗日战争爆发前，孩童时期的卫兴华十分渴望读书，家庭条件虽然清苦，却能享受到在煤油灯下学习的快乐和幸福。但好景不长，七七事变（1937年7月7日）爆发，12岁的卫兴华加入了文化界抗日救国先锋队，13岁被迫辍学回家。辍学在家的卫兴华没有停下学习步伐，而是寻找各种学习和阅读的机会，在家跟着父亲边劳动边学习，从小便有了"读书能生智慧、长知识、增本领"的信念。1940年，15岁的卫兴华参加五台县政府组织的"师资培训班"，之后回到村里当小学老师。在穷困山村及战乱年代的恶劣环境下，卫兴华坚持边教书、边学习、边劳动。一次偶然的机会让卫兴华获得一位革命家遗留下来的一批书籍，卫兴华如获至宝，并将这些书籍全部看完，这些书中的知识和包含的思想，为卫兴华的共产主义信仰和理想信念奠定了基础。卫兴华因目睹了日军侵略中华、残害百姓的行径，强烈的爱国思想和抗日情绪在他心中燃起，他毅然决定将之前小学老师给他取的名字"卫显贵"改成"卫兴华"，以此坚定自己振兴中华的决心和勇气。

1943年春，17岁的卫兴华来到晋西的隰县，考入进山中学①，开始走向新的读书和求学之路，学习生涯进入新阶段。在进山中学求学期间，卫兴华加入进山中学最大的学生社团"投枪社"，并担任"投枪社"编辑组组长，开始了地下革命工作。在进山中学求学的几年，卫兴华以笔为枪，在校长赵宗复的领导下从事革命工作。1947年7月，卫兴华与几个战友不幸被捕入狱。但在其他同志的帮助下，于当年8月22日出狱。由于山西的革命环境恶劣，卫兴华出狱后带着组织安排的革命任务转赴北平：建立太原地下工作同志转到北平的联络点，弄清去解放区的路线，以便太原的地下同志必要时经北平去解放区。1948年，卫兴华转

---

① 进山中学创建于1922年，是在辛亥革命推翻封建帝制后所创立的中学。

入北平后，组织了"山西留平同学会"，搜集军事情报送往解放区，这些情报为太原的解放发挥了很大作用。青少年时期多向度、多元素的文化经历为卫兴华后来的经济学研究之路产生了深远的影响。激荡的革命生涯、出生入死的革命经历、曲折的求学生涯为卫兴华几十年如一日的研究精神以及在经济学领域取得的成就奠定了基础。

（三）20世纪50年代初对马克思主义经济学的初探

卫兴华从小对文学比较感兴趣，在报刊上发表过不少散文、小说、杂文、通讯等，他还是《复兴日报》《青年导报》《工作与学习》三家报刊的特约记者、特约通讯员和特约撰稿人。解放后，由于工作需要，他转向了经济学领域，走上了经济研究和教学的道路。20世纪50年代初，卫兴华在中国人民大学攻读研究生。他第一次接触《资本论》就被马克思的历史唯物主义观点深深地折服，他看了无数次《资本论》，几乎每一页都写上了密密麻麻的注解。在任教初期，卫兴华主要教授政治经济学资本主义部分及《资本论》，这也让他开始真正地研究这一伟大的著作。沿着《资本论》开辟的道路，卫兴华对马克思主义政治经济学的研究越走越远、越来越深入，成果也越来越丰富。为了提高自己的理论水平，他还系统地、正规地研读了许多马列原著，如《政治经济学批判》《雇佣劳动与资本》《价值、价格与利润》《反杜林论》《苏联社会主义经济问题》等。有些难读的经典著作如《资本论》，他就一而再、再而三地去读，直到彻底弄通弄懂为止。这一时期艰苦的读书生活，为了后期的研究积累知识打好了理论基础。他几乎将所有空闲的时间都用来读书，这对博大精深的马列主义的基本原理和方法的深刻理解和把握奠定了坚实的理论基础，为后期他对马克思主义政治经济学的教学与科研奠定了坚实的根基。留校任教后，因为坚持独立思考，不愿意跟风，卫兴华在历史浪潮中饱受磨难。

从卫兴华早期的求学背景来看，卫兴华之所以能够取得卓越成就与贡献并不是偶然的，而是通过在一条艰难曲折的道路上发愤读书，勤恳治学，勇于实践而实现的。卫兴华早期求学背景为其后来开展马克思主义政治经济学和中国特色社会主义经济理论和实践的研究奠定了基础。

第二节 卫兴华经济学术思想的发展阶段

在我国社会主义实践发展进程中涌现出许多杰出的马克思主义经济学家，他们不断开拓创新研究社会主义理论和实践问题,形成了一批具有中国特色和中国风格的理论成果,为马克思主义经济学的不断创新和发展奠定了学术基础,丰富了马克思主义经济学说发展史,卫兴华便是其中一位见证了新中国 70 年社会主义建设历程的经济学家。个人的学术研究成果会随着国家发展阶段的变化而呈现不同的内容。卫兴华始终将自己的命运同祖国命运相联系在一起,在做科学和教学工作中把国家利益和发展放在第一位,为社会建设和发展贡献理论成果,成为"怀安邦兴国志 治经世济民学"① 的典范。中国在不同历史时期,出于服从中央决策和社会主义建设的需要,卫兴华经济思想的研究内容有着不同的侧重点。

一、站起来时代对马克思主义经济学理论的初步探索

在党的历史上,以毛泽东同志为代表的中国共产党人,领导全党和全国各族人民,进行了长期的艰苦奋斗,夺取了新民主主义革命的胜利,建立了社会主义基本制度,中国人民从此站了起来。在这一时期,中国特色社会主义道路的探索主要分为两个阶段。一是社会主义过渡时期,从 1949 年 10 月新中国成立到 1956 年基本完成社会主义改造。站起来的中国各族人民在中国共产党领导下,创造性地实现了从半殖民地半封建的旧社会到民族独立、人民当家作主的新社会,从新民主主义革命到社会主义革命和建设的两个历史性转变,建立起社会主义基本制度,为实现中华民族伟大复兴奠定了根本政治前提和制度基础。二是探索社会主义建设道路的曲折发展时期(1956~1978 年)。中共八大(1956 年)前后,在毛泽东和党中央领导下,社会主义建设取得了重要探索成果。在经历"大跃进"后,对国民经济进行调整,克服严重经济困难,继续前进。"文化大革命"时期,党、国家、人民遭受了新中国成立以来最严重的损失,一些经济领域处于崩溃的边缘。但在这 23 年里,新中国初步建立起独立的比较完整的工业体系和国民经济体系,为此后开创中国特色社会主义道路提供了宝贵经验、理论准备和物质基础。

新中国成立之初,国民经济百废待兴,面临巨大的建设任务,急需经济建设所需的综合型人才。由此,1949 年 12 月中央政府决定成立中国人民大学,经过一年时间的筹备,我国第一所以社会科学为主的新型综合型大学——中国人民大学成立于 1950 年,成立之初它便肩负着重要的政治经济使命。1948 年解放前夕,

---

① 卫兴华. 怀安邦兴国志 治经世济民学 [N]. 光明日报,2019-12-07.

卫兴华与夫人孟沚蘩赴华北大学①学习，1949年10月1日，中华人民共和国成立，卫兴华以学生的身份参加了建国游行活动。中国人民大学成立后，卫兴华到经济系学习，后来因成绩优异被学校选拔到政治经济学教研室读研究生，1952年研究生毕业后留校任教。卫兴华从小就喜欢文学和新闻学，但在新中国成立初，祖国需要一批重整山河、发展生产的经济建设人才，他毅然放弃了自己的喜好，以重振祖国建设为目标，选择去读自己不熟悉的经济学专业。正因为对这门学科不熟悉，在读研期间卫兴华非常的刻苦和努力，珍惜革命先烈换来的学习机会，时刻不忘振兴中华的使命，除了吃饭和睡觉时间，其余时间都在研读《资本论》《1844年经济学哲学手稿》等马列经典著作，正是前期的学习和扎实的积淀，才换来了后期卫兴华对马列主义基本原理和方法的准确理解和把握。

卫兴华常说：他的命运是与党和国家的命运联系在一起的，正如解放前旧中国遭受深重苦难，他的人生也随之处在逆境之中。自20世纪50年代后期至改革开放前的十来年时间，由于受政治环境影响，卫兴华被迫暂停了教学和科研，转而陷入了政治斗争的漩涡和磨难之中，时而被划为左派分子，时而被划成右派分子，即便是这样，他以知识分子的自信，凭借对马克思政治经济学理论的理解，认为当时中国的现实与马克思主义实事求是的作风出现了偏离。1958年"大跃进"运动中，卫兴华被下放到农场劳动，1959年赶上国家三年困难时期。在"文化大革命"时期，卫兴华更未能幸免遭受苦难，他与宋涛先生曾一起住过牛棚、经历过艰苦的劳动改造生活，被造反派带入"监狱"，遭受各种冤屈与折磨，过着东躲西藏的生活，连妻子与子女也受到牵连。整个20世纪50年代，卫兴华遭受到精神和肉体的双重折磨，但这些毫没有动摇他探索、钻研和传授马克思主义政治经济学的坚定信念。改革开放前，虽然各种运动频繁，身处逆境，背负着精神压力，但卫兴华并不受当时政治环境的影响，依旧挤出时间从事科研工作，沉浸在经济学理论研究的海洋里。卫兴华做研究从不跟风，始终做到根据自己对马克思经济学理论的理解和把握，敢于对现实流行的错误观点进行辩驳，提出自己的看法。在中国知网上以1956~1978年为区间进行搜索，卫兴华在这一时期共发表了24篇学术论文，这些论文围绕社会主义生产关系、价值规律、社会主义商品经济、抽象劳动等内容展开。虽然这一时期卫兴华撰写和发表的学术研究成果量较少，但他提出了一些关于马克思主义经济学的代表性观点。1956年，卫兴华在当年《经济研究》第一期发表文章，针对当时苏联科学院经济研究所编的《政治经济学教科书》，以及我国薛暮桥、于光远、许涤新等老一辈经济学家

---

① 华北大学是解放区最高学府，是中国人民大学的前身。

在资本主义级差地租与绝对地租加总计算上普遍存在的错误进行了纠正。我国处于计划经济时代，受苏联影响较大，大部分学者认为全民所有制经济是非商品经济，卫兴华坚持自己的判断，于1959年在《学术月刊》发表论文，大胆提出社会主义商品经济论，认为社会主义经济中的消费资料和生产资料都应该是商品。他还较早对马克思"过渡时期"提出自己的观点，指出马克思所讲的过渡时期不是过渡到共产主义高级阶段，而是过渡到社会主义时期；对于苏联政治经济学教科书中提出的货币具有阶级性、抽象劳动是商品经济范畴等观点进行否定，对中外学界对马恩著作中某些原理的误解和错解，如对城市地租理论、马克思劳动价值论的错解进行纠正和辨析。"文革"前后十五年（1963～1978年）的宝贵时间都被消耗在了政治运动中，使得卫兴华无暇顾及教学工作和经济学理论研究工作，这段时期的学术研究也几乎是空白。

二、富起来时代对中国特色社会主义经济理论的创新与发展

1978年12月召开的中共十一届三中全会，开启了改革开放和社会主义现代化建设的新时期。以邓小平同志为代表的中国共产党人，作出把党和国家工作中心转移到经济建设上来、实行改革开放的历史性决策，开创了中国特色社会主义的伟大事业。这一时期，我国经济发展取得了令世界瞩目的成就，中国人民从此富了起来。这一时期中国共产党团结带领全党全国各族人民，借鉴世界社会主义历史经验，创立了邓小平理论，深刻揭示社会主义本质，确立社会主义初级阶段基本路线，明确提出走自己的路、建设中国特色社会主义，科学回答了建设中国特色社会主义的系列基本问题，制定了到21世纪中叶分三步走，基本实现社会主义现代化的发展战略，成功开创了中国特色社会主义。[①] 我们党在新的历史条件下开辟了探索中国特色社会主义的历史进程，形成了以邓小平理论、"三个代表"重要思想和科学发展观为代表的中国特色社会主义理论。[②] 这一时期，我们党对社会主义和社会主义实践有了科学认识、以市场化为导向推动经济改革，探索有别于西方的具有中国特色的社会主义建设道路，在经济发展方面创造了奇迹。

经济理论的研究对于经济实践的发展具有十分重要的作用。中国改革开放的实践与发展需要经济理论的指导，经济理论的科学性和有效性也需要经济发展实

[①] 中华人民共和国简史［M］. 北京：人民出版社、当代中国出版社，2021：138.
[②] 洪银兴. 中国共产党百年经济思想述评［J］. 东南学术，2021（03）.

践来检验。在改革开放背景下,许多高等学校纷纷复校,中国人民大学就是其中之一。1978年中国人民大学复校,这为卫兴华进行学术研究创造了良好环境。随着改革开放的不断推进,卫兴华迎来了学术研究的春天,这时的卫兴华虽已年过半百,但他的研究成果一直以来在整个经济学界都是遥遥领先的。在中国知网中以1978~2012年为区间,搜索到卫兴华在这一时期共发表论文近七百篇,成果数量惊人。在中国从计划经济走向市场经济,制定和出台相关大政方针,为奏响改革开放的号角奠定坚实的理论基础的过程中,卫兴华与时俱进地从马克思主义政治经济学的角度,发表了独立见解和有一定社会影响的论著。在富起来的时代,卫兴华根据我国社会主义建设发展的需要调整了自己的研究方向和重点,除了继续对马克思主义经济学的基础理论进行研究外,把研究的重点转向了社会主义市场经济理论、经济体制改革理论、经济增长与发展理论等与现实经济联系紧密的相关理论的研究。在中国从计划经济走向市场经济的进程中,他始终坚持从马克思主义视角研究现实经济问题,力求在把握马克思主义原著精髓的基础上进行经济理论创新,发表了许多具有自己独立见解的论著。他提出的很多有见解的理论思想和政策主张,是建立在我国国情以及改革开放实践基础上的。

他关于马克思主义政治经济学的许多研究成果是与"商品经济""非公有制经济""国有企业改革""市场调节"等热门词汇相联系的。1986年,他最早系统研究和论述了社会主义经济运行机制理论,并提出了纵向二层次调节理论,这与后来中央提出的国家宏观调控下市场经济内涵相接轨。同年,他在国内较早提出探寻公有制的实现形式问题,这又与中央后来提出的探索公有制多种实现形式的观点相吻合。他在国内较早论证了允许多种经济成分同时存在的客观依据;肯定和论述了国有经济之间应进行竞争的问题,突破了社会主义消灭竞争只有竞赛的传统观点;较早提出并坚持效率和公平相统一与并重的分配原则;最先提出非公有制经济是社会主义市场经济的组成部分;突破生产力二要素三要素之争,提出运用马克思的生产力多要素论发展我国生产力。驳斥了曲解和否定劳动价值论,主张价值创造与价值分配可以分离的观点,认为商业劳动也创造价值;对转变经济增长和发展方式问题、对中国特色社会主义经济理论体系问题、对改革和搞好国有经济问题,他都有系统深入的研究。

三、强起来时代对马克思主义政治经济学的深化研究

2012年党的十八大召开,标志着以习近平同志为核心的党中央领导全党和全国人民开启了新时代,这个新时代就是党的十九大宣布的:"经过长期努力,

中国特色社会主义进入了新时代,这是我国发展新的历史方位。中国特色社会主义进入新时代,意味着近代以来久经磨难的中华民族迎来了从站起来、富起来到强起来的伟大飞跃,迎来了实现中华民族伟大复兴的光明前景。"① 党的十八大以后,以习近平同志为核心的党中央带领人民走进了新时代,习近平新时代中国特色社会主义思想指引中国进入了强起来的时代。这个时代,既是实现全面小康的决胜时期,又是开启现代化建设新征程的时代。

党的十八大以来,中国特色社会主义进入了新发展阶段。随着我国进入发展新阶段,经济发展实践也面临许多新问题和新情况。这些经济发展实践对中国特色社会主义经济学理论提出了新的时代需求,由此,党中央也提出了一系列新发展理念及具有创见性的经济理论,如党的十八大提出"推动经济更有效率、更加公平、更可持续发展"的理论,创新、协调、绿色、开放、共享的新发展理念、供给侧结构性改革政策管理手段,我国进入经济发展新常态的判断和论述,市场在资源配置中起决定作用的理论等。在我国经济发展进入新阶段后,卫兴华经济思想得到进一步深化,被赋予新的时代内涵。卫兴华结合我国社会主义建设70年、改革开放40多年的发展实践,对党的十八大以来党中央提出的新发展理念、关于社会主义经济理论的新论述等进行解读和阐释,提出自己的见解和主张,并对学界出现的一些误读中央文件、误解中央文件精神的观点进行辨析。他对十八届三中全会关于混合所有制经济的议题发文论述,认为"不能用私有化观点错解混合所有制经济,不是'国退民进',混合所有制经济既有利于国有资本放大功能,增强其活力,提高其影响力和控制力,也有利于非公有制经济更好地发展,关键是解决好控股权的问题"。在新中国成立70周年之际,他发表《社会主义实践70年的成就及两个阶段的正负经验》一文,指出要正确看待改革开放前30年与改革开放后40年两个历史阶段的关系,并用"马克思主义'行'、中国共产党'能'、中国特色社会主义'好'"三句话来概括新中国70年取得辉煌成就的原因。② 卫兴华对改革开放实践问题的探索和研究,为如何更好地发展社会主义经济、更好发展生产力、实现社会主义共同富裕的道路提供了更加清晰的理论思路。

---

① 决胜全面建成小康社会 夺取新时代中国特色社会主义伟大胜利——在中国共产党第十九次全国代表大会上的报告 [M]. 北京: 人民出版社, 2017: 10.
② 卫兴华, 田超伟. 社会主义实践70年的成就及两个阶段的正负经验 [J]. 东南学术, 2019 (05).

第三节　卫兴华经济学术思想的主要内容

卫兴华经济学术思想的形成和发展贯穿于中国革命和建设过程，并随着中国社会主义经济实践的发展而不断发展，呈现出新的内容。在中国社会主义实践70年的道路中，在从计划经济走向市场经济的进程中，卫兴华始终坚持从马克思主义视角研究现实经济问题，在马克思主义经济理论的基础上进行经济理论的创新，提出了许多有创建性的观点。卫兴华经济学术思想的内容非常丰富，主要包括对马克思主义经济学基本原理的研究、对中国特色社会主义经济理论与实践问题的研究和对我国进入新时代后的新发展理念的思考等三个方面。

一、对马克思主义政治经济学原理的坚持与发展

马克思主义经济学基本原理是卫兴华研究的重点，更是他思想的理论源泉。他扎根于马克思主义政治经济学领域研究，围绕如何正确理解马克思主义政治经济学基本原理撰写了许多文章。长期从事《资本论》教学研究，使他对《资本论》中的经济理论与方法有了深刻的认识，并在此基础上对马克思主义政治经济学基本原理进行了创新，在推动马克思主义中国化方面做出了较大贡献。

从马克思的原意来理解和把握《资本论》研究对象。卫兴华认为以资本主义所有制为前提和以雇佣劳动制度为特点的生产资料与劳动力结合的方式就是资本主义生产方式，[①] 在资本与劳动结合条件下进行生产而产生的资本主义生产关系和交换关系正是《资本论》研究对象。卫兴华在此基础上探索中国特色社会主义政治经济学的研究对象问题，指出中国特色社会主义政治经济学的研究对象，不仅包括中国特色社会主义生产关系，也包括社会生产力及发展。[②]

对劳动价值论的坚持与发展。卫兴华撰写了大量论文围绕商品价值量的决定、商品效用与价值的关系、两种含义的社会必要劳动时间、劳动生产力与价值量的关系的三个原理及其在社会主义条件下的作用、生产性劳动与非生产性劳动、深化劳动与劳动价值论的认识等问题，对马克思劳动价值论进行深入系统论

---

① 卫兴华. 走进马克思经济学殿堂 [M]. 北京：中国财政出版社，2014：198.
② 卫兴华，聂大海. 马克思主义政治经济学的研究对象与生产力的关系 [J]. 经济纵横，2017（01）.

述。① 在国际国内经济形势发生很大变化的情况下,卫兴华在还原马克思关于劳动和劳动价值论的原意基础上对马克思劳动价值论进行发展与创新,提高了劳动价值论对现实经济的解释力。他认为在现代经济条件下,马克思的劳动价值应有所发展,主张扩宽劳动价值论并在拓宽劳动价值论时必须把握一定的度,并认为只有对社会有积极促进作用的劳动,才能纳入创造价值的范畴,他将劳动分为四类:分别为物质生产劳动、精神生产劳动、商业服务劳动和社会公务劳动。卫兴华还从财富论与价值论的关系中论证了马克思劳动价值论的科学性。卫兴华回到马克思原著中,弄清马克思的原意,厘清财富的源泉、价值源泉的关系:财富即使用价值创造的条件和财富的源泉存在区别,生产资料和生产要素如机器设备、工具等是生产使用价值的必要条件,但不是财富的源泉,只有劳动和"自然界"才是财富的源泉。

对马克思生产力理论的研究和发展。卫兴华撰写了多篇论文突出生产力在社会发展中的重要地位,并早在1980年突破了生产力二要素、三要素等传统观点,提出生产力多要素论。② 卫兴华认为生产力的内容是十分丰富的,不能仅片面强调人的因素或是物的因素,而在物的因素中不能只注重劳动工具而忽视自然资源的作用,应以动态的、全面的、发展的角度来理解生产力的内容。卫兴华在《中国社会科学》2013年第11期刊发的《科学把握生产力与生产关系的唯物史观》一文,从唯物史观的角度来阐释生产力在社会制度变迁与人类社会发展中的决定作用,以及生产力诸要素的内在矛盾如何推动生产力持续或连续向前发展。他还提出应用生产力标准和社会主义价值标准相统一来判断社会主义的得失成败。③

对马克思再生产理论认识。2016年卫兴华在《中国社会科学》发表了《澄清对马克思再生产理论的认识误区》一文,对马克思再生产理论存在的三个主要误区进行了理论辨析,对外延和内涵型扩大再生产、粗放型和集约型增长方式进行了详细阐释。他认为,外延扩大再生产可与集约经营的方式相统一,内涵扩大再生产也存在与粗放经营方式相统一的情况。外延扩大再生产在扩大生产场所、扩大生产规模的同时也可提高生产效率,这便与集约经营相统一了,内涵扩大再生产也需要提高生产效率及管理水平,如在农业方面的精耕细作,将新技术投入农产品种植,提高农产品的单位土地面积产量,是内涵扩大再生产与现代集约经

---

① 李琼. 求实唯真,守正创新——卫兴华经济思想综述 [J]. 中国人民大学学报,2020 (01).
② 卫兴华. 关于生产力的内容和发展生产力的问题 [J]. 哲学研究,1980 (11).
③ 卫兴华. 社会主义生产力标准和价值标准的统一 [J]. 经济学动态,2010 (10).

营的统一。① 而外延型扩大再生产与粗放型增长方式统一的情况也存在，再以农业生产为例，如在一些地区搞毁林开荒，或是在贫瘠的土地上扩大耕种面积，这既是外延的扩大再生产，也是粗放型经营方式的体现。

对马克思地租理论的研究。地租理论是马克思主义政治经济学的重要问题，也是十分复杂的问题。卫兴华对马克思的地租理论进行深入研究，围绕级差地租形成的原因、级差地租Ⅱ的形成和绝对地租、级差地租加在一起的计算问题等撰写了几篇与此相关的论文，针对政治经济学教学的书刊和教学对地租理论的一些表述存在的不准确表述进行了辨析。他在1956年《经济研究》第1期发表了《关于资本主义地租理论中的一些问题》一文，以马克思的价值和剩余价值、平均利润与生产价格等经济范畴为基础，对地租理论进行了系统和深入研究。他指出，级差地租Ⅰ和级差地租Ⅱ并没有本质区别，级差地租Ⅱ不过是级差地租Ⅰ的一个不同表现，它们都是投入土地的相等的各个资本量有不等的生产率的结果。只不过在级差地租Ⅰ的情况下，是将资本投入到不同的土地上，而级差地租Ⅱ则是将资本连续投到同一土地上。并指出，资本主义农业中的利润并不是绝对不参加利润的平均化过程。卫兴华对地租理论有关问题的阐述推动了我国经济学界对地租理论的研究。②

卫兴华还对马克思货币理论、马克思股份制理论、个人所有制理论等问题展开研究，回到原著中阐明马克思主义基本原理，还原马克思本意。在对马克思主义基本理论问题的研究基础上，结合社会主义发展实践，挖掘和揭示了《资本论》的科学意义和当代价值。

二、对中国特色社会主义经济理论与实践问题的研究

随着改革开放的推进，卫兴华在政治生活和学术理论研究上得到了很大解放。改革开放以后，他根据我国社会主义建设发展的需要调整了研究方向和重点，一方面继续对马克思主义经济学的基本原理进行研究，另一方面他把研究重点转向社会主义经济理论与实践问题，在社会主义基本经济制度、收入分配制度、国有经济发展、社会主义市场经济理论等方面提出了许多有创建的观点。

较早提倡在社会主义发展商品经济，强调市场机制的作用。卫兴华是国内较

---

① 卫兴华. 澄清对马克思再生产理论的认识误区［J］. 中国社会科学，2016（10）.
② 卫兴华. 用马克思的方法创新社会主义经济理论——卫兴华教授从教50年学术成就简述［J］. 学术月刊，2002（11）.

早研究社会主义商品经济的经济学家。商品经济与社会主义不相容的观念对社会主义国家影响深远，但卫兴华教授突破传统观点束缚，早在 20 世纪 50 年代就主张社会主义经济中的消费资料和生产资料都应是商品，并指出社会主义发展商品经济的意义，主张通过发展商品经济的方式来促进社会主义经济的发展。当时学界存在的非商品经济论主要表现为：社会主义非商品经济论、全民所有制内部非商品经济论、生产资料商品外壳论等。卫兴华在 1959 年发表的《社会主义制度下商品生产的研究方法问题》（《学术月刊》1959 年第 11 期）一文，就对当时理论界存在的这些非商品经济论的观点进行了评析与商榷。

改革开放以后，我国理论界和实践对社会主义商品经济有了新的认识。1985 年卫兴华对社会主义商品经济存在的原因进行了进一步论证。社会主义商品经济是否存在应立足于不同的所有制基础即集体所有制经济相互之间以及集体所有制经济同全民所有制经济相互之间的关系，而社会分工只是社会主义商品经济存在的一般条件。卫兴华认为充分发展商品经济不仅是实现经济现代化的必要条件，也是搞活社会主义经济所需的必要条件。[①] 在党的十三大和十四大报告中明确提出"社会主义经济是公有制基础上有计划的商品经济"的论断后，卫兴华在《商品经济与市场经济辩》（1995 年）一文中指出，在社会主义的不同阶段，商品经济都有其存在的必然性：在社会主义初级阶段，发展商品经济与发展社会生产力是不可分割的两个迫切任务；在社会主义高级阶段，商品经济也不会消亡，而是会获得更充分的发展。他指出，我国是在落后的商品经济基础上建立起来的，试图逾越商品经济充分发展的阶段是不可行的，只有坚定和大力发展社会主义商品经济理论，市场化取向的改革才有可能继续向前发展。[②]

最早对社会主义经济运行机制理论进行系统的研究和论述。计划调节与市场调节的关系以及二者在经济发展中所发挥的作用是卫兴华研究的重要方向。社会主义商品经济的运行离不开市场机制和市场调节作用。当时学术界普遍认为计划调节和市场调节是同一层次调节机制。早在 1987 年，卫兴华与其博士生洪银兴、魏杰发表的《计划调节导向和约束的市场调节》一文，提出了著名的纵向二层次调节理论即"国家（计划）调节市场、市场调节企业"，认为计划调节和市场调节之间主要应该是一种纵向的关系，计划调节与市场调节相比是高层次的调节机制，它从经济运行的总体方向上制约和协调市场调节过程，而市场调节是基础性的调节，市场调节的对象是企业。卫兴华认为，从横向联系考察二者之间的关系

---

① 卫兴华.社会主义商品经济存在的原因[J].经济研究，1985（06）.
② 卫兴华.商品经济与市场经济辩[J].内蒙古财经学院学报，1995（02）.

见解只注意到了市场调节和计划调节之间的现象联系。卫兴华在1990年发表的《计划经济与市场调节相结合的根据和形式》一文对计划与调节的关系做进一步的阐释，指出只有计划经济与市场调节相结合才能显示出区别于传统体制的新的经济运行机制的特点。并指出指导性计划经济部分是计划经济与市场调节相结合的重要领域。党的十四大报告提出了建立社会主义市场经济总的经济体制和目标，卫兴华认为要实现这一目标只能选择"国家调节市场，市场引导企业"这一具体的运行机制来实现。1993年，卫兴华在《关于建立社会主义市场经济体制的几个问题》一文中对二层次调节理论做了进一步的说明和阐释，指出计划调节是主导，"主导"指的是导向之意而非"为主"。

探索社会主义公有制的运行机制和实现形式。卫兴华早在1986年就提出了"社会主义经济体制，首先应包括社会主义制度运行和实现的具体形式，如公有制的运行和实现形式，以及其他社会生产关系的运行和实现形式等"[①]。针对20世纪90年代国有企业改革困难重重、万象丛生，卫兴华提出应积极探索公有制的多种有效实现形式来解决国有企业的改革与发展问题（1999年，理论前沿）。针对理论界出现的混淆公有制存在形式和公有制实现形式的情况，卫兴华撰文进行澄清（2004年第6期，经济经纬）：国家所有制与集体所有制经济是我国社会主义公有制的存在形式，现代企业的一种资本组织形式，而股份制是公有制的实现形式，它既不姓"资"也不姓"社"，判断股份制是公有还是私有的标准关键看谁掌握公司的控股权。如果该企业是国家和集体控股，那么就具有明显的公有性，如果是外国资本、私人资本控股则具有明显的私有性。卫兴华对公有制的运行机制和实现形式的探索，与中共十五大报告、十六大报告中关于股份制的论述是相一致的，对国有企业改革与发展具有重要的实践意义。

关于社会主义分配制度理论与实践问题的探索。卫兴华长期以来对我国的社会主义分配制度理论与实践问题进行研究，提出了许多有创见的观点。关于当时学界流行的"各尽所能、按劳分配"的社会主义分配原则，卫兴华提出质疑，他认为各尽所能是劳动领域的范畴，是分配的前提，不应该是分配的原则，对即使不是各尽所能的劳动者也同样要进行按劳分配。在社会主义分配中关于公平与效率关系，始终坚持公平与效率的统一，提倡生产重效率，分配既要讲效率更要注重公平。针对我国出现的与社会主义共同富裕相背离的贫富分化、差距收入过大的现象，提出缩小收入分配的对策。

关于社会主义初级阶段理论的探究。卫兴华关于社会主义初级阶段理论的研

---

① 卫兴华. 有关我国经济体制改革的理论问题[J]. 江西社会科学, 1986 (09).

究，开拓了社会主义初级阶段理论研究的新领域。① 卫兴华认为社会主义初级阶段是一个长期的历史过程，早在1987年在《教学与研究》上发表的《关于社会主义初级阶段几个理论问题的探讨》一文提出了社会主义初级阶段存在的客观因素：生产力发展水平与生产关系的成熟程度。较低的社会生产力水平及不成熟的社会主义生产关系共同决定了我国处在社会主义初级阶段的基本国情。卫兴华主张从社会主义初级阶段的一般性和特殊性两个原则来把握社会主义初级阶段特征问题：社会主义一般特征在社会主义的各个发展阶段都存在，如公有制、按劳分配等是社会主义的共性；社会主义初级阶段的特征有其特殊性，还应包括其他阶段不存在的特征。因此，分析初级阶段的社会主义经济的基本特征，就是分析社会主义经济的一般规定性在初级阶段的特殊表现。

正确认识社会主义经济和中国特色社会主义经济。卫兴华认为，不能把"中国特色社会主义"和"社会主义"完全等同，不能把"中国特色社会主义制度"与"社会主义制度"等同，不能把"中国特色社会主义经济"与"社会主义经济"等同。"社会主义""社会主义经济""社会主义经济制度"具有普遍性和共性，是相统一的，无论社会主义处在哪个阶段（初级阶段、中级阶段或是高级阶段），无论是在哪个社会主义国家，都有其存在的共同内涵。例如，以公有制为基础的社会主义经济和社会主义经济制度，无论是在改革开放前，还是在改革开放后，抑或是社会主义市场经济繁荣发展的今天，都是同样存在的。而中国特色社会主义经济的"特色"则体现在，允许个体经济、私营经济、外资经济等不具有社会主义性质的非公有制经济同具有社会主义性质的国有经济、集体经济等公有制经济共同发展。改革开放40多年来，非公有制经济在我国社会建设事业中发挥了不可或缺的作用，非公有制经济在我国经济发展中的地位也日益重要。卫兴华认为，非公有制经济既是我国社会主义市场经济的重要组成部分，也是我国社会主义初级阶段基本经济制度的构成部分，也是中国特色社会主义经济的组成部分，但我们不能将非公有制经济的地位和作用与其是否具有社会主义性质相混同，不能因为个体经济、私营经济、外资经济等非公有制经济在我国社会主义经济建设中发挥重要作用就认为其具有社会主义经济性质。②

全面回顾和阐释了社会主义市场经济经济理论的形成过程。卫兴华提出在我国建立社会主义市场经济体制是中国共产党的重要创举，改革开放40多年来中

---

① 黄林.卫兴华教授学术成就简述［J］.政治经济学评论，2014（10）.
② 卫兴华.怎样全面正确认识社会主义经济和中国特色社会主义经济［J］.当代经济研究，1999（04）.

国取得重要发展成就的关键在于坚持与完善社会市场经济体制。卫兴华认为建立社会主义市场经济体制是党的指导思想的重大转变，反映了党的有关指导思想的发展与变化。他认为，从突破传统计划经济体制的束缚到社会主义市场经济理论形成、发展与确立不是一蹴而就的，而是经历了曲折的发展过程：从计划经济为主、市场调节（市场经济）为辅，到公有制基础上的有计划的商品经济体制（将完全由市场调节的市场经济部分划分出来），到计划经济与市场调节（市场经济）二者相结合，到最后完全突破"市场经济姓'资'、计划经济姓'社'"的传统理念和理论框架，提出了完全创新的社会主义市场经济体制的改革模式。① 卫兴华认为准确的把握邓小平市场经济思想的曲折历史发展过程是深刻理解我国社会主义市场经济理论形成的关键，并主张应实事求是、符合愿意的回顾和评析我国由计划经济向社会主义市场经济的转变过程。卫兴华认为我国社会主义市场经济思想发展过程曲折的原因主要在于理论认识的局限、历史背景的迷雾以及对西方和平演变的警惕。②

三、对新时代新发展理念的思考

卫兴华教授见证了新中国 70 年翻天覆地的变化，亲身经历了新中国从站起来到富起来再到强起来时代。在新中国进入强起来的时代时，他已是 87 岁高龄。但他对马克思主义政治经济学的研究并未停下脚步，对新时代中国特色社会主义经济发展实践的思考亦未停歇。在中国知网中以 2012～2019 年为区间，搜索到卫兴华教授发表论文近 200 篇。这些文章中有涉及中国特色社会主义政治经济学的思考，社会实践经验的评析和总结，供给侧结构改革、混合所有制、社会主义主要矛盾转化等的解读和阐释等。

主张理解供给侧结构性改革应与需求侧相结合。供给侧结构性改革是在我国进入新常态的新形势下提出的关于中国改革发展的思路，是党中央的一项重大理论创新。自中央提出供给侧结构性改革发展思路后，学术界掀起了关于供给侧结构性改革研究的热潮，将供给侧结构性改革思路运用到各个领域的研究中，出现了对供给侧结构性改革的种种解读。关于供给侧结构性改革，卫兴华形成了自己的认识，并对学界存在的误解进行澄清。卫兴华认为，不能简单地将西方经济学

---

① 卫兴华. 坚持社会主义市场经济的改革方向 [N]. 光明日报，2013-11-7 (001).
② 卫兴华，田超伟. 准确把握邓小平市场经济思想发展的曲折历程 [J]. 马克思主义理论学科研（季刊），2016 (04).

"供给创造需求"的观点作为我国供给侧结构性改革的理论源泉。萨伊供给创造需求的观点是用来否定资本主义社会出现生产过剩危机，为资本主义辩护的，而我国的供给侧结构性改革是从经济运行实践出发提出的改革措施，有利于更好发展经济。卫兴华不赞同学界中出现"三驾马车"对经济增长的拉动作用的需求侧管理与供给侧结构性改革相对立和矛盾的观点。他主张将供给侧结构性改革与扩大需求二者结合，不能割裂二者之间的内在联系。推进供给侧结构性改革，不是为了取代"三驾马车"的需求侧管理，而是为了调整供给结构更好的发展经济，以适应和满足国内外市场需求，是适应和引领我国经济发展新常态的重要举措。[①]因此，他认为应继续发挥消费、投资和出口对经济增长的带动作用。

对市场决定资源配置进行阐释和解读。在党的十八届三中全会上通过的《中共中央关于全面深化改革若干重大问题的决定》（以下简称《决定》），将党的十四大报告中"使市场在社会主义国家的宏观调控下对资源配置起基础性作用"的论述改为"使市场在资源配置中起决定性作用和更好发挥政府作用"，将20年来提倡的市场配置资源的"基础性"作用改为"决定性"作用。有些学者对市场决定作用新提法进行了泛化的理解，认为一切的改革都要以此为标尺，还有些学者认为中央提出市场决定资源配置是弱化政府的职能，否定政府对市场的驾驭和监管，卫兴华对这些偏离了《决定》精神的解读和宣传，正本清源、澄清理论是非，发表多篇论文对市场决定资源配置进行阐释和解读。卫兴华认为，必须坚持社会主义市场经济的改革方向，不应将市场决定资源配置的新提法做出新自由主义的解读和宣传。[②]卫兴华认为将市场在资源配置中的"基础性"作用改成"决定性"作用，是遵循市场经济规律的体现，是对市场经济本质规定和要求的回归。市场在资源配置中起决定性作用的提出要具备一定的成熟条件：一是认识上的条件。在认识条件方面，我国改革开放40多年，实际上是突破市场经济"姓资"，计划经济"姓社"传统认识的过程，也是逐步推进思想解放的过程。二是实践方面的条件。从实践方面来看，我国社会主义市场经济体制已经初步建立，党和政府对市场规律的认识和驾驭市场的能力也不断提高，因此，进入发展新时期，已具备将"基础性"作用改成"决定性"作用的理论认识条件和现实实践客观条件。[③]但市场决定资源配置新提法的提出并不是削弱政府的监管职能，而

---

① 蔡万焕，卫兴华. 从经典著作论述中把握中国改革与发展的逻辑——访中国人民大学荣誉一级教授[J]. 高校马克思主义理论研究，2016（02）.
② 卫兴华. 坚持社会主义市场经济的改革方向[J]. 毛泽东邓小平理论研究，2015（03）.
③ 卫兴华. 更加尊重市场规律，更好发挥政府作用——访著名经济学家、中国人民大学卫兴华教授[J]. 思想理论导刊，2014（01）.

是要处理好政府与市场的关系，更好发挥政府的作用。关于如何更好发挥政府的作用，卫兴华认为市场经济决定作用体现在经济运行中的基础层面，主要在微观经济领域起决定作用，而在社会主义宏观经济领域主要依靠党的领导和政府的决策[1]，在政府、市场、企业三者关系中，政府处于宏观层次，对市场和企业进行必要的监管和干预，另外是政府对整个国民经济各种经济活动的宏观经济调控。

准确把握新时代我国社会主要矛盾转化的科学内涵。党的十九大报告指出，中国特色社会主义进入新时代，社会主要矛盾发生了变化，我国社会主要矛盾已经转化为"人民日益增长的美好生活需要和不平衡不充分的发展之间的矛盾"。理论界对我国社会主要矛盾发生变化的问题开展研究、阐释和解读。卫兴华运用马克思主义的基本原理和方法，立足于我国社会主义初级阶段基本国情，从十九大报告全文内容，来阐释我国社会矛盾转化的科学内涵，并对当前社会主要矛盾转化问题的理论是非进行辨析。卫兴华关于新时代社会主要矛盾转化问题的解读，与我国经济发展的实际相结合，符合十九大报告的新理论和新思想精神，符合习近平同志关于新时代新思想的本意。

卫兴华认为社会主要矛盾随着社会发展阶段的变化而变化的普遍原理是站不住脚的。卫兴华通过梳理新中国成立以来社会主要矛盾发展变化的历程来反驳此观点。新中国成立之初，我国的主要矛盾是工人阶级和资产阶级之间的矛盾，1956年三大改造完成以后，我国的主要矛盾发生了变化，在中共第八次全国代表大会（1956年）上提出，人民对于建立先进工业要求同落后农业国现实间的矛盾，是当时我国社会的主要矛盾；1949年新中国成立后至1978年改革开放前的30年经济的发展，为改革开放奠定了经济基础。十一届三中全会后党的工作转向以经济建设为重心，这时我国的社会主要矛盾也随之发生变化，转变为人民日益增长的物质文化需要同落后的社会生产之间的矛盾（1981年十一届六中全会提出）。由此看出，我国社会主义初级阶段的理论还未提出之前，我国的社会主要矛盾已经发生了几次变化，说明我国社会主要矛盾的变化是曲折的、复杂的过程。[2]

卫兴华从"我国社会主义初级阶段的基本国情没有变""我国作为世界上最大的发展中国家的国际地位没有变"这两个"没有变"和"我国社会主义主要矛盾发生变化"这一个变的联系和统一上来对我国社会主义主要矛盾发生变化的内涵进行解读。卫兴华认为，我国社会主义初级阶段主要矛盾的转化是渐进的，

---

[1] 卫兴华. 关于市场配置资源理论与实践值得反思的一些问题[J]. 经济纵横, 2015 (01).
[2] 卫兴华. 对新时代我国社会主要矛盾转化问题的解读[J]. 社会科学辑刊, 2018 (02).

有个由量变到质变的过程。而且这种转化有其特殊性，具有连接性和发展性，不是相互排斥和对立的关系。①

学术界对社会主要矛盾的解读大都侧重从城乡不平衡、区域不平衡、收入不平衡等方面的内容来解读。卫兴华认为我国社会主要矛盾的转化，是供给侧和需求侧矛盾的转化，不能用地区不平衡、城乡不平衡、收入不平衡，甚至生产力落后来解读社会主要矛盾转化的内涵。转化前的社会主要矛盾的需求方面表现为"日益增长的物质文化需要"，供给方面表现为"落后的社会生产"。随着社会生产的发展，又产生了新的矛盾，新时代人民群众的需要已经发生了变化，从对"物质文化需要"发展到对"美好生活需要"，从"落后的社会生产"发展到"不平衡不充分的发展"。从社会总体上来讲，转化后的主要矛盾两方"不平衡不充分的发展"与"人民日益增长的美好生活需要"是相对应的。在"人民日益增长的美好生活需要"的需求侧方面还不能得到完全充分满足的情况下，还存在生产与社会供给侧同生活需求侧之间的不平衡。②改革开放40年来生产的快速发展，生产供给持续扩大和人民生活水平不断提高，是当前人民日益增长的美好生活需要的前提。但当前我国的需求结构已经发生了很大变化，需求的层次也已经大幅提高，而我国生产与供给结构却没有与之相适应的跟进，在高端、高质量产品供给方面还不够充分，导致了提高和扩展了的美好生活需求与生产有效供给不足的新的不平衡的产生。

卫兴华主张回归党的十九大报告内容中解读社会主要矛盾的变化。卫兴华认为不仅要准确地理解新时代主要矛盾的具体内涵，更要针对主要矛盾提出科学的解决方略。十九大报告中指出："我国社会生产力水平总体上显著提高，社会生产能力在很多方面进入世界前列，更加突出的问题是发展不平衡不充分，这已经成为满足人民日益增长的美好生活需要的主要制约因素"。由此看出，落后的生产力、人民绝对贫困不是新时代主要矛盾的基础，改革开放40多年生产力高度发展才是新时代主要矛盾中所讲的发展不平衡不充分的基础。新时期社会的主要矛盾更不是以中西部地区落后于东部地区、农村落后于城市等区域发展不平衡为前提。卫兴华认为我国社会主要矛盾的变化，既是历史性的变化，也是关系全局性的变化，我国长期以来存在地区之间、城乡之间的发展不平衡问题与历史性变化和全局性变化无关，与我国进入新时代和社会主要矛盾转化没有什么联系。卫兴华指出我国社会主要矛盾的转化，要与解决矛盾的改革和发展的取向及新时代

---

① 卫兴华，赵海虹. 怎样认识我国社会主要矛盾的转化 [J]. 经济纵横，2018（01）.
② 卫兴华. 辨析我国当前社会主要矛盾转化问题解读的理论是非 [J]. 人文杂志，2018（04）.

的战略目标相联系。① 党的十九大报告提出中国特色社会主义进入新时代，确定了我国发展新的历史方位。为了与我国发展新时代社会主要矛盾的转化相适应，需要以供给侧结构性改革为发展的主线，并依靠创新发展方式，解决人民美好生活需要中供给侧的发展不平衡、不充分问题。要真正深入领会十九大报告新理论新思想的本意不走样，为创建和发展中国特色社会主义政治经济学提供科学的、符合实际的创新理论与思想。②

对发展混合所有制的认识。自党的十八届三中全会《中共中央关于全面深化改革若干重大问题的决定》指出"要积极发展混合所有制经济"，学术界出现了对该议题的不同解读。卫兴华认为，中央关于股份制和混合所有制的改革思路有一个逐步深化和提高的过程，并认为中央推进股份制和混合所有制经济发展，主要是出于改革和搞活国有经济这一现实需求的目的。积极发展混合所有制经济，是推进中国特色社会主义经济发展的重要举措，既有利于搞活国有经济，增强国有经济发展的控制力，巩固公有制经济地位，又能拓宽非公有制经济的发展空间，激发非公有制经济的活力和创造力。因此，混合所有制作为基本经济制度的重要实现形式，与我国社会主义基本经济制度的内容是一致的。我国一切的改革与发展，包括积极发展混合所有制经济，都服从于坚持和发展马克思主义和建设中国特色社会主义的总体目标。③

主张充分发挥国有经济的主导作用。卫兴华指出，无论过去建立新民主主义社会，还是在目前的社会主义初级阶段，都应强调国有经济的社会主义性质和领导作用。放弃公有制或国有经济，便偏离了改革目标，改革就不会成功；不能因为国有经济在向市场经济体制改革过程中存在这样或那样的问题，就否定国有经济的主导地位，需弄清国有企业存在效率低下等问题的原因，并针对问题找到解决方案；应通过深化改革和转换经济增长方式，搞活、搞好国有企业，使其能更好地发挥主导作用。

---

① 卫兴华，赵海虹．怎样认识我国社会主要矛盾的转化［J］．经济纵横，2018（01）．
② 卫兴华．辨析我国当前社会主要矛盾转化问题解读的理论是非［J］．人文杂志，2018（04）．
③ 卫兴华．社会主义初级阶段的理论与实践［M］．北京：经济科学出版社，2017．

卫兴华对马克思主义经济学基本原理的研究

马克思主义经济学说自创立以来已有一百多年的历史。在中国，经济学界对马克思主义经济学说持赞同观点者有之、反对者有之，对马克思主义经济学说科学性的争论和质疑更是持续不断。不可否认的是中国的改革开放之所以能够取得成功，其根本原因在于开辟了中国特色社会主义道路，建立了中国特色社会主义制度，创立了中国特色社会主义经济理论体系。而社会主义道路、社会主义制度、社会主义经济理论体系与马克思主义是一脉相承、不可分割的。因此，马克思主义是我们立党立国的根本指导思想，准确理解、把握马克思主义经济学的原理，是我国坚持中国特色社会主义道路，发展和完善社会主义市场经济体制的前提。①

卫兴华教授是我国著名的马克思主义经济学家，自20世纪50年代从事教学和科研工作以来，几十年如一日，致力于马克思主义经济学的教学与研究，不断创新和发展马克思主义经济理论，对马克思主义经济学基本原理进行研究、深化和发展，为捍卫和传播马克思主义政治经济学做出了巨大贡献，已成为公认的《资本论》研究的权威专家，在学界享有很高的声誉。卫兴华在研究马克思主义政治经济学基本理论问题时，既有对其基本原理的阐释，也有对基本理论问题的拓展和创新；在深化、发展和创新马克思主义经济理论时，坚持做到以马克思的原著为基础，并结合社会主义经济发展实践，进行探索和创新。卫兴华关于马克思主义政治经济学基本原理的研究，丰富了马克思主义经济理论。

---

① 胡乃武，田子方. 马克思经济学的当代价值——读卫兴华教授《走进马克思经济学殿堂》[J]. 当代经济研究，2015（09）.

第一节　对马克思劳动价值理论的认识及贡献

劳动价值论是马克思主义经济学的基本经济理论问题。学术界关于马克思劳动价值论的认识和理解各不相同，卫兴华认为要准确理解和把握马克思劳动价值论的涵义，必须回到马克思原著的相关论述中。他先后撰写了一系列文章，对马克思的劳动价值论进行多角度阐释。他不仅注重还原马克思的原意，并且结合社会发展的特点、现实经济条件以及社会主义市场经济建设情况对劳动价值论适用性进行探讨，不仅做到了坚持马克思的劳动价值论，还对其进行了深化和发展。他还对理论界中存在错解、曲解和否定马克思劳动价值论的观点进行辨析，正本清源，还原马克思劳动价值论的原意。关于劳动价值论问题，他认为劳动价值论具有统一性，不会因社会性质的不同而有所区别，也不会因商品经济不同阶段而有所差异。并不存在所谓资本主义社会劳动价值论与社会主义劳动价值论的区别，劳动价值论的原理及规律在简单商品生产、资本主义商品生产和社会主义商品生产中具有普遍的适用性。同时，卫兴华认为不应该用本本主义、教条主义的态度来固守只有物质生产创造价值的理论观点，应结合社会主义经济发展的现实，对马克思的劳动价值论进行深化和发展，提高劳动价值论对现实的解释力。①

一、关于劳动论和劳动价值论关系的研究

（一）对劳动价值论中的"价值"和其他"价值"概念进行了内涵区分

要准确把握马克思劳动价值论，首先要弄清价值概念的内涵。卫兴华对劳动价值论中的"价值"概念和其他"价值"概念进行了内涵区分，他认为，劳动价值论所讲的"价值"与哲学、文化涵义上"价值"的内涵是不同的。商品经济中的价值是交换价值（价格）的基础。而我们日常所用的"价值观""价值判断""价值取向""学术价值""艺术价值""收藏价值"等，与商品交换关系中作为价格波动中心的"价值"则具有完全不同的内涵。与"价值观"相联系的概念是世界观、人生观，价值观意指人生的意义。不同社会制度国家的公民在价

---

① 卫兴华．劳动价值论的坚持与发展问题［J］．经济纵横，2012（01）．

值观方面存在很大差异，如美国有美国的价值观，中国有中国的价值观。"价值取向"是指人们对某种理论、制度或事物的选择与认同。至于"学术价值""艺术价值"等，是指某种学术论著或艺术作品的水平、意义和作用。另外，在经济生活中，通常是从使用意义或有用处、有效用的涵义上来理解和运用"价值"概念。在日常生活中，人们有时把干某种事情有成果、有意义、有效益，看作干得有价值，意指某件事情值不值得做。

卫兴华对马恩经典著作中的价值内涵进行了梳理。① 亚当·斯密曾提到："价值一词有二个不同的意义，它有时表示特定物品的效用，有时又表示由于占有某物而取得的对他种货物的购买力。前者可叫做使用价值，后者可叫做交换价值。"就是说，在斯密看来，物品有用处、能满足某种需要，就是有价值，称作使用"价值"。不过，斯密没有把使用价值作为交换价值或价格的决定因素，也没有将其与劳动价值论中的"价值"相混同。他接着说："使用价值很大的东西，往往有极小的交换价值，甚或没有；反之，交换价值很大的东西，往往具有极小的使用价值"②。恩格斯早期著作《政治经济学批判大纲》（1844年发表于《德法年鉴》）中关于价值作出如下定义："价值是生产费用对效用的关系"。③ 据此，有人认为，这一定义与马克思劳动价值论是一致的。其实，无论恩格斯还是马克思，早期对李嘉图的劳动价值论（或生产费用决定价值论）是持不赞同的态度。恩格斯在《政治经济学批判大纲》中，评论萨伊与李嘉图的价值论的分歧时，既不赞同萨伊的效用决定价值论，也不赞同李嘉图的生产费用（劳动）决定价值论；认为决定价值的是生产费用与效用两个要素，从而提出"价值是生产费用对效用的关系"的定义。恩格斯认为，"价值首先是用来解决某种物品是否应该生产的问题"，也就是有无经济效益、值得不值得、有没有实际经济意义。投入生产费用（劳动）而不产生效用，就是无意义、无效益、无价值的。这说明他已经把作为交换价值或价值的物质承担者或前提条件的使用价值（效用），作为决定价值的要素了。

马克思在1844年的《巴黎笔记》中，也曾不赞成李嘉图的劳动价值论："在价值决定中，李嘉图仅仅抓住生产费用，萨伊仅仅抓住效用（有用性）""当他谈交换价值时，总是持自然价格，而撇开他称之为暂时或偶然原因的竞争的偶

---

① 卫兴华. 深化劳动价值论研究要有科学的态度与思维方式——兼与晏智杰教授商榷 [J]. 高校理论战线，2002（03）.
② 亚当·斯密. 《国民财富的性质和原因的研究》[M]. 北京：商务印书馆，1979：25.
③ 《马克思恩格斯全集》（第1卷）[M]. 北京：人民出版社，1995：605.

然性。国民经济学为了使自己的规律有几分严密性和确定性,不得不假定现实是偶然的,抽象是现实的。"① 随着理论研究的加深与拓展,马克思和恩格斯否定了萨伊的效用价值论,继承和发展了古典经济学的劳动价值论,提出劳动是价值的惟一源泉。恩格斯还在《反杜林论》中批评杜林对价值的定义:"价值是经济物品和经济服务在交往中所具有的意义。"说这个定义是"荒谬"的,因为这里所指的物品和服务的"意义"指的是物品的用处,即效用,是搞效用价值论了。在当前深化对劳动价值论的讨论中,有的学者又在重复马恩早已放弃的使用价值(效用)也决定价值的理论观点。有人用哲学、文化涵义上的价值概念,来取代或否定马克思后来运用的科学的价值概念,认为只要有意义、有用处的事物就有价值。有的宣传使用价值也是决定价值的要素,主张效用价值论。

(二) 厘清劳动和价值二者的联系

商品的价值是由劳动形成的,劳动是价值的源泉,抽象劳动是价值实体,是劳动价值论的主要内容。价值与劳动是劳动价值论最重要的两个要素,是不可分离的统一体。深化对劳动理论的研究和认识是深化对劳动价值理论的研究和认识的前提和基础,坚持和发展劳动价值论,就需要坚持和发展与其相关的劳动的理论。

劳动是人类社会谋生的手段,是永恒范畴,只要人类社会存在与发展,就需要劳动,而商品价值关系是历史范畴。② 在理论工作中,存在一种不准确和不科学的观点:即认为在作为共产主义社会第一阶段的社会主义社会,劳动还是谋生的手段,而到共产主义高级阶段,就成为生活的第一需要。也就是认为,到了高级阶段,劳动就不再是谋生的手段了。马克思在《哥达纲领批判》中的原话是:"在共产主义社会高级阶段⋯⋯劳动已经不仅仅是谋生的手段,而且本身成了生活的第一需要"。由此说明,到了共产主义高级阶段,劳动具有两重作用或性质,那时候劳动依然是人类社会生存、生活的必要手段或条件,同时它还成为生活的第一需要。在马克思主义经典作家的论著中,"劳动"是一个涵义广泛的概念,并不一定与价值的创造联系在一起。恩格斯在《劳动在从猿到人的转变中的作用》一文中说:劳动"是一切人类生活的第一个基本条件,而且达到这样的程度,以致我们在某种意义上不得不说:劳动创造了人本身"。就是说,在从猿到

---

① 《〈资本论〉研究资料和动态》第 6 集 [M]. 南京:江苏人民出版社,1985:26、33.
② 卫兴华. 深化对劳动和劳动价值理论研究和认识的几个问题 [J]. 山西社会主义学院学报,2001(03).

人的转变过程中，就在劳动了。这种劳动与商品的价值无关。人类在进入原始氏族社会后的两百多万年中，人们也在不断地劳动着，而且劳动不断发展着。但直至原始社会末期以前，不存在商品交换关系，劳动不形成价值。劳动是与人类共存的永恒范畴，而价值则是商品经济范畴，因而是历史范畴。即使在奴隶社会和封建社会的自然经济中，也不存在商品价值关系。不应把劳动同劳动价值论完全捆在一起，劳动和价值之间不存在必然的联系。有的劳动创造价值，有的劳动不创造价值。因此，承认是劳动，就得承认它创造价值。如果不创造价值，它就不是劳动的理论逻辑是不科学的。

（三）在价值分配与价值创造关系中阐释劳动价值论

1. 对价值创造和价值分配关系进行阐释和说明

其一，凡是社会所需要的劳动，都应得到相应的劳动收入。但并不是所有社会所需要的劳动都能创造价值，有的创造价值，有的不创造价值。价值创造与剥削没有必然的联系，无论是创造价值还是不创造价值的劳动收入，都不存在剥削问题。在马克思看来，有些虽不创造价值但是社会所需要的劳动者，其收入不仅不存在剥削，还可能是被剥削者。以资本主义社会的商业雇员为例，马克思认为，商业雇员为实现商品价值而进行的劳动，是不创造价值的。但这些雇员的劳动，也分为必要劳动与剩余劳动。其必要劳动时间实现的价值，以工资收入的形式得以实现，在剩余劳动时间实现的价值，为商业资本家占有。因此，商业雇员的劳动，是受商业资本剥削的雇佣劳动。在马克思看来，教师、医生等的劳动都是非生产性劳动，不创造价值。但他们的劳动是社会所必需的，有重要社会意义的，他们的劳动也要参加价值分配，也应该获得收入，但不存在剥削问题。其二，要区分劳动收入与非劳动收入在价值创造与价值分配中的不同关系。卫兴华将是否创造价值、是否存在剥削等内容与劳动者收入联系起来进行分析。无论是劳动收入还是非劳动收入，都是参与价值分配的结果。劳动收入分为两种：一种是获得自己创造的价值，如资本主义经济中的雇佣工人依靠出卖劳动力所获得的工资收入，个体手工业者和个体农民通过劳动获得的劳动收入等；另一种是虽不创造价值但他们的劳动又为社会所需要，因而要参加价值分配的收入，如政府官员、军警人员、运动员、演员等的劳动收入。而进一步地，不创造价值但参与价值分配的非劳动收入也分两种情况：一种是具有剥削性质的非劳动收入，即单纯凭借生产资料所有权而占有他人剩余劳动或剩余产品、剩余价值的收入，如资本主义社会的地主、资本家等；另一种是不具有剥削性质的非劳动收入，如劳动者的银行存款利息收入，社会救济收入，彩券收入等。因此从以上内容看来，价值创造和价值分配不存在必然的联系。

2. 对资本主义企业中管理人员、科技人员劳动性质的探讨

我国理论界关于资本主义企业中的经理、高科技人员是否是生产劳动者，他们获得的高薪是否存在剥削，资本家的管理工作是否属于劳动范畴，是否也生产和创造价值等问题存在争论和误解。由于受劳动价值论中将劳动狭义理解为体力劳动的影响，往往容易得出资本主义企业中的经理、高级科技人员的高薪收入存在剥削的结论。还有观点将为资本家阶级服务的劳动通通划入资产阶级范畴。卫兴华认为，如果按照这种理论认识和方法思考问题，就会对我国现实经济生活中的一些情况，作出不科学的判断。[①] 例如，由于我国处在社会主义初级阶段，存在大量的外资和私营等企业。如果按照上述认识方法，在这类企业中工作的经理、科技人员也会被看作是非生产劳动者，甚至是参与剥削的高收入人群。卫兴华援引马克思著作的相关论述证明以上认识是存在偏颇的。他指出，资本主义企业或公司中管理人员（经理）和高级工程师等科技人员，都是凭自己的劳动获得收入的，他们不仅参与了价值的分配，而且参与了创造价值。他们的劳动与普通职工劳动相比更为复杂和重要，在相同劳动时间内，可以创造出更多的价值。马克思指出：在许多人共同劳动的社会化生产中，形成一种整体劳动。其中每个参与的成员，都是整体劳动者中的一分子。"随着劳动过程本身的协作性质的发展，生产劳动和它的承担者即生产劳动者的概念也必然扩大。为了从事生产劳动，现在不一定要亲自动手；只要成为总体劳动者的一个器官，完成他所属的某一职能就够了。"[②] 在这些整体劳动者中，既包括体力劳动者，也包括脑力劳动者，如经理等管理人员、工程师等科技人员。马克思还明确而具体地说明：在资本主义企业的整体劳动过程中，"有的人多用手工作，有的人多用脑工作，有的人当经理、工程师、工艺师等等，有的人当监工，有的人当直接的体力劳动者或者做十分简单的粗工，于是劳动能力的越来越多的职能被列在生产劳动的直接概念下"。[③] 卫兴华认为，马克思分析的资本主义国家中管理人员和科技人员的劳动情况，在我国社会主义制度下，同样具有适用性。在我国无论在公有制经济中还是在非公有制经济中，从事科技工作和经营管理的劳动，都是生产劳动的重要形式，其在现代生产中的地位和作用也日益重要。

---

① 卫兴华. 深化对劳动和劳动价值理论研究和认识的几个问题［J］. 山西社会主义学院学报，2001（03）.
② 《马克思恩格斯全集》（第 23 卷）［M］. 北京：人民出版社，1972：556.
③ 《马克思恩格斯全集》（第 49 卷）［M］. 北京：人民出版社，1979：100 – 101.

关于资本家的管理是不是劳动这一问题,马克思在《资本论》中已经有明确论述。如果资本家亲自经营管理自己的企业,其经营管理也是一种劳动。马克思在《资本论》第三卷第23章阐述"利息与企业主收入"时,对资本家的管理,反复使用了"监督劳动""指挥劳动""管理劳动""指挥和监督劳动"等概念。他指出:"凡是直接生产过程具有社会结合过程的形态,而不是表现为独立生产者的孤立劳动的地方,都必然会产生监督劳动和指挥劳动。"并且指出,这种指挥劳动"就像一个乐队要有一个指挥一样,这是一种生产劳动"。这是一种生产劳动是每一种生产方式结合中必须进行的劳动。① 不过,资本家的监督和指挥劳动,具有二重性。一方面,是许多人在协作劳动,过程的联系和统一,相互协调与配合,必然要表现在一个指挥意志和职能上,因而具有生产劳动的性质。另一方面,资本家的管理劳动,是一种剥削劳动,"剥削的劳动像被剥削的劳动一样,是劳动"。关于资本家管理劳动的二重性,马克思在其他著作如《资本论》第一卷第11章《协作》中也论述过。那里还明确说明:资本主义的管理内容之所以具有二重性,是因为它所管理的生产过程本身具有二重性:一方面是制造产品的社会劳动过程,另一方面是资本的价值增殖过程。就是说,由于资本主义生产过程是劳动过程和价值增殖过程的统一,因而资本主义管理劳动便是生产劳动与剥削劳动的统一。既然资本家管理企业具有生产劳动性质的一面,因而也创造价值。马克思说:"在产业利润中,也包含一点属于工资的东西(在不存在领取这种工资的经理的地方)。资本家在生产过程中是作为劳动的管理者和指挥者出现的,在这个意义上说,资本家在劳动过程本身中起着积极作用,……这种与剥削相结合的劳动,……当然就与雇佣工人的劳动一样,是一种加入产品价值的劳动。"② 由此可见,马克思认为,在资本家经营管理企业的条件下,资本家的价值收入有部分是自己创造的价值,并非都是依靠剥削得到。相当于其工资收入的部分,是管理劳动创造的。不过,资本家参与价值生产的部分,远远小于其参与价值分配的部分。大资本获得巨额利润,是资本增殖的结果,不是管理劳动的产物。

二、对劳动价值论研究的深化与发展

对于劳动价值论的深化和发展问题,学术界存在不同观点。有的认为应坚持

---

① 《马克思恩格斯全集》(第25卷)[M]. 北京:人民出版社,1972:431.
② 《马克思恩格斯全集》(第26卷)[M]. 北京:人民出版社,1972:550-551.

马克思物质生产劳动创造价值的观点，更多马克思主义经济学家则提出要对劳动价值论进行拓展，提出和坚持非物质生产劳动也能创造价值的观点。卫兴华在教学科研工作中坚持对劳动价值展开研究，在系统掌握《资本论》整体内容的基础上，结合社会发展的现实情况，对劳动价值论进行拓展和深化，并针对劳动价值论的是非进行商榷和辨析。

（一）认为系统掌握《资本论》是准确把握劳动价值论的基础

卫兴华认为，马克思的劳动价值理论具有丰富的内涵，其在《资本论》第一卷第一章中初步确立了有关商品和价值的理论。[①] 具体包括：使用价值和价值是商品的二因素，并统一于商品中；生产商品的劳动是具体劳动和抽象劳动的统一；价值的实体即价值的质的规定是无差别的人类一般劳动即抽象劳动的凝结；商品的价值量由社会必要劳动时间决定；复杂劳动是倍加的简单劳动，可以创造更多的价值；商品的价值量与体现在商品中的劳动量成正比，与劳动生产力成反比；价值要通过交换价值表现出来，实现为价值形式；价值形式经过了长期的由低级到高级的发展过程，出现货币形式后，交换价值就成为价格形式；价值是商品生产的经济范畴，是反映特定经济关系的历史范畴；私有制商品有拜物教的性质，商品和价值背后的人的社会关系被物的关系所掩盖；在商品生产和交换中，价值规律自发地发挥着调节作用，调节着商品交换的比例关系。

《资本论》第一卷第一章关于商品和价值的理论的内容，是最基本也是最简单的规定。马克思在分析商品和价值时运用了由简单到复杂，由抽象到具体，历史与逻辑相一致等方法。《资本论》第一卷第一章中所阐述的商品和价值的原理与规律，适用于一切商品生产方式，具有一般性，但又是抽象的、最简单的规定。马克思运用抽象方法对商品的价值与交换价值或价格的关系进行研究，假定供求平衡，而且市场上不存在竞争关系。同样，《资本论》开头所论述的商品是以简单商品的形式出现，暂时撇开了资本主义关系。商品自身不具有特定的社会性质，无论奴隶制时代奴隶生产的商品，还是资本主义制度下雇佣工人生产的商品，还是公社生产的商品，其自身的性质或规定性是一样的。商品价值关系经历了不同的发展阶段，始于原始公社会末期简单的价值形式，发展到资本主义商品经济复杂的价值交换形式，这一发展过程体现了历史与逻辑相一致的方法。因此，先分析物物交换阶段的商品价值关系，从物物交换的等价形式为起点解开货币的谜，既符合历史发展的进程，又符合理论逻辑的要求。

---

① 卫兴华. 深化劳动价值理论研究要有科学的态度与思维方式 [J]. 高校理论战线，2002（03）.

马克思关于商品和价值的理论,既适用于个体商品生产,也适用于社会化商品生产,但侧重研究的是资本主义社会化商品生产。马克思关于商品和价值的理论是随着他的经济理论研究的展开而不断拓宽和深化的。要正确理解和把握马克思的劳动价值理论,就不能囿于《资本论》第一卷第一章的内容;而是需要系统地掌握三卷《资本论》其他篇章的有关内容,还要掌握《剩余价值理论》和经济学手稿以及其他论著中的相关内容。① 马克思在《资本论》第三卷中拓宽了对劳动价值理论的研究。在第十章《一般利润率通过竞争而平均化》中,对供求规律、竞争规律、价值规律、价格运动规律进行了具体而深入的研究和阐述。② 这里提出了"市场价值""市场价格"等概念。市场价值与社会价值的内涵是一致的,在《资本论》第一卷中,分析商品价值时,暂时撇开了市场机制的具体运行状况,进行抽象分析,因而讲社会价值而未讲市场价值概念。在第三卷中,价值理论由抽象上升到具体,引入市场机制,将价值的决定与实现问题,与市场机制联系起来,因而提出市场价值概念。如果只读《资本论》第一卷中的价值理论,容易认为商品价值既然是人类劳动的凝结,是在生产中形成的,商品是带着固有的价值进入市场,供求关系只影响价格而不影响价值。但进入第三卷中的价值理论告诉我们,具体由哪种劳动时间作为决定价值的社会必要劳动时间,要与供求状况相联系,但又不能由此陷入供求价值论。

(二) 对马克思生产劳动论的理解

卫兴华就生产劳动与非生产劳动问题与一些同志展开辨析,并引用大量《资本论》中原话来阐释生产劳动与非生产劳动问题,以求还原马克思关于"两种劳动"即生产劳动和非生产劳动的原意。

卫兴华认为马克思考察生产劳动和非生产劳动问题主要表现在三个方面,一是,马克思从单纯劳动过程考察。在总体劳动过程中,"有的人多用手工作,有的人多用脑工作,有的人当经理、工程师、工艺师等,有的人当监工,有的人当直接体力劳动者或者十分简单的粗工,于是劳动能力越来越多的职能被列在生产劳动的直接概念下"。③ 首先,从简单劳动过程(单个的劳动过程)来考察,凡是生产物质产品(使用价值)的劳动都是生产劳动。作用于物质产品的单个个体

---

① 卫兴华. 深化劳动价值理论研究要有科学的态度与思维方式 [J]. 高校理论战线,2002 (03).
② 胡若痴,卫兴华. 从马克思的分析方法把握劳动价值论的拓展性和科学性——兼对某些相关争论问题的辨析 [J]. 学术月刊,2014 (10).
③ 《马克思恩格斯全集》(第49卷) [M]. 北京:人民出版社,1972:100-101.

劳动和集体劳动都属于生产劳动，不论是体力劳动还是脑力劳动也都属于生产劳动。无论是在资本主义社会化大生产中还是在社会主义社会化大生产中，只要是在物质生产过程中发挥作用的劳动，包括监督、设计、管理等都属于生产劳动。二是，马克思是从资本主义生产过程，即劳动过程（物质产品的生产）和价值增殖过程（剩余价值的生产）的统一来考察。马克思在《资本论》中明确指出，产品的生产过程是劳动过程和价值形成过程的统一，而资本主义商品生产过程是生产过程和价值增值过程的统一。因此，生产物质产品的劳动过程不一定是资本主义生产过程，但资本主义生产过程一定是生产物质产品的劳动过程。① 卫兴华从《资本论》三卷的结构及内容方面阐释马克思的生产劳动理论。在《资本论》第一卷实际上是对资本主义生产过程的分析，也即剩余价值的产生过程的分析，而《资本论》第二卷、第三卷是分析剩余价值的流通与分配，并未涉及生产问题。三是，马克思从资本主义生产关系的单纯表现形式对生产劳动与非生产劳动问题进行考察。马克思说：同一种劳动既可以是生产劳动也可以是非生产劳动。② 例如，作家对读者来说不是生产劳动者，而对于书商来说是生产劳动者，歌女对观众来说不是生产劳动者，而对于歌剧院老板来说是生产劳动者，教师对学生来说不是生产劳动者，对学校的老板来说是生产劳动者等，从资本主义生产关系表现形式的角度来看，只要能为资本家提供利润的劳动就是生产劳动。在这里，生产劳动形式已经开始转化，是衍生的生产劳动，并不能用派生的生产劳动来否定前面的关于物质产品生产的生产劳动。③

卫兴华通过研读《资本论》《直接生产过程的结果》《剩余价值论》及《国民财富的性质和原因的研究》等著作发现，马克思的生产劳动论是在对资产阶级经济学家们的生产劳动论进行评论的过程中形成的。卫兴华认为，马克思对斯密的生产劳动理论是维护和赞同的，马克思生产劳动论与斯密的生产劳动具有相同的内涵。马克思认为斯密关于生产劳动有两种定义：一是，生产劳动是同资本进行直接相交换、生产剩余价值的劳动，而非生产性劳动则是同收入进行直接相交换的劳动；二是，生产劳动是物化在商品中的劳动。事实上，马克思在《资本论》中也明确指出，资本主义生产劳动是"物化在商品"中的劳动和"直接创造剩余价值劳动"二者的统一。卫兴华认为，斯密是将以上两种定义统一起来对资本主义生产劳动规定性进行阐释的，他指出斯密关于生产劳动的两种见解不仅

---

① 卫兴华. 马克思的生产劳动理论［J］. 中国社会学，1983（06）.
② 《马克思恩格斯全集》（第26卷）Ⅰ［M］. 北京：人民出版社，1975：426、432.
③ 卫兴华. 走进马克思经济学殿堂［M］. 北京：中国财政经济出版社，2014：257.

与马克思生产劳动论相同，两种见解本身也是相通的：斯密所考察的是资本主义的生产劳动，因此这种生产劳动一定是创造剩余价值并能为资本家带来价值增值的劳动；斯密的第二种定义并不是独立的，而是对第一种见解进行了补充，两种定义相结合共同构成斯密的生产劳动论。卫兴华还转述了马克思对加涅尔、施托尔、西尼尔等庸俗资产阶级经济学家对斯密生产劳动论的攻击进行反驳和批判。卫兴华在阐释马克思生产劳动论时，大量引用了马克思的原话及马克思与庸俗资产阶级经济学家的对话，以此来将马克思的生产劳动论系统、全面地呈现在读者面前，而又不曲解马克思生产劳动论的原意。

随着实践的发展，理论也会相应地得到丰富与发展。卫兴华将马克思的生产劳动论与现实经济发展相结合，进行拓展和创新。马克思生产劳动论产生的时期，服务业还不够发达，非物质生产部门发展还比较有限，随着经济社会的发展，第三产业日益发达，新兴产业层出不穷，这些行业的生产劳动的性质该如何界定值得我们深入思考。各个学派对生产劳动与非生产劳动的见解是各不相同的。早期重农学派认为只有农业部门的生产才是生产性劳动，斯密关于生产劳动的认识有一定进步，他认为工业和农业一样，一切与资本相交换能够为资本家创造价值和利润的劳动都是生产性劳动，而马克思则认为资本主义生产过程是劳动过程与价值增值过程的统一，体现了资本家与雇佣工人之间的本质关系。无论各学派的观点如何的不同，但这些理论都是为当时的现实经济发展服务的，所以他认为，社会主义生产劳动，就是为充分满足劳动者的物质文化需要和精神文化需要而进行物质文化产品生产的劳动，是在社会主义生产关系下进行的物质生产劳动，既包括体力劳动也包括脑力劳动，既包括生产单位内部劳动，也包括从外部直接生产过程提供服务的劳动，如规划设计、科学研究等。① 卫兴华对马克思生产劳动论的再现与探讨，对国民经济各个行业的协调发展具有重要的现实意义。

（三）结合社会新情况深化对劳动价值论的认识和研究

1. 深化劳动价值理论认识的必要性

改革开放以来，在新的历史条件下，在社会主义经济建设实践中出现了许多新情况、新特点和新问题，这些新情况和新问题需从理论上予以说明和阐释。卫兴华认为，深化对劳动和劳动价值理论的认识不仅涉及对马克思主义基本经济理论的理解和发展，也涉及有关方针政策的正确制定，因此深化对劳动价值理论的认识是一个重大理论问题。

---

① 卫兴华. 走进马克思经济学殿堂［M］. 北京：中国财政经济出版社，2014：268.

从理论研究和探讨的角度看，深化对劳动和劳动价值理论的认识，主要涉及三个方面内容：①第一，改革开放以来，我国从传统计划经济体制转向了社会主义市场经济体制，同时提出了我国处于社会主义初级阶段，并将长期处于初级阶段的论断。我国经济体制由单一的公有制经济转向公有制为主体多种所有制经济共同发展，分配制度也随之转向实行按劳分配与按生产要素分配相结合。这一分配方式必然要通过市场机制来实现，因而要承认并发挥市场在分配中的作用。第二，随着生产力的日益发展和生产社会化程度的不断提高，科学技术和经营管理在生产中的地位和作用越来越重要。如何评价科技工作者和经营管理者的劳动成为学术界谈论的热点问题。科技工作者和经营管理者的劳动是否也创造价值？在个人收入分配中这部分人群的劳动报酬是否应该倾斜？要不要向有较大贡献的科技工作者和企业高层经营管理人员倾斜？第三，在我国实行多种所有制经济共同发展的过程中，非公有制经济所占的比重不断提高。它们在发展生产力、繁荣市场经济、满足人民生活需要等方面的作用日益显著。在此背景下，如何评价私营企业主的经营管理活动？他们的经营管理活动是不是劳动？是否也创造价值？他们的收入是否存在剥削？在这些问题上，近年来也在理论上和实际工作中发生了激烈的争论。因此，卫兴华认为，应该从以下两个方面对劳动和劳动价值理论的认识进行深化：一是要深化对马克思主义关于劳动和劳动价值理论的理解与把握。二是要从国内外新的社会经济发展形势出发，结合新情况、新问题深化认识与研究。

2. 在新社会条件下深化对劳动价值论认识需要考虑的问题

卫兴华认为，要深化对劳动和劳动价值理论的研究与认识，应从我国社会主义社会实行社会主义市场经济的现实情况出发，结合社会主义发展的任务与实际，提出符合实际情况的新的认识与说明。②

第一，虽然劳动价值论是马克思经济学体系大厦的理论基石，但马克思并没有也未曾想要将其用以研究和分析社会主义经济问题。马克思的劳动与劳动价值论，以及以此为基础的剩余价值理论，主要是揭示资本主义经济关系的本质与矛盾，阐明资本主义经济运行的特点与规律。马克思主义创始人曾认为，商品生产和价值关系在社会主义社会是不存在的，劳动不再形成价值，社会主义社会的经济关系也不再通过价值、价格等来联系和实现，而是通过使用价值来联系与实现。因此，在马克思和恩格斯看来，劳动价值论在社会主义社会不存在理论和实际意义。然而社会主义实践证明，在社会主义经济条件下商品经济依然存在。劳

---

①② 卫兴华．马克思的劳动价值理论与当代现实［J］．理论月刊，2002（01）.

动价值理论以及与其相关的价值规律、竞争规律、供求规律、货币流通规律等在我国社会主义市场经济中依然发挥着作用。但在社会主义条件下，劳动价值论的理论和现实意义不是揭示社会主义的根本矛盾和本质关系，而是指导社会主义市场经济的运行实践，处理价值生产与分配的关系等。社会主义的本质与资本主义的本质存在根本的不同。劳动价值论是剩余价值论的基础，以劳动价值论为基础的剩余价值规律主要是用以剖析资本主义本质的，离开劳动价值论就难以科学地阐明资本主义的本质关系和基本规律。社会主义的本质是"解放生产力，发展生产力，消灭剥削，消除两极分化，最终达到共同富裕"。实现这一本质，需要借助于商品经济发展，利用市场机制及其规律，更需要调动广大职工的劳动积极性，但关键在于利用先进科学技术，进行科技创新和管理创新，大力提高劳动生产率。在这方面，马克思的劳动财富论具有更重要的理论和现实意义（后文详细阐述）。

第二，关于如何看待私有制经济和私营企业主的问题。在当时资本主义周期性的经济危机频繁爆发、广大雇佣工人劳动条件和生活条件持续恶化、工人运动的蓬勃发展的背景下，马克思主义创始人提出，要以社会主义公有制取代资本主义私有制，消灭一切私有制的理论，并把资本家阶级作为敌对的阶级看待。而处于社会主义初级阶段的新中国，实行公有制为主体，多种所有制经济共同发展的基本经济制度，从"三个有利于"的标准出发，允许和鼓励多种非公有制经济发展。

在讨论深化对劳动和劳动价值论的认识中，有学者根据马克思的观点指出，资本家的全部收入都是依靠剥削工人的剩余价值而获得。卫兴华认为这一观点并不符合马克思原意，他从马克思的相关论述中发现，作为生产指挥者的资本家劳动，也是形成商品价值的生产劳动。马克思指出：在资本家的"利润中也包含一点属于工资的东西（在不存在领取这种工资的经理的地方）。资本家在生产过程中是作为劳动的管理者和指挥者出现的，在这个意义上说，资本家在劳动过程本身中起着积极作用。……这种与剥削相结合的劳动……当然就与雇佣工人的劳动一样，是一种加入产品价值的劳动"。① 马克思还肯定了资本家的资本在推动生产力发展中的重大作用，认为只有当作为固定资本的机器在生产中被使用，"表现为科学在工艺上的应用的时候，只有到这个时候，资本才获得了充分的发展，……资本又推动和促进生产力向前发展。"② 并且认为资本主义剥削方

---

① 《马克思恩格斯全集》（第26卷）[M]. 北京：人民出版社，1974：550-551.
② 《马克思恩格斯全集》（第46卷）下 [M]. 北京：人民出版社，1980：211.

式比以往的剥削方式有利于生产力的发展。他指出："资本的文明面之一是，它榨取剩余劳动的方式和条件，同以前的奴隶制、农奴制等形式相比，都更有利于生产力的发展，有利于社会关系的发展，有利于更高级的新形态的各种要素的创造。"① 卫兴华认为，马克思关于资本家劳动及资本的分析是科学的、实事求是的。我们应运用马克思的分析方法，对我国目前私营企业存在和发展的必要性，以及它的地位、作用和性质进行研究。改革开放以来，我国鼓励私营企业发展。私营企业家正常的管理劳动属于高级劳动，如果他们同时从事科技工作，兼有管理和科技工作的职能，就是倍加的生产劳动。但是私营企业家特别是大中型企业的私营企业家，除了获得相当于工薪的收入外，还获得了大量的资本利润。因此，在深化对劳动和劳动价值理论的认识时需要作出新的探索，需要有新的认识、新的分析、新的理论概念。②

第三，在生产和分配的研究中应更加重视科技工作和经营管理的劳动。在马克思的劳动和劳动价值理论中，关于科技工作和经营管理的劳动的内容是非常丰富的。但是，在经济社会经过了100多年发展后，科技工作和经营管理的劳动在生产和经济发展中的地位和作用日益重要和凸显。从劳动和劳动价值论的角度看，科技工作和经营管理不仅是创造价值的生产劳动，而且是一种比一般劳动能创造出更多价值的复杂劳动。因此，在收入分配时他们的劳动应该获得更多的报酬。在商品价值关系的条件下，企业根据劳动的质量和数量给职工发放工资和奖金，实行多劳多得。对企业的一般工人来说，实行按劳分配，既可以说是按其生产的产品质量与数量分配，也可以说是按其创造的价值多少进行分配。而科技工作和经营管理的劳动属于复杂劳动，其贡献是多方面的。创造出更多价值的复杂劳动理应获得更多的报酬。但评价科技工作的贡献，仅仅考虑复杂劳动在创造价值中的作用是不够的，还要考虑其在提高劳动生产率、增加社会财富和社会经济效益方面的作用。③ 一项重大科技发明或创新，可以大大提高劳动生产率，在同样的劳动时间内生产的产品增加几倍、几十倍或更多。如果是个别企业获得这种成果，其劳动可以作为倍加的劳动起作用，创造出更多的社会价值，从而可以实现超额利润。如果是全行业由此而受益，甚至有可能带来国内生产总值的大幅增加。这样用以直接满足人民需要的财富即使用价值量也大幅增加，有利于实现共同富裕的社会主义根本目的。

对经营管理劳动的评价也不能仅限于其在创造价值方面的作用。对于企业来

---

① 《马克思恩格斯全集》（第25卷）下 [M]. 北京：人民出版社，1974：925-926.
②③ 卫兴华. 马克思的劳动价值理论与当代现实 [J]. 理论月刊，2002（01）.

说,一个优秀企业家是一种无形资产,它既在商品和价值生产中起重要作用,更在有关企业发展战略、团结广大职工发挥积极性和创造性、创造企业产品品牌以及市场营销等方面起决定性作用。一个素质高的精明的企业家,可以团结职工,扭亏为盈,充分实现其使用价值和价值创造出很高的经济效益。而一个专业素质低的厂长或经理,有可能会使一个效益良好的企业陷入困境。因此,对经营管理者要区别对待,对那些为国家和社会作出重大贡献的高层经营管理者应给予相应的丰厚报酬。

3. 对劳动价值论的拓展和创新

目前许多发达国家非物质生产部门创造的生产总值占生产总值的总量达60%~70%,发展中国家的比例稍低但也基本达到50%左右,在非物质生产部门对经济增长贡献率越来越大的形势下,只有物质生产劳动创造价值的观点显然已经站不住脚。在国际国内经济形势发生很大变化的情况下,卫兴华认为只有对马克思劳动价值论进行发展与创新,才能提高劳动价值论对现实经济的解释力。卫兴华对劳动价值论的发展主要体现在两个方面:

第一,主张拓宽劳动价值论的范围,但必须把握度。卫兴华认为劳动价值论的范围可以拓宽,但必须把握两个标准,一是,不应该超越商品经济劳动范畴,他认为商业劳动可以创造价值。非商品经济劳动即使很重要,但不创造价值,比如教师与学生之间的关系不是商品经济关系,教师的劳动是不创造价值的,再比如说一个人在家里拖地、洗衣服不体现商品经济的劳动不能创造价值,但服务员在餐厅生产食品,则创造了价值。二是,对社会有积极促进作用的劳动,才能纳入创造价值的范畴。例如走私、赌博、抢劫等行为中行为人付出了劳动,但给社会带来危害,不能算是创造价值的劳动。卫兴华将劳动分为四类①:第一类,物质生产劳动。卫兴华提出的第一类的物质生产劳动是与马克思的物质生产劳动相契合的。他认为只有体现商品经济关系的物质生产劳动创造价值,而另一类脱离商品经济关系的劳动不创造价值。第二类,精神生产劳动。随着第三产业在经济发展中所占比重的提升,精神生产劳动如科学技术、规划设计、编辑出版、工艺等劳动也创造价值。第三类,商业服务劳动,如广告服务、中介服务、法律咨询服务等。第四类,社会公务劳动。包括党政军、公检法的劳动。卫兴华认为能够创造价值并不能作为判断劳动重要性的标准,政府公务人员、公检法部门工作人员、军人、警察等他们在国家发展及保卫社会安定方面发挥很大作用,他们的工作十分重要,但他们依靠国家财政而生存,所以他们的劳动是不创造价值的。

---

① 卫兴华. 劳动价值论的坚持与发展问题[J]. 经济纵横,2012(01).

第二，是从财富论与价值论的关系中论证了马克思劳动价值论的科学性。卫兴华不仅论证了劳动价值论的科学性，而且还对西方的供求价值论、要素价值论、效用价值论、边际效用价值论的科学性提出质疑。在经济学说史上，很多经济学家混淆了财富、使用价值、价值的概念，如萨伊认为财富与价值是相互决定的关系，资本、土地、劳动力是财富创造的三要素，自然也是创造价值的要素。美国学者克拉克是劳动价值的积极反对者，他同样将价值与剩余价值的生产问题阐释成了财富的生产与分配问题了。① 卫兴华认为在现实的研究与讨论中，混淆使用财富、使用价值、价值的情况也是普遍存在的：

第一类情况，许多学者认为，劳动生产率带来的财富增加的同时，也必然带来价值的增长。卫兴华从英国产业革命带来劳动生产率提高，而产品的价值和价格却在下降的实例来反驳此观点，英国每磅棉纱的价格从 1786 年的 38 先令下降至 1831 年的 8 先令，说明劳动生产率的提高与单位商品的价值量是成反比的，生产率的提高并未带来价值的增加。再从国际间劳动生产率和价值关系的横向比较及一国劳动生产率和价值关系的纵向比较来分析。发达国家汽车科技含量高但价格却远比国内便宜；再从近几十年来国内电子产品的价格变化来看，科技进步、生产率提高，而电视、电脑、冰箱等的价格却比 10 年前下降了许多。但卫兴华并未否认科技劳动创造价值的观点，他认为科技劳动是一种复杂劳动，它在生产中是可以增加和创造价值的。② 科技人员的发明创造，使得新的机器设备投入生产成为可能，这些新的产品和设备与旧设备相比含有更高的价值。科学技术的创新，推动了整个部门劳动生产率的提高，单位商品的价值降低，投入在单位商品价值中的劳动耗费也降低了，这就相对增加了科学技术在价值创造的作用；结合现实经济情况来说，科技创新的贡献更多地体现在提高劳动生产率的同时大大增加了社会财富。

第二类情况，财富源泉论和价值源泉论混为一谈。卫兴华从《哥达纲领批判》《自然辩证法》《资本论》等马恩著作中还原马克思、恩格斯关于财富源泉的原意。马克思在《哥达纲领批判》中指出："劳动不是一切财富的源泉。自然界同劳动一样也是使用价值的源泉"。恩格斯在《自然辩证法》中阐释："其实，劳动和自然界在一起它才是财富的源泉，自然界为劳动提供材料，劳动把材料转变为财富"。《资本论》第 1 卷第 1 章："上衣、麻布等使用价值，简而言之，种种商品体，是自然物质和劳动这两种要素的结合"。马克思将财富与价值严格区

---

① 卫兴华. 关于深化对劳动和劳动价值论的研究与认识之我见 [J]. 南开经济研究，2001 (05).
② 卫兴华. 走进马克思经济学殿堂 [M]. 北京：中国财政经济出版社，2014：335 – 336.

分开来：财富即使用价值创造的条件和财富的源泉存在区别，生产资料和生产要素如机器设备、工具等是生产使用价值的必要条件，但不是财富的源泉，只有劳动和"自然界"才是财富的源泉。马克思在阐释财富观时，还引用了威廉·配第的名言：劳动是财富之父，土地是财富之母。无差别的人类劳动是价值的唯一源泉，天然土地、矿石、河流等自然资源是不可能成为商品价值的源泉的。卫兴华主张，不管是否认还是赞同马克思的劳动价值论，回到马克思原著中，弄清马克思的原意，厘清财富的源泉、价值源泉的关系是科学把握和认识马克思劳动价值的关键。

三、在理论争鸣中深化对劳动价值论的认识

在现代经济条件下，卫兴华认为应坚持和发展马克思主义劳动价值论。对学界中存在的曲解和否定马克思劳动价值论的观点，进行持续的争鸣和辨析，在辨析中，将马克思劳动价值论的科学性呈现在世人面前。卫兴华在学术争鸣中捍卫真理、为真理正本清源，主张用科学的态度与思维方式来深化劳动价值论的研究。

（一）马克思劳动论并不等于体力劳动论

21世纪初，在我国形成一种似乎只有体力劳动才是劳动的不正确的非马克思主义的概念，科技工作、经营管理、理论工作、学术研究、教学活动……从事脑力工作的不算是劳动。所谓"下放劳动""劳动锻炼""劳动改造""知识分子劳动化"，都是让你去搞体力劳动。由此推之，认为马克思的劳动和劳动价值理论就是指体力劳动，只有体力劳动才创造价值。卫兴华对以上非马克思主义观点进行辨析。他认为，理论界有些学者提出的以体力劳动价值论来替代马克思劳动价值论的观点是缺乏依据的，是不科学的。智力劳动也是马克思劳动价值论的重要内容，马克思劳动价值论中的劳动不仅包括体力劳动也包括智力劳动，他把监工、经理、工程师、工艺师等的劳动列入生产职能中。"我们把劳动力或劳动能力，理解为人的身体即或的人体中存在的、每当人生产某种使用价值时就运用的体力和智力的总和。""有的人多用手工作、有的人多用脑工作，有的人当经理、工程师、工艺师等等，有的人当监工，有的人当直接的体力劳动者或者十分简单的粗工，于是劳动能力的越来越多的职能被列在生产劳动的直接概念下"。[①] 马

---

① 《马克思恩格斯全集》（第23卷）[M]. 北京：人民出版社，1972：190.

克思强调了生产管理者管理劳动的必要性，并将资本家的指挥劳动和监督劳动纳入生产劳动的范畴中。卫兴华从马克思关于科技工作者及经营管理者在劳动过程中发挥作用的论述中总结出，马克思生产劳动论中的生产劳动不仅包括直接为生产服务的各种劳动，还包括间接为生产服务的各种脑力劳动。马克思尤其重视科技劳动在生产中的重要作用。科技工作者所从事的劳动是复杂劳动，在价值创造中与普通工人相比，能够创造出更多的价值，并且在科学技术的不断创新过程中能够加快财富创造速度。马克思认为，劳动力数量及劳动时间是财富创造的重要因素，但随着科学技术的进步，科技在财富创造中所发挥的作用远远超过了传统的劳动力要素。由此可见，马克思十分重视脑力劳动在生产中所发挥的作用，也即肯定了科技在产品的生产与价值与财富创造中的作用。

（二）不应将是否创造价值和创造价值的多少作为判断一种劳动的地位高低和作用大小的标准①

在商品经济中，复杂劳动比简单劳动创造的价值更多些，因而其地位和作用要超过简单劳动。但无论从马克思主义创始人来看，还是从实际社会经济生活来看，有部分不形成价值的生产劳动甚至非生产劳动，也可以是具有更高社会地位和作用的劳动。比如在马克思、恩格斯等曾设想的未来社会主义社会和共产主义社会高级阶段，商品生产和商品交换关系不再存在，劳动不再形成价值。那时的劳动是摆脱了剥削和奴役的"自由人联合体"的劳动，是作为生产资料的主人和社会的主人的劳动，与资本主义创造价值和剩余价值的雇佣劳动相比，其社会地位和作用处于更高层次。再比如，现实社会中的党政干部、军警人员，在马克思看来，他们也付出劳动，甚至是更复杂、更艰巨的劳动。但他们既不生产商品价值，也不生产财富，他们的劳动是非生产劳动。但是从社会地位角度看，政府部长、军队将军、法院院长等，无论在资本主义社会还是在社会主义社会，其社会地位不但不会低于而事实上是远远高于创造价值的一般农民、煤矿工人。卫兴华不赞同党政、军警、公检法部门的劳动也是创造价值的生产劳动的观点。首先，这些部门的劳动虽然具有重要的社会作用和意义，但它们不需要也没有通过等价交换来实现其社会必要性，因此，其劳动价值不存在计量的意义，也难以计量。其次，党政、军警、公检法等公共服务部门在任何社会制度下，都是靠国家财政支出维持的。如果这些部门的劳动也是创造价值的生产劳动，与国有企业一样，那它们也应上缴国家税利而不是依靠财政吃饭。

---

① 卫兴华. 马克思劳动和劳动价值理论的再思考［J］. 江苏行政学院学报，2001（04）.

(三) 不应将劳动价值论作为分配制度的理论和事实依据

理论界的部分学者存在这样一种见解，将劳动价值论作为社会主义实行按劳分配的理论依据，并认为提出按劳分配与按生产要素分配相结合，就是肯定了要素价值论，即要素创造价值，否定了劳动价值论。卫兴华不认同这一见解，并进行了有理有据的论证：① 一是马克思提出社会主义实行按劳分配制度，与劳动价值论无关。因为马克思曾认为社会主义制度下商品生产消亡了，劳动不再形成价值，自然就不存在价值的创造与价值分配问题，因而按劳分配是指个人消费品的实物分配。按劳分配的理论和事实根据是：由于实行社会主义公有制，每个劳动者向社会所能提供的是自己的劳动，从社会取得的是个人消费品；劳动还没有成为生活的第一需要，还仅仅是或主要是个人谋生的手段；生产力的水平还没有达到按需分配的高度；劳动者已成为生产资料和产品的主人等。二是在存在商品价值关系的条件下，价值的生产是价值分配的基础，价值创造的多少制约着价值分配的多少，这是不言而喻的事情。但是，分配方式或分配制度的选择与确定，不是由价值理论决定的。资本主义社会实行按资分配为核心的按生产要素分配，也不是以要素价值论为理论依据，而是以要素所有权为实际依据。三是马克思认为，分配制度首先取决于生产资料所有制度。按生产要素分配，首先取决于要素所有权。利润、利息是资本所有权在经济上的实现，地租是土地所有权在经济上的实现。我国实行按劳分配为主体、按劳分配与按生产要素分配相结合，是以在所有制结构上实行公有制为主体、多种所有制经济共同发展为现实依据的。

(四) 马克思并没有轻视脑力劳动、科技工作和经营管理劳动在价值创造中的作用

有人认为马克思不重视脑力劳动、科技工作和经营管理劳动在价值创造中的作用，卫兴华认为此观点是毫无根据的。马克思在谈到一般劳动者时，也并未认为他们的劳动仅仅是体力支出。他说："我们把劳动力或劳动能力，理解为人的身体即活的人体中存在的、每当人生产某种使用价值时就运用的体力和智力的总和。"② 这表明，劳动不仅包括了体力支出也包括智力的支出。

不仅在企业内部直接或间接为生产服务的包括脑力劳动在内的各种劳动是生产劳动，即使在企业外部直接或间接为生产服务的脑力劳动，如从事建筑、技

---

① 卫兴华. 三论深化对劳动和劳动价值论认识的有关问题 [J]. 高校理论战线，2002 (01).
② 《马克思恩格斯全集》(第23卷) [M]. 北京：人民出版社，1972：190.

术、产品设计等工程技术人员的劳动,用于生产的科技发明和创新的劳动,也是生产劳动。马克思不仅肯定科学技术在生产产品和价值中的作用,还特别重视它在创造社会财富中日益重要的具有决定性的作用。科学技术在生产中的贡献,要区分两个方面:一方面,科技工作作为一种复杂劳动,它比普通工人的劳动可创造更多的价值,因此科技人员应获得更高的报酬;另一方面,是不断创新的科学技术在创造社会财富中的巨大作用。一个国家的富有程度,人民生活水平的提高程度,不是简单取决于劳动者和劳动时间的增加(并不排除多劳动,多收入),而是取决于同等的和较少的劳动耗费,生产出日益增加的社会财富即使用价值。这就要依靠科技进步。科技越发展,直接劳动在创造社会财富中的作用便相对越小。

随着社会化生产的发展和科技革命的不断推进,经营管理的作用也愈加显得重要。马克思肯定了生产管理的必要性,肯定了厂长(经理)等的管理劳动(也称之为"指挥劳动"和"监督劳动")也是生产劳动,但他不可能预见到在当今社会经济发展新形势下经营管理的复杂性和所面临的巨大挑战。如果从贡献来看,一个优秀管理人员在组织生产中的作用和所创造的价值要远超过一个普通职工。但评价经营管理者的劳动,除此之外,还要看他在实现商品从而实现价值方面的重要作用。

四、对价值论和财富论关系的探究

对劳动价值论的研究和深化是理论界长期关注的内容。理论界对马克思财富论的关注和研究较少,但在对马克思劳动价值论进行肯定或否定的研究中,难以避免的会涉及财富论的内容。卫兴华重视马克思财富论及其当代意义的研究,并对马克思劳动价值论和财富论的关系进行了阐释。

(一)阐释了价值论和财富论的区别

卫兴华从马恩著作的相关论述中对价值论与财富论的联系和区别进行详细阐释。① 首先,二者的适用范围不同,马克思的财富论与价值论相比,适用范围更广。马克思劳动价值论适用性要以商品经济为条件。马克思的劳动价值论在一切商品经济中都是适用的,包括小商品经济、资本主义商品经济和社会主义商品经济。价值是一个历史范畴,在简单商品经济、资本主义经济和社会主义经济中存

---

① 卫兴华. 马克思的价值论与财富论的联系与区别[J]. 经济纵横, 2009 (06).

在价值和价值形式，价值要通过货币的形式来体现它的存在。但商品价值关系不是永恒范畴。在原始社会的几百万年中，只能是完全的自然经济，不存在商品与价值关系。马克思曾预计，在社会主义制度下，商品生产和价值将消亡，因而是历史范畴。但实践证明，商品经济在社会主义一直存在并得以发展。马克思的财富论适用于一切社会形态，更适用于社会主义和共产主义社会。马克思曾预计，当未来社会主义制度下，商品生产消亡了，以使用价值为内容的财富将以实物形式满足社会成员的物质文化需要。社会主义将最终实现使"集体财富的一切源泉充分涌流"，达到"以所有的人富裕为目的"。在马克思的著作中，价值与财富是两个既相联系又有区别的概念。根据历史唯物论，人类生存与发展，离不开吃穿用的需要，这就需要通过劳动生产物质财富。人们的生活需要满足的程度，取决于财富生产的多少。社会经济越发展，社会的财富总量也将增加得越快；而随着社会财富的增加，人类社会也越发展，二者相互依存与相互促进。由使用价值构成的财富，会以产品的形式独立存在，而价值则不然，在发展了的商品经济中，价值只能通过货币表现其存在。人们重视作为一般等价物的货币，归根到底，并不在于价值或货币自身，而在于作为价值表现物的货币可以转化为相应的财富即使用价值。[①] 正因为这样，在现实经济生活中，往往把货币也作为财富。马克思从价值或货币形态上讲财富时，称其为"抽象财富"，意指它是可以转化为各种具体财富的一般财富。从马克思的"而物质财富就是由使用价值构成的"论述中，可看出财富与使用价值具有相同的内涵。使用价值不是历史范畴而是永恒范畴，在社会发展中永恒存在，因此不仅适用于资本主义社会也适用于社会主义社会，不仅适用于社会主义初级阶段而且适用于共产主义阶段。在商品经济中，使用价值（财富）是价值的物质承担者，是商品价值的载体。在商品经济产生以前的自然经济和在未来的共产主义产品交换经济中，价值将不再存在，但财富（使用价值）依然存在。无论人类社会发展到哪个阶段，人们都离不开使用价值，离不开满足自身物质需要的衣食住行方面的财富。

（二）对劳动不是财富唯一源泉的解读

马克思和恩格斯在许多论著中一再强调劳动不是财富的唯一源泉。劳动和自然物质（有时提"自然界"）一起构成财富的源泉。卫兴华对此问题进行解读，并澄清相关理论是非。

---

① 卫兴华. 马克思的财富论及其当代意义 [J]. 经济问题, 2019 (02).

1. 劳动是价值的源泉，但不是财富的唯一源泉

劳动和生产资料既是生产价值所必需要素，也是生产使用价值（财富）所必需的要素。但生产要素与源泉不是一个概念。讲价值的源泉，是讲价值的实体是由什么构成的。商品价值是由活劳动和物化劳动共同构成的，其中物化劳动在产品的生产过程中实现了转移，转移到了新产品中，而活劳动在产品生产过程中形成新价值，即创造出产品的新价值。因此，价值的实体是由人类一般劳动构成，非劳动要素不能转化为价值的实体部分，也不能生产出新价值。在《资本论》中生产使用价值（财富）的"简单要素"主要包含劳动、劳动对象和劳动资料，在任何社会发展阶段，这三个"简单要素"都是生产使用价值（财富）必需的要素。随着生产力的发展，生产使用价值的要素也变得更加丰富，比如，科学技术、经营管理等也应纳入生产使用价值的要素中。马克思强调："随着大工业的发展，现实财富的创造较少地取决于劳动时间和已耗费的劳动量，较多地取决于劳动时间内所运用的动因的力量，而这种动因自身——它们的巨大效率——又和生产它们所花费的直接劳动时间不成比例，相反地却取决于科学在生产中的应用"。由此看出，随着科学技术的日益创新，生产力向前发展，劳动生产率得以提高，劳动在经济发展中所发挥的作用越来越小，科技要素在财富生产和增长中起了决定性的作用。但这并不意味着，"简单要素"（劳动、劳动对象和劳动资料）和科技、管理等这些生产财富的要素就是财富的源泉。

2. 劳动和自然物质是财富的源泉

卫兴华从马恩论著关于财富源泉的论述中探寻发现，劳动和自然界的物质共同构成财富的源泉。马克思和恩格斯在多部著作中财富的源泉进行了论述。马克思在《资本论》第1卷中讲商品理论时，就写了这样一段话"上衣、麻布等等使用价值，简言之，种种商品体，是自然物质和劳动这两种要素的结合。如果把上衣、麻布等包含的各种不同的有用劳动的总和除外，总还剩有一种不借人力而天然存在的物质基质。""不仅如此，他在这种改变形态的劳动本身中还要经常依靠自然力的帮助。因此，劳动并不是它所生产的使用价值即物质财富的唯一源泉。正像威廉·配第所说，劳动是财富之父，土地是财富之母。"[1] 马克思在《哥达纲领批判》中对财富的源泉作出如下论述："劳动不是一切财富的源泉，自然界同劳动一样也是使用价值的源泉。"[2] 恩格斯在《自然辩证法》一书中也涉及财富的源泉问题：劳动和自然界在一起才是一切财富的源泉，自然界为劳

---

[1] 《资本论》（第1卷）[M]. 北京：人民出版社，2004：56-57.
[2] 《马克思恩格斯选集》（第3卷）[M]. 北京：人民出版社，1995：298.

提供材料,而劳动把材料变为财富。"① 卫兴华认为,马恩著作中关于什么是财富源泉的论述是非常明确的,并认为马恩关于财富源泉的观点具有科学性。从而他提出,任何物质财富即使用价值经过一层一层的分解,最终都会转化为劳动和自然物质这两个要素。②

(三) 强调财富论对经济社会发展的意义

进入 21 世纪以来,卫兴华开始关注马克思的财富论,他认为,随着科学技术的发展,科技创新成为引领经济发展的关键,在这个新的社会发展背景下,与价值论相比,研究马克思的财富论,更加贴近社会经济发展现实。马克思明确指出,在经济社会发展到一定阶段,在人们追求和实现共同富裕目标的过程中,人们可自由支配时间的逐渐增加并成为人们广泛认可的衡量财富的尺度,"财富的尺度决不再是劳动时间,而是可以自由支配的时间。以劳动时间作为财富的尺度,这表明财富本身是建立在贫困的基础上的",③ 这与人的全面发展的理念是相一致的。随着科学技术的发展与创新,社会生产力不断向前发展,劳动生产率持续得到提高,人们劳动的时间逐渐缩短,社会财富也随之增长,可自由支配的时间(休闲时间)随之增加。在现代经条件下,马克思财富论的现实意义更加凸显。卫兴华从我们当前出现的两个新的社会经济因素来阐明马克思财富论的现实意义:第一,在当前国际经济体系中,纸币早已代替金属货币执行世界货币的职能,然而纸币本身并没有价值,不能起价值尺度作用,只能做价格尺度,商品价格变动已无法反映价值变动趋势。联系实际看来,我国经济总量在世界经济中排名第二,但在 GNP 和 GDP〔反映使用价值(财富)的指数〕上与排名第一的美国相比存在差距,这个差距不是劳动价值方面的差距,而是因为美国的劳动生产率高于我国的劳动生产率,导致美国生产的财富总量和人均财富拥有量远远超过我国。④ 与马克思财富论相联系,我国要实现缩小与发达国家的差距目标,增加社会财富的总量,提高人们的平均拥有的财富量,就要通过依靠科技创新驱动的方式,提高劳动生产率,降低物化劳动和活动劳动在生产财富中的投入量。第二,经济全球化背景下,国际贸易在一国经济中占据重要地位。在各国的国际贸易中,世界范围的社会必要劳动时间决定了各国贸易商品的价格和价值量。我国

---

① 《马克思恩格斯选集》(第 4 卷)[M]. 北京:人民出版社,1995:373.
② 卫兴华. 马克思的价值论与财富论的联系与区别[J]. 经济纵横,2009 (06).
③ 《马克思恩格斯全集》(第 46 卷)下[M]. 北京:人民出版社,1980:217-218.
④ 卫兴华. 重视马克思财富论的现代意义[N]. 人民日报,2019-1-21 (009).

是发展中国家，由于生产率与发达国家存在差距，生产产品的国内必要劳动时间比发达国家更长，生产单位产品所付出的劳动量也更多，在交换的过程中实现的实际交换价值低于付出的劳动量和劳动时间，意味着较多的国内价值在国际交换中被换算成了较低的国际价值。因此，卫兴华认为，我们要将马克思财富论运用到现实当中，就要依靠科技创新的力量，转变经济增长方式，由高投入、高消耗的粗放型增长转向低投入、低消耗集约型的增长方式，要更加注重经济发展的效益和质量，通过各种方式提高劳动生产率，减少生产社会财富所需的劳动时间，在满足我国人民日益增长的美好生活需要的同时，提高我国在国际上的竞争力。①

对社会进步来说，特别是对社会主义国家的发展来说，重要的不是付出更多的劳动耗费，生产出更多的价值量。而是要用相对较少的劳动耗费（包括活劳动和物化劳动）生产出更多的产品即社会财富。社会主义的根本任务是发展生产力，经济发展是我们的主题；社会主义的根本目的是实现共同富裕，提高人民的生活水平是我们的根本出发点。多投入活劳动和物化劳动增加产出和提高劳动生产率增加产出是经济发展的两条不同途径。马克思财富论与提高劳动生产率增加产出的路径具有相同内涵。只有提高劳动生产率，才能给人民带来实惠，提高人均国内生产总值。科技进步的巨大贡献和决定性作用，在于提高劳动生产率，增加社会财富，而不在于创造更多的价值。②

第二节 对生产力理论的探索、发展与创新

生产力理论是马克思唯物史观与《资本论》的基础性理论，生产力是社会发展的最终决定力量。社会主义的根本任务是解放生产力、发展生产力，最终实现共同富裕，因此，怎样更好更快的发展生产力是中国特色社会主义政治经济学研究的重要内容。卫兴华从 20 世纪 80 年代就开始对马克思生产力理论进行探索，在生产力研究方面取得了丰硕了理论成果。在探究马克思生产力理论时，他始终坚持尊重马克思的原意，实事求是地探索马克思生产力理论的内涵。卫兴华对马克思生产力理论的认识和理解也随着社会主义的发展与实践在不断深化与发展，并将马克思的生产力理论用于分析社会主义的经济实践，用实践来检验马克思生

---

① 卫兴华. 马克思的财富论及其当代意义 [J]. 经济问题, 2019 (02).
② 卫兴华. 关于劳动和劳动价值论讨论中的几个问题 [J]. 甘肃省经济管理干部学院学报, 2001 (03).

产力理论的时代价值。

一、对生产力理论内涵的探究

(一) 对生产力概念的界定和阐释

学术界关于马克思生产力理论的探讨从未停止过，但很少有人能够全面、准确地将马克思的生产力内容完整、准确的呈现出来。在当前我国经济转型时期，弄清生产力概念及具体内容对生产力的发展与提高具有重要的现实意义。目前学界普遍认为：生产力就是人类生产物质资料的能力。卫兴华通过引证马克思的相关论述来证明劳动生产力的内容就是生产力的内容，以此来证明劳动在生产力中的重要性。

1. 对生产力的概念进行界定

弄清生产力的概念是把握生产力理论内涵的基础和前提。卫兴华从《资本论》的相关论述中把握生产力的概念，他指出，马克思不仅具体说明了生产力包括哪些要素，而且也说明了生产力具体包含的内容。马克思在《资本论》中指出："生产力即生产能力及其要素的发展"，① 是指人们生产使用价值或财富的能力。马克思又说："生产力当然始终是有用的、具体的劳动的生产力"，② 也就是具体劳动生产使用价值或财富的能力。马克思还指出："一切生产力即物质生产力和精神生产力"。③ 这表明，生产力既是生产物质财富的能力，又是生产精神财富的能力。在一般情况下，讲生产力，或讲生产力的决定作用主要与物质生产力相联系。有的政治经济学教材将生产力定义为人类改造、控制、征服自然的能力，卫兴华认为这一定义不符合马克思原意，而只是表明了在生产中人与自然的关系，反映人类利用和改造自然的能力大小，却没有包含生产力自身的内涵是什么和发展生产力的目的等内容。人类利用和改造自然，并不是目的和结果，人类利用和改造自然的目的是生产出物质财富和精神财富，满足人的物质文化需要。卫兴华根据马克思原意对生产力做了这样的界定："生产力是人们生产物质资料的能力。它表示人们适应自然、利用自然和改造自然的水平，反映了人和自然界的关系。生产力的构成包括人的因素和物的因素，也包括被利用的自然力如风

---

① 《马克思恩格斯文集》（第7卷）[M]. 北京：人民出版社，2009：1000.
② 《马克思恩格斯文集》（第5卷）[M]. 北京：人民出版社，2009：59.
③ 《马克思恩格斯全集》（第46卷）上 [M]. 北京：人民出版社，1979：173.

力、水力和其他自然资源，还包括科学技术以及在生产中的分工协作和生产组织等社会结合方式。"① 这一定义包含了三层含义：什么是生产力；生产力表示什么关系；构成生产力的要素是什么。因此，卫兴华对生产力的定义是符合马克思原意的，是科学和全面的。

2. 对劳动生产力、生产力和劳动生产率等概念的区分

在《资本论》中，关于生产力、劳动生产力、社会生产力、劳动生产率等概念的使用频繁出现。20世纪80年代，卫兴华在《关于生产力的内容和发展生产力的问题》一文中对这些概念进行了阐释和说明，他援引马克思的相关论述来证明劳动生产力和生产力内涵的一致性。② 例如，关于商品的价值量与劳动生产力的关系，马克思曾这样论述："既然生产力属于劳动的具体有用形式，……因此，不管生产力发生了什么变化，同一劳动在同样的时间内提供的价值量总是相同的。但它在同样的时间内提供的使用价值量会是不同的：生产力提高时就多些，生产力降低时就少些。"③ 显然，这里的生产力概念同劳动生产力、劳动生产率是同义的。在《资本论》中，马克思也经常把劳动生产力同生产力作为同义词换用。在《资本论》中讲"不论在一定的情况下结合工作日怎样达到生产力的这种提高……结合工作日的特殊生产力都是社会的劳动生产力或社会劳动的生产力。这种生产力是由协作本身产生的"，④ 这里突出强调社会的劳动生产力，以与个人的劳动生产力相区别。这里生产力与劳动生产力的概念也是通用的。马克思在论述相对剩余价值生产时，同样将生产力与劳动生产力作为相同的概念使用："相对剩余价值与劳动生产力成正比。它随着生产力提高而提高，随着生产力降低而降低。"⑤。马克思把劳动生产力又区分为劳动的社会生产力（或社会劳动生产力）和劳动的自然生产力。前者是指由劳动者的熟练程度、科学的发展和工艺上的应用、生产的社会结合、生产资料的规模和效用等因素形成的生产力，后者是指对自然条件的利用而形成的生产力。

卫兴华认为，马克思把生产力又称作劳动生产力主要有两方面的原因：首先，生产力只能是具体劳动的生产力，是在劳动过程中表现出来的生产力；其次，马克思强调一切生产力都是劳动的生产力，是为了把它同资产阶级经济学的

---

① 马昀, 卫兴华. 用唯物史观科学把握生产力的历史作用[J]. 中国社会科学, 2013（11）.
② 卫兴华. 关于生产力的内容和发展生产力的问题[J]. 哲学研究, 1980（11）.
③《马克思恩格斯全集》（第23卷）[M]. 北京：人民出版社, 1972：59-60.
④ 马克思.《资本论》（第1卷）[M]. 北京：人民出版社, 2004：382.
⑤ 马克思.《资本论》（第1卷）[M]. 北京：人民出版社, 2004：371.

生产力概念区分开来。① 资产阶级经济学强调土地生产力、资本生产力等并将其同劳动生产力相并列，认为在劳动生产力之外，还有种种可独立起作用的生产力。因而它用土地生产力说明地租的来源，用资本生产力说明利息或利润的来源，等等。资产阶级庸俗经济学突出强调的是资本的生产力，他们把一些一切的劳动成果都归功于资本的作用，例如，他们把由协作和分工、科学及自然力等形成的生产力，都看作是资本的生产力。这是因为，在资本主义生产过程中，生产力的各个因素都是在资本的统治下结合起来并实现其作用的。于是"社会劳动的一切生产力都表现为资本的生产力""就连社会地发展了的劳动的形式——协作、工场手工业……工厂（作为以机器体系为自己的物质基础的社会劳动形式）——都表现为资本的发展形式，因此，从这些社会劳动形式发展起来的劳动生产力，从而还有科学和自然力，也表现为资本的生产力。"② 生产劳动是一切现实生产力的前提，离开生产劳动来谈生产力是不可行的。因此，一切生产力归根结底都是劳动的生产力。③ 马克思在分析商品经济的生产条件时明确指出："劳动生产力是由多种情况决定的，其中包括：工人的平均劳动熟练程度，科学的发展水平和它在工艺上的应用程度，生产过程的社会结合，生产资料的规模与效能，以及自然条件"。④ 由此表述可看出，任何的生产力要素只有与劳动过程相结合，才能转化为现实的生产力。工人所掌握的技术只有运用于生产才有其存在的价值，科学技术如果不用于生产劳动，也就不能称其为科学，生产资料只有被运用到生产中与劳动相结合才能实现其价值。自然资源如果未进入生产过程与劳动结合，只能被称为潜在的生产力，只有劳动才能使自然资源成为现实的生产力。

（二）关于生产力构成要素的研究

卫兴华认为，马克思的生产力理论内涵十分丰富，不仅包含劳动者、劳动对象及劳动工具三个基本要素，还应包括科学、管理、分工、协作等要素。马克思在《资本论》中非常详细地论述了科学、管理等要素是如何推动资本主义经济向前发展的，分析了企业的经营管理应该怎样才能得到改善、怎样通过提高科学技术来发展生产力、怎样通过分工合作来发展生产力、怎样通过利用自然力发展生产力。⑤

---

① 卫兴华．关于生产力的内容和发展生产力的问题［J］．哲学研究，1980（11）．
② 《马克思恩格斯全集》（第26卷）Ⅰ［M］．北京：人民出版社，1972：418、420．
③ 卫兴华．走进马克思经济学殿堂［M］．北京：中国财政经济出版社，2014：240．
④ 《马克思恩格斯全集》（第23卷）［M］．北京：人民出版社，1972：53．
⑤ 卫兴华．《资本论》与中国特色社会主义政治经济学［J］．政治经济学评论，2017（05）．

1. 以动态、发展的视角把握生产力要素的内涵

多年来，学界关于生产力的争论集中在生产力二要素论和三要素论。卫兴华认为在理解生产力内涵时，不能仅片面地强调人的因素或是物的因素，而在物的因素中不能只注重劳动工具而忽视自然资源的作用，应以动态的、全面的、发展的角度来理解生产力的内容。包含生产者、劳动工具及劳动对象的生产力三要素论具有一定科学性，但不够全面。20 世纪 80 年代，卫兴华在其发表的《关于生产力的内容和发展生产力的问题》（《哲学研究》1980 年第 11 期）一文中，提出了生产力多要素论，并认为生产力的决定因素就是生产力的构成因素，因此，管理、协作、分工、科学、自然力等因素也应纳入生产力要素中。他提出的生产力多要素论已被学界普遍接受，并被实践证明具有科学性。他认为，生产力二要素论将劳动对象、劳动资料排除在生产力内容之外是不科学的，劳动对象同样是生产力的重要因素。① 自然资源及原材料是劳动对象的重要内容。在早期社会文明时代，自然物质资源是人们进行生产的主要来源，但随着社会的发展、科技的进步，新的原材料、合成材料等新的劳动对象不断增多，这些新的劳动对象会带来新的生产工具及新产品。实践证明，劳动对象的数量和质量会对生产力发展的状况产生影响，影响和制约着人们改造自然的能力。一般来说，原材料富足区域，生产力发展比较迅速，而原材料匮乏区域，生产力发展相对缓慢。这在古典政治经济学要素禀赋论中也有所体现。卫兴华认为，既然自然资源属于生产力的重要内容，是生产力发展的重要因素，那我们在经济发展过程中要尊重自然，保护好自然资源，合理的利用自然资源，发挥自然资源在促进生产力发展中的作用。他还对生产组织和经营管理这一现实生产力内容进行了分析，认为资本家的生产组织与经营管理职能具有双重性质，在资本主义生产中，由资本家或其代理人担任监督管理的职能，这属于生产力范畴，但从资本家组织和管理工人的过程中，对工人实行剥削和压榨，又体现了一种阶级关系，所以它属于生产关系范畴。

2. 突出强调科学作为独立生产力要素所发挥的作用

卫兴华根据马克思原著的相关论述，着重强调科学是生产力的重要内容，必须作为独立要素来进行分析。早在 100 多年以前，马克思就十分重视科学作为生产力所发挥的作用，肯定了"科学作为生产过程的独立因素"；科学技术的发展与应用推动新的生产工具的产生，并使劳动对象也发生了变化，并促进新工艺的产生。马克思在《政治经济学批判（1861—1863 年手稿）》中专门有一节讲"机器、自然力和科学的应用"，其中说道："生产过程成了科学的应用，而科学反过

---

① 卫兴华. 走进马克思经济学殿堂［M］. 北京：中国财政经济出版社，2014：242.

来成了生产过程的因素即所谓职能。……科学获得的使命是：成为生产财富的手段，成为致富的手段。"① 由此可见，科学技术是生产力要素的重要构成部分，在生产力发展过程中发挥着日益显著的作用。这既是马克思的科学结论，也被社会历史发展的实践所证实。马克思在《资本论》中研究的是资本主义经济制度，在当时他已经注意到资本主义在发展生产力中怎样利用先进的科技、怎样有效利用自然力、怎样改进企业管理、怎样通过改变独立的手工业的生产方式采用简单协作和分工协作推动生产力的发展。马克思敏锐地发现，随着社会历史的发展，生产力要素也在发展，新的生产要素不断出现。卫兴华认为，随着经济社会的发展，新的先进的生产要素不断涌现，生产要素的内涵更加丰富，诸如互联网、大数据等，生产的自动化、信息化、智能化水平不断提高，形成了新的生产方式、产业模式和经济增长点。②

邓小平强调指出，现代化生产中，科学技术是第一生产力。科学技术作为生产力要素的观点已在政治经济学界达成了普遍共识，但还有不少学者不把科学作为独立的生产力要素进行研究，而是认为它只是在生产过程中渗透到三要素中起作用。关于新的科技可以作为独立的生产要素在生产中发挥作用，马克思在《资本论》中有作出明确论述："大工业则把科学作为一种独立的生产能力与劳动分离开来"③，"科学作为独立的力量被并入劳动过程而使劳动过程的智力与工人相异化"。④ 例如，在农业生产方面，在劳动者、劳动对象与劳动资料基本不变的情况下，依靠科学的施肥和新的灌溉方法可以使农业生产力得以提高。在工业生产中，各要素结构的科学组合可以直接推动生产力的发展。在 21 世纪现代经济生活中，许多传统产业依靠信息通信技术和互联网平台，通过大数据的分析与整合与互联网产业深度融合，改变生产方式，实现转型升级，为经济发展注入新的活力和动力，提升社会的创新力。

科学技术在生产力系统中发挥着日益重要的作用。习近平总书记在党的十八届五中全会上提出创新、协调、绿色、开放、共享的新发展理念，其中创新发展居于首要位置，"把创新作为引领发展的第一动力"。⑤ 这些新理念是对科学技术是生产力、是第一生产力思想的发展。我国在已经实现全面小康，迈向实现第二

---

① 《马克思恩格斯文集》（第 8 卷）[M]. 北京：人民出版社，2009：35 – 357.
② 卫兴华，田超伟. 论《资本论》生产力理论的深刻内涵与时代价值 [J]. 中国高校社会科学，2017（04）.
③ 《马克思恩格斯文集》（第 5 卷）[M]. 北京：人民出版社，2009：418.
④ 《马克思恩格斯文集》（第 5 卷）[M]. 北京：人民出版社，2009：743.
⑤ 在党的十八届五中全会第二次全体会议上的讲话（节选）[J]. 求是，2016（01）.

个百年奋斗目标的新征程上,要加快转变经济发展方式,注重发挥科技创新要素在生产中的作用,瞄准世界科技前沿,全面提升科技创新能力,力争在基础科技领域做出大的创新,在关键核心技术领域取得大的突破。要全面实施创新驱动发展战略,落实战略性新兴产业发展规划,加快人工智能、集成电路、第五代移动通信等技术研发和转化,推动3D打印、移动互联网、云计算、大数据等领域取得新突破。

(三)探究生产力发展的动力和源泉

卫兴华将理论与实践相结合对生产力发展的动力和源泉问题进行探究。

1. 从理论层面对生产力发展进行追溯

在理论层面,卫兴华对马克思是怎样分析生产力的发展进行了追溯,以更好呈现马克思开创的唯物史观关于生产力和生产关系的基本原理。生产力是推动人类社会发展、生产关系变革以及制度变迁的最终决定力量。生产力决定生产关系,生产关系要适应生产力的发展状况,这是马克思唯物史观中关于生产力与生产关系的运动规律的基本内容。马克思在《〈政治经济学批判〉序言》对生产力和生产关系的矛盾作出相关论述,即"社会的物质生产力发展到一定阶段,便同它们在其中运动着的现存关系……发生矛盾,于是这些关系便由生产力发展的形式变成生产力的桎梏。"① 在这里马克思指出,生产力和生产关系的矛盾会妨碍生产力的发展,而不是生产力发展的根源。生产力和生产关系的矛盾和解决,有利于生产力的发展,但不是生产力发展的根源。马克思说:任何生产力"都是以往活动的产物,生产力是人们应用能力的结果"。② 也就是说,生产力是人们在物质生产中所进行的"活动的产物",是应用自己能力即实践能力的结果。从原始社会到近代社会,生产力或慢或快的发展,无一不是人们生产活动的结果和实践能力的结果。有观点认为,生产力自己不会发展,要靠生产关系等外在的力量来推动其发展。卫兴华认为,生产力作为社会发展最活跃、最革命的因素,在不需要外力助推的情况下生产力会自行向前发展,并有其自身的内在原因和发展规律。③ 生产力中的劳动者是主动因素,非劳动因素是被动因素,是劳动者主导着生产力的发展,是劳动(包括体力劳动和脑力劳动)利用生产资料和其他生产要素,推动着生产力的发展。这正是马克思强调生产力是劳动的生产

---

① 《马克思恩格斯文集》(第2卷)[M]. 北京:人民出版社,2009:591.
② 《马克思恩格斯文集》(第2卷)[M]. 北京:人民出版社,2009:43.
③ 马昀,卫兴华. 用唯物史观科学把握生产力的历史作用[J]. 中国社会科学,2013(11).

力之意义所在。

2. 从实践层面讨论生产力发展的动力和源泉

卫兴华认为,在探讨生产力发展的动力和源泉问题时应从实践上对四个方面的内容进行分析,[①] 一是弄清人类发展生产力的目的。人类发展生产力最为直接的目的就是维持生存和生活,满足吃喝穿住等方面的需求,因此,人类起初的物质需求是发展生产力的动因,在经济社会发展到一定阶段后,人类对精神方面的追求也成为生产力发展的动因。二是探讨如何发展生产力的问题。人类发展生产力的历史,是劳动者通过劳动作用于劳动对象生产物质财富和精神财富的历史。在生产力诸要素中,劳动者居于首要地位,生产力各要素作用的充分发挥、效能的提高、组合的优化都要依靠劳动的劳动来实现,以推进生产力的提高。劳动者熟练程度的提高、文化和科技知识的增长,会提高生产力;科学的发明与创新,先进技术设备的引进,会对生产力发展起较大促进作用;管理水平的提高和现代化,能有效提高劳动生产力;生产资料数量的充足和质量的提高,是提高生产力的重要条件;自然力在生产中的充分应用会降低生产力的成本;搞好分工协作和生产组织,也会促进社会劳动生产力的提高;等等。生产力作为最活跃和最革命的因素,会自行发展,有其自己的发展规律。充分发挥各生产要素的功能和综合功能,让劳动推动生产力更好更快地发展,是快速发展生产力的关键。由此,劳动与诸生产要素结合从而推动生产力的发展,也可作为生产力发展的动力。三是要探究生产力为什么会不断发展。生产力诸要素的内在矛盾都是生产力发展的重要源泉。人类在适应、利用和改造自然过程中所产生的矛盾能够提高应对和创新能力,如人类发明弓箭进行狩猎,到结网捕鱼、造船过河、兴修水利,到现代的人造卫星、航天科技等,都是人与自然斗争的成果;劳动者技能不能适应先进机器设备的矛盾;生产工具与劳动对象、生产工具和生产工具的矛盾,如纺纱业跟不上织布业,炼钢设备的生产能力与轧钢设备的能力要相互匹配等矛盾的解决有利于生产力的发展;要素驱动发展与创新驱动发展的矛盾,即低成本的劳动要素和资源要素驱动经济增长与新生产能力的需求发生矛盾时,要素驱动型发展不得不向创新驱动型发展转变等;生产力发展与废弃物的堆积和污损环境的矛盾,促使人们发展循环经济。通过分析生产力诸要素的内在矛盾,卫兴华认为,生产力是会自己发展的,而且是持续或连续地发展着,并在发展中不断增强自己的能力。正因为如此,生产力才能成为最革命最活跃的力量,决定着生产关系的性

---

① 卫兴华. 科学把握生产力与生产关系研究中的唯物史观——兼评"生产关系决定生产力论"和"唯生产力标准论"[J]. 清华政治经济学报, 2014 (01).

质,并成为社会历史发展的最终决定力量。① 以上的论证也足以说明生产力诸要素的内在矛盾是生产力发展的内在源泉和内在动力。四是生产关系在生产力的发展中起了什么作用。从狭义上看,生产关系指的是生产过程中所呈现出来的关系;从广义看,生产关系指的是生产关系体系,它不仅包括基础层次的所有制和生产资料与劳动者的结合方式,也包括与此相适应的狭义的生产关系以及交换关系和分配关系。卫兴华认为,生产关系对生产力的发展会起促进、适合作用,或因阻碍而变革调整,以重新适合。生产力发展以生产关系为基础,而生产关系须适应生产力的发展而发展与变化,这是历史唯物主义的基本原理。没有脱离开生产关系的生产力,也没有脱离开生产力的生产关系。新旧生产关系对生产力的作用有所不同,新的生产关系适应生产力的性质和水平,可促进生产力的发展,而旧生产关系会阻碍着生产力的发展,一旦发生阻碍作用时就会被生产力的发展所打破,产生新的适合生产力发展的生产关系。有的学者在肯定生产力决定生产关系的前提下,提出生产关系是生产力发展动力的主张,认为生产力自己不会发展,而是靠生产关系来推动,卫兴华认为此观点不符合马克思主义理论原理,也不符合历史事实。例如,马克思在分析资本主义经济危机时,揭示资本主义生产关系已不适合生产力的发展。但他又根据历史事实说明,危机过后会出现新的繁荣或高涨,而且,危机过后经济的快速发展往往会超过危机前的水平。用新的生产关系的推动来说明这一现象显然是不合理的,这一现象与固定资本的周期更新直接相关。

二、着力研究生产力标准和价值标准的统一

卫兴华撰写了大量论文,对发展生产力和社会主义生产关系相统一、生产力标准与价值标准的统一、发展生产力与发展社会主义生产关系和上层建筑相统一等理论问题进行论述和评析,并对机械生产力决定论、唯生产力论和唯生产力标准论等观点进行辩驳,以丰富马克思的生产力理论。

(一)主张从生产力标准和价值标准相统一对社会主义制度进行评价

怎样正确认识和处理好社会主义的生产力标准与价值标准的统一,是一个值

---

① 卫兴华.科学把握生产力与生产关系研究中的唯物史观——兼评"生产关系决定生产力论"和"唯生产力标准论"[J].清华政治经济学报,2014(01).

得重视和研究的理论与实际问题。评价社会主义的得失成败,既要用生产力标准去判断,又要以价值标准去判断。① 发展生产力不是最终目的,而只是实现最终目的的手段,消灭剥削、消除两极分化,最终实现共同富裕才是发展社会主义的根本目的。社会主义制度最根本的要求就是快速发展生产力和实现共同富裕。而共同富裕目标体现了消灭剥削和消除两极分化,体现了社会主义公平。这两条标准的统一性是马列主义的创始人一再强调的内容。马克思说:在未来的新社会制度中,"社会生产力的发展将如此迅速,……生产将以所有人的富裕为目的"。② 列宁既强调社会主义要创造出比资本主义更高的劳动生产率,又指出通过发展生产力"使所有的劳动者过最美好最幸福的生活"。③ 邓小平同志的社会主义观与马克思和列宁的观点相一致,他提出社会主义的本质:从生产力标准来看就是"解放生产力,发展生产力";从社会主义价值标准来看就是"消灭剥削,消除两极分化,最终达到共同富裕"。两者是互为条件、互相促进的。大力发展生产力为消灭剥削、消除两极分化,实现共同富裕奠定物质基础。只有生产力高度发展,物质文化财富实现了充分涌流,共同富裕的目标才能完全实现。在社会主义制度下,生产资料公有制和按劳分配制度为遵守和运用生产力标准与价值标准提供保证。在私有制条件下,生产力也可以有所发展,但不可能实现消灭剥削,消除两极分化,达到共同富裕的目的。因此,邓小平同志将公有制和按劳分配作为社会主义的根本原则。社会主义公有制与按劳分配将生产力标准与价值标准内在地整合在一起。马克思主义之所以强调公有制是社会主义经济制度的基础,我国在现阶段强调公有制的主体地位,就是因为只有依靠公有制才能把资本主义私有制的内在矛盾消除,并有效预防和化解经济危机,为生产力的解放和发展开辟更广阔的空间。与分散的,狭小的个体小生产相比,社会主义公有制更有利于实现社会化大生产。另外,公有制与按劳分配是社会主义公平正义的体现。在公有制的生产资料面前,人人平等。按劳分配将各个人的劳动成果与其收入直接挂钩,体现了社会主义的公平分配,即体现了社会主义价值标准。

邓小平同志提出了三条"是否有利于"来判断改革开放和一切工作是非得失的标准,而其实"三个有利于"的标准与生产力标准与价值标准的统一具有一致内涵。第一条"是否有利于发展社会主义社会的生产力",其实就是生产力标准;第三条"是否有利于提高人民的生活水平",实质上是价值标准;第二条"是否

---

① 卫兴华. 论社会主义生产力标准和价值标准的统一 [J]. 经济学动态,2010(10).
② 《马克思恩格斯全集》(第46卷)下 [M]. 北京:人民出版社,1980:220.
③ 《列宁选集》(第3卷)[M]. 北京:人民出版社,1995:222.

有利于增强社会主义国家的综合国力",是生产力标准与价值标准的综合体现。综合国力的增强,是生产力发展的结果与表现。而国家的强盛与复兴,与全体国民的切身利益相关,也是国人爱国主义情怀所系的价值观念。

新中国成立以来我国在经济发展上取得了举世瞩目的成就,但在正确对待和处理好生产力标准和价值标准问题上,还存在需要认真研究和改进的地方。① 在社会主义制度刚刚确立之时,出现了违反生产关系一定要与生产力状况相适应这一规律的情况,大兴刮"共产风",人为对生产关系进行拔高;也出现了违反生产力发展规律的情况,在生产方面大肆搞"大跃进",结果导致社会主义建设出现了严重损失。这既偏离了生产力标准,也偏离了价值标准,以后又转而搞以阶级斗争为纲。尤其是在"文化大革命"中,批判"唯生产力论",生产力标准被忽视甚至被否定。"宁要贫穷的社会主义,不要富裕的资本主义"的提法,导致国家当时出现了普遍贫穷,社会主义价值标准在一定程度上被扭曲了。改革开放以来,邓小平同志提出"社会主义的根本任务是发展生产力",又提出了将两个标准统一的社会主义本质的规定,强调实现共同富裕的根本目的。改革开放40多年来,我国经济总量实现快速增长,跃居世界第二,但由于收入分配制度不够完善,贫富差距、区域差距、城乡差距越来越大。因此,我国要实现社会主义共同富裕的目标,仅靠发展生产力是远远不够的,还必须发展和完善与之相适应的社会主义生产关系。建设中国特色社会主义,必须坚持把生产力标准、社会主义生产关系标准和上层建筑标准统一起来。党的十八大以来,中央在改善民生方面实施了一系列的举措,如大力实施精准扶贫、精准脱贫政策,提出并践行五大发展理念中的共享发展理念,致力于解决缩小区域收入差距和不同群体的收入差距问题等,这些都是从发展和完善社会主义生产关系视角出发而提出的新发展理念和政策。习近平总书记在2021年第20期《求是》杂志发表的《扎实推动共同富裕》文章强调"共同富裕是社会主义的本质要求,是中国式现代化的重要特征。党的十八大以来,党中央把握发展阶段新变化,把逐步实现全体人民共同富裕摆在更加重要的位置上,推动区域协调发展,采取有力措施保障和改善民生,打赢脱贫攻坚战,全面建成小康社会,为促进共同富裕创造了良好条件。现在,已经到了扎实推动共同富裕的历史阶段。适应我国社会主要矛盾的变化,更好满足人民日益增长的美好生活需要,必须把促进全体人民共同富裕作为为人民谋幸福的

---

① 卫兴华. 论社会主义生产力标准和价值标准的统一 [J]. 经济学动态, 2010 (10).

着力点，不断夯实党长期执政基础。"① 只有将生产力标准与社会主义的价值标准统一起来，社会主义才能顺利发展，中国特色社会主义才能立于不败之地。

卫兴华认为，怎样处理好国有经济为主导，公有制经济为主体，多种所有制经济共同发展的关系问题，是社会主义的生产力标准与价值标准的统一的重要方面。它涉及我国社会主义经济制度的安全和我国现阶段基本经济制度的维护问题。改革以来，调整所有制结构，鼓励、支持和引导非公有制经济发展，改变过去搞"一大二公"的单一的公有制经济，符合我国的国情、顺应经济发展的客观规律。非公有制经济的发展，打破公有制"一统天下"的局面，导致公有制经济所占比重趋于下降，但公有制为主体是社会主义的一项根本原则，如果公有制经济失去主体地位，社会主义经济制度和现阶段的基本经济制度也就随之蜕变了。与此相关的社会主义所要求的消灭剥削、消除两极分化、逐步实现共同富裕和公平正义的价值取向，也就不复存在。因此，在大力发展生产力、发展经济社会的同时，把坚持社会主义经济制度，坚持国有经济为主导，公有制经济为主体，作为根本性的统领全局的价值标准，是发展与改革的方向性问题。② 中央强调，坚持现阶段的基本经济制度，既不搞单一的公有制，又不搞私有化。然而，毫不动摇地鼓励、支持和引导公有制经济的发展已成为现实，无论理论和实践已不存在搞单一的公有制经济问题。而不搞私有化，坚持和毫不动摇地发展公有制为主体，并未成为现实。偏离中央改革与发展指导思想的私有化思潮时有存在，并影响到经济社会实践。

（二）对"唯生产力论""唯生产力标准论"等观点辩驳

1. 不能混淆生产力决定论与生产力标准论的内涵

生产力决定生产关系，生产关系一定要适合生产力的发展，生产关系对生产力有反作用，这是马克思唯物史观的基本原理。先进生产关系会促进生产力的发展，落后生产关系会阻碍生产力的发展。生产力决定生产关系主要表现为两个层面：一是，在生产力的推动下，不同的社会制度更替，新的社会经济制度取代旧的社会经济制度。二是，在同一社会经济制度内部，在生产力发展的不同阶段，生产关系也随之呈现出产生、发展、成熟到衰落的阶段。从人类历史的发展阶段看，从原始社会到奴隶社会、封建社会、资本主义社会，归根到底都是生产力发

---

① 《求是》杂志发表习近平总书记重要文章《扎实推动共同富裕》，https://baijiahao.baidu.com/s?id=1713668456562181230&wfr=spider&for=pc．

② 卫兴华．社会主义生产力标准和价值标准的统一 [J]．经济学动态，2010（10）．

展的社会结果。但是，人类社会的发展的曲折复杂过程中，在社会制度变迁中，并非只有生产力这一因素在发挥作用，政治、文化等非经济因素也会起一定的作用。因此，不能将马克思主义的生产力与生产关系的唯物史观与机械生产力决定论相混同。生产力的决定作用，不仅体现在生产力决定生产关系方面，更体现在生产力是整个人类社会发展的最终决定力量。人类社会由蒙昧走向文明，走向现代化，都是生产力发展特别是作为生产力重要因素的科技发展与创新的结果。

生产力决定论是马克思主义经典作家提出的观点，而生产力标准论是后人提出的。生产力标准是用以判断一个国家、一种社会制度、一个政党或一个政府的职能和政策设施是否有利于生产力的发展的。有利于生产力的发展对其给予正面评价，否则给予负面评价。比如，用生产力标准评价新中国成立前后的情况。在新中国成立以前的旧中国时期，帝国主义、封建主义和官僚资本主义"三座大山"的存在阻碍了生产力的发展。而新中国的成立极大地解放和发展了生产力。这种关于生产力标准的评价与生产力决定生产关系并不存在内在联系。

研究和评判任何一种社会制度，都应将生产力、生产关系、上层建筑三个方面考虑其中，事实上，生产力、生产关系、上层建筑三个方面总是内在统一于一定的社会制度中。卫兴华认为，不能只靠生产力标准即唯生产力标准来判断一个社会制度的先进与否，更不能用以判断该社会制度的性质规定。[①] 每一个新的社会制度，不仅要在生产力发展上超越旧制度，也会在生产关系和政治文化等方面表现出其新的规定性与特点。资本主义生产关系与奴隶制与封建制相比，摆脱了人身依附关系的超经济强制，使人身有了一定的自由。社会主义制度与资本主义制度相比，其优越性不仅体现在生产力发展速度方面，也体现在生产关系方面。解放和快速发展生产力，消灭剥削、消除两极分化，最终实现共同富裕，是社会主义的本质内容。共同富裕是社会主义优越于以往任何社会制度的最根本性的特点。一切私有制社会都存在剥削关系和两极分化，不可能共同富裕。因此，判断社会制度特别是判断社会主义制度的先进性和优越性，不能搞唯生产力标准论。判断一个社会制度的性质，是封建主义还是资本主义，或是社会主义，决不能用生产力标准，更不能用唯生产力标准来判断，而是重在用生产关系标准来判断。包括社会主义生产关系标准和上层建筑标准的价值标准是判断是否坚持、发展和完善社会主义制度的依据。如果生产力快速发展了，但不能随着生产力的发展而坚持、发展和完善社会主义公有制，不能缩小进而消除剥削和两极分化，偏离了

---

① 卫兴华. 评机械生产力决定论、唯生产力标准论和唯生产力论——对汪海波先生观点的评析 [J]. 当代经济研究，2015（11）.

共同富裕道路，也就偏离了社会主义本质规定。

2. 对"唯生产力论""唯生产力标准论"的批驳

有的学者从生产力决定论得出"唯生产力论""唯生产力标准论"等观点，将生产力发展作为社会主义建设是否成功、社会主义经济制度是否优越的唯一标准。卫兴华对"唯生产力论""唯生产力标准论"等进行辩驳。① 新中国成立前，是一个生产力十分落后的国家，没有经历资本主义的充分发展。按照唯生产力论即庸俗生产力论来看，我国没有建设社会主义的条件。毛泽东和中国共产党人，否定唯生产力论，在生产力落后的基础上建立了社会主义，使生产力获得快速发展。邓小平同样批判了与庸俗生产力论同义的唯生产力论。邓小平在会见外宾时讲："'四人帮'否定生产力的重要""谁提发展生产力，就被说成是唯生产力论，这是我们同'四人帮'的重大争论之一。……马克思主义没有'唯生产力论'这个词，这个词不科学，列宁在批判考茨基的庸俗生产力论时讲，落后的国家也可以搞社会主义革命。我们是反对庸俗生产力论的"。②

唯生产力论对社会主义事业是有害的。在社会主义革命时期，唯生产力论的宣扬者以生产力落后国家没有实行社会主义的条件为借口，否定和反对进行社会主义革命斗争。在社会主义建设时期，有人宣扬唯生产力论和唯生产力标准论，反对重视社会主义生产关系标准和上层建筑标准，即反对将生产力标准和社会主义价值标准相统一。事实上，生产力的发展对社会主义国有经济和公有制经济的发展和完善并不会自发地起促进作用，也不会自发地带来社会主义生产关系体系的发展和完善，包括劳动者成为生产资料和社会的主人、按劳分配、消灭剥削和消除两极分化、共同富裕等。生产力的发展对社会主义政治文化上层建筑和意识形态的坚持、发展和完善也不是自然地起促进作用。我国社会主义制度发展的历史证明：不正视生产力标准，不大力发展生产力，只片面重视和强调社会主义公有制、按劳分配、消灭剥削和两极分化等社会主义生产关系标准，结果必然是普遍贫穷，但"贫穷不是社会主义"。只有把生产力标准和社会主义价值标准统一起来，既致力于快速发展生产力，又致力于发展和完善社会主义生产关系，提高人民生活水平，社会主义事业才能顺利发展。我国第一个五年计划完成得比较好：生产力发展得快，工人阶级和人民群众的生活水平也有显著提高。改革开放前期，生产力发展较快，工农群众的收入也有较快增长，这是对生产力标准和价

---

① 卫兴华. 评机械生产力决定论、唯生产力标准论和唯生产力论——对汪海波先生观点的评析[J]. 当代经济研究，2015（11）.

② 邓小平年谱[M]. 北京：中央文献出版社，2004：222-223.

值标准统一较好的体现。但改革开放的一段时期中,对生产力发展较为重视,而对社会主义生关系如公有制和按劳分配主体地位的坚持、发展与完善,防止两极分化的产生,走共同富裕道路等,没有给予足够的同等重视,结果社会主义公有制经济被过多的削弱,出现了收入差距过大、贫富分化的趋势,社会矛盾凸显。党的十八大以来,中央致力于做大做优做强国有企业的改革,强调以人为本、民生为重,强调共同富裕,重视社会主义公平正义。并重视和强调坚持马克思主义的指导地位,反对私有化、西方化。坚持生产力标准和社会主义价值标准的统一,则社会主义兴;否定社会主义价值标准,搞唯生产力论,则社会主义败。

(三) 从生产力和价值标准相统一的视角把握经济发展问题

卫兴华认为,只有将生产力标准和社会主义价值标准相统一才是发展和完善社会主义正确选择。在经济发展中,如果片面强调公有制、按劳分配等社会主义生产关系的发展而忽视生产力的发展,必然会导致贫穷社会主义的产生;反之,如果只强调生产力的发展,而忽视社会主义生产关系的发展与完善,则会导致两极分化,偏离共同富裕的道路。

1. 转变经济发展方式的两种框架的讨论

当前我国经济发展步入新常态,转变经济发展方式成为我国经济发展重要方针,亟须从原有依靠要素成本优势推动经济增长的模式,向依靠创新驱动的经济发展模式转变。学界对转变经济发展方式研究的主流框架,是从生产力发展的角度研究技术创新、产业升级和经济结构调整等问题,注重技术层面进步和发展。而卫兴华认为,从生产力视角关注经济发展问题非常必要,但生产关系或是价值标准这一视角来研究经济发展问题也应该引起重视,他主张从生产力标准和生产关系标准相统一的角度,把经济发展与人的全面发展相统一来研究转变经济发展方式问题,推进经济社会的快速发展。人的全面发展,是社会主义社会发展的重要目标,社会主义初级阶段的经济发展不能脱离人的发展,不能脱离劳动者的发展。如果只从生产力标准研究转变经济发展方式,就会严重背离社会主义发展的初衷,仅有经济增长而没有人的发展,就会导致社会的贫富分化,出现弱势群体[①]。

2. 经济发展实践中的生产力与价值标准

卫兴华从我国经济发展实践,分析了生产力与生产关系标准在我国社会主义

---

① 卫兴华. 从生产力和价值标准的统一来研究经济发展方式转变问题 [J]. 河北经贸大学学报, 2010 (06).

经济建设实践过程中的应用。在我国社会主义经济建设进程中，因对两者重视程度的不同，产生了截然不同的发展结果。一是在社会主义改造时期和改革开放前期，经济发展将生产力与价值标准相统一，经济增长和人民生活水平获得了同步提高。二是在"大跃进"和人民公社化时期，主观上既重视生产力发展，又重视生产关系进步，但现实中搞"大跃进"推进生产力，破坏生产关系，扭曲了生产力标准和价值标准，客观上限制了经济增长和人民生活水平提高。三是片面强调生产关系的发展，忽视了生产力标准。在"文化大革命"期间，片面强调了社会主义生产关系，刻板执行了社会主义单一公有制的所有制及按劳分配原则，造成了国民经济发展与生产力标准发展的严重偏离。四是改革开放后，总体上是坚持生产力和价值双重标准，但逐步向生产力标准倾斜，坚持发展多种所有制共同发展和按生产要素贡献的分配方式。这一时期价值标准在一定程度上被忽视，导致出现收入差距过分扩大，甚至出现贫富分化现象。

3. 经济增长应与经济发展方式转变相统一

卫兴华认为，处理好经济增长与经济发展方式转变相统一的关系，是推进我国经济发展方式转变的重要前提。就经济社会进步的标准来看，经济增长属于生产力标准，强调经济增长的速度和数量；而经济发展的内涵则更为广泛，既包括经济增长，也包括与之相适应的社会进步和发展，也就是说经济发展属于生产力与价值标准的统一，既表现为经济增长的数量和速度，也要求社会发展的质量和效益，包括产业结构优化、收入提高、分配公平和环境改善等衡量指标。① 根据经济学理论，转变经济发展方式，缘于持续的经济增长对经济结构的冲击，导致经济结构失衡而产生新的矛盾，就需要对经济结构做出适应性调整，转变经济发展方式，以实现经济稳定增长和科学发展。但调整经济结构与经济增长也存在一定的矛盾性，一般而言，转变经济发展方式要求在短期内降低经济增长速度，适应经济发展方式转变的步伐和节奏。②

三、运用生产力理论分析经济增长与经济发展问题

20世纪90年代初，卫兴华开始关注经济增长与经济发展问题，发表了一系列论文对该问题进行了系统和持续研究。他提出的许多关于经济增长与经济发展的观点，与我国当前追求经济高质量发展目标的思路是相一致的。经济增长与经

---

① 卫兴华. 增长过快不利于经济发展方式转变[N]. 中国改革报，2010-6-21（003）.
② 卫兴华. 经济增长与经济发展方式转变相适应[N]. 人民日报，2010-6-28（007）.

济发展问题实质上也是生产力发展问题。

(一) 厘清经济增长方式与经济发展方式的关系

改革开放 40 多年，我国经济发展取得瞩目成果，但随之而来的是资源环境问题的日益凸显。2007 年，党的十七大报告就提出要加快转变经济发展方式，转变经济发展方式成为之后几年我国经济社会发展的主线。加快转变经济发展方式是我国经济社会领域的一场深刻社会革命，贯穿于经济社会发展全过程和各领域。党的十九大报告提出，我国经济已由高速增长阶段转向高质量发展阶段，我国经济正处在转变发展方式、优化经济结构、转换增长动力时期。无论是供给侧结构性改革还是经济高质量发展，转变经济增长方式是其关键。卫兴华认为，经济增长与经济发展的方向可以有机统一，也可能产生矛盾，转变经济发展方式，意味着消除两者间的矛盾，实现统一。① 他对经济发展方式与经济增长方式的内涵进行了区分和阐释。

在国内外的许多经济学论著中，曾将经济增长与经济发展当作内涵相同的概念来理解。但经济发展实践并非如此，有些国家 GDP 增长了，经济社会却并未获得相应发展，而是出现了环境污染、生态平衡破坏、资源浪费、教育与医疗卫生事业发展滞后、贫富分化、社会矛盾加剧等各种问题，以致出现"有增长而无发展"的情况。实际上，经济增长与经济发展是既相互联系又相互区别的两个概念。经济增长是经济发展的基础和前提，而经济增长方式的转变是经济发展方式转变的基础和前提。经济增长方式不转变，经济发展方式也不可能转变。与经济增长方式转变相比，经济发展方式转变所包含的内容更广阔一些。卫兴华认为，应从生产力发展的角度来分析经济增长方式的转变，其具体包含：由高投入，高消耗、高污染、低产出、低质量、低效益，转向低投入、低消耗、低污染、高产出、高质量、高效益。以上这些转变经济方式所涉及的内容与生产关系并不相关。

卫兴华认为，经济发展及其发展方式的转变涉及许多经济社会生活的方方面面。他从生产力发展和社会发展相统一的角度来分析经济发展方式及其转变问题。转变发展方式，首先要以促进生产力发展途径与方式的转变为基础，如调整经济结构、产业结构优化升级、科技进步与创新、管理创新、发展高新技术产业和新型战略产业，提高劳动者素质，实现可持续发展，等等，这些是增长方式转

---

① 卫兴华. 关于经济发展与转变发展方式的几个理论是非问题 [J]. 毛泽东邓小平理论研究，2011 (03).

变的重要内容。其次，转变发展方式不仅要重视以上内容，还要包括社会发展和社会经济关系发展的内容。转变发展方式要以人为本，重视社会公平正义，关注民生，要防止和消除收入差距过分扩大，出现两极分化，重视人的全面发展，走共同富裕的道路。应特别关注弱势群体的利益，缩小收入差距过分扩大的趋势，改革和完善分配制度，发展的成果要惠及广大人民。不仅要处理好经济增长与经济发展的关系，更要处理好两者转变的关系。两者既存在内在统一的一面，如集约型增长方式与科学发展方式相统一；也存在相矛盾的内容，如粗放型增长与科学发展相矛盾。再者，调整经济结构有利于加快经济增长，但在劳动就业、社会保障、收入分配、教育卫生、居民住房、安全生产、司法和社会治安等关系群众切身利益方面的问题仍然较多；还存在一定程度的奢侈浪费、消极腐败现象。因此，虽然经济快速增长的成就举世瞩目，但经济社会中的诸多问题和矛盾非常突出。推进经济发展方式的转变，就是要为经济快速增长与经济社会发展出现的矛盾寻找解决的途径。我国是社会主义国家，讲经济发展及其方式的转变要突出社会主义的性质。转变经济发展方式，既要实现科学发展，也要体现社会主义的本质要求；既要解放和发展生产力，又要消灭剥削、消除两极分化、逐步实现共同富裕。社会主义经济社会的发展，应是生产力发展与社会主义经济关系发展的统一。调整经济结构有利于加快经济增长，但过高的经济增长速度，不利于调整经济结构和结构优化。淘汰落后和过剩的产能是调整结构的重要内容，淘汰落后和过剩的产能的过程中必然会降低经济增长速度。两者的矛盾还表现在经济高增长，但高消耗、高排放、高污染却不利于经济社会可持续发展，不符合科学发展要求。现阶段我国社会主要矛盾转化为人民日益增长的美好生活需要和不平衡不充分的发展之间的矛盾后，我国发展经济、转变发展方式要以人为本、保障和改善民生、实现公平正义为主要内容。

(二) 强调创新驱动和体制转轨是转变经济发展方式的关键

创新是生产力发展的关键要素。卫兴华通过对我国经济发展历程的回顾发现，科技因素的作用日益凸显，并提出创新驱动和体制转轨是转变我国经济发展方式的关键因素。

1. 创新驱动是转变经济发展方式的中心内容

改革开放后，党和政府将解放和发展生产力确立为社会主义的根本任务，科技进步和技术创新成为研究经济发展问题的常用词汇。在改革开放的前期阶段，我国经济发展中科技发明和创新较少，在技术创新方面与发展国家存在较大差距，主要依靠从国外引进技术设备和生产装备来提高科技水平。近年来，我国日益突出创新在发展中的作用,将其列为五大发展理念之一,并鼓励各种创新和发挥创新要素的作用。但我国与发达国家技术创新能力的差距仍然存在,中美贸易摩擦更是凸显了我国在制造业领域核心技术缺乏的现实。卫兴华认为,实现经济增长的创新驱动是转变经济发展方式的关键内容。科技创新和技术集成创新是缓解我国资源环境约束经济增长瓶颈的重要途径。当前,我国实施创新驱动战略还存在两方面的紧迫性:① 一是我国依靠廉价劳动力和资源环境消耗,推进经济快速增长的发展模式已经难以为继,特别是在当前国际市场竞争日趋激烈的背景下,亟须转变经济发展方式,依靠科技创新驱动,推进我国经济实现高质量发展。二是我国面临新的科技革命和产业变革浪潮。科技革命与国际经济危机相伴相生。在美国金融危机和欧洲债务危机后,新的科技革命浪潮正在世界范围内孕育,我国应切实抓住本次科技革命的战略机遇,谋划产业变革,推进我国经济发展方式转变。

2. 体制转轨是转变经济发展方式的关键环节

卫兴华认为,在我国社会主义市场经济体制中,制约经济发展方式转变的主要因素有:一是收入分配体制机制不完善导致收入分配结构失衡。从总体上看,我国的收入分配倾向于资本和政府,企业支付劳动报酬的占比处于下降趋势,这在一定程度上压缩了居民可支配收入,抑制了消费需求。受新冠肺炎疫情的影响,习近平总书记强调要构建以国内大循环为主体、国内国际双循环相互促进的新发展格局。在此背景下,要发挥国内大规模市场优势,而消费需求是其中非常关键的因素。二是市场价格机制不完善导致的要素价格扭曲,使产业结构失衡不断加剧。我国价格机制不完善,要素价格偏离市场供求,特别是资源要素价格被人为压低或者垄断,使很多领域的工业产能低水平扩张,造成大量的产能过剩。三是政府转型力度不够阻碍了经济发展方式转变。当前,我国政府仍然是许多重要经济资源配置的主体,并拥有项目审批、价格管制和行政性垄断等权力,这在一定程度上影响着市场对资源配置决定性作用的发挥。随着我国经济的快速发展,政府亟须调整职能,推进我国经济发展方式的转变。四是现行财税体制不利于经济发展方式转变。我国当前的财税体制,难以适应经济高质量发展的现实诉求,不能有效引导高新技术企业发展和产业结构优化,抑制高耗能产业扩张和低水平产能扩大。② 当前我国经济已经进入高质量发展阶段,亟需加大收入分配机制、价格形成机制和财税体制改革,加快政府职能转型,推进经济结构调整和发

---

① 卫兴华. 创新驱动与转变发展方式 [J]. 经济纵横,2013(07).
② 卫兴华. 我国经济结构与发展方式的突出矛盾及缓解途径 [J]. 中共中央党校学报,2010(04).

展方式转变。

(三) 强调经济发展与社会安全的关系

1. 对外开放与经济安全

对外开放战略,为我国充分利用国内外两种资源、两个市场提供了条件,极大推进了我国经济的快速发展。在经济全球化背景下,外资企业来我国投资的目的是为了利用我国廉价劳动力和土地资源等生产要素,以获取高于本国的利润率。国外资本在推进我国经济增长的同时,也在不断兼并和收购一些中国的品牌企业,甚至在一定范围和一定程度上形成了垄断地位,这需要引起我们足够地警惕。卫兴华认为,在理论认知和经济实践中,要厘清外国资本与本国资本、外资企业与民族企业的界限和区别,不能有意模糊;并且有必要从发展战略的眼光,审视开放过程中我国民族资本被外资吞并、重要行业被外资控制的现实问题,否则在一定条件下,就会出现损害国内企业和消费者利益的情况,并危及我国经济安全。所以,应该尽快转变经济发展方式,降低对国外市场和资本的依赖,增强内需对国内经济的带动作用,提高国内消费需求比重,加强自主创新,提升科技创新能力,保证国家经济安全。

2. 经济转型与金融安全

2008年世界金融危机后,我国依靠低要素成本发展经济的模式渐近终结,国际市场需求持续萎缩,我国经济由中高速增长转向中低速增长,经济高质量发展成为我国经济发展的主旋律。出口导向型的经济发展方式,致使我国国际收支资本项目和经常项目的顺差日益增大,人民币面临较大的升值压力。我国经济运行中存在的深层次结构性问题,对金融体系的稳定性造成了巨大冲击。随着全球化步伐的不断加快,我国金融市场的开放程度日益加深,国际资本的无障碍流动使得我国的金融安全问题更为凸显。卫兴华认为,应把经济转型与维护金融安全有机结合,防范金融系统性风险的产生,以谋求在国际金融体系中的话语权,维护中国金融主权;要深入推进金融体制改革,完善金融监管体制,加强对跨境资本流动的调控和监督;金融业对外开放要坚持适度开放稳步推进的原则,严控非法资本注入;要严格控制金融衍生品潜在的财务风险和流动性风险,防止金融市场的系统性风险的出现。

3. 收入分配与贫富分化的关系

改革开放后,我国建立了公有制为主体、多种所有制经济共同发展的社会主义初级阶段基本经济制度,与之相对应的是按劳分配为主体、多种分配方式并存的分配制度。发展非公有制经济,可提高人们创造财富的积极性,激发经济发展活力。改革开放以来，我国鼓励和积极引导非公有经济发展，而非公有制经济是按非劳动生产要素进行分配，这就导致个人资源性收入和经营性收入随之不断膨胀，居民收入差距不断扩大。20世纪90年代，我国贫富分化的现象就已经相当明显。在社会主义国家，出现贫富差距过大和贫富分化现象是社会主义本质和社会主义建设目标相背离的。收入差距过大会导致社会不稳定，进而影响经济安全。因此，缩小收入差距、实现共同富裕是我国社会主义建设的重要任务。卫兴华认为，改革分配制度来调节收入差距，只能缓解或缩小流量收入差距的扩大，而规模庞大的存量收入差距则难以缩小。① 要从根本上缩小贫富分化程度，只能是在经济发展的过程中实实在在地提高全社会劳动者的工资福利水平。因此，只有确保公有制经济的主体地位，协调促进多种所有制经济共同发展，优化所有制结构，把握好公有制和非公有制经济的结构比例，即两者所占比例的"度"的界限，② 坚持和完善按劳分配为主体多种分配方式并存的分配制度，才能实现社会主义的根本目标。

四、准确把握马克思的再生产理论

在我国当前进入经济新常态，经济增长下行压力大的新形势下，正确的理解和把握马克思的再生产理论，对中国特色社会主义政治经济学理论的系统化以及供给侧结构性改革实践的深入，都具有重要的现实意义。在经济高质量发展的背景下，我们需要加快转变发展方式，努力增加合理有效的投资，更好地发挥投资对经济增长的关键作用，全面激发制造业投资活力，增强制造业核心竞争力的质量和效益。经济要发展就必须扩大再生产，要扩大再生产就必然涉及扩大再生产的方式选择。卫兴华于2011年撰写文章对粗放型、集约型、外延型、内涵型这几个概念进行了详细阐释和辨析。③ 他还在《中国社会科学》2016年第10期发表了《澄清对马克思再生产理论的认识误区》一文，从马克思有关论著的整体性和系统性上，对马克思再生产理论进行梳理，对存在的三个主要误区进行了理论辨析，④ 以回归马克思再生产理论的真谛。

---

① 卫兴华．要处理好我国经济发展中的经济与社会安全问题［J］．当代经济研究，2011（02）.
② 卫兴华．转变经济发展方式需要处理好四个关系［J］．红旗文稿，2010（15）.
③ 卫兴华．关于经济发展与转变发展方式的几个理论是非问题［J］．毛泽东邓小平理论研究，2011（03）.
④ 卫兴华．澄清对马克思再生产理论的认识误区［J］．中国社会科学，2016（10）.

(一) 从马克思原意把握内涵扩大再生产和外延扩大再生产的概念

发展生产力是社会主义的根本任务，而发展生产力就依靠扩大生产规模和不断提高劳动生产率来实现。马克思在《资本论》中有提出扩大再生产的两种方式，即内涵扩大再生产和外延扩大再生产。长期以来，在政治经济学的教学与研究中，对内涵扩大再生产和外延扩大再生产范畴存在普遍的认识误区。一般把内涵扩大再生产解读为利用新的技术设备提高生产效率；而把外延扩大再生产解读为在原有的生产技术水平上扩大生产规模，不存在新科技的应用和效率的提高，并将此观点说成是马克思的观点和原理。卫兴华对理论界存在的对内涵扩大再生产和外延扩大再生产的一些认识上的误区进行了澄清。

20世纪80年代的一些权威论著和《〈资本论〉辞典》《马克思主义辞典》等辞典普遍认为：内涵扩大再生产指的是通过更新机器设备方式来提高生产效率，进而实现扩大再生产；而外延扩大再生产则是生产技术在保持原来水平不变的条件下，通过扩大生产规模的方式，如增加人力资本投入、扩大厂房面积、增加机器的数量等来扩大再生产，不存在新科技的应用和效率的提高。马克思在《资本论》第二卷第二篇"资本周转"第8章"固定资本和流动资本"中所讲的一段话："固定资本价值中这个转化为货币的部分，可以用来扩大企业，或改良机器以提高机器效率。这样，经过一段或长或短的时间，就有了再生产，并且从社会的观点看，是规模扩大的再生产。如果生产场所扩大了，就是在外延上扩大；如果生产资料效率提高了，就是在内涵上扩大。"① 卫兴华认为马克思提到的"生产场所的扩大"与"生产资料效率的提高"二者存在统一的情况，并不只存在矛盾的一面。从企业发展的实际情况来看存在两种可能性，一种可能是企业扩大了生产所用的厂房或车间的面积，或者是增加了同类机器设备的数量，这样生产规模得以扩大，但生产效率还是停留在原有水平，没有提高；另一种可能是，不仅企业的生产场所扩大了，还购买了新的机器设备，企业使用新机器设备进行生产，使生产效率得以提高，这样企业就实现了兼含生产场所扩大与生产效率提高两方面内容的扩大再生产。由此看出，以技术和效率是否提高来划分内涵型和外延型扩大再生产并不是绝对合理的。

关于扩大再生产，马克思在《资本论》第二卷第二篇第17章"剩余价值的流通"中也有相关论述，"积累，剩余价值转化为资本，按其实际内容来说，就是规模扩大的再生产过程，而不论这种扩大是从外延方面表现为在旧工厂之外添

---

① 《马克思恩格斯文集》（第6卷）[M].北京：人民出版社，2009：192.

设新工厂,还是从内涵方面表现为扩充原有的生产规模。"① 在此处,马克思从企业内部和企业外部建立新工厂两个维度对扩大再生产进行考察。事实上,无论资本主义国家或社会主义国家,进行扩大再生产有两点是共同的。在企业内部,一般是利用折旧基金进行扩大再生产,而折旧基金比积累的资本在量上相对较小,要建立新的工厂比较困难,只能在原企业扩大场所,增加机器设备,或是对整个企业进行技术改造,提高资本效率。在企业外部建新工厂是从社会角度来看社会再生产的扩大,这时候可以根据资本积累的规模,将新增加的资本用于扩大原企业的生产,或是扩建新的工厂。扩大原企业就属于内涵型;扩建新企业就属于外延型。这里并未涉及技术和效率问题。从实际经济发展情况来看,进行扩大再生产,无论采取扩大原有企业的方式,或是新建企业的方式,既可以是原有技术水平和机器设备的扩大,又可伴随先进机器设备的增加或更新,它们的技术和效率也提高了。从社会生产力、科技水平不断提高的发展规律来说,建立新工厂或扩大原企业,新的资本投入都会力求采用技术水平较高的机器设备。

卫兴华认为,马克思关于内涵扩大再生产或外延扩大再生产的相关论述是科学的,对经济实践还具有重要指导作用。我国经济新常态下正在进行的供给侧结构性改革,以科技创新为驱动,重在提高发展的质量与效率,提高产品的质量和效能,既要减少和消除产能过剩的重复建设,又要创建高新技术产业。如果错误地认为外延扩大再生产,无论是建立新企业,还是扩大原企业工作场所、增添新的机器设备,都没有新科技的运用和效率的提高,必然会对经济增长方式转变产生负面作用。

(二) 对学界存在的"外延"与"粗放"同义,"内涵"与"集约"同义的误解进行澄清

学术界存在将外延型和内涵型的扩大再生产同粗放型和集约型的生产混同的现象。卫兴华首先对"集约"与"粗放"的本意及其内涵的发展进行探究。"集约"与"粗放"最早是运用于农业生产中。马克思说过:所谓集约化耕作,无非是指资本集中在同一块土地上,而不是分散在若干毗连的土地上。② 当一个国家或地区存在大量未被占有并待开垦的土地时,可以通过扩大耕地面积的方式来增加产出,这便是粗放经营。被新开垦出来的土地不一定都是优等地,也有可能是中等地或者劣等地。如果新开垦出来用于耕作的土地是优等地,土壤比较肥

---

① 《马克思恩格斯文集》(第6卷) [M]. 北京:人民出版社,2009:355.
② 《马克思恩格斯文集》(第7卷) [M]. 北京:人民出版社,2009:760.

沃，那么农业生产的收益就会得以提高，这是高效率和粗放型共存的情况。但到了无法继续依靠扩大耕地面积来增加产量时，只能是致力于运用现代化的科学技术来提高农业生产率，也就是发展集约型的农业生产方式。农业生产方式从粗放型向集约型发展是每个国家都必须经历的过程。随着经济技术的发展，粗放与集约的概念被运用到了其他行业，尤其是工业领域，由此粗放型增长方式向集约型增长方式转变的经济增长方式也就应运而生了。"内涵"与"集约"等同，"外延"与"粗放"等同的观点也由此在学界出现。卫兴华认为，外延扩大再生产可与集约经营相统一，内涵扩大再生产也能与粗放经营相统一。外延扩大再生产在扩大生产场所、扩大生产规模的同时也可提高生产效率，这便与集约经营相统一了，内涵扩大再生产也需要提高生产效率及管理水平，这就与集约经营相统一了。而外延与粗放统一的情况也存在，以农业生产为例，如采取对森林进行毁坏的方式开荒，或者是在贫瘠的土地上扩大耕种的面积，这既是外延扩大再生产，也是粗放的经营方式。而如果是在土地上进行精耕细作，并采用新技术进行耕种，单位土地面积产量得以提高，则是内涵扩大再生产与现代集约经营的统一。①

（三）强调再生产理论中积累的作用

卫兴华认为在还原马克思再生产理论时不能忽视积累的因素。资本积累是资本家进行扩大再生产的重要条件。马克思曾写道："积累，剩余价值转化为资本，按其实际内容来说，就是规模扩大的再生产过程，而不论这种扩大是从外延方面表现为在旧工厂之外添设新工厂，还是从内涵方面表现为扩充原有的生产规模。"② 由此看出，马克思是从企业内部和企业外部建立新工厂两个维度来考察扩大再生产问题，并强调积累在扩大再生产中的作用：其一，由于折旧基金用于扩大再生产的资金量较少，因此通常在企业内部进行，表现为增加新的机器设备或是对整个企业进行技术改造，这与生产效率的提高不存在冲突。其二，从社会角度来看，企业发展和扩大可将积累的资本用于扩大原企业的生产（内涵型），或是扩建新的工厂（外延型）。卫兴华认为"所用资本与所费资本之差增大对积累作用"在理论界长期被学者们忽视或者误读。这里，所使用的资本是指资本家对生产所需的机器设备、厂房等的投入，也即所有的固定资本部分。所消费的资本，是指根据固定资本的使用年限和磨损状况进行折旧后，逐年转移到新产品中的价值部分，也就是机器每年的折旧费（折旧基金）。在《资本论》第二卷中，

---

① 卫兴华．澄清对马克思再生产理论的认识误区［J］．中国社会科学，2016（10）．
② 《马克思恩格斯文集》（第6卷）［M］．北京：人民出版社，2009：355．

马克思明确指出，折旧基金可以成为积累基金，在内涵扩大再生产或外延扩大再生产得以使用。"固定资本价值中这个转化为货币的部分，可以用来扩大企业，或改良机器以提高机器效率……，从社会的观点看，是规模扩大的再生产。……这种规模扩大的再生产，不是由积累——剩余价值转化为资本——引起的，而是由从固定资本的本体分出来、以货币形式和它分离的价值再转化为追加的或效率更大的同一种固定资本而引起的。"① 卫兴华回到马克思原著中，还原马克思关于积累的论述，并通过实例分析得出折旧基金是决定积累规模的重要因素，在扩大再生产中发挥重要作用。

卫兴华从整体性和系统性两方面对马克思的再生产理论进行了准确的把握，对马克思再生产理论的认识误区进行澄清，彰显了马克思理论的科学性，对我国经济发展的实践进程具有重要借鉴价值。

第三节　对《资本论》其他理论问题的研究

卫兴华不仅对马克思劳动价值论、生产劳动论和生产力理论等基本理论问题进行了深入研究、拓展与创新，他还对《资本论》研究对象、马克思货币理论、马克思股份制理论等问题展开研究，回到马恩原著中阐明马克思主义基本原理，还原马克思本意。在对马克思主义基本理论问题进行研究基础上，结合社会主义发展实践，深入挖掘和揭示了《资本论》的科学意义和当代价值。

一、对《资本论》研究对象的探究

（一）对部分《资本论》研究对象观点的辩驳

关于《资本论》的研究对象问题，国内的争论一直没有停止过，也没有一个统一看法。卫兴华运用逻辑分析法及回归原著的方法，按照马克思的原意来理解和把握《资本论》的研究对象。

卫兴华认为，理解序言中"资本主义生产方式"概念是科学认识和把握《资本论》研究对象的关键。关于《资本论》的研究对象，马克思在《资本论》第1版序言中作如下论述："我在本书研究的，是资本主义生产方式以及和它相

---

① 《马克思恩格斯文集》（第6卷）［M］. 北京：人民出版社，2009：192.

适应的生产关系和交换关系。"有学者提出"资本主义生产方式"是生产力和生产关系的统一，卫兴华运用逻辑分析法反证了此观点是错误的，"资本主义生产方式"既已包括了资本主义生产关系，后半句还说到要研究和它相适应的生产关系和交换关系，重复出现生产关系的内容，由此看出这是一个矛盾的论题。有学者认为"生产方式"与生产力同义，卫兴华对此观点进行辩驳：一是生产力表示的是人与自然的关系，生产力发展具有继承性，但它不具有特定社会性质和阶级性质；二是《资本论》中也有从生产力视角使用生产方式这一概念的情况，但通常不会在生产方式之前加"资本主义"，而《资本论》中使用"资本主义生产方式"这个概念，多半是从生产的资本主义社会形式着眼的，多指资本主义经济制度和经济关系；三是马克思在《资本论》中以英国为例来阐释"资本主义生产方式"是建立在资本与雇佣劳动关系基础上的；四是马克思说过，无产阶级的历史使命是推翻资本的统治和雇佣劳动制度这种生产方式，而不是要推翻资本制度下发展着的生产力；五是没有任何依据可以证明，《资本论》的研究对象和政治经济学的研究对象是生产力。有人根据《政治经济学批判导言》第一句话"面前的对象，首先是物质生产"就认为政治经济学研究的是生产力。这里所讲的"摆在面前的对象"，并不是指政治经济学的研究对象，而指的是在"生产、消费、分配、交换"的过程中研究其各自的内涵和相互关系时，生产是整个过程的起点，在这四项过程中居于首要和主导地位，因此摆在面前的首先是物质生产。①物质生产也是在一定的社会形式下的生产，这里指的是生产关系而不是生产力。卫兴华从以上五个方面论证了序言中的"资本主义生产方式"并不是指生产力。

有学者将《资本论》研究对象中的生产方式理解为劳动方式，如简单协作、工场手工业中的分工协作和机器大工业中的劳动协作等。卫兴华认为这种解释同样经不起论证，首先不同的劳动方式可在不同的制度下存在，其次研究"资本主义生产方式以及和它相适应的生产关系和交换关系"应从统一的质规定性来把握。他认为，马克思不仅从不同的社会制度视角对资本主义生产方式和非资本主义生产方式进行了区分，而且从资本主义生产方式内部进行了区分，用"靠资本生活的劳动者"和"靠收入生活的劳动者"②两个不同的概念来区分资本主义生产方式和非资本主义生产方式：凡是以自己的劳动力同资本交换，为价值增值服务的雇佣劳动的生产方式为资本主义生产方式，而靠收入生活的个体劳动者的劳

---

① 卫兴华.60年来政治经济学几个理论问题的研究与发展评析 [EB/OL].2010-5-5,人民网,http://www.360doc.com/content/11/0405/21/363711_107430190.shtml.

② 《马克思恩格斯全集》（第26卷）Ⅲ [M].北京：人民出版社，1975：476.

动形式则不属于资本主义生产方式。卫兴华指出,"相适应"也是理解《资本论》研究对象的关键,并不是说简单协作或者机器大工业的生产方式就只适应于资本主义生产关系和交换关系,分工协作以及机器大工业的生产条件同样在社会主义的生产关系和交换关系中存在。

还有学者认为马克思在《资本论》中所谈及的"生产方式",指的是劳动者运用生产资料进行生产的方式,此观点是将"资本主义生产方式"看作一个涵义十分宽泛的概念,对"资本主义生产方式"内涵的把握明显不够准确;还有学者认为"生产方式"是个多义词,在有的情况下是政治经济学的研究对象,有的时候被排除在研究对象之外。卫兴华对这些关于"资本主义生产方式"理解的种种观点——进行了辩驳,指出这些观点存在的偏颇和不足。

(二)准确把握《资本论》的研究对象

卫兴华认为,要科学把握《资本论》的研究对象,要弄清四个关键问题:第一,马克思主义政治经济学既包括马克思主义经典作家的政治经济学,也包括中国特色社会主义政治经济学,也就是当代中国马克思主义政治经济学。《资本论》的研究对象即马克思经典作家政治经济学研究对象是资本主义的生产关系,揭示资本主义经济规律。第二,作为《资本论》研究对象的资本主义生产关系是多层次的,但资本与雇佣劳动结合的生产方式决定和支配着整个资本主义生产关系体系。第三,弄清"生产方式""资本主义生产方式"等概念是准确把握《资本论》的研究对象前提和基础。"生产方式""资本主义生产方式"在《资本论》中广泛使用,在不同的语境中,它们的内含各有不同。卫兴华认为生产方式包含两方面内容,一方面是人与自然的结合(生产的技术方面),即人使用生产资料的劳动方式;另一方面是人与生产资料结合的社会方式,即生产资料和劳动力采取什么样的社会形式结合来进行生产。在《资本论》中涉及的"资本主义生产方式"大多指的是生产的社会形式,而不是生产的技术形式(生产力)。卫兴华认为《资本论》序言中所提出的"资本主义生产方式"是指社会生产中生产资料和劳动力结合的资本主义方式,具体表现为资本和雇佣劳动相结合的方式。[①] 马克思指出"资本主义生产方式的基础在于:非劳动者将物质的生产资料条件以资本和地产的形式掌握在手中,而人民大众则只有自己本身这个唯一的生产条件,即劳动力。"[②] 非劳动者拥有生产资料,劳动者除了拥有自身的劳动力以外

[①] 卫兴华. 走进马克思经济学殿堂[M]. 北京:中国财政经济出版社,2014:197.
[②] 《马克思恩格斯选集》(第3卷)[M]. 北京:人民出版社,1976:13.

一无所有，生产资料与劳动力结合以资本与雇佣劳动相结合的方式表现出来，这种以资本主义所有制为前提和以雇佣劳动制度为特点的生产资料与劳动力相结合的方式就是资本主义生产方式。① 在资本主义所有制条件下，只有资本与劳动相结合才能保证生产顺利进行，而这一生产方式对资本主义生产关系和交换关系具有决定作用。第四，应从《资本论》的篇章结构及体系安排来分析《资本论》的研究对象。《资本论》第一卷第四章在阐述劳动力买卖问题时，实际上也是在对所有制问题和雇佣劳动制度进行阐释。《资本论》研究对象中的资本主义生产方式实际上也是资本主义生产关系的构成部分，是最基础、最根本的生产关系。《资本论》三卷都是在研究资本问题，包含资本的生产过程、流通过程以及资本的实现过程。对资本主义生产总过程的研究，实际上是对资本主义产生、发展和最终必然走向灭亡的过程的研究，而不是对劳动方式的简单阐释。研究剩余价值的生产及其实现问题，实际上是为了揭露其背后资本对工人的剥削关系，以及揭示隐藏在其背后的资本主义经济规律。《资本论》在研究这些问题时，会涉及使用价值、生产劳动、劳动方式等内容，但这些都是为研究资本主义生产关系服务的，具体表现为：使用价值是价值的物质承担者、劳动过程创造价值但不能带来价值增值，对简单劳动、分工协作、机器大工业等生产方式更迭进行研究，实质上是为了揭示生产力发展背后资本对劳动的统治和剥削的强度逐渐加强了，由"形式上的隶属"向"实际上的隶属"转变。

卫兴华从马克思经典著作中找出了诸多依据来证明他的观点，马克思说过"我们成为资本主义生产的是这样一种社会生产方式，在这种生产方式下，生产过程从属于资本，或者说，这种生产方式以资本和雇佣劳动的关系为基础，而且这种关系是起基础作用的、占支配地位的生产方式。"② 《资本论》序言中所指的资本主义生产方式以及和它相适应的生产关系和交换关系，实际上指的是广义的资本主义生产关系，即资本主义生产关系体系和资本主义制度。卫兴华从马克思的系列表述中得出，"资本主义生产方式"包含两重含义，一是资本主义生产本身，二是在资本主义生产过程中形成的资本和雇佣劳动的关系。显然，后一种含义才是"资本主义生产方式"核心，在生产中起决定性作用，是资本主义生产的基础。③

---

①③ 卫兴华. 走进马克思经济学殿堂 [M]. 北京：中国财政经济出版社，2014：198.
② 《马克思恩格斯选集》（第47卷）[M]. 北京：人民出版社，1976：151.

(三) 对马克思主义政治经济学研究对象问题的认识

卫兴华对马克思主义政治经济学进行划分,将其分为马克思主义经典作家的政治经济学和中国特色社会主义政治经济学也即当代中国马克思主义政治经济学两个部分。① 从一定意义来说,政治经济学的研究对象与《资本论》的研究对象应该是相一致的。卫兴华从马列经典作家原著中探寻马克思主义政治经济学的研究对象。马克思指出:"政治经济学所研究的是财富的特殊社会形式。"② 恩格斯指出:"政治经济学是现代资产阶级社会的理论分析,因此,它以发达的资产阶级关系为前提。"也就是说,政治经济学是对发达的资本主义生产关系的理论分析。他又进一步又指出:"经济学所研究的不是物,而是人和人之间的关系。"③ "政治经济学决不是研究'生产',而是研究人们在生产上的社会关系。"④

马克思主义经典作家的政治经济学侧重于将资本主义生产关系作为研究对象,并揭示资本主义经济规律,而未将生产力列为其研究对象。在《资本论》中虽有一些篇幅阐释了生产力和科学技术的发展带来生产效率的提高,但这些内容都是为资本与雇佣劳动关系、劳动对资本形式上的隶属关系转变为实际上的隶属、所有权与经营权统一发展为两权分离的股份制等资本主义经济关系发展的研究奠定基础和条件。马克思在《资本论》中研究资本主义生产力发展概况是为研究资本主义生产关系服务的,研究使用价值是为研究价值问题做准备,研究劳动的一般过程与简单生产是为研究剩余价值生产奠定基础。卫兴华认为生产力未被列入马克思主义经典作家的政治经济学研究对象,有几个方面原因:一是政治经济学是一门社会科学,与工艺学和自然科学不同,其研究的是生产的社会层面,而工艺学和自然科学研究的是生产的技术层面。二是马克思资本主义政治经济学的任务是要揭示资产阶级剥削无产阶级的本质关系,揭示资本主义产生、发展、成熟以及终将被社会主义取代的历史规律,为无产阶级革命斗争提供理论武器。因此,马克思主义经典作家政治经济学不是为资本主义社会生产力发展、经济增长、提高劳动生产率、缓和经济矛盾等内容服务的,马克思既没有提醒资产阶级发展生产力的义务,更没有必要为资产阶级怎样更好更快地发展生产力建言献策。

---

① 卫兴华,聂大海.马克思主义政治经济学的研究对象与生产力的关系[J].经济纵横,2017(01).
② 《马克思恩格斯全集》(第46卷)下[M].北京:人民出版社,1980:383.
③ 《马克思恩格斯选集》(第2卷)[M].北京:人民出版社,1995:188.
④ 《列宁选集》(第1卷)[M].北京:人民出版社,1995:188.

卫兴华认为，由于中国特色社会主义政治经济学与马克思经典作家的资本主义政治经济学的任务不同，导致二者的研究对象也必然不同。马克思经典作家政治经济学研究对象虽然是资本主义经济规律，但马克思经典作家关于社会主义发展生产力的内容和思想，也可为当前中国特色社会主义政治经济学的研究提供一定的参考价值。我们可从马克思在《资本论》所阐述的市场机制中的供求规律、竞争规律、价格调节作用规律、提高生产力与提高利润率等内容中，提取出有关的理论、思想和方法来研究和分析社会主义经济发展实践。他提出，中国特色社会主义政治经济学的研究对象，既要系统和深入研究中国特色社会主义生产关系，也要从理论上研究怎样更快更好地发展社会生产力。[①] 中国特色社会主义政治经济学应将社会主义经济关系列为首要研究对象，而对社会主义经济关系进行研究的目的是为了更好更快地发展生产力、是为了实现社会主义共同富裕的根本目标服务的。中国特色社会主义政治经济学对怎样更好更快地发展生产力进行研究，是为了实现社会主义生产关系所要求的消灭剥削、消除两极分化、逐步达到共同富裕。在中国经济发展新形势下，党中央提出了一系列关于社会主义经济建设的新思路，如经济发展新常态、供给侧结构性改革、"创新、协调、绿色、开放、共享"五大发展理念等，卫兴华认为，中国特色社会主义政治经济学的研究对象应将这些关于生产力如何发展的新理念纳入其中。

二、对马克思货币理论的认识

（一）对货币的本质是一般商品还是特殊商品的辨析

关于货币的本质是一般商品还是特殊商品这一问题，传统观点认为货币是固定充当一般等价物的"特殊商品"，许多政治经济书籍中都有相关论述。

卫兴华从货币的形成过程来考察货币的本质，并回归原著，从马克思著作中探究正确的解释。当价值形式发展为货币形式以后，货币不仅是充当一般等价物的商品，也是具有某种特殊使用价值的商品。以金为例，从自然属性来看，金具有特殊的使用价值是特殊商品，但作为一般等价物与其他一切商品相交换的社会属性与其自然属性相结合，就赋予了金新的职能，也使金从特殊商品转化为货币商品。马克思曾指出："既然其他一切商品只是货币的特殊等价物，而货币是他

[①] 卫兴华，聂大海. 马克思主义政治经济学的研究对象与生产力的关系 [J] 经济纵横 . 2017 (01) .

们的一般等价物，所以它们是作为特殊商品来同作为一般等价物的货币发生关系"。① 由此看出，这里的货币指的是一般等价物也即一般商品，卫兴华还引用了马克思说的："正像交换价值在货币是作为一般商品与一切特殊商品并列出现一样，交换价值因此也作为特殊商品在货币上（因为货币具有一个特殊存在）与其他一切商品并列出现"② 来说明货币是一般商品，而其他一切商品则是特殊商品。由此，他认为，充当一般等价物的货币，其使用价值是二重的，一方面具有特殊的使用价值，是特殊商品，另一方面是一般等价物，是一般商品。由此，"作为特殊商品同一个作为一般商品的特殊商品对立起来"的商品交换关系也就不难理解了。因此，卫兴华得出货币是具有特殊使用价值的充当一般等价物的一般商品的结论。从以上辨析过程可看出，在分析货币的本质和给货币下定义时货币只能是一般商品，而只有在分析货币的使用价值时才能说货币是特殊商品。

卫兴华认为货币本质是特殊商品的观点在理论界长期存在，有以下几个原因：一是受传统的苏联政治经济学教科书的影响；二是把货币的特殊职能同特殊商品在概念上混为一谈；三是用日常用语中的习惯提法来代替科学范畴，货币是一般等价物或是一般商品并不是指货币是普通等价物和普通商品。③ 他在《货币的本质规定究竟是什么？——评超越本质"一般论"与"特殊论"的对立》（当代经济研究，2005 年第 2 期）一文中对货币的本质进行了理论是非辨析，驳斥了《超越本质"一般论"和"特殊论"的对立》一文中认为货币是"一般性"与"特殊性"辩证统一的观点。从哲学方法论而言，分析事物的一般性与特殊性大都是从事物内部相互联系的视角出发，而货币与其他一切商品相交换则表现为货币与非货币商品的外部关系。货币作为一般商品与其他特殊商品交换是一种外部对立关系，不可与同一事物内部的一般性与特殊性的统一相混淆。因此《超越本质"一般论"和"特殊论"的对立》中认为货币既是一般商品又是特殊商品的观点是对马克思原意的错解。货币作为一般等价物的一般商品是货币商品的"特殊社会职能。"卫兴华在辨析中大量引用了马克思关于货币的本质是一般商品的相关论述，在《资本论》第 1 卷、第 3 卷、《剩余价值论》《经济学手稿》中均出现了许多货币是一般商品的论述。卫兴华查阅大量的马克思主义经济学的早期教材和著作发现，20 世纪 20 年代日本著名的马克思主义经济学家河上肇就按照马克思的原意来理解货币的本质，并没有讲货币是"特殊商品"。我国早在

---

① 《马克思恩格斯全集》（第 23 卷）[M]．北京：人民出版社，1972：85，108．
② 《马克思恩格斯全集》（第 46 卷）[M]．北京：人民出版社，1979：95．
③ 卫兴华．走进马克思经济学殿堂 [M]．北京：中国财政经济出版社，2014：414－415．

1955年、1956年、1959年先后翻译出版并由斯大林倡导编写的《政治经济学教科书》第1版~第3版已经放弃了货币本质是特殊商品的表述。1963年由徐禾同志编写的《政治经济学概论》也抛弃了货币是特殊商品的界定。卫兴华不仅从马克思原著，还从货币本质的相关学术历史资料出发考察货币的本质问题，对货币的本质是特殊商品的观点进行理论辨析，并求得正解。

（二）对货币是否具有阶级属性问题的辨析

卫兴华从货币的产生、货币的本质和职能、货币形式的发展过程等方面对货币是否具有阶级性进行辨析。在资本主义社会，货币转化成资本，成为资本家剥削工人的工具，这是由一定的社会生产关系所引起的，并不是源于货币本身的属性，就像生产资料之所以成为剥削工具是建立在一定的社会关系基础上的。

货币的本质与职能并不会随着它转移到不同阶级人手中而发生根本的变化。[①] 从货币产生来看，货币作为一般等价物，无论是早期的贝壳、皮毛，还是后来的金银铜等贵金属，都是作为一定的财富而存在，它都是交换价值的独立存在形态。货币作为一般等价物，无论是在奴隶主、封建主、资本家手中，还是在奴隶、小生产者、工人阶级手中，货币的基本职能都是统一的、共同的，都是为一切的商品生产者服务的。例如在资本主义社会，资本家可将货币变为资本用来剥削雇佣工人，而工人同样可用货币来购买生产资料维持正常生活。因此，货币对于不同的阶级可以有不同的用处，而不会改变货币自身的属性。货币在资本家手中具有资产阶级性，在工人手中具有无产阶级性的说法显然是无法解释的谬误。从货币发展的形式也可看出，货币具有阶级性的观点是站不住脚的。货币在不同的朝代有不同的铸币形式，但条状的货币或者是块状的货币并不会影响货币的实质，也不会带来货币的阶级性。

卫兴华认为，分析作为货币价值符号的纸币是否具有阶级性的关键在于区分货币制度、货币政策与纸币。发行纸币有利于统治阶级，国家权力保障纸币的发行与使用，这并不能说明纸币具有阶级性，而是发行纸币的货币政策与制度是为统治阶级服务的。从总的方面来说，纸币的发行是有利于和服务于统治阶级的，但从生活的具体方面来说，纸币本身又可以服务于不同的阶级。[②] 在资本主义社会中，不仅资本家使用纸币，工人、农民同样使用纸币来购买生活资料。纸币作为一种货币符号，在流转的过程中服务于不同的阶级，并不固定的代表某一阶级

---

① 卫兴华. 走进马克思经济学殿堂 [M]. 北京：中国财政经济出版社，2014：406.
② 卫兴华. 走进马克思经济学殿堂 [M]. 北京：中国财政经济出版社，2014：409.

的利益。卫兴华还对新政权废除旧政权所发行纸币的原因进行了阐述，新政权废除旧政权所发行纸币不能证明纸币的阶级性，革命政权废除旧政权所发行的纸币，不是因为纸币具有阶级性，而是因为依附于旧政权的强制力而存在的纸币也应随着旧政权的消失而消失。

三、对马克思股份制理论的认识

对于股份制理论的认识并不是单纯的经济学理论问题，而是关系社会制度变迁的重大现实问题。卫兴华撰写了多篇论文对马克思的股份制理论进行论述，并对理论界及媒体出现的混同公有制形式及公有制实现形式的观点进行了理论辨析和澄清。

（一）股份制不存在姓"资"和姓"社"的问题

卫兴华认为，虽然股份制是在资本主义制度的基础上产生的，但它与资本主义制度不是同一层面的范畴，它只是资本主义制度的一种新的实现形式，这种新的实现形式有利于资本主义经济的发展，有利于资源的优化配置，在一定程度上有利于调节资本主义的私有性及社会化大生产的矛盾，但资本主义制度的私有性并不会因为股份制的实施而发生根本改变。他从马克思对股份制的评论来证明自己对股份制的见解。马克思曾对股份制的出现做出如下正面评价：第一，股份制通过积累，使得社会的大规模项目建设成为可能；第二，股份制使单个私人资本发展成联合的"社会资本"，这里的社会资本并不是指公有资产，而是资本家的私人财产通过联合的方式形成统一经营支配的社会资本，"私有财产"通过暂时的扬弃，转化为所有权和收益权继续存在的"社会企业"；第三，马克思关于资本主义股份制做出以下论述："资本主义的股份企业，也和合作工厂一样，应当被看做是由资本主义转化为联合生产方式的过渡形式"，① 从马克思的论述中可看出，在资本主义国家中产生的股份制这种实现形式，有利于未来向公有制的社会主义过渡，是资本主义制度向社会主义制度转变的过渡点。

卫兴华通过对马克思股份制理论的研究发现，股份制作为资本的组织形式和资产经营方式，本身不具有社会性质，它不仅可以与资本主义私有制相结合，成为资本主义制度的实现形式，还可与公有制相结合，成为社会主义公有制的实现形式。改革开放以来，股份制的资本组织形式和经营方式在我国国有企业改革中

---

① 《马克思恩格斯全集》（第25卷）[M]. 北京：人民出版社，1979：498.

得到了广泛运用,成为国有经济发展的重要途径,激发了国有经济发展的活力。卫兴华认为,弄清"公有制的实现形式"和"公有制形式(公有制存在形式)"的概念是正确理解马克思股份制理论的关键。公有制的实现形式有多种方式,如承包制、租赁制等。而公有制形式则包括国有经济、集体经济和混合所有制经济中的国有、集体成分等,股份制是公有制的实现形式,而不是公有制的存在形式。股份制作为公有制的实现形式并不改变公有制的性质。股份制的性质取决于入股资本的所有制性质,如果是外资企业或者私人企业控股,那它就具有私有制的性质,如果是国有企业或集体控股,那么就具有明显的公有制性质。党的十六届三中全会提出"要大力发展国有资本、集体资本和非公有资本等参股的混合所有制经济,实现投资主体的多元化,使股份制成为公有制的主要实现形式"。

(二)对错解马克思股份制理论的观点进行辨析

理论界关于马克思股份制理论的理解多种多样,有的提出资本主义国家的股份制是社会主义公有制的观点,有的则认为社会主义国家搞股份制是走向私有化道路。卫兴华认为以上对马克思股份制的理解并无理论根据,是对马恩著作中相关内容的主观臆断。会出现以上误解是因为这些学者对私有制和公有制的"存在形式"和"实现形式"等概念缺乏清晰的认识。私有制的存在形式在社会发展的不同阶段通常表现为个体小私有制、奴隶主私有制、封建主私有制及资本主义私有制等,而这些私有制的实现形式可以不同。在社会历史发展进程中,公有制的存在形式也是多样化的,可以表现为原始社会公有制、社会主义公有制及共产主义公有制。[①] 而国家所有制、集体所有制、合作制是社会主义公有制的主要存在形式,其实现形式可以是承包制、租赁制及股份制。

有观点认为,马克思、恩格斯晚年放弃了共产主义理想和社会主义理论,《资本论》第3卷关于股份制的内容推翻了《资本论》第1卷的结论,提出资本主义通过股份制完成了社会主义的和平过渡,并将马克思股份制理论中所论述的"资本主义体系本身的基础上大资本主义私有产业实行扬弃"理解为"使资产阶级的统治虚幻化"。卫兴华对以上观点展开辩驳,认为这里的"扬弃"是指从原来的资本主义小私有产业转向多个小资本联合的股份公司产业,但这种"扬弃"是存在于资本主义生产方式中,是在资本主义制度的条件下完成的,而并没有走向"新的生产方式(社会主义公有制生产方式)",它可以转向社会主义公有制这种新的社会形式的"过渡点"。股份公司对"私有产业"的扬弃,是"一个会

---

① 卫兴华. 走进马克思经济学殿堂 [M]. 北京:中国财政经济出版社,2014:445.

自行扬弃的矛盾,那显然只是作为一个过渡点,以便进入到一个新的生产形式中去"。这里"自行扬弃的矛盾"指的是股份公司不仅将资本主义生产进一步社会化,而且也使资本主义所有制社会化,即由单个资本的私有产业,发展成联合资本的公司产业,这实际上是资本主义基本矛盾即生产社会化与资本主义私人所有发展的要求与结果。但它并没有解决这一矛盾。生产社会化要求以社会主义公有制取代资本主义私有制,但股份制只是用众多单个资本联合起来的公司资本取代了原来自有自营的私人资本。马克思指出:"这种向股份形式的转化本身,还是局限在资本主义界限之内;因此,这种转化并没有克服财富作为社会财富的性质和作为私人财富的性质之间的对立,而只是在新的形态上发展了这种对立。"① 股份公司的财富,表现为"社会财富",但它是众多"私人财富"的联合和放大。股票本身仍然是归私人所有的私人财富,可以凭股票获得个人收入。马克思把股份资本称作"直接联合起来的个人的资本"。股份公司实际上是众多"个人资本"的联合。马克思早在《资本论》第 1 卷出版前也即 1867 年前就已经完成了《资本论》第 3 卷的写作,因此从时间推理来看,关于《资本论》第 3 卷推翻了《资本论》第 1 卷的结论是错误的。"资本主义通过股份制完成了社会主义的和平过渡"更是与马克思的股份制观点相背离。股份公司合作制的方式只是将小资本变成了众多资本相联合的社会化大资本,这些资本财富仍然归资本家个人所有,并不是"劳动联合和生产资料联合的社会主义劳动者的公有财产",这种股份公司合作制也是在资本主义制度内完成的,是转向社会主义公有制的阶梯。

四、对《资本论》当代价值的研究

受西方经济学意识形态的影响,理论界有些学者开始宣扬《资本论》过时论、《资本论》无用论等,卫兴华认为这是那些并未真正读过《资本论》的人得出的浅薄之论,这些人未读过《资本论》也就自然无法领会《资本论》的博大精深,更不会理解《资本论》中蕴含的科学原理和方法。他指出,《资本论》所阐述的马克思主义经济理论不仅是革命的理论、更是破坏旧世界的理论,也是科学的有历史和现实意义的理论。《资本论》虽已经出版了 150 多年,但《资本论》中包含的科学原理和基本方法是人类社会发展的宝贵财富。自 20 世纪 50 年代从事政治经济学教学和科研工作以来,卫兴华撰写了大量的关于《资本论》当代价值的论文,积极挖掘《资本论》的当代价值,以此彰显《资本论》的时代

---

① 《马克思恩格斯选集》(第 2 卷)[M]. 北京:人民出版社,1995:516.

价值和生命力。

随着中国社会主义建设事业的发展，卫兴华对《资本论》科学意义和当代价值的挖掘也呈现出逐渐深入的过程。早在20世纪80年代，卫兴华就开始探索和挖掘《资本论》基本原理和方法对社会主义建设发展的意义，他在1983年撰写了《〈资本论〉和社会主义经济的基本特征》一文，着重从《资本论》与社会主义基本经济问题、《资本论》与按劳分配问题两方面来探索《资本论》对社会主义现实经济研究的意义，他在文中指出《资本论》虽然没有设置专门的章节研究社会主义经济问题，但在研究资本主义经济关系时多处涉及未来新社会可能出现的某些经济规律或特征，《资本论》中也提出了一些适用于任何社会形态的经济规律和经济原理。在1987年《资本论》第一卷出版120周年之际，卫兴华在其撰写的《〈资本论〉与当代》一文中，结合新中国成立30多年的社会主义实践的经验教训，指出中国进行社会主义革命、建设和经济体制改革必须遵循马克思的基本原理及基本方法，但也不能搞教条主义、本本主义，而是要运用马克思主义原理和方法来解决社会主义建设中遇到的新情况、新问题，并以社会主义建设实践为基础不断创新马克思主义经济理论。2003年为纪念马克思逝世120周年，卫兴华撰写了《马克思的经济学说与当代现实》①一文，在文中，他一方面分析了"马克思经济学说与当代资本主义"的关系：资本主义在发展过程中出现了新特点和现象，如股份制和工人合作社的出现，马克思认为这只是对资本主义生产方式的积极扬弃，是缓和资本主义内部矛盾的表现，是转向新社会制度的过渡点；另一方面分析了"马克思主义经济学说与当代社会主义"的关系，主要表现在四个方面：第一，有关社会生产和再生产的一般原理和规律，适用于任何社会形态，包括社会主义社会，比如生产力与生产关系相互关系的原理；第二，马克思《资本论》中一部分关于资本主义生产关系的基本原理和基本规律，去除资本主义特定关系，对社会主义也是适用的，如资本积累规律、资本有机构成理论、资本循环与资本周转理论等；第三，关于商品生产及其规律的一般理论，如马克思的商品生产规律及价值规律对于一切商品经济都是适用的，同样适用于社会主义商品经济。第四，马克思在研究资本主义生产关系及其规律时，涉及未来社会的一些规律和特点，有些预见具有科学性，并对社会主义建设具有直接的指导作用，比如"自由人联合体"、按劳分配、有时间按比例的计划调节等，由此进一步论证了《资本论》对社会主义实践发展存在的科学意义和价值。2007年，时值《资本论》第一卷出版140周年，卫兴华、张宇撰写的《〈资本论〉与中国特

---

① 卫兴华. 马克思的经济学说与当代现实 [J]. 经济学动态，2003（03）.

色社会主义经济理论体系的发展》① 一文，指出《资本论》所揭示的科学理论对我们认识世界、改造世界具有重要的指导意义，为社会主义经济发展实践和改革提供了重要的理论指导，对中国特色社会主义经济理论的发展与创新具有重要的理论与实践意义，主要体现在：第一，《资本论》中关于历史唯物主义的基本原理为我们认识当代资本主义和社会主义经济的运动规律提供了科学的世界观和方法论；第二，《资本论》详细阐述了社会生产和再生产的一般原理和一般规律；第三，《资本论》中所揭示的关于商品生产的规律和供求规律、竞争规律、价格规律等市场经济规律，对社会主义市场经济同样适用；《资本论》对资本主义经济的运动规律进行了全面系统的揭示，对这些规律的准确认识和把握，对于我们正确认识和处理与资本主义的关系具有重要的指导意义。当前中国特色社会主义进入了新时代，卫兴华认为《资本论》在我国新时代的社会主义事业建设中仍然具有重要价值。2017 年是《资本论》德文版出版 150 周年，卫兴华撰写了《〈资本论〉的当代价值》② 一文来阐释《资本论》的时代价值：首先他从《资本论》的方法论意义来阐释《资本论》的时代价值，指出辩证唯物主义和唯物史观贯穿于《资本论》分析的全过程，恩格斯也曾对《资本论》中出现的唯物史观进行了评论。恩格斯在《卡尔·马克思〈资本论〉第一卷书评》中说："拉萨尔的全部社会主义在于辱骂资本家，……在这里（指《资本论》——引者）我们看到的情况恰恰相反。马克思先生明白地指出了资本主义生产方式（他对现代社会阶段就是这样称呼的）的历史必然性。"恩格斯还批评了把生产力的决定作用错解为唯生产力论或唯经济因素决定论的观点。第二，《资本论》全面揭示了资本主义经济关系及其发展规律。《资本论》通过对商品二重性和劳动二重性的研究，形成科学的劳动价值论。《资本论》对资本主义生产关系、交换关系和分配关系等内容都有所研究，但生产资料和劳动力相结合所采取的资本与雇佣劳动相结合的特殊方式（资本主义生产方式）才是《资本论》研究的重点。资本主义生产关系、交换关系与分配关系，都是与资本主义生产方式相适应的关系。《资本论》第一卷出版 150 年来，资本主义国家呈现出新特点，我们仍然要遵循马克思辩证唯物主义和历史唯物主义的科学方法，来正确认识和分析当代资本主义国家的新变化。第三，《资本论》提出了社会主义经济的本质关系及其发展规律。马克思用"否定之否定"规律来阐释"重建个人所有制"问题，也即未来社会特征。

---

① 卫兴华，张宇.《资本论》与中国特色社会主义经济理论体系的发展［J］. 经济学动态，2007（12）.

② 卫兴华《资本论》的当代价值［N］. 光明日报，2017－7－27（016）.

"资本主义的私有制，是对个人的、以自己劳动为基础的私有制的第一个否定。但资本主义生产由于自然过程的必然性，造成了对自身的否定。这是否定的否定。这种否定不是重新建立私有制，而是在……对土地及靠劳动本身生产的生产资料的共同占有的基础上，重新建立个人所有制。"《资本论》从资本主义发展历史趋势及其与未来社会主义的对比中，阐释了社会主义的本质规定和经济特点。卫兴华认为邓小平提出的社会主义本质论也是对马克思主义社会主义本质观点的继承与发展。第四，《资本论》对创建中国特色社会主义政治经济学的指导意义。马克思主义政治经济学与中国特色社会主义政治经济学二者是"源与流"的关系。《资本论》中生产力与生产关系的规律为我国改革开放40多年的社会主义经济体制建设提供了重要的理论依据。卫兴华认为，中国特色社会主义政治经济学不仅要研究生产关系，更要注重生产力的发展，着重从以下三方面来研究生产力：一是研究社会主义如何通过深化改革和扩大开放的方式来解放生产力和发展生产力；二是用发展的眼光对决定生产力发展的诸要素进行研究，并探究如何充分发挥生产力诸要素在生产中发挥作用；三是注重经济增长与发展方式等问题的研究。中国特色社会主义政治经济学，既要重视对生产力发展的研究，也要重视社会主义生产关系的发展与完善，同样要重视治国理政决策以及意识形态在社会主义经济制度发展和完善中的重要作用。

第三章

卫兴华对社会主义初级阶段理论的研究

社会主义初级阶段理论,是在对社会主义经济发展规律准确把握的基础上,对我国已有社会主义实践经验的系统理论总结。从1978年改革开放至今,我国的社会主义事业取得了巨大进步,中华民族实现了从站起来到富起来的历史性跨越,经济社会发展呈现出了崭新的面貌。党的十八大以来,中国特色社会主义事业不断向前深入推进,随之在社会主义建设过程中也不断涌现出新情况和新变化,由此我国经济发展也呈现出一些新的特征。但我国社会主义建设的基本国情没有发生根本性的变化,我国仍处于社会主义初级阶段。卫兴华立足于我国社会主义初级阶段这一基本国情,运用马克思主义的基本原理和研究方法,深入考察社会主义建设过程中呈现出的基本特征,并创新性地拓展了社会主义初级阶段理论的内容。

卫兴华自20世纪80年代开始关注社会主义阶段划分问题,对社会主义阶段划分及社会主义初级阶段的理论与实践问题进行持续研究。20世纪80年代,理论界关于社会主义阶段划分未形成统一观点,大多数学者仅将社会主义划分为初级和高级两个阶段。他根据当时我国的国情,提倡将社会主义发展划分为三个阶段,对社会主义初级阶段存在的客观必然性和社会主义初级阶段的基本特征进行有理有据的阐释,并厘清了社会主义初级阶段和中国特色社会主义二者之间的关系。科学的认识社会主义的发展阶段,是正确制定社会主义发展战略、方针、政策和任务的基点。只有科学地阐明社会主义初级阶段这一理论和实践问题,才能保障社会主义沿着健康的轨道发展,社会主义制度的优越性才能得以充分发挥。反之,对社会主义发展阶段判断不清,制定经济发展计划就没有了依据和基点。社会主义初级阶段论,不仅在马克思主义经济理论发展史上具有重要地位,而且丰富和发展了马克思主义的内涵,对社会主义发展具有重要的实践意义。卫兴华认为，我国仍处于社会主义初级阶段，是建设有中国特色的社会主义理论与实践的出发点和立足点，也是防止和判断"左"的错误和右的错误的最主要的准绳。在理论和政策上超越社会主义初级阶段，就是容易出现"左"的错误，否认和离开我国的社会主义制度去补资本主义的课，或是不把初级阶段看作是向社会主义高级阶段发展的必经过程，不重视社会主义自身的不断健全和发展，那就会犯右的错误。[①]

第一节 关于社会主义发展阶段划分的认识

根据社会发展规律，从低级向高级、由不成熟向成熟的渐次演进，是任何社会形态必经的发展过程，即任何社会内部都存在着不同的发展阶段。在社会主义社会之前的任何社会形态中，无论是执政者还是研究者，鲜有从社会发展阶段视角对社会存在的问题进行研究。早在 20 世纪 80 年代，卫兴华就对社会形态演进问题提出自己的观点，他认为，社会形态演进都是无意识的自发实现过程，即"其产生、发展、成熟到灭亡，都是通过自发的形式来实现的"。[②] 在马克思和恩格斯的著作中，没有对社会主义发展阶段问题进行过明确论述，但马克思关于共产主义社会形态发展过程的认知，为我们对社会发展阶段进行科学划分提供了思路。[③] 在马克思唯物主义历史观的指导下，我们认识到任何社会都是一个不断发展的历史过程，社会主义制度的发展也是由社会主义前社会形态的自发演进向自觉发展状态转换而来。

一、认为科学划分发展阶段是社会主义建设的重要基础

社会主义社会顺时演进，离不开对其发展阶段的科学划分，并以此推进社会主义社会的发展进程。对社会发展认知的自觉性能够驱使人们自觉地对社会发展规律进行掌握与运用。卫兴华认为，社会主义社会发展阶段的划分对于社会主义建设来说，至关重要；科学划分社会主义发展阶段，是社会主义实践的必然诉求。只有准确的把握和认知社会主义发展阶段问题，人们的自觉能动性才能在规范的框架内得以发挥，并为正确地了解社会主义当下阶段的主要发展任务，制定

[①③] 卫兴华，黄泰岩. 关于社会主义初级阶段几个理论问题的探讨 [J]. 教学与研究，1987（05）.
[②] 卫兴华等. 关于社会主义初级阶段的几个理论问题 [J]. 求索，1988（01）.

出科学的社会主义发展战略、方针和政策，推进社会主义社会的快速发展提供依据。只有科学地阐明这一问题，社会主义建设才能遵循正确的轨道和里程健康发展。①

（一）不能将"社会主义初级阶段"与马克思所说的"共产主义社会第一阶段"混同起来

卫兴华认为，单纯从马列所设想的社会主义社会出发，否认我国现在是社会主义社会是不恰当的，在当时我国已建立了社会主义社会这是肯定的事实；具体分析我国是否完成了马列所讲的过渡时期的任务，是否结束了从资本主义到社会主义建成的过渡时期又是另一回事，没有必要把这两个问题等同起来。② 无论从理论逻辑，还是从社会历史发展的角度来看，都不能将"社会主义初级阶段"与马克思所说的"共产主义社会第一阶段"混同起来，否则就会出现理论上的混乱和倒退。③ 马克思在科学地阐明资本主义发展规律的基础上，对资本主义以后的未来社会的发展阶段问题做出了科学的预见，提出未来社会的发展将先后经历三个历史阶段：从资本主义到共产主义过渡时期、共产主义的第一阶段（社会主义阶段）和共产主义的高级阶段。④ 但马克思本人未曾经历社会主义社会，并未分析生产力落后和商品经济不发达的国家进入社会主义后的发展情况，因此也就不可能对社会主义的发展阶段进行明确界定。由于既没有社会主义实践经验，又没有可以做出科学预见的必要条件，因此，马克思主义经典作家并没有也不能要求他们对社会主义具体阶段进行具体划分。⑤ 卫兴华（2000）针对方生提出的"马克思所讲的'共产主义社会的第一阶段'，就是我们现在所说的社会主义初级阶段"的观点进行商榷，⑥ 指出方生对社会主义阶段划分的见解是错误的，认为他对社会主义阶段的认识完全背离了马克思所要表达的原意。马克思在《哥达纲领批判》中提出的共产主义社会的两个阶段，即"共产主义社会第一阶段"和"共产主义社会高级阶段"，根本没有涉及我们现在所讲的"社会主义初级阶

---

① 卫兴华等. 关于社会主义初级阶段的几个理论问题［J］. 求索，1988（01）.
② 卫兴华. 我对马克思主义"过渡时期"理论的理解［J］. 教学与研究，1980（01）.
③ 卫兴华. 不能把"社会主义初级阶段"混同于"共产主义社会第一阶段"——与方生同志商榷［J］. 当代财经，2000（09）.
④ 卫兴华，桑百川. 正确认识社会主义初级阶段理论［J］. 中国人民大学学报，1998（01）.
⑤ 卫兴华. 有领导有谋划地自觉发展是社会主义的客观要求和重要特点——兼析社会主义初级阶段的理论与实践［J］. 经济纵横，2017（10）.
⑥ 卫兴华. 不能把社会主义初级阶段混同于社会主义社会第一阶段——与方生同志商榷［J］. 当代财经，2000（09）.

段"。不能把马克思讲的"共产主义社会第一阶段"与邓小平理论所提出的"社会主义初级阶段"相混同。所谓"共产主义社会第一阶段",是针对整个社会主义社会历史时期而言的。马克思在《哥达纲领批判》中并没有进一步对社会主义社会发展阶段进行划分,他当时所论述的"共产主义社会第一阶段"即社会主义社会,是指发达资本主义国家取得社会主义革命胜利后所建立起来的社会主义社会。这是经过了从资本主义社会到社会主义社会的"革命转变时期"即"过渡时期",消灭了一切私有制经济的社会主义社会。卫兴华对"社会主义初级阶段"和"共产主义社会第一阶段"的分析,抓住了这两个阶段存在的不同原因,特别是基于社会主义初级阶段存在的客观原因,厘清了两个阶段的内在区别,这为社会主义发展道路的多样性和社会主义初级阶段的发展目标提供了理论佐证。

(二) 对苏联在 1936~1983 年对社会主义发展阶段的理论探索与认知过程进行考察

科学划分社会主义发展阶段,是推进社会主义建设实践的基本前提。有的学者从已有的相关研究指出,列宁曾把社会主义划分为"初级形式的社会主义"和"发达的社会主义"两个阶段。卫兴华驳斥了上述言论,他认为列宁并未对社会主义发展阶段进行划分,更没有将社会主义社会划分为"初级形式的社会主义"和"发达的社会主义"两个阶段,列宁在著作中所指的"初级的社会形式"并不是指社会主义的初级阶段,而是指当时苏联刚建立的苏维埃政权基础还比较薄弱的经济发展状况,而列宁在著作中使用"发达的社会主义"概念也只是对社会主义远景的一种描述而已。[①] 关于列宁的"两阶段"的划分观点是因为翻译不准确而产生的误解,"发达的社会主义"并非是"初级形式的社会主义"在社会主义制度下的递进阶段,而是共产主义第一阶段的社会主义阶段。

苏联作为第一个社会主义国家,对苏联社会主义社会所处的发展阶段的认识曾经历了一个曲折的重新认识的过程。1936 年,斯大林在《关于苏联宪法草案》中指出:苏联已经基本上实现了社会主义,建立了社会主义制度。到 1939 年,斯大林在苏共十八次代表大会上,提出了向共产主义过渡的任务,把社会主义阶段看得很短。1952 年苏共十九次代表大会提出苏联共产党决心"光荣地完成建设共产主义的历史任务",1959 年苏共二十一大赫鲁晓夫提出苏联已"进入全面展开共产主义社会建设的时期",1961 年苏共二十二大他又宣布苏联要在 20 年

---

① 卫兴华,黄泰岩. 关于社会主义初级阶段几个理论问题的探讨 [J]. 教学与研究,1987 (05).

内过渡到共产主义社会，即到 1980 年"苏联将基本建成共产主义"。勃列日涅夫在 1967 年纪念十月革命 50 周年的报告中提出，苏联是处在发达社会主义阶段，不再提建成共产主义，比赫鲁晓夫后退了一步。1983 年安德罗波夫又改变了勃列日涅夫的提法，不再提苏联已经建成了发达的社会主义，而认为苏联正处在发达社会主义这一漫长历史阶段的起点，提出要完善发达的社会主义。契尔年科把这一观点同苏联当时的任务和长远任务联系起来，指出确认苏联正处在发达社会主义的开端，"决定了党和苏联人民当前任务和长远任务的实质"。戈尔巴乔夫则没有再提发达社会主义概念。可见，苏联领导人对苏联的社会主义发展阶段的认识经历了一个发展和变化的过程，经过 50 年的摸索，从形式上看，提法从基本建成共产主义到不再提发达社会主义的概念是倒退的，但到 80 年代不再提发达社会主义的概念正体现了苏联领导人对发展阶段的把握更加的符合发展实际，这实际上是一种认识和实践上的进步。在当时，东欧各社会主义国家对自己社会主义社会的发展阶段的认识也进行了反思。如波兰根据自己的经验和实践，波兰统一工人党第七次和第八次党代会文件中明确指出：有关波兰向"发达的社会主义阶段"过渡的论断"提得过早"。匈牙利也认为，"根据从良好愿望出发的革命幻想推断出来的社会主义蓝图正在发生变化"，因而反对跳跃阶段匆忙行事。

卫兴华认为，苏东国家对社会主义发展阶段的理论探索是在近 50 多年社会主义实践中逐步深化的。社会主义社会的发展阶段问题，是社会主义建设的一个重大的理论问题和实践问题。只有科学地阐明这一问题，社会主义建设才能遵循正确的轨道和里程健康发展，才能发挥社会主义制度的优越性。

二、阐释了社会主义初级阶段论的理论和实践意义

卫兴华认为，社会主义初级阶段理论的提出和对社会主义初级阶段理论认识的是非辨析，具有重要的理论和实践意义，有利于中国特色社会主义政治经济学的创建和发展。[①] 正是由于对社会主义初级阶段这一基本国情的准确把握，我国成功地走出了一条中国特色社会主义道路，社会主义建设事业取得了举世瞩目的

---

① 卫兴华，田超伟. 深入认识社会主义初级阶段的理论与实践意义［N］. 北京日报，2017 - 3 - 14 (07).

巨大成就。① 十一届三中全会以前,"以阶级斗争为纲",把发展生产力推到无足轻重的位置上,正是对社会发展阶段问题上存在错误认识的表现,而提出跑步进入共产主义,彻底铲除私有制,认为无需经过生产力极大发展,可以超越社会主义初级阶段而进入更高的社会发展阶段,同样是与对我们所处社会发展阶段的判断失误有关。② 邓小平理论是基于对中国国情的基本判断、以我国所处的社会发展阶段为基础而形成的。就是说,社会主义初级阶段理论,为邓小平建设有中国特色社会主义的理论奠定了坚实的基础,也使我们认识到,我们今天所从事的改革开放事业是有中国特色社会主义的事业,一些人之所以对此心存疑虑,正是因为没有很好理解我国是处在社会主义初级阶段这一基本国情。有了社会主义初级阶段理论,还可以使我们对社会主义发展规律的认识产生一个飞跃,进一步对于社会主义社会划分阶段的问题、社会主义初级阶段公有制的实现形式问题、社会主义初级阶段的分配方式问题、社会主义改革理论等,作更深入的研究,认识这些方面的规律,有利于更好地推进社会主义现代化建设事业,防止发生"左"的或"右"的偏差。社会主义初级阶段理论,不仅在马克思主义理论发展史上具有重要的地位,丰富和发展了马克思主义,而且具有重要的实践意义。社会主义初级阶段理论,是我们制定路线方针政策的客观依据,是我们思考一切问题的出发点。卫兴华认为,1978～1998年,我国国民经济快速增长,成为新中国成立以来经济发展最好的时期,这20年中国经济建设取得的成就,与从社会主义初级阶段的实际出发进行经济、政治、文化建设是分不开的。③ 从整个这个时期平均水平看,是世界上少数几个保持较高经济增长率的国家和地区之一,也在这个时期成功地告别了短缺经济时期,居民收入水平和生活水平稳步提高,城乡人民生活正由温饱阶段向小康目标迈进;各项社会事业全面发展。到1996年底,国内生产总值达到67700多亿元;国民经济的总体实力明显增强,1996年国内生产总值居世界第7位;三大产业共同发展,特别是农业经济的变化引起世人瞩目,1996年全国粮食总产量超过了4800亿公斤,中国用不足世界7%的耕地养活了超过世界21%的人口,乡镇企业快速成长,成了农村经济的主力;市场化的改革取得重大进展,市场主体多元化,公有制实现形式多样化,市场在资源配置中的基础性作用越来越明显;对外开放的总体格局基本形成,1996年外贸进出口总额达到2890亿美元,1979～1996年实际利用外商直接投资达到1772亿美元,对外经

---

① 卫兴华,田超伟. 深入认识社会主义初级阶段的理论与实践意义 [N]. 北京日报,2017-3-14 (07).

②③ 卫兴华,桑百川. 正确认识社会主义初级阶段理论 [J]. 中国人民大学学报,1998 (01).

济贸易成为拉动国民经济成长的重要力量。卫兴华对改革开放近 20 年（1978～1996 年）经济发展成功的经验进行总结，认为中国发展取得成功很重要的一点，就是逐步明确了我国处于社会主义初级阶段。从而，制定了正确的社会主义初级阶段的路线、方针和政策，制定了可行的经济发展战略，从僵化、封闭的体制到改革开放，实行了以市场为取向的经济体制改革，建立起以公有制为主体、多种所有制经济共同发展的所有制格局，实行了按劳分配为主体的多元化分配形式，制定了允许并鼓励一部分人先富起来，并带动更多的人走向共同富裕的政策，不断扩大对外开放，努力提高对外开放水平。所有这些，都起了解放和发展生产力的作用。

三、提倡将我国社会主义发展划分为三个阶段

1956 年，我国社会主义制度得以确立后，如何对社会主义发展阶段进行划分成为国家发展急需解决的重要问题。当时学界存在"两阶段论"的社会主义发展阶段的划分说法，也就是将社会主义划分为初级和高级两个阶段。卫兴华不认同"两阶段论"，他认为"两阶段论"的划分不利于初级和高级阶段的衔接，甚至在社会主义建设实践中出现跨越必要阶段的可能，所以"两阶段论"对社会主义发展阶段的划分是远远不够的，不足以描述社会主义建设过程中呈现出的特点和情况。任何社会制度的产生、发展到成熟都需要一个较长的历史时期，而且生产力越落后，这个时期就会越长。从原始社会瓦解到奴隶社会的确立，经历了数千年；在西欧，奴隶制度从 1 世纪开始瓦解，到 5 世纪罗马帝国灭亡，才建立起封建社会制度，期间经历了四五百年时间；5 世纪至 10 世纪还只是西欧封建社会的初期，直到 10 世纪以后，农奴制才完全确立起来，这一成熟过程也经历了四五百年时间。资本主义制度从建立到成熟，也经历了 300 年时间，从 14 世纪初，地中海沿岸资本主义的萌芽到 18 至 19 世纪 100 年的产业革命，建立了机器大工业的工厂制度，资本主义才最终确立了自己的物质技术基础，进入成熟期。所以社会主义作为一个新的社会制度，它的产生、发展和成熟也必然要经历一个较长的历史过程。但社会主义社会形态的产生与发展，与以往的社会形态不同。[①]因此，卫兴华提出社会主义划分的"三阶段论"，即将社会主义社会划分为初级、中级和高级三个阶段，他认为这样的划分与社会主义发展实际更为契合，社会主

---

① 有领导有谋划地自觉发展是社会主义的客观要求和重要特点——兼析社会主义初级阶段的理论与实践 [J]. 经济纵横，2017 (10).

义发展从初级、中级到高级的发展过程也是社会主义从不成熟、半成熟到成熟的顺向演进过程。① 社会主义发展实践也证明，在我国社会主义制度建立之初，由于对社会主义阶段缺乏清醒的认识，误将马克思提出的社会主义发展模式作为我国社会主义发展的初级阶段，提出的一些任务和政策超越了社会主义初级阶段，② 导致在社会主义建设事业中出现了违背发展阶段的情况，给经济建设带来了损失。

党的十一届三中全会后，在认真总结新中国历史经验教训和改革开放实践经验的基础上，对我国社会主义所处的发展阶段进行了重新定位。1981年中共中央《关于建国以来党的若干历史问题的决议》明确提出：由于生产力水平所限，"我们的社会主义制度还是处于初级的阶段"。党的十三大系统地阐述了社会主义初级阶段理论，把社会主义初级阶段作为事关全局的基本国情加以把握，明确指出这是建设有中国特色的社会主义的首要问题，并把它作为我们党制定基本路线、方针、政策的基础。之后至今，党的历次全国代表大会始终强调，我国仍处于并将长期处于社会主义初级阶段的基本国情没有变。社会主义初级阶段理论，是我国经过长期的社会主义实践，深刻总结正反两方面的经验教训，对社会主义发展阶段的科学把握和清醒认识，是符合社会主义发展实际的科学论断。③ 社会主义初级阶段理论，是我们制定路线方针政策的客观依据，是我们思考一切问题的出发点。党的十八届三中全会明确指出，全面深化改革，必须立足于我国长期处于社会主义初级阶段这个最大实际。④ 习近平总书记在2017年"7·26"重要讲话中强调："全党要牢牢把握社会主义初级阶段这个最大国情，牢牢立足社会主义初级阶段这个最大实际。"卫兴华认为，社会主义初级阶段理论是根据我国物质文化落后的具体国情，在总结此前经验教训的基础上提出的，是遵循社会主义经济发展规律的创新理论，是我国改革与发展所依据的最大国情。

根据社会主义发展实践，卫兴华对社会主义阶段划分有了新的认识和见解，⑤ 但仍然坚持社会主义发展三阶段论的观点，他根据我国社会主义实践经验和新时代中国特色社会主义建设强国的目标，在对社会主义发展实践经验和改革开放进

---

①③ 卫兴华，黄泰岩. 关于社会主义初级阶段几个理论问题的探讨［J］. 教学与研究，1987（05）.
② 卫兴华，桑百川. 正确认识社会主义初级阶段理论［J］. 中国人民大学学报，1998（01）.
④ 卫兴华，田超伟. 深入认识社会主义初级阶段的理论与实践意义［N］. 北京日报，2017-3-14（07）.
⑤ 卫兴华. 准确认识当前我国发展的阶段性特征［N］. 北京日报，2017-10-16（25）.

程进行科学总结的基础上，将我国社会主义初级阶段大体上划分为三个阶段①：第一个阶段是前期阶段（1956～1987年），总体上处于落后贫困时期，这个阶段人民生活水平虽然有一定提升，但生产力水平总体较为低下，人民生活水平总体也处于很低的阶段；第二个阶段是中期阶段（1987～2020年），基本上实现全面小康时期，在这个时期，生产力得到较大发展，人民生活水平也得以在很大程度上得到提高；通过发展和扶贫，消灭全国尚存的几千万人口的贫困状态。实践证明，改革开放以来，我国的经济社会发展无论从纵向还是横向比较都是最快的。从1978年到2017年，改革开放40年间，我国GDP总量从3678亿元增加到82.7万亿，增长了33.5倍，年均增长约9.5%。中国的经济总量占全球的比重从1.8%跃升到15%，成为世界第二大经济体。农村贫困发生率从1978年的97.5%下降至2017的3.1%。党的十九大对打好脱贫攻坚战作出总体部署，中央经济工作会、中央农村经济会议、中央农村工作会议和全国扶贫开发工作会议作了具体安排。②第三个阶段为后期阶段（2020～本世纪中叶），再约经过30年的发展，到20世纪中叶，即新中国成立一百周年时，将实现第二个百年目标，要把我国建设成为富强、民主、文明、和谐的社会主义现代化强国，实现中华民族的伟大复兴。社会主义发展实践证明，卫兴华将我国社会主义发展划分为三个阶段的论断是科学的，为不同时期有关部分制定相关的发展政策和思路提供理论依据和参考。

四、阐明社会主义初级阶段与中国特色社会主义的关系

十一届三中全会后，党对我国社会主义历史定位的重新认知，是我国社会主义建设事业不断取得成功的基本前提。社会主义初级阶段理论、中国特色社会主义理论和社会主义市场经济理论，是将马克思主义的科学社会主义基本原理与中国国情的具体实际结合的三大重要理论，对我国社会主义建设和发展起决定性作用。③"社会主义初级阶段"和"走中国特色社会主义道路"，是我们党在社会主义建设过程中依据社会主义实践经验而得出的两个重要创新性理论。社会主义初级阶段，是我国社会主义建设的历史方位，是我国在生产力十分落后的情况下建

---

① 有领导有谋划地自觉发展是社会主义的客观要求和重要特点——兼析社会主义初级阶段的理论与实践 [J]. 经济纵横, 2017 (10).
② 习近平谈治国理政（第三卷）[M]. 北京：外文出版社, 2020：154.
③ 卫兴华. 改革开放40年的成就与反思 [J]. 政治经济学评论, 2018 (11).

立社会主义需要经历的一个特定阶段。而中国特色社会主义道路，是我国社会主义建设所采取的发展模式，这种模式不是照抄、照搬别国经验，既非传统也非西化，是我们从自身发展实际出发探索和"独创"出来的，符合自身发展实践的模式。社会主义初级阶段和中国特色社会主义起始和结束的时间是不同的。① 社会主义初级阶段的起始时间是从1956年"三大改造"完成建立社会主义制度算起，到本世纪中叶结束，大约100年时间。而中国特色社会主义应以1978年改革开放作为起始点，到本世纪中叶走出社会主义初级阶段，然后进入社会主义中级阶段和高级阶段，在社会主义的中级和高级阶段，我国的社会主义仍然具有中国特色的社会主义。

卫兴华对"社会主义初级阶段"和"中国特色社会主义"的理论内涵进行了深入阐释和评析。他认为，不能简单地将"社会主义初级阶段"和"走中国特色社会主义道路"等同，这两个重要创新理论既有交叉的内容，又有其独立性，中国特色社会主义的内涵与初级阶段相比更加丰富。党的十九大报告指出"中国特色社会主义是改革开放以来党的全部理论和实践的主题，是党和人民历尽千辛万苦、付出巨大代价取得的根本成就"。公有制为主体，多种所有制共同发展，按劳分配为主体、多种分配方式并存的基本经济制度既是社会主义初级阶段的基本经济特征，也是中国特色社会主义的内容。要大力发展生产力，发展商品经济，要解决社会主义初级阶段的主要矛盾，是二者共同的发展任务。社会主义事业随着生产力与生产关系的矛盾运动，将经历初级阶段、中级阶段和高级阶段。社会主义初级阶段仅仅是社会主义发展过程中的一个特定历史阶段，中国特色社会主义还将历经中级阶段和高级阶段，在今后的中、高阶段，我国走的仍然是中国特色社会主义道路。② 但必须看到，在中国特色社会主义中级阶段、高级阶段社会主义经济的发展将会呈现出不同的经济特点，在这两个阶段，我国社会主义将进一步发展和成熟，会出现与当时国情相联系的新的经济、社会、文化、生态等问题，但生产力和生产关系的统一与矛盾则会依然存在。

当前阶段建设中国特色社会主义，需牢牢遵循马克思主义唯物史观，将生产力发展与生产关系和上层建筑完善紧密结合起来。③ 历史上，我国的社会主义建设存在"唯生产关系论"和"唯生产力论"两种偏误；单向度地只强调矛盾一方的作用，要么在社会主义建设中片面强调生产关系对生产力的反作用，忽视了生产力发展，要么偏重于生产力的发展，忽视了生产关系的发展与完善，这都不

---

① 卫兴华. 改革开放40年的成就与反思 [J]. 政治经济学评论, 2018 (11).
②③ 卫兴华. 深入认识社会主义初级阶段的理论与实践意义 [N]. 北京日报, 2017-7-3 (014).

利于我国社会主义建设的快速发展。从我国社会主义实践的历史来看，正是由于这种发展认识和实践的偏误，造成我国社会主义事业发展的巨大损失。历史的经验和实践证明，要更好地推动我国社会主义事业发展，只能通过不断发展和完善中国特色社会主义理论和制度来实现。在新时代，我国着力于生产力的快速发展，推进供给侧结构性改革，转变经济发展方式，实现经济的高质量发展。同时，也在不断发展和完善社会主义生产关系和上层建筑，深化经济体制和政治体制改革，并着力改善民生建设，构建适合生产力发展的经济制度和法律体系，将生产力发展和生产关系完善有机统一，为中国特色社会主义建设提供制度基础。

卫兴华认为，实行社会主义市场经济是中国特色社会主义的重要一环，是马克思主义的重大发展。但社会主义市场经济并不是社会主义初级阶段所特有的内容。社会主义发展到了中级和高级阶段，商品经济依然会存在。在中级阶段，社会主义市场经济的运行机制的社会主义特点将更显著得体现出来，有计划按比例发展将会得到更多体现。在高级阶段，私有制消失，完全公有制的社会主义商品经济将更加完善与发展。在向共产主义高级阶段过渡中，商品经济的命运将会发生变化。①

第二节 对社会主义初级阶段基本经济特征的把握

一、对社会主义初级阶段存在的客观必然性的分析

自党的十三大提出社会主义初级阶段理论后，学术界开始对社会主义初级阶段存在的客观因素展开研究，观点不一。"单一因素决定论"认为生产力水平低下是决定我国处于社会主义初级阶段的唯一因素，"二因素决定论"认为生产力和生产关系共同决定我国社会主义初级阶段的国情。卫兴华认为仅仅根据生产力发展水平来判断是否处于社会主义初级阶段，并不科学也不够全面，较低的社会生产力水平是社会主义初级阶段存在的最重要客观因素，较低的生产力水平决定着与之相适应的生产关系，二者共同决定了社会主义所处的历史发展阶段，即初级阶段这一基本国情的客观存在。② 以此类推，生产力水平和生产关系的成熟程

---

① 卫兴华. 改革开放 40 年的成就与反思 [J]. 政治经济学评论, 2018 (11).
② 卫兴华, 黄泰岩. 关于社会主义初级阶段几个理论问题的探讨 [J]. 教学与研究, 1987 (05).

度共同成为决定社会主义初级阶段结束的标志。较低的生产力水平主要从两方面来衡量：一是从生产力内在的尺度或绝对尺度来衡量，较低的社会生产力水平意味着社会主义制度还缺乏自身应有的较为完备的物质技术基础；在改革开放以前，我国的生产力水平就总体而言是比较低的，是多层次的，虽然已经有大机器生产，但半机械化生产和以手工劳动为主的原始生产也还大量存在。这种较低的社会生产力水平决定了与之相适应的不成熟的社会主义生产关系。二是从生产力的相对尺度来衡量，较低的社会生产力水平意味着社会生产力的发展在世界经济发展的整体比较中还未达到发达的程度，甚至还未达到中等水平。能够创造出比资本主义更高的劳动生产率，才能说明社会主义的发展迈入了较为成熟的阶段。

1981年中共中央作出我国社会主义发展处于"初级阶段"的重大判断。① 1982年，党的十二大指出：我国的社会主义社会现在还处在初级发展阶段。1986年在《关于社会主义精神文明建设指导方针的决议》中又说：我国还处在社会主义的初级阶段。由此可见，我国处在社会主义初级阶段的论断不是随意提出来的，而是在总结以往社会主义实践的经验教训中得出的科学结论，是符合我国社会经济实际的。② 党的十三大（1987年）报告明确强调，社会主义初级阶段是在生产力发展水平落后的条件下，我国进行社会主义建设的必经阶段。"十一届三中全会前我们在社会主义建设方面出现失误的根本原因之一，就在于提出的一些任务和政策超越了社会主义初级阶段"。③ 十一届三中全会以来，党中央作出了新判断，从以往以阶级斗争为主要任务转向以经济建设为中心，并制定和实施了一系列符合我国国情的发展路线和政策，使得我们在经济发展和改革开放诸方面取得令人瞩目的成就。根据生产力与生产关系、经济基础与上层建筑的辩证关系，相对落后的生产力发展水平和商品经济的不发达程度共同客观决定了我国处于社会主义初级阶段。而这一客观原因，也说明并不是所有进入社会主义社会的国家都必须经历初级阶段。马克思在《哥达纲领批判》中所描述的社会主义社会，是发达资本主义国家在取得社会主义革命胜利后，进入共产主义社会的第一阶段，与生产力并未充分发展的不发达国家相比，存在本质的差异。任何社会经济制度的产生都不可能直接进入成熟的发展阶段，即使在发达的社会生产力基础上建设社会主义，它也需要一个不断成熟的过程。只不过在生产力水平较高的国

---

① 1981年，中共中央《关于建国以来党的若干历史问题的决议》指出：我国的社会主义制度处于初级阶段。

② 卫兴华. 社会主义初级阶段的几个理论问题 [C]. 社会主义初级阶段与深化企业改革论文集，1987（11）.

③ 卫兴华. 进一步把握和认识社会主义初级阶段理论 [J]. 高校理论战线，1997（08）.

家建设社会主义，由于社会生产力已经比较发展，物质技术基础较为完备，经历社会主义初级阶段的时间就会相对短一些。而在生产力较为落后的国家建设社会主义，则需要一个大力发展社会生产力，建立社会主义自身的物质技术基础的任务和时期，因此，社会主义初级阶段的时间会更长一些，路程会更曲折一些。所以，社会主义初级阶段是否存在，则要根据生产力和商品经济的发展水平来进行判断；但共产主义社会的第一阶段是任何社会主义国家都必须经历的。社会主义发展实践证明，卫兴华在20世纪80年代提出的关于社会主义初级阶段存在的客观因素的观点具有科学性和独创性，对充分认知和掌握我国社会主义建设所处的发展阶段具有重要参考价值。

改革开放40多年来，我国社会主义物质生产力水平得到了很大提高。2019年中国GDP总量为14.343亿美元，占全球经济总量16.34%，稳居世界第二；① 2019年年末外汇储备为31079亿美元，② 近几年稳居世界第一；2009年制造业规模超过美国成为世界第一制造业大国……但党的十九大报告明确提出，我国当前处于并将长期处于社会主义初级阶段的基本国情没有发生变化。卫兴华（2017）认为党中央对我国社会主义初级阶段这一基本国情的判断和把握是科学客观的，党中央对我国社会主义初级阶段的充分认知，为我国社会主义事业发展提供了理论准备，是中国特色社会主义道路走向成功的重要原因，为我国社会主义事业的大步迈进提供了必要基础。③ 他认为，初级阶段所要实现的全面现代化的战略目标还未实现决定了我国仍处于社会主义初级阶段的国情，这一战略目标的实现需要一百年的时间。另一方面，我国当前的基本经济制度并未发生根本性的变化。社会主义初级阶段是我国社会主义发展的阶段性的历史定位，从本质上来说，发展生产力和实现共同富裕是社会主义的本质规定性内容。而在私有制社会中，生产力的发展往往会导致贫富的两极分化，难以实现共同富裕。要在生产力发展的基础上实现共同富裕，就要坚持以社会主义公有制作为制度保障，这是我们社会主义无论发展到哪个阶段都要坚持的基本内容。从社会性质看，我国虽然已进入社会主义社会；但从发展阶段看，虽然生产力与几十年前相比有了很大提高，但我国还未达到高度发展的程度，仍处于社会主义初级阶段，这是我国建设社会主义要服从的最大基本国情，改革与发展的一切战略举措都不能超越这个发展阶

---

① 搜狐网，https://www.sohu.com/a/405961169_100110525。
② 中华人民共和国2019年国民经济和社会发展统计公报，国家统计局，http://www.stats.gov.cn/tjsj/zxfb/202002/t20200228_1728913.html。
③ 卫兴华. 深入认识社会主义初级阶段的理论与实践意义［N］. 北京日报，2017-7-3（014）.

段。① 根据我国社会主义性质的要求,我们既要坚持社会主义公有制,做大做强国有经济,推动全国人民实现共同富裕,满足人民群众的物质文化生活需要乃至对美好生活的社会诉求,又要坚持唯物史观,在生产力不发达的条件下,遵循生产力发展与生产关系的辩证规律,不搞单一的公有制,探寻公有制的多种有效实现形式,对非公有制经济发展进行鼓励、支持和引导,从而有利于更好地解放和发展生产力,加快推进社会主义建设。这就要求我国在推进改革和发展的过程中,既要坚持社会主义公有制,又要服从基本国情,积极发展非公有制经济,以更好地推进我国社会主义建设。

二、准确把握社会主义初级阶段的基本经济特征

准确把握分析社会主义初级阶段的方法论,是研究社会主义初级阶段基本经济特征的重要前提。② 卫兴华运用马克思唯物辩证法来考察社会主义初级阶段的基本经济特征。早在20世纪80年代,卫兴华就提出,准确认知和把握社会主义初级阶段的基本经济特征需要掌握两个方面的原则③:第一,从社会主义经济来看,社会主义经济的一般特征在社会主义初级阶段的特殊表现,才能成为特征的内容,具体说来,如社会主义公有制、计划经济、按劳分配的分配方式等,这些社会主义的共有特征在社会主义各个发展阶段都存在。只有对这些一般特征在不同阶段的特殊表现进行分析才能将社会主义不同阶段加以区别。因此,分析初级阶段的社会主义经济的基本特征,就是分析社会主义经济的一般规定性在初级阶段的特殊表现。第二,从社会主义社会来看,社会主义初级阶段的经济特征还应包括其他阶段不存在的阶段性特征,如在我国社会主义初级阶段不仅存在国有经济和集体经济,还存在个体经济、私营经济等,多种经济成分并存。生产力落后的发展水平和商品经济的不发达,在一定程度上成为决定社会主义初级阶段基本经济特征的重要因素。基于上述认识方法和原则及初级阶段存在的客观原因,以及社会主义发展的实践,卫兴华将社会主义初级阶段的基本经济特征概括为五个方面④:

一是以全民所有制经济即国有经济为主导、公有制经济为主体、多种经济成

---

① 卫兴华. 深入认识社会主义初级阶段的理论与实践意义 [N]. 北京日报, 2017-7-3 (014).
② 卫兴华. 社会主义初级阶段的理论与实践 [M]. 北京:经济科学出版社, 2017:24.
③ 卫兴华, 黄泰岩. 关于社会主义初级阶段几个理论问题的探讨 [J]. 教学与研究, 1987 (05).
④ 卫兴华. 社会主义初级阶段的理论与实践 [M]. 北京:经济科学出版社, 2017:24-35.

分即多种所有制形式并存,这是社会主义初级阶段的重要经济特点。这一特点是和我国存在不同层次的还比较落后的生产力水平相适应的,另外又是和社会主义的不成熟性相联系的。社会主义不成熟性需要非社会主义经济成分作为补充。在社会主义初级阶段,新的社会主义经济制度刚刚建立起来,这时社会主义的根本任务是大力发展社会生产力,要在生产力发展的基础上不断提高人们物质文化水平。以公有制为主体的多种经济成分并存,有利于发展生产力,缓解资金短缺,满足人们对物质文化产品的需要。例如,在一定时期中,我国资金短缺、管理和技术落后,是制约我国经济发展的主要因素,引进外资,发展外资企业和中外合资企业等资本主义经济和国家资本主义经济,有利于缓解我国资金的短缺状态,学习和引进先进管理经验和技术,以促进生产力的发展。卫兴华认为,这一经济特点和理论政策是长期不变的,但在具体提法和实际发展中处于变化之中。原来是公有制为主体,非公有制为补充,后用"共同发展"代替"补充"的说法。非公有制经济成分不仅长期存在,而且会有不同程度的发展,这是整个社会主义初级阶段的根本特点。非公有制经济的最初发展与现在的发展状况已不可比拟。我国非公有制经济30多年发展趋势和实践,以及中央有关文件对非公有经济地位的相关表述,充分验证了卫兴华对社会主义初级阶段这一基本经济特征把握的科学性。当然,他同时认为,从社会主义发展的总趋势来看,非公有制经济成分终究要消灭。非公有制经济逐渐消失的过程,应是社会主义中级阶段的事情。

二是与较低的社会生产力水平相适应,在我国商品经济的发展还比较落后的条件下,大力发展商品经济应是初级阶段经济发展的重要内容。卫兴华认为,大力发展商品经济,是发展社会生产力的需要。商品经济同社会生产力是互为条件、相互促进共同发展的,商品经济不发展不仅是生产力落后的反映,还会延缓社会生产力和整个社会主义经济的发展。商品经济对生产力发展的促进作用在于,商品经济的发展,能够促进生产专业化和社会分工,驱动市场扩大规模,进而加速推进生产社会化。只有商品经济充分发展了,社会生产力才能得到充分发展,经济现代化才能实现。因此,商品经济的充分发展,是我国实现现代化的必要条件。大力发展商品经济,也是把社会主义经济真正搞活的必要条件。只有充分发展商品经济,才能促使企业依据商品经济规律办事,提高效率,灵活经营,灵敏地适应复杂多变的社会要求,也才能更好地满足人们日益增长的物质和文化生活需要。他认为,发展商品经济,一方面不仅要发展商品的量即扩大商品的规模,还要注重提高商品的质量;另一方面是发展商品经济关系,完善社会主义市场体系,健全市场机制,发挥商品经济规律的作用。从经济性质的角度看,发展商品经济既包括发展社会主义商品经济,也包括发展非社会主义性质的或不完全社会主义性质的商品经济。社会主义初级阶段，与社会主义生产目的相联系的社会主义自身内在的动力还比较弱，需要商品经济的动力机制进行补充，二者有机结合运行。因此，社会主义初级阶段，应是逐步健全社会主义自身的动力机制和更充分地利用商品经济的动力机制的社会历史阶段。

三是实行按劳分配为主体多种分配方式并存的分配制。这主要表现在：从分配形式上看，由于社会主义初级阶段存在着以公有制经济为主体的多种经济成分，按劳分配只能是社会主义经济内部个人收入分配的原则，而不是全社会的唯一分配原则。就是说，除存在按劳分配收入以外，还存在非按劳分配收入。要保证按劳分配在分配结构中的主体地位，否则，非劳动收入占比过大，就会引起社会矛盾的激化，甚至会削弱社会主义经济制度。从按劳分配自身的状况看，即使在全民所有制经济中，按劳分配的实现也是不完全和不充分的。这是因为，在社会主义初级阶段，按劳分配还缺乏一个统一的社会尺度。在职工的劳动收入和企业的经济效益挂钩的情况下，不同企业占有客观生产条件的优劣程度不同，经营管理水不同，就会引起不同企业的职工劳动收入水平的差别，从而使不同企业的职工虽然付出了同量的社会劳动，但获得的劳动收入却不同。非按劳分配收入分两类：一类是在资本主义经济性质的私营经济和外资企业中，实行按要素所有权分配的原则。资方凭资本所有权获得收入。劳动力所有者按劳动力价值或价格获得收入。另一类收入是个体经济自有自营的收入。它表现为全部属于个人劳动收入。

四是由计划经济逐步转轨为社会主义市场经济。由计划经济转向社会主义市场经济是我国探索社会主义实践道路上的重要一环，其转轨的过程是社会主义初级阶段时期进行的。我国改革开放以后，先是强调发挥市场的作用，价值规律的作用，在计划经济体制内引入市场机制，提出计划经济为主，市场调节（市场经济）为辅的改革方向；而后又提出公有制基础上有计划的商品经济理论；再提出计划和市场是覆盖全社会的，"国家调节市场，市场引导企业"的社会主义市场经济运行机制；最后，邓小平南方谈话提出：计划经济不等于社会主义，市场经济不等于资本主义，突破了将计划经济与市场经济作为两种对立的经济制度属性的观点。由计划经济逐步和全面转向社会主义市场经济，经历了长期的理论认识的争鸣和复杂过程，中央关于这方面内容的指导思想经历了：完全实行计划经济—计划经济为主，市场调节（市场经济）为辅—计划经济与市场调节（市场经济）相结合—放弃计划经济，完全实行市场经济的过程。

五是大力发展生产力，消除贫困，走共同富裕的道路。大力发展生产力不仅是整个社会主义阶段的任务，更是社会主义初级阶段的紧迫任务。社会主义初级阶段要通过快速发展生产力，使广大劳动人民群众尽早摆脱贫困，走上社会主义所要求的共同富裕的道路。摆脱贫困，走向共同富裕，不可能同步实现。总会存在有先有后的差别，所以邓小平曾提出让一部分人先富起来的政策。共同富裕不是所有社会成员在同一时间以同等速度富裕起来。在社会主义初级阶段，允许和鼓励一部分人通过诚实劳动和合法经营先富起来，会对大多数人产生强烈的吸引力和鼓舞作用，从而带动越来越多的人走向富裕，最终实现共同富裕。

卫兴华认为，在社会主义初级阶段，允许和鼓励一部分人先富起来，是指通过以下两种渠道实现的富裕。一是通过贯彻按劳分配原则使部分贡献大的人先富起来。比如，有重大科学发明、对国家有特殊贡献的科技人员和各界杰出劳动者，给予较高的物质奖励。因为按劳分配原则承认，劳动者不同等的劳动能力是"天然特权"，不同劳动者在体力和智力上的差别，就会造成劳动者之间富裕程度的差别。另一条渠道是社会上一部分人能通过自己的劳动和各种有益的工作以及合法经营获得较多的收入而先富起来，如某些个体专业户，企业的承包者、租赁者和私营企业主等。允许和鼓励一部分人先富起来，更多的方面是指通过第二种渠道实现的。因为通过按劳分配使一部分人先富起来，示范效应较小。因而如果没有第二种渠道，就没有必要把在实现共同富裕的过程中一部分人先富起来作为初级阶段的独立特征。在允许和鼓励一部分人先富起来的同时，一定要防止两极分化，贫富悬殊，要坚持共同富裕的方向。让一部分人先富起来，必须以坚持国有经济为主导，公有制为主体，在分配领域坚持按劳分配为主体、公平与效率并重为前提条件。如果任其自发发展，私营经济、外资经济、个体经济等非公有制经济在国民经济中占据主体地位，必然产生收入分配的严重不公平，出现贫富两极分化。我国改革开放已经历了40多年的历程，现在生产力大幅提高了，财富随之大幅增加了，也实现了全面建成小康社会的目标，但收入差距过分扩大、贫富分化现象依然存在。因此，在我国进入新时代后，让一部分人先富起来的理论和政策，已经完成了它的任务，现在更应强调的是：消灭贫困、缩小收入差距扩大趋势，走共同富裕道路。

有人把不利于实现社会主义发展目的，而应该在初级阶段就消除但暂时还没有消除的平均主义、以权谋私等现象看作是社会主义初级阶段的经济特征。卫兴华不赞成此观点，他认为初级阶段的经济特征应是有利于社会主义发展的经济因素。他在考察社会主义初级阶段特征时，对社会主义初级阶段的经济特征与初级阶段的社会主义经济特征的概念进行了辨析和阐释，认为作为社会主义初级阶段经济特征而存在的多种经济成分，就不能作为初级阶段的社会主义经济的特征，因为它是社会主义经济的补充形式，并不具有社会主义经济的性质。如果把二者混淆了，就会把社会主义初级阶段的经济特征都当成是初级阶段的社会主义经济特征，从而必然导致把社会主义初级阶段存在的多种经济成分（如个体经济、私营经济）都说成是社会主义性质的，把社会主义初级阶段的不同所有制形式下的商品经济都说成是社会主义商品经济。①

改革开放以来，我国在世界经济和全球治理体系中的地位不断上升，成为世界第二大经济体、最大货物出口国、第三大货物进口国、第二大对外直接投资国、最大外汇储备国。从中国当前实际发展情况来看，已经摆脱了初期阶段的绝对落后状态。2020年我们已实现了全面建成小康社会的目标。我国现阶段（社会主义初级阶段）的基本经济特征，在社会主义初级阶段的一百年发展过程中都将会一直存在，不会发生改变。② 习近平同志于2017年7月26日在省部级主要领导干部专题研讨班开班式上指出："全党要牢牢把握社会主义初级阶段这个最大国情，牢牢立足社会主义初级阶段这个最大实际，更准确地把握我国社会主义初级阶段不断变化的特点"。③ 并且指出：改革开放和党的十八大以来，"党和国家事业发生历史性变革，我国发展站到了新的历史起点上，中国特色社会主义进入了新的发展阶段。中国特色社会主义不断取得的重大成就，意味着近代以来久经磨难的中华民族实现了从站起来、富起来到强起来的历史性飞跃。"这段话概括地说明了我国社会主义初级阶段发展中的重大变化。新中国的前30多年，虽然还处于落后和贫穷的状态，但中国人民站起来了，洗雪了百年任由列强侵略宰割的耻辱；并建立了独立的工业体系，发展成就超过了旧中国的一两百年。党的十三大以后，改革开放不断推进，逐步朝着富起来、强起来的目标前进。特别是党的十八大以来，在富起来和强起来方面的工作成就尤为显著。习近平总书记运用"没有变"与"不断变"的辩证法阐释了对社会主义初级阶段的深入理解和准确认知，并强调我国社会主义初级阶段的基本国情没有改变。根据马克思唯物辩证法的基本原理，事物是不断变化发展的，物质决定意识。随着我国社会主义实践不断发展，社会主义市场经济的发展进入了新阶段，"新常态"成为我国社会主义初级阶段经济发展的阶段性特征，卫兴华（2017）主张用新的论述、新的语境描述社会主义初级阶段。④ 自党的十三大提出社会主义初级阶段论至今已有30多年，虽然当前我国仍然处在社会主义初级阶段，但随着社会主义实践的发

---

① 卫兴华，黄泰岩. 关于社会主义初级阶段几个理论问题的探讨 [J]. 教学与研究，1987（05）.
② 卫兴华. 对新时代我国社会主要矛盾转化问题的解读 [J]. 社会科学辑刊，2018（02）.
③ 习近平在省部级主要领导干部专题研讨班开班式上发表重要讲话，中国军网，http://www.81.cn/2017ytbjh/2017-08/10/content_7711174.htm。
④ 卫兴华. 深入认识社会主义初级阶段的理论与实践意义 [N]. 北京日报，2017-7-3：14.

展，初级阶段的基本经济特征发生了一些变化。卫兴华认为，当前及未来一段时期我国经济发展的根本任务仍是大力发展生产力，创造大量的社会财富，为实现共同富裕奠定基础，但这些都必须以公有制作为根本的制度保证，避免产生绝对两极分化；同时主张积极探索公有制的实现形式，鼓励、支持、引导非公有制经济发展，积极调动各阶层人民的生产积极性，不断深化社会主义市场经济体制改革，推进生产力发展。虽然我国的经济社会环境发生了巨大变化，但卫兴华认为社会主义初级阶段的重要经济特点仍然是国有经济为主导、公有制为主体、多种所有制经济共同发展，以及按劳分配为主体、多种分配方式并存。① "这一理论和政策同样长期坚持不变，但在具体提法上和实际发展中也在变化。" 如原来的提法是将非公有制经济作为 "补充"，后改为 "共同发展"。② 非公有制经济的最初的发展与现在的发展状况也大为不同了。

第三节 对社会主义初级阶段主要矛盾变化的探究

社会主义初级阶段的社会主要矛盾问题，是马克思主义政治经济学和中国特色社会主义政治经济学的一个重要理论和实践问题。党的十九大报告指出，中国特色社会主义进入新时代，社会主要矛盾发生了变化，我国社会主要矛盾已经由原来的 "人民日益增长的物质文化的需要同落后的社会生产之间矛盾" 转化为 "人民日益增长的美好生活需要和不平衡不充分的发展之间的矛盾"。新时代社会主义主要矛盾的转化，是党中央在社会主义条件发生变化的情况下对社会主要矛盾的新分析和新认识，也是改革开放40多年来生产力大幅度提高、人民生活质量和水平显著提升的结果。自党的十九大提出我国社会主要矛盾发生变化后，理论界对我国社会主义主要矛盾转化问题开展研究、阐释和解读。卫兴华运用马克思主义的基本原理和方法，立足于社会主义初级阶段基本国情，阐释我国社会主义矛盾转化的科学内涵。卫兴华关于社会主义初级阶段主要矛盾转化问题的认识、解读和阐释，有助于相关决策部门明确和把握解决这一主要矛盾的途径、动力和方略，也可为我国顺利实现 "两个100年" 的战略目标提供思路和理论参考。

---

① 卫兴华. 有领导有谋划地自觉发展是社会主义的客观要求和重要特点——兼析社会主义初级阶段的理论与实践 [J]. 经济纵横，2017 (10).
② 卫兴华. 准确认识当前我国发展的阶段性特征 [N]. 北京日报，2017 - 10 - 16：25.

一、对新中国成立以来主要矛盾变化的总体把握

早在20世纪80年代末，卫兴华就开始对社会主义初级阶段的主要矛盾问题进行了研究。他运用马克思的唯物辩证法中发展的眼光来考察社会主义初级阶段主要矛盾问题，[①] 认为任何事物都是变化发展的，社会主义社会的主要矛盾随着经济条件的变化也必然发生变化。当社会主义社会进入高级阶段，生产力获得高度发展，社会主义生产目的得以充分实现，社会主义制度优越性也表现得比较充分的时候，那么社会主要矛盾也必然会发生变化。[②] 中华人民共和国成立之初，无产阶级同资产阶级之间的矛盾是社会的主要矛盾。根据毛泽东的马克思主义中国化新民主主义理论，我国对资本主义工商业、农业和手工业进行社会主义改造，即将生产资料私有制改造为社会主义公有制。1956年，在我国三大改造基本完成，建立起社会主义制度后，无产阶级同资产阶级之间的矛盾得以基本解决。随之，中共八大报告决议提出："我国国内的主要矛盾，已经是人民对于建立先进工业国的要求同落后的农业国的现实之间的矛盾，已经是人民对于经济文化迅速发展的需要同当前经济文化不能满足人民需要的状况之间的矛盾。"这个新的主要矛盾是针对我国当时处于落后的农业国国情而提出的，生产力落后是这一主要矛盾的主要方面，卫兴华认为党的八大关于社会主要矛盾的提法是基本符合当时经济社会情况的，在此基础上他提出，当时解决矛盾的途径应是大力发展生产力，发展社会主义经济，将社会主义农业国转变为现代化的工业国。1957年10月，中共中央召开的八届三中全会否定了八大决议关于社会主要矛盾的论断，提出我国社会的主要矛盾仍是无产阶级与资产阶级的矛盾、社会主义道路与资本主义道路的矛盾。卫兴华认为八届三中全会提出的主要矛盾忽视了着力于发展生产力的根本任务和不断提高人民物质文化水平的要求，偏离了马克思主义关于社会主义本质的规定，即通过快速发展生产力实现共同富裕的根本原则，违反了客观经济规律，给国家和人民的利益造成了巨大损失。党的八届三中全会提出的主要矛盾的论断一直持续了20年，直到党的十一届三中全会，以阶级斗争为纲的理论观点才被摒弃，党的工作重点转向了以经济建设为中心的社会主义现代化建设。随着党的工作重点的转移，对社会主要矛盾的认识也随之发生了根本性

[①] 卫兴华，赵海虹.怎样认识我国社会主要矛盾的转化［J］.经济纵横，2018（01）.
[②] 卫兴华，黄泰岩.社会主义初级阶段的几个理论问题，社会主义初级阶段与深化企业改革论文集［C］.1987（11）.

转变。1979年3月，邓小平在党的理论工作务虚会上的讲话提出，"我们的生产力发展水平很低，远远不能满足人民和国家的需要"，这就是当时社会的主要矛盾，"解决这个主要矛盾就是我们的中心任务"。卫兴华判断，虽然当时社会主义初级阶段的理论尚未提出，但邓小平所讲的主要矛盾与后来党中央提出的社会主义初级阶段主要矛盾的内涵实际上是一致的。在1981年党中央明确提出社会主义初级阶段论后，"社会主义初级阶段的主要矛盾，是人民日益增长的物质文化需要同落后的社会生产之间的矛盾"的理论也随之产生。这一主要矛盾是社会基本矛盾即生产力和生产关系的矛盾在社会主义初级阶段的具体表现。在社会生产还比较落后的条件下，完全摆脱贫困，保证劳动者自由全面发展的社会主义生产目的不可能完全实现，因此，卫兴华并不主张将人民日益增长的物质文化需要同落后的社会生产之间的矛盾，看成是整个社会主义社会的主要矛盾。他认为，中共中央在《关于社会主义精神文明建设指导方针的决议》① 中对社会的主要矛盾进行了更加明确和规范的表述："我们党总结历史经验，明确指出现阶段我国社会主要矛盾是人民日益增长的物质文化需要同落后的社会生产之间的矛盾"，加上"现阶段"的提法，更加准确。② 并认为，改革开放至党的十九大召开前的30多年时期，中国经济社会的发展是围绕着"人民日益增长的物质文化需要同落后的社会生产之间的矛盾"解决进行的。③ 2017年，党的十九大报告提出："中国特色社会主义进入新时代，我国社会主要矛盾已经转化为人民日益增长的美好生活需要和不平衡不充分的发展之间的矛盾。"十九大以后，经济社会发展将围绕新的社会主要矛盾展开，预计到21世纪中叶才能解决这一新的社会主要矛盾。而完全满足人民美好生活需要，完全实现全民共同富裕，应是在社会主义高级阶段才能实现的社会目标。社会主义实践证明卫兴华关于社会主义初级阶段主要矛盾变化的理解和判断是科学的，符合我国社会主义发展的客观实际。

卫兴华从"我国社会主义初级阶段的基本国情没有变""我国作为世界上最大的发展中国家的国际地位没有变"这两个"没有变"和"我国社会主义主要矛盾发生变化"这一个变的联系和统一上来对进入新时代后我国社会主义主要矛盾发生变化的内涵进行解读和阐释。初级阶段基本国情"没有变"的一个重要原因是初级阶段战略目标还没有实现，没有走出长达百年的初级阶段。另外，初级阶段的基本经济制度没有变。我国社会主义初级阶段主要的经济特点是公有制经

---

① 1986年9月28日，中国共产党第十二届中央委员会第六次全体会议，提出《关于社会主义精神文明建设指导方针的决议》。

②③ 卫兴华，赵海虹. 怎样认识我国社会主要矛盾的转化[J]. 经济纵横，2018（01）.

济为主体、多种所有制经济共同发展；按劳分配为主体，多种分配方式并存。这个经济特点存在于百年的初级阶段中，也不会变。他认为，我国社会主义初级阶段主要矛盾的转化是渐进的，有个由量变到质变的过程。而且这种转化有其特殊性，具有连接性和发展性，不是相互排斥和对立的关系。① 以往社会主要矛盾的转化，转化前后的两种矛盾往往是相互对立和排斥的。而十九大提出的社会主要矛盾的转化，转化前后的两种主要矛盾不是相互排斥和相互对立的，而是一脉相承的、发展的、拓宽的。② 当前的社会主要矛盾的内涵与原来的主要矛盾的内涵有个抽象意义的共同点——生产和社会供给不能满足人民需求的矛盾，但具体内涵发生了一些变化，即矛盾的两侧都有所发展和提升：原来"人民日益增长的物质文化需要"的需求侧对应的是低水平的生产力和解决温饱的内涵，而供给侧对应的则是落后的生产；而现在人们的需求提高和拓宽了，是广大人民对美好生活的需求，不再是低水平的解决温饱问题的需求。满足人民需要的供给方的水平与质量也大幅提高，不再是落后的生产。从我国经济综合实力也可看出，现在讲我国的生产力已不再是落后的生产力，我国的国内生产总值近年来已稳居世界第二。但从与发达国家差距，以及我国最后要实现的全面现代化和社会主义现代化强国的目标来看，我国的生产力水平还有提升空间。因而相对于美好生活的需要，我们的供给还不充分，不平衡。所谓不平衡、不充分的发展是相对于人民日益增长的美好生活需要讲的。虽然我国的生产力有了很大的发展，但是相对于人民美好生活的需要还显得不够，供求不平衡，供给不充分。而且人民美好的生活需要已经不是局限于对物质文化生活需要，还包括对民主、法治、公平、正义、安全、生态等方面的要求也日益增长。

二、对新时代社会主要矛盾转化理论是非问题的辨析

自党的十九大报告提出我国社会主要矛盾转化的论述后，报刊上发表了许多关于这一内容的解读文章，但是也存在解读上的差异和偏误，卫兴华对存在误读的观点进行了有理有据的辨析和澄清。

（1）关于社会主要矛盾发生转变与中国进入新时代，孰先孰后、孰决定孰的辨析。有学者提出，我国社会主要矛盾发生了转化决定了我国的发展进入了新时代，并认为社会主要矛盾的转化是"中国特色社会主义进入新时代的判断依据"，

---

① 卫兴华，赵海虹．怎样认识我国社会主要矛盾的转化 [J]．经济纵横，2018（01）．
② 卫兴华．论新时代中国特色社会主义社会主要矛盾及其转化 [J]．当代经济研究，2018（04）．

卫兴华认为此观点既不符合十九大报告的原意，也不符合中国社会发展实践。应是中国特色社会主义进入新时代决定了社会主要矛盾发生了变化，社会主要矛盾的转化，是中国特色社会主义进入新时代的表现和必然结果。① 改革开放40多年来生产力的快速发展和人民生活水平总体上大幅度提高，特别是党的十八大以来新的发展成就，为中国特色社会主义进入了新时代提供了经济基础和条件。十八大报告中"我国经济实力、科技实力、国防实力、综合国力、进入世界前列""经过长期努力，中国特色社会主义进入了新时代，这是我国发展新的历史方位"等论述，表明在社会主要矛盾转化之前，我国发展已进入了新时代。当前，在我国解决了十几亿人的温饱问题，总体上实现小康，各方面的社会生产能力进入世界前列的背景下，十九大报告提出："中国特色社会主义进入新时代，我国社会主要矛盾已经转化为人民日益增长的美好生活需要和不平衡不充分的发展之间的矛盾"。习近平同志在2017年7月26日讲话中指出："经过改革开放近40年的发展，我国社会生产力水平明显提高；人民生活显著改善，对美好生活的向往更加强烈，人民群众的需要呈现多样化多层次多方面的特点"。② 这实际上是先期点出了十九大报告中将提出的社会主要矛盾转化问题。人民对美好生活的向往和需要，是以我国社会生产力水平明显提高，人民生活显著改善为前提的。

（2）卫兴华认为，社会主要矛盾随着社会发展阶段的变化而变化的普遍原理是站不住脚的。③ 首先，他以资本主义社会发展的历史阶段为例进行辨析。资本主义社会从16世纪到21世纪，五六百年时间经历了不同的历史阶段。按马克思《资本论》中对资本主义国家的阶段划分看，资本主义国家在不同的发展阶段，其主要矛盾并没有随着发展阶段的不同而多次转化。生产力和生产关系的矛盾是其基本矛盾，也是任何社会都存在的基本矛盾。但是生产力和生产关系这一基本矛盾，在不同的社会其表现形式是不同的。资本主义社会中，生产力和生产关系的矛盾，在经济层面表现为生产社会化和资本主义私人占有之间的矛盾，在政治层面表现为资产阶级和无产阶级的矛盾，这两方面是其主要矛盾。生产社会化和私人占有的矛盾在资本主义发展的各个历史阶段始终存在，只是在不同的阶段表现出的程度有所不同。也正是这个矛盾引发了资本主义国家出现周期性的经济危机，主要矛盾并没有转化。因此，从资本主义国家发展过程来看，并不能说任何

---

① 卫兴华. 辨析我国当前社会主要矛盾转化问题解读的理论是非 [J]. 人文杂志，2018（04）.
② 伟大的真理　磅礴的力量——习总书记"7·26"重要讲话的鲜明特点和重大意义，中国共产党新闻网，http://theory.people.com.cn/n1/2017/0822/c40531-29485697.html.
③ 论新时代中国特色社会主义社会主要矛盾及其转化——一个马克思主义政治经济学方法论的视角 [J]. 当代经济研究，2018（04）.

社会不同发展阶段主要矛盾都会发生变化。他还通过梳理和考察新中国成立以来社会主要矛盾发展变化的历程来反驳此观点。新中国成立之初，我国的主要矛盾是工人阶级和资产阶级之间的矛盾；1956 年三大改造完成以后，主要矛盾发生了变化，人民对于建立先进工业要求同落后农业国现实间的矛盾（中共第八次全国代表大会上提出），成为当时社会的主要矛盾；十一届三中全会后党的工作转向以经济建设为重心，这时我国的社会主要矛盾也随之发生变化，转变为人民日益增长的物质文化需要同落后的社会生产之间的矛盾（1981 年十一届六中全会提出）。1949 年新中国成立至 1978 年改革开放 30 年的经济发展，为改革开放奠定了经济基础。由此看出，社会主义初级阶段的理论还未提出之前，我国的社会主要矛盾已经发生了几次变化，说明我国社会主要矛盾的变化是曲折的、复杂的过程，[①] 并不是随着社会发展的阶段而变。

（3）学术界大都侧重从城乡不平衡、区域不平衡、收入不平衡等方面，对新时代社会主要矛盾进行解读。卫兴华认为我国社会主要矛盾的转化，是供给侧和需求侧这一矛盾的转化，不能用地区不平衡、城乡不平衡、收入不平衡，也不能用生产力落后来解读社会主要矛盾转化的内涵。转化前的社会主要矛盾的需求方面表现为"日益增长的物质文化需要"，供给方面表现为"落后的社会生产"。随着社会生产的发展，产生了新的矛盾，新时代人民群众的需要发生了很大变化，从对"物质文化需要"发展到对"美好生活需要"，从"落后的社会生产"发展到"不平衡不充分的发展"。从社会总体上来讲，转化后的主要矛盾两方"不平衡不充分的发展"与"人民日益增长的美好生活需要"是相对应的。在"人民日益增长的美好生活需要"的需求侧方面还未得到完全充分满足的情况下，还存在生产和社会供给方与生活需求之间的不平衡。[②] 改革开放 40 多年来生产的快速发展，生产供给持续扩大和人民生活水平不断提高，是当前人民日益增长的美好生活需要的前提。但当前我国的需求结构已经发生了很大变化，需求的层次也已经大幅提高，而我国生产与供给结构却没有与之相适应的跟进，高端、高质量产品供给方面还不够充分，导致了提高和扩展了的美好生活需求与生产有效供给不足的新的不平衡的产生。

[①] 卫兴华. 对新时代我国社会主要矛盾转化问题的解读［J］. 社会科学辑刊，2018（02）.
[②] 卫兴华. 辨析我国当前社会主要矛盾转化问题解读的理论是非［J］. 人文杂志，2018（04）.

三、科学解读社会主要矛盾转化的内涵

卫兴华主张回归党的十九大报告内容中解读社会主要矛盾的变化。他关于新时代社会主要矛盾转化问题的解读,与我国经济发展的实际相结合,符合党的十九大报告的新理论和新思想精神,与习近平新时代中国特色社会主义思想的内涵相契合。

卫兴华认为我国社会主要矛盾的变化,既是历史性的变化,也是关系全局性的变化,我国长期以来存在地区之间、城乡之间的发展不平衡问题与历史性变化和全局性变化无关,与我国进入新时代和社会主要矛盾转化也没有什么联系。我国社会主要矛盾转化的提出,要与解决矛盾的改革和发展的取向及新时代的战略目标相联系。① 党的十九大报告提出中国特色社会主义进入新时代,确定了我国发展新的历史方位。为了与我国新时代社会主要矛盾的转化相适应,需要以供给侧结构性改革为发展的主线,并依靠创新发展方式,解决人民美好生活需要中供给侧的发展不平衡、不充分问题。要真正深入领会十九大报告新理论新思想的本意不走样,为创建和发展中国特色社会主义政治经济学提供科学的、符合实际的创新理论与思想。②

党的十九大报告的第一部分指出:"必须认识到,我国社会主要矛盾的变化是关系全局的历史性变化,对党和国家工作提出了许多新要求。我们要在继续推动发展的基础上,着力解决好发展不平衡不充分问题,大力提升发展质量和效益,更好满足人民在经济、政治、文化、社会、生态等方面日益增长的需要。"由此看出,社会主要矛盾的变化,包括由"落后的社会生产"提升为"不平衡不充分的发展",都是"关系全局的历史性变化",而区域城乡发展不平衡,某些方面发展落后等,是原已存在的老问题,不存在关系全局的历史性变化。十九大报告的第三部分也有涉及社会主要矛盾解决途径的内容:"坚持以人民为中心的发展思想,不断促进人的全面发展、全体人民共同富裕。"十九大报告第五部分"贯彻新发展理念,建设现代化经济体系"同样与解决发展不平衡不充分的短板相关。十九大报告第五部分内容:"我国经济已由高速增长阶段转向高质量发展阶段,正处在转变发展方式、优化经济结构、转换增长动力的攻关期,建设现代化经济体系是跨越关口的迫切要求和我国发展的战略目标。必须坚持质量第

---

① 卫兴华,赵海虹. 怎样认识我国社会主要矛盾的转化[J]. 经济纵横,2018(01).
② 卫兴华. 辨析我国当前社会主要矛盾转化问题解读的理论是非[J]. 人文杂志,2018(04).

一、效益优先,以供给侧结构性改革为主线,推动经济发展质量变革、效率变革、动力变革,提高全要素生产率,着力加快建设实体经济、科技创新。"十九大报告的第八部分《提高保障和改善民生水平,加强和创新社会治理》,提出了七项提高保障和改善民生水平的战略举措,分别是:一是优先发展教育事业;二是提高就业质量和收入水平;三是加强社会保障体系建设;四是坚决打赢脱贫攻坚战;五是实行健康中国战略;六是打造共治共建共享的社会治理格局;七是有效推进国家安全。;2018年3月政府工作报告中提到,"大力推动高质量发展……要着力解决发展不平衡不充分问题,围绕建设现代化经济体系,坚持质量第一、效益优先,促进经济结构优化升级"是今后主要任务。由此看出,解决新的社会主要矛盾中发展不平衡不充分的问题是今后经济发展的重点任务,提高质量和效益,优化经济结构等是化解新矛盾的重要途径。无论是十九大报告还是政府工作报告,无论是当前的社会主要矛盾的内涵或是解决不平衡不充分发展的途径,都没有提及区域、城乡和其他不平衡。十九大报告中指出:"我国社会生产力水平总体上显著提高,社会生产能力在很多方面进入世界前列,更加突出的问题是发展不平衡不充分,这已经成为满足人民日益增长的美好生活需要的主要制约因素"。由此看出,落后的生产力、人民绝对贫困不是新时代主要矛盾的基础,改革开放40多年生产力高度发展才是新时代主要矛盾中所讲的发展不平衡不充分的基础。新时期社会的主要矛盾更不是以中西部地区落后于东部地区、农村落后于城市等区域发展不平衡为前提。

第四章

卫兴华关于中国特色社会主义经济制度的探究

中国特色社会主义经济制度是中国特色社会主义制度的基础。新中国成立70多年的社会主义实践的发展和成就的取得离不开中国特色社会主义经济制度的保障。公有制为主体、多种所有制经济共同发展是中国特色社会主义经济制度的重要内容，也是构建中国特色社会主义经济理论体系的重要方面。改革开放后，我国逐步改变以前发展单一公有制的经济制度，并逐步形成了以公有制为主体、多种所有制共同发展的基本经济制度。卫兴华从初级阶段基本经济制度的历史形成过程，坚持基本经济制度的理论和实践依据，混合所有制经济，公有制实现形式，国有经济的性质、地位和作用，国企改革等方面对中国特色社会主义经济制度展开研究。

第一节　对初级阶段基本经济制度理论的探究

卫兴华对坚持和完善我国初级阶段的基本经济制度问题，进行了深入思考和探究，形成了许多有创建的观点。他认为，我国社会主义初级阶段的基本经济制度中所包含的公有制和非公有制都需要坚持和完善。我国社会主义初级阶段的基本经济制度的历史形成，是一个思想不断解放和认识不断加深的过程，在这一过程中非公有制经济逐渐由体制外进入体制内，与公有制经济共同发展，并成为社会主义市场经济的重要组成部分。①

一、阐释中国特色社会主义经济制度的内涵

卫兴华认为,"中国特色社会主义经济制度",与社会主义初级阶段的基本经济制度内涵是相一致的,是从"中国特色社会主义制度"中分离出来的。② 从长远来看,我国从社会主义初级阶段逐步迈向中级阶段或高级阶段的同时,社会主义制度也随之不断成熟与发展,到那时我国的社会主义依然可称之为中国特色社会主义,我国的社会主义经济制度依然可以是中国特色社会主义经济制度。

(一) 追溯中国特色社会主义经济制度的理论与实践的来源

卫兴华认为,中国特色社会主义经济制度与马克思科学社会主义是一脉相承的,其理论与实践是对马克思主义科学社会主义的继承与发展。③ 对社会主义以公有制为基础或主体加以否定,就是对科学社会主义和中国特色社会主义的否定。马克思和恩格斯曾预计,社会主义首先在发达资本主义国家实现,而且认为这些发达国家建成了社会主义后,私有制完全消灭,建立起单一的公有制即社会所有制。而我国的国情与发达资本主义国家不同,我国在建立社会主义时,生产力发展水平落后,也并未经历过资本主义独立发展阶段,因此,在建立经济制度时,不能脱离实际照搬经典作家的理论观点,搞单一的"一大二公"的公有制度。要允许和鼓励非公有制经济与公有制经济共同发展,但又不能搞没有公有制为基础或为主体的"社会主义",而是要实行公有制为主体,多种所有制共同发展的中国特色社会主义经济制度。

卫兴华通过研读马恩著作发现,马克思、恩格斯虽未对未来社会主义和共产主义高级阶段有系统论述,但对未来新社会制度的本质和特点的论述在马恩著作中有零星涉及。恩格斯在1844年2月发表的《国民经济学批判大纲》中就明确提出,只有消灭私有制才能消除资本主义制度造成的极其严重的社会弊端。马克思在《1844年经济学哲学手稿》中也提出"社会从私有财产等等解放出来,从奴役制解放出来,是通过工人解放这种政治形式来表现的,这并不是因为这里涉

---

① 卫兴华、胡若痴. 社会主义初级阶段基本经济制度的形成、成就与问题 [J]. 中共福建省委党校学报, 2009 (09).
②③ 卫兴华. 坚持和完善中国特色社会主义经济制度 [J]. 政治经济学评论, 2012 (01).

及的仅仅是工人的解放，而是因为工人的解放还包含普遍人的解放"。① 在《共产党宣言》《资本论》《哥达纲领批判》和其他一系列著作以及直到恩格斯逝世前，于1895年3月为马克思的《1848至1850年的法兰西阶级斗争》一书写的《导言》和1895年5月的《对法国〈费加罗报〉记者的谈话》一文中，他一以贯之地强调社会主义运动的重要任务是实行生产资料公有制。《导言》中明确指出："这本书（指马克思的《1848至1850年的法兰西阶级斗争》一书）具有特别重大意义的是，在这里第一次提出了世界各国工人政党都一致用以扼要表述自己的经济改革要求的公式，即：生产资料归社会所有。……如果说马克思后来把这个公式也扩大到占有交换手段上，那么这种扩大不过是从基本原理中得出的结论罢了。"② 由此判定，始终主张实行生产资料和交换手段的公有制是马克思主义的科学社会主义与其他社会主义流派的根本区别。

（二）在辨析中阐释中国特色社会主义经济制度的内涵

在马恩著作中出现的公有制、公共占有制、社会所有制等概念，卫兴华认为这些概念的内涵其实是一致的。

（1）有人认为国家所有制经济或国有经济不是来源于马恩，而是来源于希特勒。卫兴华认为此观点毫无依据，社会主义国家实行和发展国有经济的理论与实践和希特勒纳粹的社会主义工人党是完全不相关的。卫兴华通过摘取《共产党宣言》《反杜林论》中关于国家所有制的相关论述来证明，国家所有制经济来源于马恩的观点。《共产党宣言》中称：无产阶级取得政权后，要把一切生产工具集中在国家手中，并尽可能快地增加生产力的总量。马克思的手稿《论土地国有化》一文中指出："生产资料的全国性集中将成为由自由平等的生产者的各联合体所构成的社会的全国性的基础。"③ 由此可看出，新社会以生产资料国有制作为制度的经济"基础"。恩格斯在《反杜林论》中也指出："无产阶级将取得国家政权，并且首先把生产资料变为国家财产。"④ 社会主义的国家所有制，是指生产资料归全民所有，由国家代表全国人民掌握生产资料的所有制形式，因此也可称为社会所有制或全民所有制。我国宪法规定，国有经济是"全民所有制经济"。国有经济是以国家和全国人民利益为首位的经济，在国企改革中，出现的

---

① 《马克思恩格斯文集》（第1卷）[M]．北京：人民出版社，2009：167．
② 《马克思恩格斯选集》（第4卷）[M]．北京：人民出版社，1995：508、209．
③ 《马克思恩格斯选集》（第3卷）[M]．北京：人民出版社，1995：130．
④ 《马克思恩格斯选集》（第3卷）[M]．北京：人民出版社，1995：630．

任何专注于本位利益、以权谋私乃至造成国有资产大量流失的事例，都是悖离社会主义原则的错误行为。

（2）有观点认为，任何社会都有公有制，公有制和国有制不是社会主义所特有，以此否认公有制和国有制的社会主义性质。卫兴华对此观点进行辩驳，他认为，原始氏族社会所实行的公有制与社会主义的公有制存在根本差别。社会主义公有制是为消灭剥削、实现共同富裕为目标，是为发展生产力提供制度保障。社会主义公有制与原始社会公有制、奴隶社会和封建社会的官办经济、资本主义国家的国有经济有着根本的不同。社会主义必须以公有制为基础，没有公有制就谈不上科学社会主义。在奴隶社会和封建社会的官办经济服务的对象是皇室和官僚阶层，与广大劳动人民无关，因此不能算是公有制。而资本主义国家的国有或国营经济，理论界称之为国家垄断资本主义，代表资本家的利益，由国家掌控和运行的一种资本主义经济，它是为资产阶级服务的，与广大劳动人民利益无关。恩格斯在《反杜林论》中批评了将俾斯麦的国营经济视作社会主义的"冒牌社会主义"。并论述了资本主义国家的国有经济为什么不是社会主义的道理。有学者泛化恩格斯批评"冒牌社会主义"的理论观点，以此推出社会主义国家的国有经济也不是社会主义的理论观点，这完全是误解和错解。[①] 马克思、恩格斯在其撰写的著作和论文中一再强调无产阶级取得政权后首先要实行国家所有制，并将其作为社会主义运动的任务，充分说明社会主义经济制度的内容和基础只能是生产资料的国家所有制。同样，我国从毛泽东、周恩来、刘少奇、邓小平和以后的中央领导，到中央有关文件和国家宪法，都一致把我国的国有经济定性为社会主义经济。1954年的宪法规定："国有经济即全民所有制的社会主义经济，是国民经济中的领导力量"。2004年的宪法规定："国有经济即全民所有制经济，是国民经济中的主导力量。国家保障国有经济的巩固和发展。"宪法是国家的根本大法，按宪法要求是要"巩固和发展"国有经济，而不允许损害和否定国有经济的主导地位及其发展。

（3）卫兴华对"社会主义初级阶段基本经济制度"与"社会主义经济制度"两个概念进行比照。他认为，从政治经济学的视角对社会主义和非社会主义的不同经济关系进行明确区分，有助于我们正确理解和把握我国目前实行的社会主义初级经济制度或中国特色社会主义经济制度的内涵与规定。[②] 在我国宪法中，对"社会主义经济制度"同"社会主义初级阶段的基本经济制度"这两项内容是分

---

① 卫兴华. 坚持和完善中国特色社会主义经济制度的几个问题 [J]. 社会科学辑刊, 2012 (01).
② 卫兴华. 坚持和完善中国特色社会主义经济制度 [J]. 政治经济学评论, 2012 (01).

别进行论述的。我国宪法第六条规定:"中华人民共和国的社会主义经济制度的基础是生产资料的社会主义公有制,即全民所有制和劳动群众集体所有制。社会主义公有制消灭人剥削人的制度,实行各尽所能、按劳分配的原则"。因此,"生产资料公有制"是我国社会主义经济制度的基础,社会主义公有制经济是为了消灭社会上存在的剥削现象和实行按劳分配的。而私有制经济不能实现消灭剥削的目的,也无法实行按劳分配。实行社会主义公有制实际上是在公有制基础上建立起社会主义经济关系体系。在社会主义经济关系中,劳动人民是经济和社会的主人,生产力发展以公有制为基础,实行按劳分配的分配方式,消灭社会中存在的剥削和两极分化,以实现共同富裕的目标。在非公有制经济中不存在这种社会主义经济关系。私营企业和外资经济是资本主义性质的经济,尽管它们在我国国民经济和社会生活中的地位和作用与旧社会相比已发生了很大变化,但其社会性质不会因其地位和作用不同而随之改变。资本与雇佣劳动的关系是私营和外资企业的经济关系,资方老板是主人,工人只是出卖劳动力的劳动者。在我国社会主义初级阶段,因非公有制经济符合三条"有利于"的标准,因而通过各种政策鼓励、支持和引导其发展。

我国宪法第六条在对我国社会主义经济制度的内容进行论述和规定后,紧接着又对我国社会主义初级阶段的基本经济制度的内容进行规定:"国家在社会主义初级阶段坚持公有制为主体、多种所有制共同发展的基本经济制度,坚持按劳分配为主体、多种分配方式并存的分配制度。"这表明,社会主义初级阶段的基本经济制度反映初级阶段的特点,除作为主体的公有制外,还包括私营、个体经济等非公有制经济。卫兴华认为"社会主义经济制度"是指社会主义生产关系体系,这一体系是以公有制为基础的,非公有制经济未包含其中。"社会主义初级阶段基本经济制度"要求公有制占主体地位,但非公有制经济也包括其中。①"社会主义经济制度"是"社会主义初级阶段基本经济制度"的核心。前者不包括非公有制经济,只有公有制是其基础;而初级阶段的基本经济制度中,包括非公有制经济,但公有制必须占主体地位。"社会主义经济制度"存在于社会主义初级阶段和以后的其他阶段,是不断成熟和发展的过程;而社会主义初级阶段的基本经济制度,反映初级阶段的特点。② 由此可见,"社会主义经济制度"与"社会主义初级阶段基本经济制度"是既相互联系又存在区别的两个概念。

---

① 卫兴华. 中国特色社会主义经济理论体系"七论"[N]. 北京日报,2011-10-10(24).
② 卫兴华. 新中国60年社会主义基本经济制度的形成与巩固[J]. 红旗文稿,2009(17).

二、探析初级阶段基本经济制度形成的历史过程

我国初级阶段的基本经济制度并不是短时间内形成的，是在不断探索社会主义实践道路上逐步形成的。新中国成立到改革开放前的 30 年，我国的社会主义建设事业取得了巨大的成就，这一时期，我国的经济增长速度高于世界平均水平，达到 6.1%，工业年均增长为 11.2%，基本建成了拥有独立工业体系的社会主义国家。随着社会主义的发展，"一大二公三纯"的单一的公有制与我国生产力落后、人口众多、经济社会发展水平低的国情不相符合，阻碍了当时生产力的发展。改革开放以来，为促进生产力快速发展，亟须改变原来"一大二公"的经济体制，探索在公有制经济发展的基础上进一步发展非公有制经济，逐步形成以公有制为主体、多种所有制共同发展的经济制度。我国初级阶段的基本经济制度的形成经历了一定的历史发展过程：在这一过程中，公有制经济的地位和作用始终没有变化，具有社会主义性质，是社会主义经济的基础，起主导作用；而非公有制经济在社会主义初级阶段的地位和作用发生了较大的变化，随着改革开放进程的不断推进，非公有制经济迅速发展壮大，逐渐成为社会主义市场经济的重要组成部分，但其性质也未改变。

（一）非公有制经济的发展及其在社会主义初级阶段地位和作用的变化

卫兴华通过对非公有制经济的发展在社会主义初级阶段地位和作用的变化的梳理，认为发展非公有制经济，正确认识它在我国社会主义初级阶段的地位和作用，是一个思想不断解放和认识不断发展的过程。[①] 随着改革开放实践的推进，从 1980 年下半年开始，我国逐步提出适当发展个体经济政策，但并未对私营经济做出任何政策性规定。1981 年 7 月，国家颁布了《国务院关于城镇非农业个体经济若干政策性规定》，城乡个体工商户随之迅速发展起来。1987 年 1 月中共中央发出的《把农村改革引向深入》文件，对私人企业在推动我国生产力发展中的地位和作用给予了肯定，该文件指出：为扩大经营规模，雇工超过了七个人限度的私人企业，"也应当允许存在，加强管理，兴利抑弊，逐步引导……在一个较长时期内，个体经济和小量私人企业的存在是不可避免的……私人企业同公有制经济有矛盾的一面，本身也存在一些固有弊端，主要是收入分配过分悬殊，对

---

① 卫兴华. 新中国 60 年社会主义基本经济制度的形成与巩固 [J]. 红旗文稿，2009（17）.

此,可以通过管理和立法,加以调节和限制"。该提法既肯定了私人企业的合法性,又指出了私人经济的弊端,但可通过调节来控制弊端。随后,在党的十三大报告中,中央第一次提出和使用"私营经济"的概念,即:"私营经济是存在雇佣劳动关系的经济成分",并明确了私人企业的性质和作用。与此同时,我国社会主义初级阶段论的提出,为个体经济、私营企业和外资企业等非公有制经济的发展提供了理论支持。在认识到我国处于社会主义初级阶段的现实国情即生产力落后、发展不平衡的情况后,出于我国大力发展生产力以及缓解人民日益增长的物质文化需要同落后的主要矛盾的需要,我国开始鼓励和引导和大力发展非公有制经济。

中央文件关于非公有制经济在我国现阶段的地位和作用的认识和表述,也有个发展的过程。最初,非公有制经济的作用在中央文件中以"补充"二字来体现。如,1987年,党的十三大报告中提到:私营经济"是公有制经济必要的和有益的补充……中外合资企业、合作经济和外商独资企业,也是我国社会主义经济必要的和有益的补充"。之后,1992年党的十四大提出,以公有制包括全民所有制和集体所有制经济为主体,个体经济、私营经济、外资经济为补充,多种经济成分长期共同发展。"1995年9月28日,江泽民同志在十四届五中全会的讲话中说:"坚持公有制的主体地位,是社会主义的一条根本原则,也是我国社会主义市场经济的基本标志。……允许和鼓励个体、私营、外资等非公有制经济发展,……使它们成为社会主义经济的必要补充"。直到1997年,党的十五大报告提出:"公有制为主体,多种所有制共同发展,是我国社会主义初级阶段的一项基本经济制度","非公有制经济是我国社会主义市场经济的重要组成部分",由此看出,20世纪末非公有制经济在我国初级阶段的地位发生了显著变化,从之前的"补充"转变成了"重要组成部分"。卫兴华认为,把公有制为主体,多种所有制经济共同发展,作为社会主义初级阶段的"基本经济制度"确定下来,具有新的理论意义和实际意义。① 它一方面否定了不要再分姓"公"姓"私"要突破公有制为主体的界限的观点;另一方面也否定了非公有制经济发展太快太多、想予以限制的见解。这是关于我国经济制度的一种新提法,是提升非公有制经济地位的新论断。从此论述中可看出,非公有制经济由体制外进入了体制内,又从制度外进入了制度内。它同时也表明我国发展非公有制经济,不是短时期内的权宜之计和适应眼前需要的政策措施,而是长期的、构成社会主义市场经济和现阶

---

① 卫兴华. 坚持和完善我国社会主义初级阶段的基本经济制度 [J]. 马克思主义研究, 1997 (06).

段基本经济制度内容的战略性选择。① 不再提非公有制经济的"补充"作用，表示从那时起非公有制不再只是充当"配角"，而是可以提高其在经济总量中所占的比例。这一基本经济制度的确立，极大地解放了生产力发展面临的制度约束，推动了我国生产力的大发展。

社会主义实践证明，改革开放 40 多年来，民营企业在推动发展、促进创新、增加就业、改善民生和扩大开放等方面发挥了不可替代的作用。民营经济已经成为我国公有制为主体多种所有制经济共同发展的重要组成部分。党的十九大以来，习近平总书记关于民营经济做出了相关重要论述，肯定了民营经济的地位和作用。2018 年 11 月 1 日，习近平总书记在民营企业座谈会上的讲话中指出：我国经济发展能够创造中国奇迹，民营经济功不可没！……在全面建成小康社会、进而全面建设社会主义现代化国家的新征程中，我国民营经济只能壮大、不能弱化，不仅不能"离场"，而且要走向更加广阔的舞台。② 在 2020 年 9 月 16 日召开的全国民营经济统战工作会议上，习近平总书记对新时代民营经济统战工作的重要指示，强调要坚持"两个毫不动摇"，把民营经济人士团结在党的周围，"更好推动民营经济健康发展"。③ 习近平总书记对民营经济的论述，既是对民营经济作用的肯定，也是对民营经济未来的发展作出重要指引。

（二）正确认识和处理好发展非公有制经济与公有制经济的关系

随着非公有制经济的发展壮大，公有制经济地位和作用有被削弱的趋势，公有制的主体地位面临一定的挑战，理论界也出现了"贬公扬私"的风气。卫兴华认为，只有正确认识和处理好发展非公有制经济与公有制经济的关系，我国的社会主义经济才能健康持续的发展。初级阶段的基本经济制度强调公有制为主体，是因为公有制是社会主义性质的经济，也是社会主义经济制度的基础。这是我国宪法规定的，也是中央文件一再说明和强调的。公有制经济是实现社会主义本质即消灭剥削、消除两极分化，逐步实现共同富裕的制度保证，是我国经济社会发展的基本力量。只有毫不动摇地巩固和发展公有制经济，始终保持公有制经济的主体地位，充分发挥国有经济的主导作用，才能实现广大人民的根本利益，使社会主义制度得到巩固和发展。④

---

① 卫兴华. 新中国 60 年社会主义基本经济制度的形成与巩固 [J]. 红旗文稿，2009（17）.
② 光明网，http://dangjian.gmw.cn/2019-12/25/content_33428287.htm。
③ 新华网，http://www.xinhuanet.com/politics/leaders/2020-09/16/c_1126502287.htm。
④ 卫兴华、胡若痴. 坚持和完善我国基本经济制度的理论思考 [J]. 前线，2009（04）.

有观点认为，公有制不是社会主义所特有，资本主义国家也有国有企业，封建社会也存在官办经济，以此否定国有经济或公有制经济的社会主义性质。卫兴华对此观点进行辩驳。首先，社会主义的公有制经济，是归劳动人民公共所有的经济。封建社会的官办经济，主要是为皇室服务的经济，并不归广大劳动人民所有和享用。资本主义国家的国有或国营经济属于国家垄断资本主义经济，也不归劳动人民共有。恩格斯指出：资本主义的"现代国家，不管它的形式如何，本质上都是资本主义的机器，资本家的国家，理想的总资本家。它越是把更多的生产力据为己有，就越是成为真正的总资本家，越是剥削更多的公民。工人仍然是雇佣劳动者，无产者"。① 而在社会主义国家，不再是地主、资产阶级掌权，因而国有经济或公有制经济就是归人民所有的社会主义经济。其次，包括国有经济在内的公有制经济，既是社会主义经济运行层面的需要，更是社会主义的制度性内容，是社会主义经济制度的基础，也是整个社会主义制度的经济基础。因此，可以说，没有社会主义公有制，就没有社会主义制度。邓小平提出的社会主义本质论，即消灭剥削、消除两极分化，逐步达到共同富裕，也只有依靠社会主义公有制才能实现。我国社会主义公有制，消除了旧中国封建主义所有制、官僚资本所有制和帝国主义在华所有制对中国生产力发展的束缚，起到了解放生产力和发展生产力的作用。

我国的经济发展，与旧中国相比，形成了鲜明的对照。卫兴华对新中国成立前经济发展较快的两个时期的增长数据（1500～1820 年间的经济增长率为 0.41%，1870～1913 年间的经济增长率为 0.56%）与改革开放后我国经济增长率进行比照，认为"旧中国的经济发展是很缓慢的，有时停滞不前乃至倒退"②。1978 年，我国的经济规模仅有 3679 亿元，占世界经济比重为 1.8%；改革开放 40 多年后的 2019 年，我国经济规模已经达到 99.08 万亿元，③ 2019 年中国 GDP 占世界的比重预计将超过 16%，中国经济增长对世界经济增长的贡献率预计将达到 30% 左右。④ 实践证明，我国社会主义初级阶段的基本经济制度，很好地适应了我国社会主义生产力发展的现实诉求，为我国创造经济发展的"奇迹"提供了良好的制度保障。

---

① 《马克思恩格斯选集》（第 3 卷）[M]. 北京：人民出版社，1995：629.
② 卫兴华，胡若痴. 社会主义初级阶段基本经济制度的形成、成就与问题 [J]. 中共福建省委党校学报，2009（09）.
③ 国家统计局，http：//www. gov. cn/xinwen/2020 - 01/17/content_5470097. htm.
④ 宁吉喆：2019 年中国 GDP 占世界的比重预计将超过 16%，凤凰网，http：//finance. ifeng. com/c/7tIzkcebNPU。

三、阐明实行初级阶段基本经济制度的依据

改革开放前,由于对社会主义建设所处的历史阶段及发展特点把握不够准确,导致在经济制度建设中追求和实行单一的公有制,使我国生产力的发展受到了极大阻碍。改革开放后,根据社会主义建设和发展的历史定位和阶段特点,我国调整了经济制度,确立了社会主义初级阶段的基本经济制度。改革开放40多年的实践证明,公有制为主体、多种所有制经济共同发展的基本经济制度极大地推进了我国社会主义生产力的发展,使我国告别了短缺经济的困扰,大大提高了人民生活水平。坚持公有制为主体,就是坚持社会主义的经济基础,坚持马克思主义和科学社会主义的根本原则;坚持多种经济成分共同发展,就是从我国实际出发,总结国内外社会主义实践的经验和教训,破除教条主义和本本主义,发展了马克思主义和科学社会主义。① 卫兴华认为,我国社会主义初级阶段基本经济制度的确立是建立在社会主义性质和初级阶段的基本国情这两个原则基础之上的。

(一) 社会主义性质决定了我国的经济制度必须以公有制为基础

从马克思主义创始人到毛泽东思想、邓小平理论、党中央文献和我国宪法都一贯坚持和阐明,社会主义制度必须以生产资料公有制为基础。

1. 对社会主义制度以公有制作为基础的理论溯源

卫兴华认为,一定的所有制是一定社会经济制度的基础。资本主义私有制是资本主义经济制度的基础,社会主义公有制是社会主义经济制度的基础。社会主义制度的大厦,必须和只能建立在公有制这个根基上。没有公有制就不会有社会主义经济,也就不会建立起社会主义经济制度。② 而一旦建立了社会主义制度,不以公有制为根基,社会主义大厦也会面临动摇和倒塌。因此,公有制对社会主义来说,是"必需品",而不是可有可无、可要可不要的事情。

卫兴华通过考察马恩著作发现,马克思主义创始人对公有制作为社会主义制度基础地位问题十分重视。马克思在《论土地国有化》中指出:"生产资料的全国性的集中将成为由自由平等的生产者的各联合体所构成的社会的全国性的基

---

① 卫兴华. 关于公有制为主体是社会主义根本原则的几个问题 [J]. 马克思主义研究, 1995 (01).
② 毫不动摇地巩固和发展公有制经济——访著名经济学家、中国人民大学经济学院博士生导师卫兴华教授 [J]. 思想理论教育导刊, 2009 (09).

础"。也就是说，社会主义社会，是由自由平等的生产者的各联合体所构成的社会，而生产资料的全国性集中是其基础。恩格斯对社会主义社会同其他社会制度的共同点和根本性差别也提出了明确观点，他在致奥·伯尼克的信中（1890年）谈到，社会主义社会虽然和其他社会制度一样经常处于变化和改革中，但它与现存的资本主义制度"具有决定意义的差别当然在于，在实行全部生产资料公有制（先是单个国家实行）的基础上组织生产"。① 由此看出，恩格斯把社会主义制度以公有制为基础和资本主义制度以私有制为基础看作是资本主义与社会主义最根本的、有决定意义的差别。根据马克思主义基本原理，社会主义实行公有制的确立服务于生产力原则。② 历史实践证明，任何社会发展总是承认和选择有利于生产力发展的制度。公有制为主体是社会主义的一条根本原则，社会主义国家如果不以公有制为经济制度的基础，那么社会主义制度也就不复存在了。

2. "坚持公有制为主体"，这是由我国的社会主义性质决定的

公有制是社会主义制度的基础决定了巩固、发展和完善社会主义公有制应摆在巩固、发展和完善社会主义制度的首位。中国共产党人在社会主义以公有制为主体方面，始终以马克思主义关于公有制理论为基本原理和依据。卫兴华在《邓小平社会主义本质理论研究》一文中提出，社会主义公有制和按劳分配制度是邓小平社会主义本质论的基本前提，③ 坚持以社会主义公有制为主体是邓小平一直强调的重要内容，并将公有制看作是社会主义建设的根本原则和既定前提。如果没有公有制做保障，消灭剥削、消除两极分化，实现共同富裕的目标就难以实现。邓小平同志明确指出："一个公有制为主体，一个共同富裕，这是我们所必须坚持的社会主义的根本原则。"我国宪法也规定："中华人民共和国的社会主义经济制度的基础是生产资料的社会主义公有制，即全民所有制和劳动群众集体所有制。"党的十五大报告指出："我国是社会主义必须坚持公有制作为社会主义经济制度的基础。"党的十六大、十七大、十八大报告都强调指出："必须毫不动摇地巩固和发展公有制经济。"十九大报告《决胜全面建成小康社会 夺取新时代中国特色社会主义伟大胜利》强调，我们进入新时代，依然要"坚持和完善我国社会主义基本经济制度和分配制度，毫不动摇巩固和发展公有制经济"。

作为社会主义国家，必须有公有制这个经济基础，如果失去了公有制主体地位这一项，社会主义经济制度就会蜕变为非社会主义制度，我国也就不能称其为

---

① 《马克思恩格斯选集》（第4卷）[M]. 北京：人民出版社，1995：693.
② 卫兴华. 社会主义初级阶段理论与实践 [M]. 北京：经济科学出版社，2017：71.
③ 卫兴华. 邓小平社会主义本质理论研究 [J]. 中国人民大学学报，2004（04）.

社会主义国家了。因此，搞不搞和坚持不坚持公有制为主体，实质上是搞不搞和坚持不坚持社会主义的大是大非问题。公有制不是社会主义的根本目的，而是要运用公有制完成社会主义的什么任务、实现什么样的目标。社会主义要实现消灭剥削、共同富裕的目标要以生产力的高度发展为前提。我国目前的生产力水平，已经达到了实现全面建成小康社会，但是还没达到实现共同富裕的标准。这是社会主义的本质要求，等生产力的发展达到一定高度时，这一本质要求才可能逐步实现但不等于必然要实现。无论生产力发展多高，如果是以私有制为所有制基础，不可能消灭剥削和消除两极分化，也就谈不上共同富裕。只有在生产力获得高度发展的基础上实行公有制，才能够作为历史的必然实现社会主义的本质。[①]

新中国成立后，我国从半殖民地半封建社会进入了社会主义社会，虽然生产力尚不发达，但我国已是社会主义国家，"社会主义经济制度"将存在于我国社会主义现代化建设的全过程，即贯穿于初级、中级和高级三个阶段，随着生产力的发展而不断发展和完善。社会主义进入中级阶段后，公有制经济在所有制结构中的占比进一步提高，而非公有制经济的比重将逐渐缩小；而在高级阶段，由于生产力的高度发展，公有制经济将取代非公有制经济。[②] 卫兴华认为，公有制是社会主义初级阶段的根本原则和基本制度的重要方面，我国社会主义制度的兴衰成败很大程度上取决于公有制经济的兴衰成败。所以，当前在我国建设社会主义强国过程中，应继续坚持公有制的主体地位，不断推进国有经济高质量发展，并通过深化社会主义市场经济体制改革，完善适应生产力快速发展的社会主义生产关系。

（二）初级阶段的基本国情客观决定了应坚持多种所有制经济共同发展

我国处于并将长期处于社会主义初级阶段，需要发展非公有制经济以弥补公有制经济发展的不足。[③] 在20世纪80年代，我国生产力发展水平较低，人口众多，就业空间余地小，经济发展与发达国家的差距较大，解放和发展生产力是我国社会主义的根本任务。因此，只要符合"三个有利于"标准的经济成分就允许和鼓励其发展。个体、私营和外资经济，符合"三个有利于"标准，因而成为社

---

① 卫兴华. 坚持和完善公有制为主体、多种所有制经济共同发展问题[J]. 高校理论战线，1998 (09).
② 卫兴华. 关于社会主义初级阶段的几个理论问题[J]. 中共福建省委党校学报，2009 (09).
③ 卫兴华，胡若痴. 坚持和完善我国基本经济制度的理论思考[J]. 前线，2009 (04).

会主义初级阶段基本经济制度的构成部分和社会主义市场经济的重要组成部分。随着我国改革开放发展，个体经济、私营企业和外资企业的发展，我国提出了社会主义初级阶段的理论，为非公有制经济提供了理论支持。认识到我国生产力落后、多层次发展不平衡，人民日益增长的物质文化的需要同落后的社会生产力成为主要矛盾，根本任务是发展生产力等基本国情，为发展非公有制经济提供了理论和实际依据。那么社会主义经济制度必须以公有制为基础，但由于生产力并未实现高度发展，决定了我国现阶段仍需通过发展多种非公有制经济的方式来实现解放和发展生产力的目的。改革开放40多年的实践证明，非公有制经济在我国现代化建设中发挥着重要的作用。卫兴华认为，改革开放后我国非公有制经济的发展，经历了一个从无到有、从少到多的过程，非公有制经济发展推动了我国生产力的发展，释放了我国经济发展的活力，并且在客观上提高了市场效率。特别是近些年来，非公有制经济快速发展，在增加税收、推动就业、劳动经济增长方面贡献显著。截至2017年底，民营经济占GDP的比重超过了60%，我国民营企业数量超过2700万家，个体工商户超过6500万户，注册资本超过165万亿元；城镇就业中，民营经济的占比超过了80%，而新增就业贡献率超过了90%；在世界500强企业中，我国民营企业由2010年的1家增加到2018年的28家；从投资总量占比看，2012年以来，民间投资占全国固定资产投资比重已连续5年超过60%，最高时候达到65.4%。[①] 卫兴华主张，我国目前处在社会主义初级阶段，在非公有制经济的潜力还未全部发挥出来以前，对于非公有制应该持鼓励和引导，继续发挥其对社会主义经济建设的积极作用，使其沿着正确的轨道健康发展。

第二节　对社会主义公有制经济建立和发展的探索

社会主义公有制经济是中国特色社会主义经济制度的重要内容，是劳动人民公有的经济，是我国经济的主体，包括国家所有制即全民所有制和劳动群众集体所有制，也包括混合所有制经济中的国有经济和集体经济。卫兴华对社会主义公有制经济的实现形式、社会主义实行公有制为主体的原则以及混合所有制经济等问题展开研究，并主张应扭转公有制为主体向私有制为主体演变的趋势。

---

① 中国吉林网，http://www.cbsrb.com/Item/26313.aspx。

一、阐释社会主义实行公有制为主体的原则

(一) 对社会主义实行公有制以生产力为原则的理论溯源

卫兴华对社会主义实行公有制为主体的原则进行论证，他认为马克思主义关于社会主义实行公有制为主体原则的论述和判定是科学合理的，符合社会历史发展的客观实际。马克思主义从历史唯物主义出发，认为生产力是社会主义实行公有制的首要原则。社会历史的发展总是选择有利于生产力发展的所有制。在原始氏族社会虽然实行没有剥削与压迫的公有制，但那时生产力极端落后。进入奴隶社会后，私有制取代了原始社会的公有制，建立了人类历史上第一个剥削制度，从道义原则出发，剥削从无到有似乎是倒退，但马克思主义从生产力的角度判断认为，以私有制代替公有制，以奴隶制代替原始社会公社制实际上是社会历史的进步，因为奴隶制比原始社会公有制更有利于生产力的发展和科学技术的进步。恩格斯在《反杜林论》中对奴隶制替代原始社会公有制进行评价："只有奴隶制才使农业和工业之间的更大规模的分工成为可能。从而使古代世界的繁荣，使希腊文化成为可能。……我们永远不应该忘记，我们的全部经济、政治和智力的发展，是以奴隶制既成为必要、同样又得到公认这种状况为前提的。在这个意义上，我们有理由说：没有古代的奴隶制，就没有现代的社会主义"。[①]

马克思主义从历史唯物主义的生产力原则出发，提出当社会生产力发展到一定阶段时，社会主义公有制必然要取代资本主义私有制。在资本主义国家，由于存在生产社会化和资本主义私人占有之间的矛盾，使资本主义出现周期性的经济危机，对生产力发展造成巨大的破坏和浪费。因此，马克思主义认为，从无产阶级切身利益的要求和社会历史发展的必然趋势中，社会主义公有制必然要取代资本主义私有制，以解放生产力、促进社会生产力更快更好发展。在新中国成立之前，我国是半殖民地半封建性质社会，当时有多种私有制经济存在：有外国资本主义私有制、官僚资本主义私有制、民族资本主义私有制、个体经济私有制等。事实证明，这几种所有制结构（私有制）在推动我国社会生产力的发展方面未见成效，也没有使我国走向繁荣富强。新中国成立后，逐步建立和发展了社会主义公有制，在改革开放前的30年，我们实行单一的公有制经济，期间尽管有二十几年"左"的错误，损害和延缓了我国生产力的发展，但在那段时期我国经济依

---

① 《马克思恩格斯选集》（第3卷）[M]. 北京：人民出版社，1995：524.

然取得了较大成就,这也说明,新中国选择的公有制经济制度与旧中国的私有制相比,在解放和发展生产力方面发挥了很大作用。但随着实践的发展,传统经济体制的弊端日益暴露,想要进一步解放和发展生产力,就必须对经济体制进行改革。马克思主义廓清了发展生产力和剥削制度的关系,认为剥削制度的出现和存在,既是生产力发展到产生剩余产品水平的结果,也是生产力发展水平不够高的结果。"社会阶级的消灭是以生产高度发展的阶段为前提的。"① 因此,在马克思主义看来,生产力是摆在首位的,其次才是消灭阶级剥削。在社会生产力发展水平没有达到一定水平,意图完全消灭剥削是不现实的。消灭剥削制度要以生产力的高度发展为物质前提。消灭剥削还需要通过建立社会主义公有制来实现。

卫兴华认为,马克思主义所讲的社会主义公有制,是有利于生产力发展和消灭阶级剥削的劳动人民的公有制,不应与封建社会的皇室经济、官办企业以及资本主义国家的国有企业(其实质是国家垄断资本主义)相混同。将非社会主义国家中所含的国有经济与科学社会主义劳动人民的公有制概念相混同,就会对社会主义基本制度范畴所涵盖的公有制有所淡化和否定,其在社会主义社会中的重要地位和作用也无法得到体现。② 卫兴华将社会主义公有制与社会主义本质论相结合来论证社会主义以公有制为主体的原则,他认为社会主义的本质,在一定意义上也可以说是社会主义公有制的本质。邓小平提出的社会主义本质的内涵为"解放生产力,发展生产力,消灭剥削,消除两极分化,最终达到共同富裕"。邓小平同志所讲的社会主义本质所要求的消灭剥削,消除两极分化,逐步达到共同富裕,更要以社会主义公有制的存在为前提。离开公有制,社会主义本质是不可能实现的。社会主义公有制特别是改革后的公有制,对生产力的发展应当起促进作用,否则,在当前经济发展中公有制就失去其存在的意义。

(二) 阐明我国初级阶段实行公有制为主体应遵循的原则

卫兴华认为,在社会主义初级阶段我国坚持和完善公有制为主体,主要原则有两条:一是生产力原则,即有利于解放和发展生产力的原则;二是共同富裕原则,这不仅体现在消灭剥削和消除两极分化方面,还体现在要不断提高全体社会成员的物质文化水平方面。他从马恩的相关论述来论证初级阶段社会主义坚持和完善公有制为主体应遵循的两方面原则。

(1) 建立公有制的目的是为了解放生产力和发展生产力。卫兴华通过考察社

---

① 《马克思恩格斯选集》(第3卷) [M]. 北京: 人民出版社, 1995: 632.
② 卫兴华. 社会主义初级阶段理论与实践 [M]. 北京: 经济科学出版社, 2017: 73.

会历史发展过程来论证生产力是建立社会主义公有制的根本原则。历史唯物主义从来不是离开具体历史条件孤立地判断公有制优越于私有制。在他看来，奴隶制替代原始社会公社制，封建私有制取代奴隶制私有制，资本主义私有制取代封建私有制，是社会历史的进步，是生产力更高发展的私有制取代了旧的私有制，这种更替过程具有一定的历史必然性。马克思主义肯定了资本主义在推动社会历史进步方面所起的作用——资本主义私有制在社会生产力发展方面远远超过了以往人类历史发展成果的总和。马克思主义创始人不仅肯定了资本主义在历史进步的作用，还从资本主义发展的历史趋势中，从资本主义内在矛盾的积累和发展中，揭示了社会主义终将取代资本主义的历史必然性。他们认为"生产社会化不能不导致生产资料变为社会所有，导致'剥夺剥夺者'"。马克思、恩格斯以资本主义私有制与生产社会化的矛盾不利于生产力向更好更高水平发展为基点，提出以社会主义公有制替代资本主义私有制的根本原则。由此说明，马克思主义创始人认为实行公有制，是为了解放被私有制束缚了的生产力，以促进生产力更快和更好的发展。恩格斯指出，生产资料从资本主义生产方式的"桎梏下解放出来，是生产力不断加速发展的唯一先决条件"①，因此，离开解放和发展生产力，公有制就会失去其存在的重要意义。

卫兴华认为，在我国社会主义公有制经济对外与发达资本主义国家私有制经济并存、对内与非公有制经济并存的情况下，发挥公有制促进生产力发展的作用，具有特别重要的意义。② 从国际方面看，当前，我国已成为世界第二大经济体，但部分发达资本主义国家生产力水平还是远远高于我们，这些国家通过一些手段和方式调整生产关系和上层建筑以适应生产力发展，以此显示了资本主义私有制仍具有一定的生命力，还没有完全成为生产力发展的桎梏。从国内方面看，改革开放以来，我国非公有制经济发展较快，具有与公有制经济进行竞争的力量。因此，作为我国经济制度基础和中国共产党执政基础的社会主义公有制，面对国内外私有制的竞争，想要获得更好和更快的发展就需要不断深化改革，以发挥更大的竞争力。

（2）实行公有制为主体，最终目标是为了消灭剥削消除两极分化，逐步实现共同富裕。社会主义要求消灭剥削，逐步实现共同富裕，需要两方面的条件：一是生产力要有较高程度的发展。人类社会的私有制和剥削制度经历了几千年，而

---

① 《马克思恩格斯选集》（第3卷）[M]. 北京：人民出版社，1995：322.
② 毫不动摇地巩固和发展公有制经济——访著名经济学家、中国人民大学经济学院博士生导师卫兴华教授 [J]. 思想理论教育导刊，2007（09）.

只有在资本主义将社会生产力推进到一个新的高度以后，才为消灭剥削制度，实现共同富裕提供了物质条件。恩格斯在《反杜林》中指出："社会占有全部生产资料"和消灭阶级剥削制度，"并不是由于人们认识到阶级的存在同正义、平等等等相矛盾，也不是由于人们希望废除阶级，而是由于具备了一定的新的经济条件。社会分裂为剥削阶级和被剥削阶级……是以前生产不大发展的必然结果，"因而，"社会阶级的消灭是以生产的高度发展阶段为前提的"。① 由此说明，要实现共同富裕的目标不能仅仅从主观愿望出发，而是以社会生产力的充分发展为前提条件。恩格斯说：建立生产资料公有制后，通过发展社会生产，"不仅可能保证一切社会成员有富足的和一天比一天充裕的生活，而且还可能保证他们的体力智力获得充分的自由发展和运用。这种可能性现在第一次出现了"。② 邓小平同志提出的"共同富裕"的社会主义的根本目的的内涵实质上与马、恩是一致的。马克思也曾讲过：在新的社会制度中，"社会生产力的发展将如此迅速，……生产将以所有的人的富裕为目的"。③ 生产力的高度发展，是消灭剥削的物质条件，但这只是其中的一个条件，所有制因素是另一个重要因素。在资本主义私有制基础上，生产力无论如何发展，也无法实现消灭剥削，而生产资料公有制，才是消灭剥削不可少的社会条件。

公有制为主体既是我国初级阶段基本经济制度的重要方面，也是我国社会主义初级阶段经济发展要遵循的根本原则。因此，公有制是社会主义制度成功与否的关键因素，如何搞好、搞活公有制经济，提高公有制经济的效益显得尤为重要。卫兴华认为，应从马克思主义立场和观点出发，以提高生产力为首要原则，发展有活力、有效益、整体质量高、能给人民带来更多实惠的公有制经济。如果仅是从道义原则和信仰原则出发而不能促进生产力发展的公有制，总是要被社会淘汰的。深化改革，转换经济体制；转变经济增长方式，走集约增长的道路是搞好搞活公有制经济的两条重要途径。因此，要努力寻找能够极大促进生产力发展的公有制实现形式，继续调整和完善所有制结构。

（3）实行公有制特别是在一定条件下实行社会主义国家所有制，是实现社会主义国家整体利益、社会利益和长远利益的保证，有利于实现社会整体利益与局部利益、长远利益与当前利益、公共利益与个人利益的结合，实现社会和谐发

---

①② 《马克思恩格斯选集》（第3卷）[M]．北京：人民出版社，1995：321－322．
③ 《马克思恩格斯全集》（第46卷）[M]．北京：人民出版社，1982：22．

展。① 在当前发展社会主义市场经济过程中利益关系日益多样化的情况下，如何协调各方利益，实现社会和谐稳定，对国家来说意义重大。卫兴华从马克思相关论述中对此问题进行分析，他认为对社会主义社会整体与劳动者个人的关系来说，处理好必要劳动与剩余劳动的关系是实现多种利益关系结合的关键。剩余劳动在不同的社会制度中有不同的表现形式，如剩余产品、剩余价值等。马克思曾明确指出："一般剩余劳动，作为超过一定的需要量的劳动，必须始终存在……在一个更高级的社会形态内，使这些剩余劳动能够同一般物质劳动所占有的时间的较显著的缩短结合在一起。"② 在社会主义制度下，对于劳动者来说剩余劳动或剩余产品也是必要的。在社会主义和共产主义社会中存在的一般剩余劳动，既用于满足社会集体和社会成员个人的需要，又可使物质生产劳动所占有的时间缩短。这样，人们可用于文化和精神生活等方面的时间就更充裕了。虽然物质劳动的时间缩短了，但由于科技进步、劳动生产率的提高，剩余劳动创造的财富并不会减少反而会增加。马克思还说，剩余劳动时间的长短并不是社会生产扩大和社会财富增加的决定因素，而剩余劳动的生产率以及剩余劳动借以完成的生产条件才是社会财富增加的决定因素。

卫兴华认为，处理必要劳动和剩余劳动、必要产品和剩余产品的利益格局关系是处理好社会主义制度下的多种利益关系的关键。在社会主义公有制经济中，特别是在职工成为主人的国有经济中，怎样处理好必要劳动与剩余劳动的关系，如何提高职工的工资福利水平，怎样处理好剩余产品的分配关系，以及如何处理好积累与消费的关系，进而实现共同富裕目标，都需要有动态的、不断优化的安排。马克思十分强调社会所有制首先是国家所有制对社会整体利益的保障作用。他说："事情必须这样来处理，使社会（即首先是国家）保持对生产资料的所有权，这样合作社的特殊利益就不可能压过全社会的整个利益。"③ 私人利益和集团利益是形式多样的非公有制经济，部分劳动群众的集体经济或合作经济的出发点。在社会主义初级阶段，我实行公有制为主体，国有经济为主导，多种所有制经济共同发展的基本经济制度。国有经济的主导作用是首要的，社会主义社会的和谐稳定要靠国有经济来保障，社会整体利益和长远利益与私人利益和集团利益的矛盾要靠国有经济进行协调、引导，以保证和发展社

---

① 毫不动摇地巩固和发展公有制经济——访著名经济学家、中国人民大学经济学院博士生导师卫兴华教授 [J]. 思想理论教育导刊，2007（09）.
② 《马克思恩格斯全集》（第25卷）[M]. 北京：人民出版社，1974：937.
③ 《恩格斯致奥古斯特·倍倍尔》（1886年1月20~23日），引自《马克思恩格斯文集》（第10卷）[M]. 北京：人民出版社，2009：595.

主义社会统一的整体利益。

（三）厘清公有制为主体与社会主义本质的关系

马克思主义关于社会主义与公有制的关系、公有制与生产力的关系，生产力、公有制与消灭剥削、共同富裕的关系的基本论述和思想，为更好理解和把握邓小平提出的社会主义本质论的科学性提供客观基础。① 邓小平将社会主义本质概括为："社会主义的本质，是解放生产力，发展生产力，消灭剥削，消除两极分化，最终达到共同富裕。"

1. 对发展生产力与社会主义本质关系的论述

卫兴华认为，将解放生产力和发展生产力作为社会主义本质内容是有一定缘由并有利于推动社会发展的。虽然，发展生产力在任何社会都普遍存在，并且任何新社会制度产生都能起到解放生产力的作用。但以往社会发展生产力，大都是自发进行的、客观的发展过程，并未将其作为目标和任务来追求。他以存在了二三百万年的原始社会氏族制，几千年封建时期和资本主义时期的私有制为分析基础，发现第二次世界大战前社会生产力发展都是在自发状态中进行的。第二次世界大战后，尤其是经历了几次大规模经济危机后，资本主义国家才逐渐开始在发展经济过程中增加了一定程度的计划性，但并未像中国这样将解放和发展生产力作为根本任务和自觉行为。邓小平同志反复强调社会主义发展生产力的重要性。他说："社会主义的任务很多，但根本一条就是发展生产力"②，并把发展生产力作为社会主义的原则之一。直到我们进入了新时代，依然重视社会主义本质的要求。在十九大报告中，习近平强调，"解放和发展社会生产力，是社会主义的本质要求。我们要激发全社会创造力和发展活力，努力实现更高质量、更有效率、更加公平、更可持续的发展。"③

卫兴华认为，社会主义的前途和命运，是与社会主义国家社会生产力的发展状况紧密联系在一起的。④ 作为社会主义国家，在当时（20世纪90年代）我国经济发展水平较为落后的形势下，只有快速发展生产力，社会主义的优越性才能得以显现，与经济发达国家的差距才能不断缩小，社会主义才能得到更好地巩固和发展；要消灭剥削，消除两极分化也要以生产力的高度发展作为基础和条件；

---

① 卫兴华. 关于公有制为主体是社会主义根本原则的几个问题 [J]. 马克思主义研究 1995 (01).
② 《邓小平文选》（第3卷）[M]. 北京：人民出版社，1993：137.
③ 新华网，http://www.xinhuanet.com/2017-10/27/c_1121867529.htm.
④ 卫兴华. 关于公有制为主体是社会主义根本原则的几个问题 [J]. 马克思主义研究，1995 (01).

而共同富裕,则是社会主义的根本目的,但没有生产力的高度发展作保障,共同富裕的目标也就难以完全实现。

因此,解放和发展生产力是社会主义公有制下的根本任务和本质要求;是社会主义存在和发展的必要条件,是关系社会主义命运的重大问题,也是社会主义的自觉目标与实践,是社会主义本质的重要组成部分。

2. 对公有制为主体与社会主义本质关系的论述

卫兴华认为,公有制为主体与社会主义本质的内涵是相一致的,虽然在邓小平的社会主义本质论中没有具体涉及公有制或是公有制为主体的论述,但并不能说明公有制为主体与社会主义本质没有联系。邓小平理论是中国特色社会主义理论的重要组成部分,应完整地、科学地、前后联系地去把握其中的理论和观点。他认为,对社会主义本质内容的理解和把握,并不是将社会主义的全部特征和原则罗列出来,而是将最本质的要求、任务和目的抽取出来进行分析和阐释。

卫兴华对社会主义本质和公有制为主体的关系进行论证。从社会主义本质的概念中看,"社会主义"四字本身就包涵了公有制为主体的内容。在社会主义国家,必须在公有制条件下解放生产力和发展生产力;讲消灭剥削和消除两极分化,既要以生产力的发展为条件,又要以公有制的建立为前提。私有制是与阶级剥削和两极分化共存,在私有制条件下必然会产生和存在阶级剥削和两极分化;生产力的高度发展和公有制为主体是实现共同富裕的基础和保障。因此,实行公有制为主体,是坚持与实现社会主义本质的前提条件。

卫兴华认为,社会主义本质的坚持与实现反过来也会促进公有制的巩固与发展,二者是相互依存相互促进的关系。① 马克思主义创始人和邓小平同志并不是孤立地从公有制自身着眼来强调公有制或公有制为主体的重要性,更没有孤立地讲公有制只是目的,而不是手段;或只是手段,而不是目的。他强调,要正确认识和把握公有制的地位和作用,就必须将其与生产力的发展联系起来,与社会主义经济关系体系联系起来,更要与社会主义本质联系起来。任何手段和目的,都是一种多层次的相对关系。如果只是孤立地讲公有制是发展经济和提高生产力的手段,不是社会主义发展的目的,在某种程度上说,这是对公有制为主体的必要性和重要性的忽略,也是对社会主义根本原则的否定。

他认为,应将公有制置放于某种相对关系中来考察,才能发现公有制到底是手段还是目的。在不同的关系中,公有制是目的还是手段会有所不同,在一种关系中公有制为主体可以是手段,而在在另一种关系中可以转为目的。譬如,在我

---

① 卫兴华. 关于公有制为主体是社会主义根本原则的几个问题 [J]. 马克思主义研究 1995 (01).

国社会主义还未完全确立起来之前，我们进行社会主义革命的目的，是要把旧制度消灭，建立公有制为基础或为主体的社会主义制度，在此情况下革命是手段，建立包括公有制在内的社会主义制度是目的；但在新中国成立初期，我们建立公有制，是为了更快更好地发展生产力，提高生产力水平，缩小与发达国家的差距，在此情况下，公有制被认为是必要手段，而发展生产力是目的；但公有制的建立和生产力的发展，最终是为了消灭剥削和实现共同富裕，这时，公有制的建立和生产力的发展共同成为手段，消灭剥削和实现共同富裕成为根本目的。

二、对社会主义公有制经济实现形式的探析

2017年，国务院印发《中央企业公司制改制工作实施方案》，要求所有中央企业（不含中央金融、文化企业）在2017年底前，全部改制为有限责任公司或股份有限公司，加快形成有效制衡的公司法人治理结构和灵活高效的市场化经营机制。经过几轮的改革，我国国有企业大部分已经完成公司制股份制改造，成为独立的市场主体和法人实体，其法人治理结构、决策机制、运行机制也随之发生了很大变化，真正实现了国有经济与市场机制的有机结合。进入新时代，应进一步探索国有经济的多种有效实现形式，以适应经济市场化不断发展的趋势，提高国有经济发展质量和效益，为实现共同富裕和建设社会主义现代化强国提供基础和保障。卫兴华自20世纪90年代便开始对公有制的实现形式问题进行研究和探索，提出了许多对公有制经济发展具有实际指导意义的观点。

（一）探寻公有制的多种实现形式以促进生产力发展

党的中央文件对公有制经济的实现形式作出了重要规定。党的十五大报告中说："公有制的实现形式可以而且应当多样化，一切反映社会化生产规律的经营方式和组织形式都可以大胆利用。要努力寻找能够极大促进生产力发展的公有制实现形式。"党的十五届四中全会（1999）通过的《中共中央关于国有企业改革和发展若干重大问题的决定》，多处强调"要积极探索公有制的多种有效实现形式"。党的十六届三中全会（2003）指出，要"推行公有制的多种有效实现形式""要使股份制成为公有制的主要实现形式"。因此，探索公有制经济的实现形式是公有制经济发展的关键，是激发公有制经济发展活力的重要途径。在社会主义市场经济条件下，公有制实现形式可以而且应当多样化，否则公有制经济的效率和活力就无法得到有效发挥。积极探索和创新公有制的有效实现形式，是解放和发展公有制经济的生产力，提高公有制经济活力和效率的重要途径。一切反

映社会化生产规律的经营方式和组织形式都可用来发展公有制经济。

1. 主张准确和全面理解和把握公有制的内涵

卫兴华认为,探寻公有制的实现形式,首先要对公有制进行准确理解和把握,要全面认识公有制经济的含义。随着社会主义改革与发展,我国的公有制形式也随之发展,已不再是单一的国家所有(或全民所有)和集体所有两种形式,还包含即相互交叉、相互混合的所有制形式中的国有成分和集体成分。应把这部分公有成分也纳入公有制为主体的内涵中。随着改革的推进,公有制与非公有制组合的混合所有制经济不断增多,公有制经济与各种非公有制经济组合成的多种形式的混合所有制经济普遍存在,既有国有企业相互之间的联合,也有国有企业与集体企业、国有企业与私营企业以及国有企业与外资企业之间的结合。因此,不能简单地将中外合资合作企业、公私合营企业、股份制企业、股份合作制企业等判定为非公有制经济,既有可能是非公有制经济也有可能是公有制经济。由此推之,混合所有制经济中的公有制成分的资本组织形式和经营方式,也是公有制的实现形式。卫兴华认为,要提高公有制经济发展的活力和发展质量,应以新观念深化公有制体制改革,不应追求单一的、纯粹的公有制形式,也不能只允许纯粹的公有制存在。要搞好搞活国有经济,除了需要有效的体制和机制提供外部保障外,企业内部还要有好的领导班子和科学的管理制度。①

2. 对公有制存在形式和公有制实现形式的辨析

卫兴华撰写多篇论文对公有制存在形式和公有制形式进行辨析,在辨析中探索公有制的实现形式。在理论界关于公有制实现形式的研究中,出现了一些混淆公有制的存在形式和实现形式的观点,将国有经济、集体经济、股份制经济都当成是公有制的实现形式。卫兴华认为,所有制的存在形式和所有制的实现形式是不同的两个概念:公有制的形式,或公有制的存在形式,是指我国公有制的类型,包括国家所有制和集体所有制。国家、全民和集体所有制经济都是社会主义公有制的存在形式,它们可以通过不同的方式来实现。公有制的实现形式,是指公有制所采取的经营方式或资本组织形式。二者的内涵是不同的。随着改革推进,出现国有和国有联合,集体和集体联合,国有和集体联合等形式,但这些都是从公有制的两种基本形式中衍生出来的。而有一些学者和媒体把国家所有制和集体所有制也当作公有制的实现形式,认为这是对计划经济时期传统定位的突破。我国宪法关于所有制的论述如下:"中华人民共和国的社会主义经济制度的基础是生产资料的社会主义公有制,即全民所有制和劳动群众集体所有制"。从

---

① 卫兴华. 积极探索公有制的多种有效实现形式 [J]. 理论前沿, 1999 (02).

20世纪90年代末以来,我国将股份制作为搞活国有企业和集体企业的重要途径。股份制只是公有制的实现形式,与国有经济和集体经济不能并列,更不能取代国有经济和集体经济。股份制同承包制、租赁制一样同属公有制的实现形式。比如国有经济可以通过租赁、承包、股份制等方式来实现。① 与国家所有制、全民所有制和集体所有制相对应的私有制经济也有多种存在形式。

(二) 对股份制经济的性质和地位问题的阐释和辨析

卫兴华对股份制经济的性质和地位问题,进行了详细阐释,针对学界存在的关于股份制性质和地位问题的错误观点进行辨析,对"一切股份制都是公有制""搞股份制就是搞私有化"进行了回应。

1. 对资本主义国家股份制具有公有制性质观点的辩驳

有的观点"以股份制取代国家所有制和集体所有制",有的媒体还引用了马克思关于股份制的大量论述,认为马克思肯定资本主义国家的股份制已具有公有制的性质。卫兴华认为,这些是不符合马克思原义的,是对马克思的错解。股份制不属于基本制度范畴,它既是一种资本组织形式,也是一种企业经营方式。"具有明显的公有性"并不等同于公有制;由私人资本入股和控股,具有明显的私有性,并不等同于私有制。在资本主义社会,股份制企业与私人企业相比更利于生产力发展,是一种进步的资本组织形式。马克思说:"在工业上运用股份公司的形式,标志着现代各国经济生活中的新时代"。② 又说,"它是在资本主义体系本身的基础上对资本主义的私人产业的扬弃"、是"通向一种新的生产形式的单纯过渡点。"③ 这里的"通向新的生产形式的过渡点"指的是通向社会主义的过渡点。股份制资本是一种社会资本,相对于单个私人的资本来说,在无产阶级取得政权的条件下,更容易转变成社会主义公有制的资本。但是,资本主义社会的股份制是以资本主义私有制为基础,没有也不可能超出资本主义所有制的范围。对"私人产业的扬弃",是指股份制的产业,不再是某个资本家私人的产业,而是多个企业联合起来的资本产业,但这并不意味着股份制使私有制变成了公有制。恩格斯在1891年批评德国社会民主党的《爱尔福特纲领》(草案)时,也对新兴起的股份制的特点和资本主义生产形式的变化与发展进行了论述:在股份公司内,"私人生产停止了"也即"单个企业家所经营的生产"没有了,并不是

---

① 卫兴华. 不要混同"公有制形式"和"公有制实现形式"[J]. 经济经纬,2004 (06).
② 《马克思恩格斯全集》(第12卷) [M]. 北京:人民出版社,1962:20.
③ 《马克思恩格斯全集》(第25卷) [M]. 北京:人民出版社,1974:508.

说股份制内部没有了私有制。卫兴华认为，马克思、恩格斯关于股份制概念及特点的论述足以说明，资本主义国家的股份公司并没有超出资本主义私有制的范围。由此说明，资本主义国家的股份制已是公有制的观点是站不住脚的，也不符合和马恩原著的原意。

2. 对"搞股份制就是搞私有化"观点的辨析

党的十五大报告中对股份制作了论述："股份制是现代企业的一种资本组织形式，有利于所有权和经营权的分离，有利于提高企业和资本的运作效率，资本主义可以用，社会主义也可以用。不能笼统地说股份制是公有还是私有，关键看控股权掌握在谁手中。国家和集体控股具有明显的公有性，有利于扩大公有资本的支配范围，增强公有制的主体作用。"股份制只是一种资本组织形式或企业经营方式，并不属于基本的经济范畴。① 所以，无论是股份制还是承包制、租赁制都是资本组织形式和经营方式的范畴，股份制可以作为不同所有制的实现形式。对于股份制不能仅从公有制和私有制的视角来判定，理解和把握股份制关键要看控股权掌握在谁手中，国家或集体经济控股，它就具有明显的公共性。

在我国社会主义初级阶段，判断股份制究竟是私有还是公有，要依据具体情况而定，不能一概而论。没有公有制经济参与的外资企业、私营企业，无疑属于私有制范围。没有私人股参与的国有企业、集体企业的股份制，则是完全的公有制。在混合所有制经济中，即公有制经济与非公有制经济交叉混合的股份制中，如果掌握控股权的是公有制经济，也即国有股和集体股在量上占据优势，那就"具有明显的公有性"。在此种情况下，公有资本的支配范围得以扩大，非公有资本从属于公有资本。在有的混合制企业中，即使国家和集体没有控股，但也可以参与其中，发展多种形式的股份制经济。由此可知，将股份制与私有化等同的观点是不正确的，不符合实际。

三、主张应扭转公有制为主体向私有制为主体演变的趋势

在社会生产力水平的现实约束下，建立以公有制为主体、多种所有制共同发展的经济制度，是我国社会主义现代化建设的必然选择。对基本经济制度包含的"以公有制为主体"中的"主体"含义要有个比较准确的把握，它并非指比重越大越好，而是要体现公有制经济在社会主义经济发展中要发挥主导作用，也就是

---

① 卫兴华. 坚持和完善我国社会主义初级阶段的基本经济制度［J］. 马克思主义研究，1997（06）.

公有资产要占据优势，能控制国民经济命脉。①

（一）探寻公有制主体地位削弱的原因

所有制结构中公有制经济的主体地位渐次弱化，乃至向私有制为主体转化的趋势并非偶然出现，而是存在一定的必然因素：②

一是在理论认识上存在干扰。改革开放后，理论思想呈现多元化发展趋势。"主张取消国有企业""非公有制是社会主义经济"以及"'三个有利于'标准就是判断姓'资'姓'社'的标准"等观点充斥于我国经济体制改革过程中，卫兴华认为这些理论和思想在一定程度上为"唱衰"国有经济起到了不小的作用。

二是理论宣传上存在模糊点。许多人对党和中央的政策文件及精神理解不到位，既有错解和误解中央文件精神的，也有混淆相关概念的，比如有人混淆了"社会主义市场经济"与"社会主义经济"的概念，将经济体制和经济制度的概念混同起来，进而导致发展私有制就是发展社会主义的错误观点滋生，一定程度上使公有制的主体地位失去了其应有的意义。

三是在多种所有制共同发展中更多趋向于发展非公有经济。在社会主义市场经济发展过程中，多种所有制共同发展是我国社会主义基本经济制度的重要内容。但在过去几十年的社会主义实践中，由于非公有制经济的蓬勃发展，使人们把焦点更倾向于发展非公有制经济，宣传媒体的报道也是如此——将更多的关注点聚焦在非公有制经济的发展上。同时，不少地方政府也更重视非公有制经济的发展，并将其视为政绩，甚至出现为促进非公有制经济发展而损害国有经济利益的现象。

四是忽略了私营企业和外资经济的消极作用。过去的几十年，非公有制经济在我国经济建设中的积极作用突出，在促进生产力发展、提高人民生活水平方面发挥了重要作用。但其消极的一面在实践中容易被忽视，比如在私营企业中官商勾结现象频出，另非公有制经济不利于消除两极分化，也不利于共同富裕目标的实现。

五是"公有制为主体"的经济制度对于各阶层的执行部门来说，缺乏具体措施和政策。非公有制经济的发展具有自发性和自觉性，而公有制经济发展则需要耗费政府部门的精力。从我国的实际情况来看，部分国有企业重复建设问题较为严重，管理体制不够灵活，经济效益较为低下，生产的产品不符合市场需要，面

---

① 卫兴华. 坚持和完善我国社会主义初级阶段的基本经济制度［J］. 马克思主义研究，1997（06）.
② 卫兴华. 关于社会主义初级阶段的几个理论问题［J］. 中共福建省委党校学报，2009（09）.

临生产和生存困境。在供给侧结构性改革的背景下，搞活公有制企业遇到不少困难和问题，导致地方政府对发展公有制经济缺乏积极性。卫兴华认为，落实社会主义初级阶段基本经济制度是绝对不能动摇的，特别是应重点落实坚持公有制的主体地位，加大对公有制为主体的意义和必要性的宣传，并在部分区域将搞活国有企业作为政绩考核的标准。

（二）认为公有制与非公有制消长应有明确的界限

卫兴华一直关注公有制经济与非公有制经济在国民经济中所占比例的变化，针对非公有制经济日渐扩张，而公有制经济的地位不断削弱的现象，他指出，我国社会主义建设必须坚持初级阶段的基本经济制度，但也要注意扭转非公有制经济成为主体的发展趋势。要实现这一点，不是去限制非公有制经济的发展，而是要提高国有资本的增殖能力，提高国有经济的发展活力、质量和效益，以此巩固社会主义公有制经济。

改革开放40多年来，我国社会主义市场经济体制日益完善，非公有制经济快速发展。非公有制经济对发展生产力、提高人民生活水平发挥了重要作用，对税收和就业的贡献也逐年提升。正因如此，无论从私营、个体和外资经济占GDP比重，还是公有制资产占比来看，公有制的主体地位已然发生了改变，并且这种公有制为主体向非公有制为主体的演变趋势还在继续发展。[①] 卫兴华认为，我国初级阶段的基本国情决定了我们必须发展非公有制经济，因为其有利于生产力水平的提高；不过也应该看到，在我国社会主义经济结构的动态变迁中，公有制经济的比重呈下降趋势，非公有制经济比重则逐渐增大，这是在我国社会主义初级阶段基本国情下的必然结果，但是公有制比例的下降不能没有底线。[②] 在我国经济发展过程中，应重视和把握好公有制经济和非公有制经济所占比例的界限，以更好地落实我国社会主义初级阶段的基本经济制度。[③] 他指出，截至目前，"以公有制为主体"始终缺少一个可量化的界限，使得"以公有制为主体"成为不能科学测定的抽象概念。特别是近些年来，我国统计部门并未提供所有制结构动态变化的数据，使相关决策和研究部门不能准确掌握公有制经济与非公有制经济所占比重。

---

①② 卫兴华. 关于社会主义初级阶段的几个理论问题 [J]. 中共福建省委党校学报, 2009（09）.
③ 卫兴华. 转变经济发展方式需要处理好四个关系 [J]. 红旗文稿, 2010（15）.

(三) 提出应提高公有制经济的质量和效益以凸显其主体地位

卫兴华认为，在社会主义初级阶段，落实基本经济制度中的"公有制为主体"，关键在于弄清"主体"的含义。公有制的主体地位主要表现在：公有资产在社会总资产中要占优势；国有经济控制国民经济命脉，对经济发展起主导作用。公有资产的量和质是公有资产社会总资产中占优势主要体现。在量的方面，要求公有资产所占比重大于非公有资产。党的十八大以来，受益于国有企业战略调整以及国家宏观调控中使用的公共投资手段，公有制经济不断积累新的资产，从而保障公有制经济与非公有制共同增长的基础上进一步保持公有制经济的主体地位。量的优势只是公有制占主体地位的其中一个方面，还应注重质的方面。片面追求包括国有经济在内的公有制经济的数量及其资产总额并不一定能保障公有制的主体地位，而更应重视公有制经济质量的提升。提高国有企业的效率和效益，提高其增加值增长率，提高其市场销售率和市场占有率等是公有制质量提升的重要途径。卫兴华认为，可通过转变经济体制和增长方式来提升公有制经济特别是国有经济的增加值和销售收入所占的比重，使其高于国有资产在社会总资产中所占比重，以此彰显公有制经济的优势。他进一步强调，增强国有经济的控制力和竞争力是公有制主体地位的重要体现。从近年来我国经济发展实践来看，国有经济的比重在多种所有制经济共同发展中有所降低是不可避免的趋势。国有经济的绝对数量虽然有所减少，但关键是要提高其质量，增强其对整个经济的控制力，才不会对其在国民经济中的地位和作用产生影响，更不会影响我国的社会主义性质。[①]

四、对积极发展混合所有制的认识

党的十八届三中全会将混合所有制经济作为深化改革的独立议题突出地提了出来，引起学界和社会各界的热烈讨论和争论。卫兴华发表了一系列论文，对我国实行混合所有制经济改革思路提出的过程、为什么实行混合所有制经济以及怎样发展混合所有制经济等问题进行研究，并对当前出现的对中央发展混合所有制经济政策的误读、误解的观点进行了辨析。他认为，实行混合所有制经济，不能销蚀国有资产，不是"国退民进"，而是要既有利于国有资本放大功能，增强其活力，提高其影响力和控制力，也有利于非公有制经济更好地发展，关键是解决

---

① 卫兴华. 社会主义初级阶段的理论与实践 [M]. 北京：经济科学出版社，2017：78.

好控股权问题。①

（一）考察混合所有制经济提出和发展的过程

卫兴华认为，发展混合所有制经济并不是理论界的新话题，这一问题在中央文件中提出的很早，且多年反复提出，而作为混合所有制经济的主要实现形式的股份制经济，在我国已经实践了很多年，并曾经引起学界的广泛争论。建立公私资本相互参股的混合所有制经济，既是我国基本经济制度的实现形式，也是我国国企改革的一项重要举措。②在我国，最早提出混合所有制经济的概念是在党的十四届三中全会（1993年），"随着产权的流动和重组，财产混合所有的经济单位越来越多，将会形成新的财产所有结构。"后中央又多次提出发展股份制，推行混合所有制经济，股份制程度也随之越来越高。③党的十五届四中全会（1995年）《关于国有企业改革和发展若干重大问题的决定》明确提出："发展混合所有制经济"。党的十六大报告（2002年）提出："积极推行股份制，发展混合所有制经济。"党的十六届三中全会（2003年）《关于完善社会主义市场经济体制若干问题的决定》对发展混合所有制作了详细论述："大力发展国有资本、集体资本和非公有资本等参股的混合所有制经济……使股份制成为公有制的主要实现形式"。由此可见，提出和实行以股份制为实现形式的混合所有制经济，是一个已经历时20多年的老问题。但是多年来人们侧重于关注和讨论的是股份制问题，而不是侧重于关注混合所有制经济问题。从中央文件关于混合所有制经济的论述中发现，中央关于股份制和混合所有制的改革思路的提出和认识有一个逐步深化和提高的过程，并认为中央推进股份制和混合所有制经济发展，主要在于改革和搞活国有经济的现实需求。④

卫兴华认为，十八届三中全会提出"积极发展混合所有制经济"的论述是关于混合所有制经济的一个新视角，这一提法意味着国家发展混合所有制经济的程度和角度都发生了变化。党的十八届三中全会（2013年）提出的《关于全面深化改革若干重大问题的决定》（以下简称《决定》）专设一节论述"积极发展混合所有制经济"问题。《决定》提出："国有资本、集体资本、非公有资本等交叉持股、相互融合的混合所有制经济，是基本经济制度的重要实现形式。……允

---

① 卫兴华．怎样认识混合所有制经济——兼评"国退民进"论 [J]．人民论坛，2015 (27)．
② 卫兴华．社会主义初级阶段的理论与实践 [M]．北京：经济科学出版社，2017：318-319．
③ 《十六大以来党和国家重要文献选编》（上册），人民出版社2005年版。
④ 卫兴华．社会主义初级阶段的理论与实践 [M]．北京：经济科学出版社，2017：315-316．

许更多国有经济和其他所有制经济发展成为混合所有制经济。"卫兴华认为,与以前关于混合所有制经济的论述相比较,《决定》有两处新意①:一是在十八届三中全会以前,通常是先讨论股份制问题,再引出混合所有制经济及其发展问题,而《决定》将混合所有制作为独立的主题进行论述。二是以前中央文件在提出和论述混合所有制经济时,是以公有制经济的改革为着眼点,是将混合所有制经济存在形式——股份制作为公有制经济的一种实现形式提出。《决定》论述的着眼点既包含搞好国有经济也包含搞好非公有制经济。卫兴华认为,"混合所有制经济是基本经济制度的重要实现形式",是与之前中央文件相关论述相比较为突出的提法,应引起注意。我国的基本经济制度,既包括作为主体的公有制经济,也包括非公有制经济。由此推之,混合所有制经济具有双重角色,既是公有制的重要实现形式,又是非公有制经济的重要实现形式,有利于公私经济共同发展。

(二)探究我国实行混合所有制的目的

卫兴华认为,对我国发展混合所有制经济原因的认识,要符合中央的指导思想和改革精神。②

(1) 指出弄清混合所有制经济"是公有制的主要实现形式"同"是基本经济制度的重要实现形式"的关系与区别,是理解实行混合所有制经济目的的重要前提。《决定》所阐述的混合所有制经济是"基本经济制度的重要实现形式"中的"基本经济制度"应理解为"社会主义初级阶段基本经济制度"。卫兴华对理论界中出现的"混合所有制是社会主义市场经济的主要实现形式""混合所有制是社会主义基本经济制度的重要实现形式"等表述和观点进行辩驳。他指出,讨论混合所有制经济问题应从社会制度性范畴出发,市场经济是经济体制性范畴,将其列入混合所有制经济中考察和比较缺乏理论和实践依据。他还强调,要注意区分"社会主义初级阶段的基本经济制度"和"社会主义基本经济制度"的概念。公有制是社会主义基本经济制度的基础,私有制经济不在其中;社会主义初级阶段的基本经济制度则除了包含为主体的公有制外,还包括多种非公有制经济。因此,《决定》中"基本经济制度"与社会主义初级阶段的基本经济制度具有一致的内涵。我国宪法在论述社会主义经济制度和社会主义初级阶段的基本经济制度时,也是独立分开进行的。若是将《决定》中的"混合所有制经济是基

---

① 卫兴华. 怎样认识混合所有制经济——兼评"国退民进"论 [J]. 人民论坛, 2015 (27).
② 卫兴华. 去除混合所有制经济改革的随意性 [N]. 北京日报, 2015 – 10 – 12 (018).

本经济制度的重要实现形式"解读为社会主义基本经济制度的重要实现形式，这就与先前中央提出的"混合所有制作为公有制的重要实现形式"的表述毫无差异了。

（2）阐明发展混合所有制经济的直接目的。《决定》中提出了"鼓励非公有制企业参与国有企业改革，鼓励发展非公有资本控股的混合所有制企业""废除对非公有制经济各种形式的不合理规定，消除各种隐性壁垒"等表述，单从这些论述看似乎有向非公有制经济倾斜之意，使一些学者和实际工作者对发展多种所有制经济和混合所有制经济的根本目的产生误解，将"国退民进"、削弱和销蚀国有制经济的观点强加至其中，误解了中央的改革部署。

卫兴华认为，发展混合所有制经济同发展多种所有制经济的根本目的是相同的。只要弄清发展多种所有制经济同发展混合所有制的关系与区别就不会对《决定》的改革部署产生错解和误解。无论是公有制为主体，多种所有制经济共同发展中的市场经济主体，还是混合所有制发展的市场主体，都服从于共同的目的，既要充分利用各种资源更好更快地发展我国的生产力，消除"短缺经济"，满足人民的生活需要，解决我国社会面临的主要矛盾。过去我国发展多种所有制经济的直接目的，是为了解决人民日益增长的物质文化需要与落后的社会生产的矛盾，当前则是为了解决新矛盾，即人民日益增长的美好生活需要和不平衡不充分的发展之间的矛盾。在《决定》提出"积极发展混合所有制"之前，我国将股份制经济作为公有制的实现形式或主要实现形式，引导和鼓励其发展，以此促使国有经济更具活力，更具影响力和控制力。《决定》指出，搞混合所有制改革"有利于国有资本放大功能、保值增值、提高竞争力"，同时"有利于各种所有制资本取长补短、相互促进、共同发展"。通过考察中央有关文件关于混合所有制经济的相关论述，卫兴华认为，中央提出积极发展混合所有制经济的部署，并不是为了削弱公有制经济特别是国有经济，而是为了更好地发展国有经济，放大其功能，使其更有活力、控制力和竞争力，同时也有利于非公有制经济的发展。[①]

（3）揭示了发展混合所有制的根本目的和总体目的。卫兴华认为，对发展混合所有制经济目的的认识不能偏离作为指导思想的战略性目的。多种所有制经济共同发展和混合所有制经济更多发展的具体和直接目的，是服从于发展社会主义的总的战略目的的。[②] 他指出，我国实行以股份制为载体的混合所有制经济，一

[①] 卫兴华. 为什么要实行和怎样实行混合所有制经济［J］. 学习与探索，2019（04）.
[②] 卫兴华，何召鹏. 从理论和实践的结合上弄清和搞好混合所有制经济［J］. 经济理论与管理，2015（01）.

方面要服务于我国社会主义初级阶段的基本经济制度，另一方面也要以坚持和发展这一基本经济制度为前提。在深化国有企业改革过程中，推进混合所有制改革要警惕国有经济的私有化，要在改革过程中着力增强国企的竞争力、控制力。在我国社会主义发展的不同阶段，中央提出发展混合所有制经济政策往往会有不同的目的，以往中央提出，发展混合所有制经济应成为公有制的实现形式或主要实现形式的论述，说明发展混合所有制经济的主要目的是为公有制经济服务，是为了改革和搞活公有制经济特别是国有经济。① 而此次提出"积极发展混合所有制经济"，是推进中国特色社会主义经济发展的重要举措，既有利于搞活国有经济，增强国有经济发展的控制力，巩固公有制经济地位，又能拓宽非公有制经济的发展空间，激发非公有制经济的活力和创造力。因此，混合所有制作为基本经济制度的重要实现形式，与我国社会主义的基本经济制度的内容是相对应的。他总结出，我国一切的改革与发展，包括积极发展混合所有制经济，都服从于坚持和发展马克思主义和建设中国特色社会主义的总体目标。② 而这一总体目标涉及宪法中规定的中国特色社会主义经济制度的基础、公有制为主体、国有经济为主导等内容；也包括十八大报告中强调的坚定不移地走中国特色社会主义道路和中国特色社会主义理论体系等方面的规定和总体的指导方针。他认为，在改革和发展混合所有制经济时，在思想上和理论认识上要明确和遵循这一根本目的，从而才不至于产生"中央提出积极发展混合所有制经济是有意削弱公有制经济特别是国有经济"的错误理论观点。

（三）提出发展混合所有制经济的思路

关于当前我国要如何发展混合所有制经济，卫兴华提出了清晰的发展思路。

首先，他认为，发展混合所有制经济的一个重要前提就是要立足于坚持和发展社会主义初级阶段基本经济制度。发展混合所有制经济，只有以此为指导才能更好地发展国有经济，巩固公有制的主体地位，并促进各种所有制经济共同发展。实行混合所有制改革，要以有利于各种所有制资本取长补短、相互促进、共同发展为目的。③

其次，提出了"双向混合"的发展思路。他认为，发展混合所有制经济，不

---

① 卫兴华，何召鹏．从理论和实践的结合上弄清和搞好混合所有制经济［J］．经济理论与管理，2015（01）．

② 卫兴华．社会主义初级阶段的理论与实践［M］．北京：经济科学出版社，2017：324．

③ 卫兴华．怎样认识混合所有制经济——兼评"国退民进"论［J］．人民论坛，2015（27）．

是公有资本与私有资本之间的单向渗透,而应是"双向混合",即私人资本可参股国有企业,国有资本参股私营企业。他进一步对混合所有制改革中"双向混合"的几种情况进行了分析:在国有资本入股私营企业的情况下,原有的私营企业可拥有绝对控股权或相对控股权,以此扩大私有资本的影响力和竞争力;私有资本入股国有企业,并不是分割国有企业原有的"蛋糕",而是要在入股后发挥私有资本的优势,将原有的"蛋糕"做大,共享新增利润。卫兴华认为,控股权掌握在私人资本还是国有资本手里是混合所有制改革的关键。在股份制中,如果国有资本总量比私人资本多,但是较为分散,私人资本占有较高比例,实际由私资控股经营,那么就是私营企业。卫兴华不主张国有企业在混改中出让控股权。在四种特殊情况下,可由私人资本控股:一是在私企中引入少量公有资本,则由私有资本绝对控股或相对控股;二是在新的投资领域或者新的项目中,按项目的性质和国有资本和私有资本分别参股多少来决定是由国有资本控股还是私有资本控股;三是私有资本参股国有企业项目的扩建或新建中,增量资本得以扩大,可视具体情况定由国有资本还是私有资本掌握控股权;四是部分中小国有企业经营不善,难以为继,经双方协商后,可由私有资本进行控股经营。实行混合所有制经济,私有资本入股国有企业,即使不占有控股权,也可达到提高生产效率,提高经营管理水平做大"蛋糕",共享利润的目的。股份制是发展混合所有制的一种很好的形式,以股份制为载体的混合所有制经济已经在我国发展多年,并取得了一些成功的经验。

最后,提出积极发展混合所有制经济应以国有经济为重点。国有经济发展混合所有制经济主要涉及两个方面:一是新建企业或是新建项目的资本安排,对于新建企业或是新投资项目,可按投资项目的性质来分配国资和私资的比例,再决定是国资控股还是私资控股,有的必须由国资控股,有的可由私人资本控股。二是关于国有企业引入私人资本的安排。对于私人资本参股国有企业,国有资本有绝对控制权,在混合所有制中应占有较大比例,国有资本在私人资本参与中保值增值;而公有资本参股私人资本,私营企业资本有绝对控股权,除非是经营不善的私营企业才愿意把控股权转让给国企。国有资本、集体资本与私人资本无论以何种形式进行混合,其目的都是为了共同发展,达到双赢,而不是让其中的一方去侵蚀另一方。卫兴华认为,混合所有制改革既要积极,也要稳妥,避免出现将实行混合所有制经济作为考核经济成效指标的现象;还要根据不同国有企业经营的实际情况来发展混合所有制,对于效益好、利润高、经营管理水平高的国有企业,就应该尊重其意愿,不能强制其实行混合所有制、引入私人资本。要按照程序推进实行混合所有制经济改革,规范运作,加强监督,避免新一轮的国有资产的流失。当前国有企业全面进入"混合所有改革"阶段,要警惕有人借混合所有制改革之机,搞"国退民进",将国有资产私有化,侵蚀国有资产。①

第三节 关于国有经济的性质、地位和作用的认识

卫兴华始终坚持公有制是社会主义的经济基础和根本原则,公有制的主体地位不能动摇的观点,并主张充分发挥国有经济的主导作用,在改革攻坚进程中对国有经济进行发展和完善。他还针对近年来学术界中广泛存在的国有经济无效率论、国有经济"与民争利"、国有经济利润来源于垄断等观点进行辩驳。

一、强调国有经济的社会主义性质

中国特色社会主义是科学社会主义的继承与发展,要始终坚持以马克思主义为指导。卫兴华认为,对资本主义国家的国有经济同社会主义国家的国有经济的社会性质进行区分是十分必要的。国有经济成分间有差异的内部关系,即生产资料的所有制的不同性质决定了国有经济的性质。生产要素的不同组合是生产资料所有制呈现多种性质的原因,据此可区别开社会经济的形态、性质和社会经济结构,而非劳动者占有生产资料是一切剥削制度的基本标志之一。在以私有制为基础的资本主义国家的国有经济中,非劳动者掌握所有的生产资料,国有经济并非全民所有,没有消除剥削性问题,因此不具备社会主义性质。以公有制为基础的社会主义国家的国有经济归全民所有,具有显著的社会主义性质。在社会主义的国有企业中,劳动者(工人)与生产资料相结合以公有制呈现出来,具有显著的社会主义性质,生产资料被工人掌握在手中,工人是生产资料真正的主人翁,拥有知情权、话语权、选举权等诸多权利,企业经营体现了工人的权益。

首先,从马恩著作的相关论述中阐明国有经济的社会主义性质。马克思和恩格斯在《共产党宣言》中指出,社会主义国家的"无产阶级取得政权后要把一切生产工具掌握在国家手中",②坚持发展国有经济。在《论土地国有化》中,马克思提到:"全国性集中的生产资料将成为自由平等的生产者的各联合体所构

---

① 卫兴华. 发展和完善中国特色社会主义必须搞好国有企业[J]. 毛泽东邓小平理论研究,2015(03).

② 《马克思恩格斯文集》(第2卷)[M]. 北京:人民出版社,2009:52.

成的社会的全国性基础",① 明确了国有化生产资料在联合体中的基础性。在《反杜林论》中也提到:"无产阶级将取得国家政权会第一步把生产资料转换为国家性财产",② 所以可以看出无产阶级取得政权,并且建立国有经济是实现社会主义的基本前提。

其次,从毛泽东到历届中央领导人的论著和相关文献的论述中判定国有经济的社会主义性质。卫兴华认为,明确我国国有经济的社会主义性质十分重要,否则既违背宪法和党章,违背中国特色社会主义理论与制度,又违背中国的历史事实。③。早在《新民主主义论》中,毛主席就曾提到:"无产阶级领导下的新民主主义共和国的国营经济是整个国民经济的领导力量。"④《共同纲领》中也强调,在新民主主义制度下我国的国营经济具有社会主义性质。《中华人民共和国宪法》规定:国有经济,即社会主义全民所有制经济,是国民经济中的主导力量。国家保障国有经济的巩固和发展。我国处于社会主义初级阶段,不搞单一的公有制,实行国有经济为主导、公有制为主体、多种所有制经济共同发展的基本经济制度,要坚持"两个毫不动摇"。

再次,在区分国有经济在社会主义国家和资本主义国家中的不同性质基础上,阐明我国国有经济的社会主义性质。恩格斯认为"无论转化为股份公司,还是转化为国家财产,都没有改变生产力的资本属性……工人仍然是雇佣劳动者、无产者。资本主义关系并没有被消灭,反而被推到了顶点"⑤。因此,资本主义国家的国有经济并不具有社会主义性质,并非全民所有,而是以私有制为基础,具有资本主义性质的经济形式。在资本主义国家,国有经济依旧是服务于资产阶级,并没有任何社会主义性质。社会主义国家的国有经济归全民所有,具有一定的社会主义性质。曾有人依据《反杜林论》中的言论对我国国有经济的社会性质进行批判,卫兴华对此观点进行辩驳。他指出,俾斯麦所实行的铁路国有化举措是为了战时需要并且获得不依赖于议会决定的其他收入,并不是为发展国民经济,也没有能够在本质上改变生产资料的私有制性质。在资产阶级掌握政权,以生产资料资本主义私有制为基础的社会制度下,实行某些国有化措施,是从资产阶级的整体利益考虑的,⑥并不是出于为人民服务的目的,也不是出于国家发展的目的。

---

① 《马克思恩格斯文集》(第 3 卷)[M].北京:人民出版社,2009:233.
② 《马克思恩格斯文集》(第 9 卷)[M].北京:人民出版社,2009:297.
③⑥ 卫兴华.改革攻坚,必须发展与完善国有经济[J].红旗文稿,2015(11).
④ 《毛泽东选集》(第 2 卷)[M].北京:人民出版社,1991:678.
⑤ 《马克思恩格斯文集》(第 9 卷)[M].北京:人民出版社,2009:295.

二、坚持公有制经济是党的执政基础的观点

2014年8月18日,在中央全面深化改革领导小组会议上,习近平指出:"国有企业特别是中央管理企业,在关系国家安全和国民经济命脉的主要行业和关键领域占据支配地位,是国民经济的重要支柱,在我们党执政和我国社会主义国家政权的经济基础中也是起支柱作用的,必须搞好。"①

(一)认为公有制经济的成败对于共产党事业的发展至关重要

一直以来,卫兴华都坚持以国有经济为核心的公有制经济作为党和政府的执政基础的观点,并强调一切与马克思主义和中国特色社会主义理论相矛盾的理论是不正确的。我国宪法明确规定,我国社会主义经济制度的基础是公有制,社会主义走向高级阶段最终需要消灭剥削和两极分化,实现共同富裕。倘若我国从公有制经济倒退到私有制,中国共产党就会丧失其执政的经济社会基础。改革开放40多年来,我国经济发展取得了重大成就,民营经济、外资经济、个体经济等非公有制经济在我国经济发展中发挥了重要作用,为经济和社会发展做出了卓越贡献。由此,理论界出现了否定国有经济、宣扬"国退民进"的私有化思潮,甚至有人主张用民营经济取代国有经济,否定国有经济在党和政府执政中的基础作用。他认为,讨论国有经济"执政地位"问题,需要将民营经济和国有经济协同考虑,但这并不意味着只能是"国进民退",也并不意味着只要坚持以国有经济为主导就能确保我国政治的稳定。中国共产党的执政不能离不开群众支持,更加不能离开生产力和生产关系的完善。

使广大人民群众完全不受剥削和压迫,全面、自由的发展,实现幸福的生活,并达到共同富裕是社会主义的最终目标,是马克思主义的重要内容。基于此逻辑,卫兴华论证了国有经济的重要地位以及科学性。② 我国发展国有经济的目标是与马克思主义目标相一致的。社会主义实践历程显示,社会主义国家中公有制代替了私有制,并且彰显了其能够促进生产力发展的优越性。例如,苏联在确立社会主义制度之后,经济迅速发展,国家实力强盛,一度与美国分庭抗礼,实行私有化后,经济出现了停滞,经济规模和在世界的地位也大不如前。从我国社会主义实践进程看,新中国成立之初建立了国有经济,并带动了我国当时经济的

---

① 中央政府门户网站,http://www.gov.cn/xinwen/2014-08/18/content_2736451.htm。
② 卫兴华. 社会主义初级阶段的理论与实践 [M]. 北京:经济科学出版社,2017:310.

高速发展,彰显了公有制经济的优越性。我国改革开放前30多年的经济发展成果大大超过旧中国时期,而且保持着年均6%的增速,比许多资本主义国家的增速高很多。1978年改革开放之后,我国生产力发展更加迅速,经济实力蓬勃进步,当前经济规模已稳居世界第二,这与改革开放前国有经济奠定的基础作用是分不开的。纵使我国国有经济在发展中存在这样那样的问题,但不能以此否定其在社会主义经济建设进程中的主导作用及贡献。

（二）对否定我国国有经济地位和作用、搞全面私有化的观点进行驳斥

卫兴华认为,新自由主义思潮在一定程度上削弱了社会主义制度和共产党的执政基础。新自由主义在全球的盛行,造成了巨大的恶果。许多拉美国家,由于采取新自由主义政策,导致企业大量破产、资本外逃、债务深重、贫富分化、经济增长缓慢。20世纪90年代末,苏联由于实行新自由主义主导的改革,导致政党灭亡,国家不复存在。几十年来,许多资本主义国家也遭遇了多次金融和经济危机,并在危机中难以复苏。

改革开放以来,我国的改革进程也一直受新自由主义思潮的干扰,彻底私有化、全面市场化、经济政治自由化的观点一直存在。有学者否定国有经济是社会主义经济,认为私营经济才是社会主义经济。卫兴华对否定国有经济地位和作用的新自由主义观点进行辩驳。他强调,我国当前之所以发展非公有制经济,是由我国的基本国情决定的,与私营经济是否具有社会主义性质并无关联。党的十八届三中全会的《决定》提出"公有制经济和非公有制经济都是社会主义市场经济的重要组成部分,都是我国经济社会发展的重要基础",对非公有制经济的地位和作用进行了肯定。私营、外资和个体经济是社会主义市场经济的重要组成部分,但私营经济和外资经济始终是资本主义性质的经济。正因为非公有制经济不是社会主义性质的经济,因而可以是"社会主义市场经济"的组成部分,但不是"社会主义经济"的组成部分。卫兴华一再强调,非公有制经济不能取代公有制经济。如果不断削弱公有制经济,乃至否定国有经济的地位和作用,会造成两极分化的后果,偏离社会主义共同富裕的目标。①

---

① 卫兴华、何召鹏. 近两年关于国有经济的地位、作用和效率问题的争论与评析 [J].《经济学动态》,2013（12）.

马克思主义基本原理认为,经济基础决定上层建筑。由此推之,以国有经济为主导的社会主义公有制经济是决定共产党执政事业兴衰的重要基础。社会主义国有经济和整个公有制经济的兴衰成败,标志着社会主义事业和共产党执政事业的兴衰成败。[①] 我国发展公有制经济的目的是为了更好地发展生产力,消除两极分化,走共同富裕道路。搞私有制必然会导致两极分化现象产生。以国有经济为主导的公有制经济,是社会主义经济制度的基础,如果以国有经济为主导的公有制经济基础不复存在了,那么也就不能称其为社会主义国家了。卫兴华主张,应警惕西方敌对势力通过搞和平演变来销蚀我国国有经济,削弱国有经济在我国社会主义制度中的重要地位和作用。

无论我国的改革处在什么阶段,改革的指导思想是非常明确的。卫兴华认为,改革是社会主义制度的自我完善和发展,是要搞好搞活国有企业,是要发展和完善、做大做强国有企业。这一指导思想贯穿于改革开放以来有关的历届中央文件中。党的十八届三中全会提出:"公有制为主体、多种所有制经济共同发展的基本经济制度,是中国特色社会主义制度的重要支柱,也是社会主义市场经济体制的根基。……必须毫不动摇巩固和发展公有制经济,坚持公有制主体地位,发挥国有经济主导作用,不断增强国有经济活力、控制力、影响力。"因此,只有摒弃新自由主义的干扰才能保障我国改革进程顺利前行。

三、主张充分发挥国有经济的主导作用

卫兴华认为,搞好以国有经济为主导的公有制经济,是坚持、发展和完善中国特色社会主义的必由之路。中国特色社会主义建设和发展的基础首要任务是要把握如何发挥国有经济的引导作用,并保证社会主义所有制的基础是公有制。

他指出,无论过去建立新民主主义社会,还是在目前的社会主义初级阶段、都强调国有经济的社会主义性质和领导作用。在我国宪法中已对公有制的主体地位和国有经济的主导作用做了相关规定(已在前文有论述),在社会主义发展的实践中国有经济的主导作用也得以实际验证。新中国成立后,从过渡时期(1949~1956年)到社会主义建设时期的40多年,公有制经济(包括国有和集体)不断壮大,为社会主义的发展奠定了坚实的物质基础。改革开放以后,中央领导和中央文件依然强调国有经济的重要地位和主导作用,公有制和国有经济在改革开放进程中发挥了主导作用,放弃公有制或国有经济,便偏离了改革目标,改革就

---

① 卫兴华.改革攻坚,必须发展与完善国有经济[J].红旗文稿,2015(11).

不会成功。国有经济的主导作用应主要体现在质的方面而不是量的方面，主导作用不一定要在资产和产值以及吸纳劳动力方面占优势或占主体。国有经济不仅要在公有制中引导重要部门和关键行业健康发展，在其他经济成分中也要起导向作用，引导其他经济成分健康发展，以此促进国民经济快速、高效、协调运行，切实成为保持社会稳定的主导力量。国有经济在社会主义道路中还要起"领头羊"的作用，在扶危济困、精准扶贫、优化环境、共享发展等方面起引领作用。[①] 不能因为国有经济在向市场经济体制改革过程中存在这样或那样的问题，就否定国有经济的主导地位，而应该弄清国有企业存在效率低下等问题的原因，并针对问题探寻解决方案，通过深化改革和转换经济增长方式，搞活、搞好国有企业，使其能更好地充分发挥自己的主导作用。

第四节 关于国有企业问题的研究

自20世纪90年代提出国有企业改革这一问题以来，党和国家一直将其作为一项十分重要的工作，给予充分的重视，并开展了延续至今的国有企业改革工作。早在1999年9月召开的十五届四中全会中，国有企业改革的必要性和重要性就得到了充分的论述，会上通过的《中共中央关于国有企业改革和发展若干重大问题的决定》提出："推进国有企业改革和发展是一项重要而紧迫的任务"。党的十八大以来，习近平总书记十分关注国有企业改革和发展问题：2014年12月，他在中央经济工作会议上强调："推进国企改革要奔着问题去，以增强企业的活力、提高效率为中心，提高国企核心竞争力，建立产权清晰、权责明确、政企分开、管理科学的现代企业制度"；在2016年7月召开的全国国有企业改革座谈会上，他强调："国有企业是壮大国家综合实力保障人民共同利益的重要力量，必须理直气壮做强做优做大，不断增强活力、影响力、抗风险能力，实现国有资产保值增值。"2018年10月，在东北三省调研时他提出，"国有企业地位重要、作用关键、不可替代，是党和国家的重要依靠力量"。2015年9月，中共中央国务院印发了《关于深化国有企业改革的指导意见》，该文件包含完善现代企业制度和国资管理体制、发展混合所有制经济、强化监督防止国有资产流失等方面的内容，从总体要求到分类改革上提出新时期国企改革目标和举措。综上，国有企业改革的重要性尤为突出，因此探究和分析国有企业改革的理论和政策是非常必

---

① 卫兴华.社会主义初级阶段的理论与实践[M].北京：经济科学出版社，2017：313.

要且具有意义的。

20世纪90年代至今，卫兴华对我国国企改革的相关政策和理论进行了大量的研究，发表了一系列关于国企改革的论文，提出了许多独到的见解。20世纪90年代末，在当时非国有化、私有化思潮泛滥的背景下理论界出现了"国退民进"观点，还有很多学者写文章、作报告，主张国有企业从竞争性领域退出。在此背景下，卫兴华提出了在私有化思潮中应坚持国企改革的正确方向：首先应坚持国有经济的主导地位不能动摇，不能因为国有企业在发展中出现一些困难就一味地否定国有企业的作用；国有企业在历史上曾经做出过重大贡献，表现出了相对于私有制的优越性；应有进有退、有所为有所不为，在竞争性领域有实力的国企可继续参与竞争，而对于存在一定问题的国企可通过兼并联合等方式进行资产重组；在国企改革的具体措施方面，可以在坚持一个总体模式的基础上，因地制宜、因企制宜，探索公有制的多种有效实现形式，警惕"一股就灵"之风。在我国进入新时期，理论界出现了"国进民退"的观点，卫兴华对此观点不认同，他认为"国进民退"是一个伪命题，中央并不存在这样的指导思想和决策，也并不存在国企取代民企的事实，国有企业发展壮大并不是通过挤压私营企业发展来实现，而是通过自身完善和增强来实现的。早在1996年，卫兴华就提出了国有企业存在产能过剩问题，国有资产结构配置不合理，造成了企业在各个产业间的分布不合理，行业壁垒、地区分割，造成了低水平的重复投资和重复建设。[①] 随着我国经济进入经济发展新常态，中央提出了供给侧结构性改革的指导思想，深化国有企业改革成为供给侧结构性改革的重点领域。国有企业去产能，并清除国有企业中的"僵尸企业"经成为改革的重要任务。

无论面对"国退民进"还是"国进民退"的争议，还是清理国企中的"僵尸企业"等观点，卫兴华总是理性客观、有理有据的分析我国国有企业改革问题。他对国有企业的地位和作用、国有企业改革存在的问题、国有企业改革思路等内容开展研究。对理论界出现的国有企业效率低下，国有经济整体上处于亏损状态、国有企业拖累经济发展、国有经济挤压私有制经济发展等观点进行驳斥。卫兴华关于国有企业改革问题的研究对我国国有企业改革具有重要的理论和实践价值。

---

① 探寻国有企业低效益的症结与对策——访著名经济学家卫兴华教授 [J]. 中国改革，1996（03）.

一、正确的认识和把握国有企业的地位和作用

（一）阐明国有企业在社会主义建设中的地位和作用

卫兴华认为，科学的看待国有企业是搞好国有企业的关键。加强对国有企业历史方位的正确认识决定着改革主体的态度、信心和决心，特别是决定着国有企业改革的性质和方向。① 20 世纪 90 年代末，面对"国退民进"的私有化思潮，卫兴华提出国有企业在社会主义发展中的作用和地位需要正确看待，在保持公有制经济体制不变的情况下，灵活高效的发展国有企业是社会主义发展的必由之路。② 作为社会主义公有制核心的国有经济的兴衰成败，关系着共产党革命和建设事业的兴衰成败，关系到社会主义事业的兴衰成败。所以，这一问题必须引起高度重视。③ 我国的基本制度是社会主义制度，我国社会主义制度的经济基础是公有制经济，我国国有企业是公有制经济十分重要的组成部分，作为一股重要的基本力量，国有企业在引导、促进、协调经济和社会发展，保证广大人民群众根本利益，实现共同富裕上有着不可磨灭的贡献。40 多年的改革开放历程中，国有企业一直是促进我国经济和社会发展的主力军，也是我国社会主义市场经济的重要支柱，在我国经济发展中发挥着举足轻重的作用。搞好搞活国有企业特别是国有大中型企业是确保国有经济在国民经济发展和社会主义市场经济运行中主导作用的基本前提。正确的把握国有企业的历史地位，科学认识国有企业在过去、现在乃至将来在国民经济发展中的主导作用，是坚定深化国有企业改革，搞好搞活国有企业的信心和决心的基本前提。④

在本章第一节已经论述了以国有企业为主体的国有经济的社会主义性质、在国民经济中的主导地位，以及党和政府的执政基础地位等内容，由其一致性可以推及国有企业的社会主义性质、在国民经济中的主导地位以及党和政府的执政基础地位等内容。在社会主义建设中，国家必须保障国有经济在国民经济中的主导地位，重视和巩固国有经济的发展。而国有企业作为国有经济的重要成分，重视

---

① 卫兴华.国有企业改革约束条件的改善与改革的策略调整——兼论对国有企业改革的几种认识分歧[J].当代经济研究，1995（06）.
② 卫兴华.中国特色社会主义经济理论体系研究[M].北京：中国财政经济出版社，2015：239.
③ 卫兴华.发展和完善中国特色社会主义必须搞好国有企业[J].毛泽东邓小平理论研究，2015（03）.
④ 卫兴华.社会主义初级阶段的理论与实践[M].北京：经济科学出版社，2017：314

和巩固国有经济发展也就是重视和巩固国有企业发展。国有企业发展好坏与党和国家事业紧密相连。国有企业不仅是社会主义国民经济发展的支柱,而且是我们党执政和政权的经济基础,还是基础的支柱。新中国成立以来,国有企业作为社会主义经济建设和发展的支柱,不管其在经济社会建设与发展中有多少失误和错误,始终起着主导性和决定性的作用。① 卫兴华反对将国企改革的参照点对标在西方国家国有企业上,认为不能将我国国有企业的地位和作用与西方国家国有企业类比。由于国家性质不同,国有企业在西方资本主义国家发展中的地位和作用与我国国有企业的地位和作用截然不同:在资本主义国家,国有企业不是经济制度的主体和基础;而在社会主义国家,国有企业的兴衰成败则直接关系到社会主义建设的兴衰成败,关系到社会主义制度的命运。谈及国有企业的作用,卫兴华强调,国有企业在国民经济中起主导作用,成为推动经济社会发展的基本力量,其壮大和发展是实现广大人民群众根本利益和共同富裕的重要保证。②

(二) 对贬公扬私、妖魔化国企、主张"国退民进"等观点的辩驳

卫兴华从国有企业在经济社会发展的实践中所发挥的作用和贡献,来论证贬公扬私、妖魔化国企,主张继续"国退民进",消除国企、全盘私有化的主张是站不住脚的,是与科学社会主义和中国特色社会主义相背离的。

首先,对于部分人认为私有企业效率必然高于国有企业,并由此倡导私有化的观点,卫兴华以苏联的社会主义实践为实证对这一观点进行了驳斥。从国际上来看,苏联在十月革命后,实行国有化的社会主义经济,不仅改变了落后的经济面貌,而且还在不断地缩小与美国的差距,成为当时唯一一个能够与美国相抗衡的社会主义超级大国。从20世纪90年代私有化的20多年时间后,2017年俄罗斯的经济总量为1.47万亿美元,在世界排名第12位,而我国的经济总量为13.17万亿美元,在世界排名第2位,是俄罗斯经济的10倍左右。由此看出,由于所有制发生了变化,俄罗斯从原来的社会主义公有制国家转变为资本主义私有制国家,这最终导致其在国际上的经济地位远不如从前。

其次,卫兴华从新中国成立以来,尤其是改革开放以来取得的经济发展成就来证明以国有制为核心的社会主义公有制经济的优越性。从改革开放以前来看,

---

① 卫兴华. 发展和完善中国特色社会主义必须搞搞国有企业 [J]. 毛泽东邓小平理论研究, 2015 (03).

② 卫兴华. 关于国有企业的定位和探索新的实现形式问题 [J]. 中共济南市委党校学报, 1999 (04).

1952 年到 1978 年的 27 年中，经济增长达 6% 以上，经济建设的成就，超过了旧中国的百年以上。① 当时主要依靠国有经济的效率和效益来推动工业体系的建立和发展。改革开放以来，两大经济改革措施在我国开始实施：一是在所有制方面，由原来单一的公有制转变为公有制经济为主体，多种所有制经济发展；一是在经济体制方面，由计划经济体制向社会主义市场经济转变。得益于两大改革措施，激发了经济发展的活力，非公有制经济发展获得了前所未有的良好的发展环境。因此，有人提出，改革开放 40 多年经济高速增长主要依靠的是非公有制经济的力量，卫兴华不赞同此观点。他认为，改革开放 40 多年来经济的高速增长既有非公有制经济的贡献，更有国有企业改革成本的先期付出和后期发展与付出的贡献。② 从国际上各个国家的横向对比来看，许多殖民地国家在独立后走向了资本主义道路，我国从半殖民地半封建的落后国家走向社会主义道路，事实证明，我国以公有制为基础或为主体的经济发展超过了前一类以私有制为基础的资本主义道路国家。从纵向对比来看，我国改革开放以来 40 多年的经济高速发展是世界上是绝无仅有的，超过了从古至今一切实行私有制的国家和社会。

最后，有人提出，在改革开放经济发展的 40 多年里，国有企业制约和挤压了私有制发展的观点。卫兴华不赞同此观点，他认为国有企业的在国民经济中的主导作用促进和引导了非公有制经济的发展，而不是牵制和限制私企的发展。卫兴华从多个方面系统地论证了国有企业对私有企业发展的促进作用：非公有制经济的发展基本依靠国有企业提供的基础设施，节省了非公有制经济创业和发展的基础成本；国有企业承担了不公平的高税率负担，改革开放前一阶段，对国家为鼓励非公有制经济发展，出台一系列针对外企、私企的税收优惠政策；在上一轮的国企改革过程中（20 世纪 90 年代），大量国有企业，通过贪腐性手段转为私营企业，国有资产因人为原因大量流失，强盛的国有资源由公转私，成为扩大私企发展的重要一环；从科技创新方面，得益于科技创新的溢出效应，私企不仅搭了国有企业科技创新的便车，还吸纳了不少国企培养的科技和管理人员；从企业数量构成来看，实行国企改革以来，有效减少了国有企业的数量，私有企业如雨后春笋般的速度不断增加，国企数量的减少为私企、外企的发展腾出了更广阔的市场空间和资源空间。非公有制经济的快速发展，还得益于国家政府的鼓励与支持，政府不断出台利好于私企的政策，不断扩大私企发展的平台。国有企业与私营企业相比，许多国家和社会发展方面承担了更多的社会责任，如应对国内外各

---

①② 关于深化国有企业改革的几个问题——访著名经济学家、中国人民大学经济学院卫兴华教授，思想理论教育导刊 [J]. 2015（12）.

种突发事件，赞助社会事业，保障民生等，从侧面也是支持了非公有制经济的发展。

二、强调在国有企业改革中加强管理的重要性

卫兴华强调加强管理在国企改革中的重要性，指出加强管理是企业有序、有效运行的必要手段和保证，① 加强企业管理是国企提高效益、走出困境的重要途径。② 如果企业管理存在混乱的情况，企业的改革也就难以顺利地进行，整个经济体制的改革也会受到很大影响。没有有效的管理，就不会有有效的改革，科学的管理是建立现代企业制度的重要前提。③

（一）认为国企改革是提高国企竞争力的重要途径

所谓企业改革，就是通过对传统计划体制下的企业生产和经营体制及运行机制进行全面变革，建立起产权理顺权责明确、政企分开、管理科学的现代企业制度，即通过对企业的改制，使企业成为自主经营、自负盈亏、自我发展和自我约束的法人实体和市场竞争主体使国有企业适应市场机制的调节进行有效的经营活动，从而把企业搞好、搞活。④ 这是国有企业改革的主要内容和基本方向。

他指出，国有企业改革问题不仅是经济问题，更是政治问题，国有企业改革不好，没有搞好、搞活，会影响社会主义优越性的发挥，损害社会主义制度的形象，不利于广大劳动者生产力和创造力的发挥。⑤ 国有企业只有通过深化改革，提高自身的创新力、竞争力、质量、效率、效益，才能发挥出与私营经济相比的优越性。卫兴华通过国企在世界 500 强数量指标来证明国企是有效率和有竞争力的。占世界 500 强企业数量是衡量一国经济实力的重要指标，企业间的竞争是大国间竞争的主力。2017 年度《财富》世界 500 强排行榜，中国入榜的企业中地方国企或央企占 80%，⑥ 是入选的 115 家企业的主力。由此说明，如国企无效率，明盈实亏，是无法入选 500 强企业的。当然国企中也存在经营不善的企业，因此要深化改革国企，搞好、搞活、做大做强国有企业，提高发展质量和效益。

---

① 关于搞好国有企业的几个问题——著名经济学家卫兴华教授访谈录［J］. 当代财经，1995（05）.
② 探寻国有企业低效益的症结与对策——访著名经济学家卫兴华教授［J］. 中国改革，1996（03）.
③ 强化国企改革三题——访著名经济学家卫兴华［J］. 中国改革，1995（07）.
④ 卫兴华，黄桂田. 论"三改一加强"［J］. 福建师范大学学报（哲学社会科学版），1996（02）.
⑤ 卫兴华. 关于搞好国有企业的几个问题——著名经学家卫兴华访谈录［J］. 当代财经，1995（05）.
⑥ 数据来源：https：//www.sohu.com/a/158917148_556968。

（二）强调国企改革应重视和发挥管理的重要性

科学管理是建立现代企业制度不可或缺的重要内容。加强和完善管理，是企业的基础工作，是企业做好其他工作的重要前提。到20世纪90年代末，国有企业经过十多年的改革，部分企业取得了良好效益，但仍有很大一部分企业处于亏损状态，经济效益欠佳。卫兴华认为，企业管理不完善是造成国企困难的重要内部制约因素。在国企改革中，加强企业内部管理，扭转因放松或放弃管理而带来的效益和治理滑坡的局面尤为重要。[①] 加强和完善企业管理离不开企业管理体制的改革与创新。随着我国社会主义市场经济体制的建立和完善，原有的管理制度和方法已无法适应新形势的需要。因此，有必要对原有的管理制度与方法进行改革和创新，以适应新经济体制发展的需要。加强企业管理提高企业效益、增强质量、加快发展的重要途径。只有不断地加强和完善企业管理，才能将企业的潜力挖掘出来，使企业的质量和效益持续提高。卫兴华认为，企业内部的机制转变和增长方式转变，产品科技含量的提高，产品的更新换代，市场的开拓，根据掌握的市场信息做出科学决策等都是加强和完善管理的重要内容。国企改革成效不高，在一定程度上与企业职工的积极性和创造性发挥不够相关。加强企业内部管理，解决好企业内部症结问题，有利于调动广大职工的积极性。解放生产力是改革的重要内容，是对被旧体制束缚和压抑了的劳动者的积极性和创造性的释放。

卫兴华认为，加强对企业的管理，尤其是对国企高管的监督和管理，同样是新时期国有企业改革与发展要重点把握的问题之一。加强对国企高管的监督和管理是防止国有资产流失、杜绝国企中腐败问题的重要手段。国企管理人员特别是国家委派的高管，应恰当地运用手中的权利，为国家和社会的公共利益服务，杜绝以权谋私。他认为，应建立和完善监督机制和激励机制，以此来加强对国企高管的监督（包括企业内部的监督和政府部门的监督）。

（三）对企业改革与管理关系的论述

卫兴华认为，企业改革与管理是辩证统一关系，管理代替改革，将改革与管理截然割裂和对立起来的观点是站不住脚的。社会生产的不断发展使企业管理的职能不断扩大和增强，只要存在企业，就不可离开管理，进行国有企业改革，更不能忽视或削弱管理，二者是统一的整体。深化国有企业改革，要在理论认知和

---

① 卫兴华，黄桂田. 论"三改一加强"[J]. 福建师范大学学报（哲学社会科学版），1996（02）.

实践中处理好改革与管理的关系：① 一是改革与管理各有其特定内涵，并非等同关系。管理是企业存在的必然产物，而改革则具有时代性和阶段性，两者也不是共存共生关系，管理不会代替改革，改革也不能代替管理。二是改革与管理不是割裂、对立的关系，而是相互促进、相辅相成的关系。管理是改革的基础和前提，改革也会促进管理方式的转变和改进。有效的企业管理，是企业改革的助推器，而企业改革的成果，需要有高效的管理来巩固和维持。同样，管理方式也会不断革新，适应体制改革的发展和要求。如果企业管理混乱、纪律松弛、质量低下，企业外部的一切改革措施也无法发挥应有的效用，企业的效益也无法提高。三是加强管理与企业改革是统一的进程。两者的统一性来源于企业管理的二重性：生产力属性和生产关系属性。利用管理提高技术、降低成本、增进效益是生产力发展的客观要求，而生产力的发展往往处于不同的历史发展空间，即在不同的生产关系下，这就衍生出不同的管理方式或关系。根据卫兴华对管理与改革辩证关系的论述可以看出，强化企业管理，提升管理效能，是推进国有企业改革的外部措施发挥成效的重要条件，否则国有企业改革甚至整个经济体制改革都会受到不利的影响。他认为，无论是资本主义的企业管理，还是社会主义的企业管理，是促进生产力发展和生产关系巩固的重要保障。我国作为社会主义国家应将企业管理与企业的内部改革结合在一起，生产力发展和社会主义关系完善相结合起来，在深化国有企业改革进程中特别要健全职工代表大会制度和各项民主管理制度，要体现工人阶级的主人翁地位，这是由社会主义企业的性质所决定的。

三、强调国有企业改革中职工的主人翁地位

2019年11月，卫兴华教授被授予"人民教育家"国家荣誉称号。他始终从人民利益出发研究经济学问题。对国企改革问题研究中，他强调职工的主人翁地位，并十分关注国企改革中职工下岗再就业问题。他认为，下岗职工再就业问题是涉及改革、发展与稳定的重大问题。

（一）从公民权、企业所有权与经营管理权看职工的主人翁地位

卫兴华认为，不能以谁是管理者谁是被管理者作为判定谁是企业主人的依据，而谁是企业的所有者才是判断谁是企业主人的依据。在企业内部，管理者与

---

① 卫兴华.改革与管理是辩证统一的关系——兼评晓亮的《管理不能代替改革》[J].真理的追求，1995（11）.

被管理者之间的关系,反映的不一定是雇佣与被雇佣或主人与雇员之间的关系。具体来看,在国有企业内部,经营管理人员与职工不存在雇佣与被雇佣、主人与雇员的逻辑关系;从公民角度看,管理者和被管理者在政治地位和法律地位上都享有平等的权利,都是中华人民共和国的主人;在全民所有制企业中,生产资料归全民所有,即全民是抽象意义上的主人,国家是代理意义上的主人,职工是现实意义上的主人,管理者和被管理者、职工都是企业的所有者、都是企业的主人;在全民所有制采取国家所有制形式的条件下,国家作为全民的代理人,成为国有企业的所有权主体。全民、国家、企业职工都是国有企业的主人。从企业层次看,一方面,经营管理者和职工与企业之外的其他公民一样,都是该企业的所有者;但从另一方面看,经营管理者与职工是生产资料的实际占有者。

理论界上存在着非得将企业经营管理者和职工之间划分出主人与仆人、雇主与雇工界限的观点,卫兴华认为这是形而上学片面化逻辑推理的表现。虽然,国有企业经营管理者与职工之间事实上在地位上、权力上以及利益上存在着差别和矛盾,但这些差别和矛盾和主人与非主人或雇主与雇员的性质差别和矛盾是不同的,这是一种管理与被管理、领导与被领导所引起的差别和矛盾。只要存在经营管理,领导者与被领导者之间的矛盾就不可避免。卫兴华认为,应努力探寻化解这一矛盾的方法,并淡化矛盾以提高企业运营的效率。

(二) 提倡国有企业发展成果应惠及全民

"共享"是中央提出的五大发展理念之一。我们建设社会主义的最终目标是实现所有人民的共同富裕,而发展以国有企业为主体的国有经济的目标与社会主义最终目标是相一致的。国有企业与私有企业相比具有全民所有制性质,其发展成果应惠及全民。改革开放的成果应由全民共享,国有企业作为全民所有制企业,它的利润和收入更应全民共享。卫兴华提出,可通过控制国企高管的天价收入,调节某些高于一般性国企职工那些行业国企职工的收入的方式来实现国企成果的全民共享。另外,国企的部分利润除了缴税以外,还要上缴一部分给国家,由国家通过转移支付的方式用于民生事业和社会事业。国企利润还有一部分用于救助社会事业和提高与改善职工福利。

(三) 强调职工在国有企业中的主人翁地位

企业职工是国有企业的改革与发展的重要力量,国有企业的改革与发展离不开企业职工积极性的发挥。应关注劳动者作为主人与生产资料相结合的社会主义生产方式的确立。作为企业主人的劳动者与归全民所有的生产资料相结合,体现了国有企业的社会主义性质。① 职工的主人翁地位表现为其是国家的主人，也是所在企业的主人。早在 20 世纪 90 年代，卫兴华就强调职工在国有企业改革和发展过程中的促进作用，应确立职工在企业中的主人翁地位。强调职工的主人翁地位，发挥职工的主人翁作用具有重要的现实意义。② 一是只有确立了职工的主人翁地位，职工才会从企业的整体利益和长期发展出发，以主人翁的姿态积极投身于企业改革和发展，并对企业在改革与发展过程中暴露出的一系列问题和困难，提出合理化建议，对管理者提出的各项措施能够积极地落实，将自身与企业的命运和发展相联系，以主人翁的责任感和历史使命感关心国有资产的保值与增值。二是只有职工的主人翁地位受到各级政府和企业的经营管理者的充分尊重，才能更好地发挥他们的主人翁精神，才能调动广大职工投身于改革与发展的积极性、主动性与创造性，并全心全意投身于企业的发展。广大职工真正成为企业的主人也应是新时期的国有企业的特点，广大职工在国企中应具有知情权、管理参与权、监督权、重大决策和选举与罢免的投票决定权等。卫兴华主张，强调职工的主人翁地位和充分发挥主人翁作用的同时，要防止走向另一种极端，即职工不能据此而拒绝接受合理的管理和监督，或是因强调职工的主人翁地位而构成改革企业社会体制的阻碍。应全面正确地分析和理解国有企业职工的主人翁地位的涵义和各种关系，才不会引起理论上的逻辑混乱和影响企业改革进程。

四、指出落实国有企业经营自主权是国企改革的重要环节

自提出国企改革后，"产权""产权明晰""产权模糊"等概念在理论界出现了较高频率。一直以来，产权改革都是国有企业改革的核心。长期以来，卫兴华对国有企业改革中的产权问题十分关注，针对国有企业改革中产权方面提出了许多见解。在传统指令性计划体制下，企业的所有权和经营权都集中在国家手中，企业没有任何自主权，在这种情况下不存在产权不明晰问题；在新体制下，进行国企改革就是要政企分开，对所有权与经营权进行分离，明确由谁来代表国家执行财产所有权的职能，但这不是国有产权不明晰的问题，而只是国有产权的代理人或执行者来明确的问题。

要弄清落实企业自主权与加强对企业有效和合理约束的关系。20 世纪 90 年代末，我国国企改革进行了十多年，但改革成效不明显，国企效益没有实质性的

---

① 卫兴华. 关于国有企业职工主人翁地位的若干思考 [J]. 求是，1996 (16).
② 卫兴华. 论国有企业经营管理者与职工关系的性质 [J]. 经济管理研究，1996 (03).

改善。卫兴华认为，企业缺乏自主权是传统国有企业存在的主要弊端之一，因而落实企业自主权是改革的重要内容且将其作为国有企业改革的突破口。[①] 在国企改革实践中，部分企业自主权利难以得到落实，而自主权得到落实的部分企业有时出现自主权滥用的现象，使中国企业改革在放权方面陷入了两难的境地。有些企业虽然拥有了自主权，但却无法达到实现自负盈亏、自我约束、自我积累、自我发展的目标。在私有制企业中，"四自"与企业的发展目标天然统一。而在国有企业中，即使国有企业拥有了一定的自主权，在一定程度上摆脱了行政约束，但却很难形成完善的自我约束机制。在约束机制短缺的条件和背景下，滥用权利造成的负面影响远大于放权带来的收益，并会导致权利放得越多，造成的负面影响越大的局面。改革以来，受企业行为的短期化和福利化倾向影响，导致国有资产流失、企业再生产能力削弱的情况出现。有些企业把收益多用于分配，少用于积累，由于不受相关机制约束，还有些企业的经理、厂长等领导人，以权谋私、为所欲为，极大地伤害了职工的积极性。

在1978年改革开放以前，在传统的指令性计划经济体制下，企业的所有权和经营权都在国家手中，企业没有任何自主权，国有企业的产权完全集中在国家政府手中。在20世纪80年代，卫兴华就开始对国有企业的产权问题进行研究，他认为在商品经济发展还不够充分，我国还未转向市场经济体制的条件下，国有企业的所有权可分为两个层次，第一层次是国家在法律上对国有企业拥有最终所有权，第二层次是企业自身对国企具有经济上的所有权，在商品交换关系中，企业作为市场主体代表国家行使所有权，但企业的资产归国家所有，企业不能与国家分割所有权，更不能侵犯和取代国家所有权。这与中央逐步开始对国企实行放权让利的国企改革实践是相一致的。到了90年代初，尤其是1992年邓小平南方谈话和党的十四大后，我国的改革开放进入新发展阶段，计划经济向社会主义市场经济转变，并提出建立社会主义市场经济体制的改革目标，国有企业也随之开始普遍推行股份制改革。国有企业改革在这一阶段的主要内容是转变国有企业的产权关系，[②] 在确保国家对国有企业所有权的同时，使企业具有独立的经营权，让国有企业改革成为真正的市场主体。

当前，我国已实现了从传统计划经济体制向社会主义市场经济体制的全面转轨，国有企业也已实现了所有权和经营权的分离，国有企业已经拥有独立的经营

[①] 卫兴华，黄桂田．国有企业改革约束条件的改善和改革的策略调整——兼论对国有企业改革的几种认识分歧，当代经济研究，1995（06）．

[②] 关于搞好国有企业的几个问题——著名经济学家卫兴华教授访谈录［J］．当代财经，1995（05）．

自主权。但当前国有企业的经营自主权并未真正落实到位，依然存在政府有关部门的不当干预。① 在国企的具体改革路径上，国企应有自主选择权，让企业有权选择或不选择某种改革方案的自主权，选择最有效的经营权。无论是搞承包制、股份制还是十八大以来强调的混合所有制改革的指导思想，对于国有企业来说，这是中央的总体的指导模式，国有企业自身既要有具体的实施细则，又要有规范化的标准，避免"一股灵""一刀切"的现象再在国企改革中出现。

---

① 卫兴华. 发展和完善中国特色社会主义必须搞搞国有企业 [J]. 毛泽东邓小平理论研究，2015 (03).

第五章

卫兴华对收入分配理论与实践问题的研究

中国特色社会主义收入分配理论与实践问题是中国特色社会主义政治经济学的重要理论问题，也是我国社会主义初级阶段的基本理论与实践问题，更是关系我国共同富裕的社会主义建设目标能否顺利实现的实践问题。卫兴华教授一直以来十分关注中国特色社会主义收入分配理论与实践问题，尤其关注收入分配中社会公平问题，注重分配原则中公平与效率关系的研究，致力于探寻我国出现的收入差距扩大、贫富分化现象的原因，并对体现社会主义本质的共同富裕问题进行深入探讨。卫兴华在对收入分配理论和实践问题的研究中形成了许多科学见解，并对学术界中存在的关于这些问题的错解和误解以及违背中央文件精神解读和观点进行辨析。他在研究中国特色社会主义分配理论与实践问题时溯源至马克思按劳分配理论，并结合中国经济发展的实践，在对收入分配制度政策的调整和演变的考察中对社会主义按劳分配制度进行研究。卫兴华对中国特色社会主义分配理论和实践问题的研究，对社会主义共同富裕目标的实现具有重要的理论意义和实践价值。

第一节　关于社会主义收入分配制度的研究

一、对中国特色社会主义收入分配制度的理论溯源

（一）强调马克思按劳分配思想的基础作用

卫兴华关于社会主义初级阶段收入分配理论与实践问题的研究是以马克思按劳分配理论为基础的。马克思关于按劳分配理论的论述和设想为社会主义国家收入分配制度和实践奠定了基础。他认为，马克思对社会主义个人收入分配方式的科学预见，以及社会主义按劳分配的客观经济规律的把握，存在于社会主义各个历史阶段，并发挥了很大作用。① 马克思在《资本论》和《哥达纲领批判》等著作中对社会主义条件下的个人收入分配理论内容进行了深刻论述，"以劳动作为分配个人消费品的根本依据和尺度"是马克思按劳分配方式理论思想的核心。卫兴华将马克思按劳分配理论基本思想概括为以下几个方面：一是，在社会主义条件下，劳动是劳动者个人收入分配的尺度和依据。劳动时间是生产者个人在共同劳动中所占份额的尺度，"每个生产者在生活资料中得到的份额是由他的劳动时间决定的"。② 二是，按劳分配的范围和对象只是个人消费品。因为在生产资料公有制基础下，个人没有私人的生产资料，除了依靠个人消费品获得收入以外不可能再获得其他额外的个人收入。三是，关于社会主义实行按劳分配客观必然性的阐释。建立社会主义生产资料公有制，消灭生产资料私有制，是实行按劳分配的前提。在社会主义建立之初，还存在"旧社会的痕迹"，旧的社会分工存在决定了劳动的社会差别，在社会生产力水平还不够高，产品还没充分流通的条件下，不具备实行按需分配的条件，只能实行有利于劳动者的按劳分配。四是，按劳分配体现着社会主义经济关系，它作为一种个人收入分配方式，体现了消灭剥削、消除两极分化，实现分配公平，所有的劳动者在分配中不存在阶级的差别，充分体现了劳动人民分配关系的平等性。五是，衡量劳动者提供劳动的标准，既包括劳动的数量，也包括劳动的质量。不仅要按照劳动时间的长短、劳动强度的

---

① 卫兴华. 社会主义初级阶段的理论与实践 [M]. 北京：经济科学出版社，2017：87.
② 《马克思恩格斯文集》（第5卷）[M]. 北京：人民出版社，2009：98.

大小以及劳动繁重程度来计算人们提供的劳动数量，脑力劳动和体力劳动、熟练劳动和非熟练劳动等的差别也是劳动分配的重要衡量尺度。

（二）现实的社会主义经济分配关系与马克思设想的不同

卫兴华通过对马克思相关著作的考察，发掘马克思所设想的按劳分配主要有以下几个条件：[①] 一是在社会主义社会中，商品货币关系消失了。因而无论社会总产品的分配还是个人收入的分配，都是采取直接的实物分配形式，而涉及价值关系形式。二是在马克思所设想的按劳分配关系中，劳动的差别是个人收入的差别唯一决定因素，未将企业的经营管理水平的高低和企业经济效益的大小等因素纳入其中。三是马克思所设想的按劳分配，是在全社会范围内统一实行的。既然全部生产资料归社会占有，全社会按照统一的分配尺度和标准进行分配。马克思在《资本论》和《哥达纲领批判》等著作中，论述了在建立了生产资料公有制的社会主义社会中，个人收入的分配方式必然是：每个人在生活资料中得到的份额，是由他的劳动时间决定的。劳动时间是计量生产者个人在共同劳动中所占份额的尺度，因而也是计量他们各自在作为共同产品的个人消费品部分中所占份额的尺度，就是说，每个人在个人消费品中所占的份额，是同他在共同劳动中所提供的份额成比例的。尽管马克思没有使用按劳分配这个概念，但这里所讲的正是个人收入分配的按劳分配形式。

然而，现实的社会主义同马克思的设想不完全相同。第一，社会主义社会还存在商品经济，因而无论社会总产品的分配还是个人收入的分配，首先要采取价值分配形式，通过货币既通面实现。第二，在社会主义初级阶段的商品经济中，货币形式的个人收入并不仅仅限于用以购买个人消费品，有一部分会用于生产投资。第三，在社会主义初级阶段存在着比马克思所设想的要复杂得多的社会经济条件：个人收入的差别并不仅取决于劳动的差别。

（三）论证了商品经济与按劳分配的兼容性

改革开放40多年的社会主义实践证明，在社会主义制度下需要充分发展商品经济。关于商品经济与按劳分配能否在社会主义制度下兼容的问题，卫兴华认为，虽然现实的社会主义实践条件与150多年前马克思所设想的实行按劳分配的条件不同，但商品经济的存在不会否定按劳分配的原则，二者不是互不相容、相

---

① 卫兴华. 社会主义初级阶段的个人收入分配方式［J］. 财经研究，1988（01）.

互排斥的对立物。① 商品经济与按劳分配二者相互兼容主要表现在两个方面②：

第一，两者在各自的实现过程中存在着先后顺序，在内容上呈现的是衔接和相容关系。社会主义公有制企业首先是作为独立的商品生产者的身份在市场中参与经济活动，通过价值规律作用，实现经济利益，再将所获得收益分配给企业职工。先实现企业外部经济关系，然后再通过按劳分配的方式实现企业内部经济关系。因此，商品经济关系的实现是按劳分配的前提。

第二，企业将实现的收益以工资形式发给劳动者，劳动者获得劳动报酬后，按劳分配的过程并未完成，劳动者再将工资用于购买个人消费品，按劳分配过程才算完成。这时按劳分配与商品经济关系相容，按劳分配借助商品经济关系得到实现。

二、对中国特色社会主义分配制度内涵的阐释

所有制关系决定分配关系是中国特色社会主义政治经济学分配理论的重要内容。所有制关系决定分配关系是生产关系决定分配关系的首要内容。③

（一）强调所有制关系决定分配关系

生产关系决定分配关系是马克思一再强调的内容。资本主义生产关系决定了资本主义分配原则必然是按生产要素所有权分配。社会主义公有制则决定了社会主义分配原则必然是按劳分配。④ 在《资本论》中，马克思提出：新社会的"每个生产者在生活资料中得到的份额是由他的劳动时间决定的……劳动时间又是计量生产者在共同劳动中个人所占份额的尺度"。⑤ 卫兴华对将"各尽所能，按劳分配"界定为社会主义分配原则，必须先各尽所能，才可按劳分配的观点进行了辨析：一是各尽所能并不是按劳分配的前提，按劳分配就是多劳多得、少劳少得、不劳不得；二是各尽所能并不属于分配范畴，而应与工作态度相关。改革开放以来，社会主义分配原则被确定为按劳分配，但并未将各尽所能纳入分配制度中。

学术界关于资本主义经济的分配原则观点众多，有按资（本）分配说，有按

---

①② 卫兴华．社会主义初级阶段的理论与实践 [M]．北京：经济科学出版社，2017：93－94．
③④ 卫兴华．中国特色社会主义政治经济学的分配理论创新 [J]．毛泽东邓小平理论研究，2017（07）．
⑤ 马克思．《资本论》（第1卷）[M]．北京：人民出版社，2004：96．

生产要素分配说，有按生产要素贡献分配说。卫兴华认为，用"按要素所有权分配"来说明资本主义经济的分配原则更加科学，离开所有权就无法对资本主义的分配方式做出科学说明。《资本论》中讲资本主义经济新生产的总价值的分配关系是"一部分属于或归于劳动力的所有者，另一部分属于或归于资本的所有者，第三部分属于或归于地产的所有者"，① 都与所有权相联系。"按生产要素分配"或"按生产要素贡献分配"两种提法都存在问题。第一，虽然生产要素资本和土地参与分配，但获得收益不是分配给资本和土地，而是分配给资本和土地的所有者。第二，生产要素内涵十分广泛不仅包括土地、资本，还包括自然力，如水力、风力、太阳能等，这些自然要素是公共生产要素，不归私人所有，并不参与分配。第三，从"按生产要素贡献分配"看，只有劳动贡献与劳动者的贡献是一致的，而资本和土地的贡献不是资本家和地主的贡献，二者是分离的。

社会主义初级阶段的收入分配制度，是社会主义经济制度的重要内容。卫兴华指出，所有制结构决定收入分配制度。在改革开放以前，我国通过"三大改造"，在消灭了资本主义经济和一切私有制经济后，曾实行单一的生产资料公有制，决定了当时我国只能实行单一的按劳分配原则，但实践中经常出现平均主义。改革开放后，我国逐步释放非公有制经济的发展活力，特别是提出建立社会主义市场经济体制的发展目标，我国单一公有制逐步转变为公有制为主体、多种所有制经济共同发展，这就决定了我国实行以按劳分配为主体、多种分配方式并存的收入分配制度。但在私营经济、外资经济、个体经济等非公有制的经济成分中，并不实行按劳分配的原则。

个体经济是以小私有制为基础的经济形式。在个体经济中，个体生产者完全靠自己和家属的劳动生产商品，他们的个人经济收入是劳动收入，但不等于是按劳分配。小商品经济中个人生产者收入的多少，并不完全取决于自己的劳动状况，还取决于他所占有和使用的生产资料的多少和好坏，同时还取决于他的经营水平和市场机会。② 生产资料较好的生产者，所拥有的生产资料条件和市场机会更好，能通过劳动形成并实现较多的价值。反之，生产资料条件较差的生产者，即使他投入一样多或更多的劳动，也只能代表较少的社会必要劳动，获得较少的劳动收入。因此，即使劳动状况相同的生产者，但只要生产资料条件不同，他们的个人收入就会有很大差别。个体经济生产者的收入除了真正的劳动收入以外，还会因经营水平的不同而产生收入差别，因而还存在经营收入。以雇佣劳动关系

---

① 马克思.《资本论》（第3卷）[M]. 北京：人民出版社，2004：993.
② 卫兴华. 社会主义初级阶段的个人收入分配方式 [J]. 财经研究，1988（01）.

为特征的私营经济（现称民营经济）是多种经济成分中的一种。在民营经济中，雇主的收入中包括一部分作为管理者的收入，他们所进行的生产管理属于生产性劳动。但雇主的大部分收入来源于资本收入，只有小部分收入来自作为生产的管理者、监督者和指挥者的劳动收入，即非劳动收入，还有一部分收入来自经营收入，因此雇主的劳动收入（工资收入）和利润收入都不属于按劳分配范畴，雇工的工资也不是按劳分配收入，而是出卖劳动力价值的收入。总之，按劳分配只存在于社会主义公有制经济中，在以私有制为基础的其他多种经济成分中，不存在按劳分配方式，而是实行其他的分配方式。由于在社会主义初级阶段，公有制经济是主体，多种所有制经济共同发展，因而，与此相适应，在分配关系中，是以按劳分配为主体，多种分配方式并存。在社会主义初级阶段，由于多种经济成分并存，决定了按劳分配不能成为我国当前的唯一分配方式，即使在公有制经济中，由于存在多种经营方式，除了作为主体的按劳分配收入外，也还存在一些非劳动收入。如职工凭借购买企业的股票、债券获得的股息，红利，凭债券获得利息等的收入。

在社会主义初级阶段，实行按劳分配为主体、多种分配方式并存的分配制度，也就是在完全的公有制经济中实行按劳分配，在资本主义性质的私营和外资企业中实行按要素所有权分配。有的学者并提出中国特色社会主义的分配原则只能是"按生产要素贡献分配"，把资产阶级所确认的分配方式作为我国社会主义的分配方式。卫兴华认为这是完全错误的观点。他认为。以公有制为主体的基本经济制度，是社会主义性质的重要表现，在劳动成果的分配形式上则要求实行按劳分配；在当前的生产力水平下，我国实行多种所有制共同发展，决定了在分配形式上，除了按劳分配外，资本、技术等非劳动生产要素也可以根据其对经济成果的贡献参与分配。

（二）对初级阶段收入分配制度形成与实践过程的考察

卫兴华从中央文件的相关内容来考察我国收入分配制度的形成过程。他认为我国的收入分配制度有一个发展过程，是随着我国社会主义经济实践的不断发展而逐步形成的。从中央有关文件的规定和表述中，可看出我国收入分配制度的变化与发展，也可看出中央从理论和政策层面推进分配制度改革和完善的过程。以按劳分配为主体的分配原则是由我国社会主义性质决定的，是社会主义建设必须坚持的分配原则。在分配制度的改革过程中，为了释放除劳动以外生产要素的发展活力，党的十三大和十四大报告都提出，除了以按劳分配为主体的分配方式外，还要将其他分配方式作为补充；党的十五大报告较之十三大、十四大又有一些新进展，提出将按劳分配与按生产要素分配结合起来，在坚持按劳分配为主体的基础上，实行多种分配方式并存的分配制度。党的十六大报告提出："确立劳动、资本、技术和管理等生产要素按贡献参与分配的原则，完善按劳分配为主体，多种分配方式并存的分配制度"，将按生产要素贡献参与分配，放在了分配制度的突出位置。党的十九大报告中关于收入分配问题的论述："坚持按劳分配原则，完善按要素分配的体制机制，促进收入分配更合理、更有序。鼓励勤劳守法致富，扩大中等收入群体，增加低收入者收入，调节过高收入，取缔非法收入。"没有再讲按要素"贡献"分配，强调坚持按劳分配原则。

理论界流行着一种观点，认为分配制度不属于"基本经济制度"范畴，只有所有制结构才属于"基本经济制度"的内容。卫兴华不赞同这种观点，他指出，我国当前的所有制结构决定了分配制度，即按劳分配与按生产要素分配取决于我国当前发展阶段的基本经济制度。全面地来看，分配制度也应属于"基本经济制度"的内容，并非只有所有制涵盖其中。① 按劳分配为主体、多种分配方式并存的分配制度，既是社会主义初级阶段的分配制度，也是中国特色的社会主义分配制度。② 到了社会主义高级阶段，将实行单一的完善的按劳分配制度，与完全和完善的单一的公有制相适应。卫兴华对此问题做了进一步的详细阐述：一是"所有制"是其经济制度的基础，但不是其全部内容。无论从党的政策文件对"我国社会主义初级阶段基本经济制度"的表述，还是我国宪法对"社会主义经济制度基础"的说明，都可以看出"所有制"并非经济制度的全部内容。二是我国现阶段存在两种不同层次的经济制度。实行按劳分配是社会主义经济制度根本要求，而社会主义初级阶段基本经济制度，则要求除实行按劳分配方式外，仍要辅之以按生产要素贡献的分配方式。所以，收入分配制度也属于"基本经济制度"范畴。

（三）提出我国个人收入分配体制中存在的问题

20世纪90年代初，我国提出建立具有中国特色的个人收入分配新体制，即一改以前实行单一的按劳分配的分配方式，实行按劳分配为主体、其他分配形式为补充的多种分配形式并存的分配体制。其中，按劳分配体现了我国的社会主义性质，多种分配方式体现了中国特色。中央提出这一新的分配体制，目的是为了克服平均主义，但同时又要防止两极分化，并以允许一部分人、一部分地区通过

---

① 卫兴华. 我国现阶段收入分配制度的理论与实际问题［J］. 经济学动态，2004（04）.
② 卫兴华. 中国特色社会主义分配理论与实践的是是非非［J］. 海派经济学，2018（02）.

诚实劳动和合法经营先富起来的方式，最终实现共同富裕。卫兴华提出，当时我国的个人收入分配体制存在两个方面的问题：① 一是平均主义问题严重；平均主义是存在于我国传统分配体制中的较为突出的弊端，主要表现在：工资级差较小，实习研究员与研究员、办事员与干部、助教与教授等的工资级差较少；在工资收入中，体现差距的职务工资大都停留在各自职务系列的最低档；在工资收入中，体现差别的标准工资所占的比重不断降低，而奖金、津贴（奖金、津贴一般是平均发的）等所占的比重大幅度提升。二是收入差距较为悬殊。在改革的进程中出现了收入差距悬殊的情况；在非公有制经济中出现了"暴富"现象，非劳动收入远远高于国家机关工作人员的收入；脑体收入倒挂现象严重，文教、卫生和科研部门的干部、知识分子的收入水平低于企业职工的收入水平；城镇居民的工资性收入占居民货币收入的比重有缩小趋势。他认为，我国的收入分配之所以在改革进程中出现了严重的平均主义和收入分配悬殊主要有两个方面的原因：一是在20世纪90年代的经济体制改革中，侧重于转换单位的外部经济利益机制，而对于单位内部经济利益机制的转换则重视不够，使得存在于传统体制中的平均主义无法被消除，甚至有被扩大和强化的趋势。另一个原因是在扩大企业自主权和在单位外部经济利益机制的转换过程中宏观调控不够，改革措施不配套、不协调，导致有自主权的单位追求个人收入最大化，无自主权的单位职工工资收入则较低，从而带来了较为悬殊的个人收入差距。直到21世纪初，平均主义和"体脑倒挂"的现象依然存在，针对这一现象，卫兴华认为应在适当拉开收入差距的基础上，让每个人的收入与其业绩和贡献相适应，同时，充分调动和利用各种资源包括非劳动生产要素在社会生产中的作用，有利于提高生产效率和经济效益，促进社会生产力的发展。特别在现代生产中，科技工作和管理工作的地位和作用日益重要，要提高他们的劳动和业绩收入，需要建立和健全收入分配的激励机制和约束机制，以有效调动各种要素投入的积极性和创造。②

三、对分配方式理论与实践是非问题的辨析

自党的十六大报告确立了"劳动、资本、技术和管理等生产要素按贡献参与分配"的原则后，"按生产要素贡献分配""按生产要素分配"等观点在学术界屡见不鲜，还有学者提出"按生产要素分配"作为整个社会主义的分配方式的观

---

① 卫兴华，黄泰岩. 论建立我国个人收入分配的新体制［J］. 经济纵横，1992（02）.
② 卫兴华. 我国现阶段收入分配制度的理论与实际问题［J］经济学动态，2004（04）.

点，卫兴华认为这些观点都是不科学的、错误的。按照马克思的理论，"按生产要素所有权分配"才是资本主义的分配方式，而社会主义公有制经济实行的是按劳分配，我国的民营企业和外资企业遵循的也是"按生产要素所有权分配"的原则。卫兴华对中国特色社会主义分配理论与实践问题的是是非非展开辨析，在辨析的过程中阐明社会主义分配制度的科学内涵。

（一）对按要素分配或者按生产要素贡献分配的辨析

党的十六大报告将劳动与资本、技术、管理等生产要素放在并列的位置来表述。自该项分配原则提出后，学术界关于按劳分配和按生产要素分配的认识上存在一些违背中央文件精神的观点：一是有观点认为，劳动本身就是生产要素，并要在生产要素中居于首要地位，因此提出按生产要素分配本身就包涵了按劳分配，所以可以不再提按劳分配。二是有观点从根本上否定按劳分配，认为无论什么经济体制下，都不可能实行按劳分配的方式，并认为我国现阶段实行的收入分配制度事实上就是按生产要素分配。三是，有的学者将中央确立按生产要素贡献分配的原则与价值创造的源泉联系起来，认为这是在肯定除劳动外的生产要素也是价值创造的来源。针对理论界所提出的上述理解，卫兴华指出，这些对改革过程中的理论看法都缺少论证依据，不符合十六大精神的本意，有的观点甚至背离了马克思在《资本论》中阐述的劳动价值论。他认为，这些观点未能准确理解按生产要素贡献分配原则的实质，是对按劳分配与按生产要素分配的错误解析，是对社会主义分配方式和社会主义初级阶段分配方式的混淆，也是对价值创造来源的错误理解。他认为要正确理解按生产要素贡献参与分配原则必须要弄清几个理论是非问题。

一是正确理解和区分劳动与非劳动要素。卫兴华认为，党的十六大报告中涵盖的劳动、资本、技术和管理的四项要素中，"劳动"这一生产要素是狭义的劳动概念，仅指普通工人的一般劳动，而技术（技术劳动，非技术成果或技术入股）和管理也属于劳动生产要素，但其属于复杂劳动，只有资本属于非劳动生产要素。党的十六大报告中将劳动与技术、管理等生产要素并列提出，一个重要的原因就是，技术与管理在当前生产和经济发展中的地位与作用已经越来越突出，极具现实意义。[①] 作为生产要素的劳动，主要包括广大工人群众的劳动，也包括管理劳动和科技劳动。首先，在不同的经济制度中，劳动作为生产要素参与分配

---

① 卫兴华. 怎样把握现阶段个人收入分配制度 [J]. 党政干部参考, 2003 (11).

的情况有所不同。① 在资本主义经济条件下，按资本的大小参与分配是资本主义经济的首要分配原则，而劳动是资本的附属品，受资本统治。劳动作为生产要素参与分配，与社会主义的按劳分配完全不同。资本与雇佣劳动在利益关系上是天然对立的，会导致出现贫富分化的现象。在社会主义经济条件下则完全不同，按生产要素所有权分配关系在社会主义国有企业或集体企业中是不存在的。劳动者是企业的主人，不存在资本与劳动的对立关系，也不会引致贫富分化现象的产生。其次，在马克思的论著中，强调科技劳动和管理劳动的重要性，并指出科技劳动和管理劳动与工人的劳动是统一的，都是"总体劳动"的一部分。科技劳动和管理劳动在现代社会生产中是十分重要的高层次的复杂劳动，是创新发展的驱动力。马克思在《资本论》中一再强调管理劳动在众多劳动者共同劳动中的必要性和重要性，说明他对管理劳动的重视。他将资本主义生产中的管理劳动表述为指挥劳动、监督劳动等。在资本主义经济生产过程中，资本家的管理劳动就具有二重性：一是为获取剩余价值而从事指挥和监督劳动；二是在社会化生产的共同劳动中进行必要的管理和指挥。从第二重意义上说，资本家自有自营的管理劳动与工人的劳动一样会形成价值。无论是在资本主义还是社会主义生产条件下，科技劳动和管理劳动在生产中的重要作用是相同的。但是，从分配制度的视角分析又会呈现出不同，在资本主义经济中，科技劳动者和管理者的劳动是高级劳动要素，被资本家聘任的科技劳动者和管理者按要素所有权的分配方式参与分配。而在社会主义公有制经济中，科技劳动和管理劳动是作为高级复杂劳动按照按劳分配的方式参与分配。

二是明确劳动是价值的唯一源泉。在马克思劳动价值论中，劳动是价值创造的唯一来源，而资本等非劳动生产要素是价值创造的必要条件，二者不能混同起来。生产要素按贡献参与分配的原则，取决于我国当前的生产力水平和基本经济制度，并不代表资本等非劳动生产要素也是价值创造的来源。所以，劳动是价值的源泉，劳动作为生产要素的贡献是创造价值，而资本等非劳动生产要素的贡献，是指在生产财富中的贡献。但劳动不是财富的唯一源泉，劳动和自然界一起共同构成财富的源泉。

三是按劳分配与劳动作为生产要素参与分配是两个存在本质区别的概念。社会主义的生产方式决定了具有社会主义性质的中国应实行按劳分配的方式；按劳分配与特定的私有制经济相联系的按生产要素分配的方式，体现的生产关系和分配关系存在根本的不同。按劳分配存在于社会主义公有制的经济关系之中，劳动

---

① 卫兴华. 中国特色社会主义分配理论与实践的是是非非 [J]. 海派经济学，2018（02）.

者是以主人的身份参与经济生产和分配；而按生产要素分配，劳动者在资本主义私有制或我国现阶段的私人企业、外资企业中，是作为生产要素提供者而不是企业主人参与生产和分配。① 所以，按劳分配与劳动作为生产要素参与分配并不相同，且存在着本质的区别，不能因为将劳动与其他生产要素的贡献确立为分配原则，甚至将其列在生产要素的首要地位，就可以用按生产要素分配涵盖、替代或否定按劳分配。

（二）阐明按生产要素分配实际上是按要素所有权分配

卫兴华提出按要素所有权分配比按要素分配或者按生产要素贡献分配的提法更具科学性。马克思主义政治经济学原理和经济发展的客观实际也充分说明，资本主义经济的分配方式是按要素（包括生产要素和流通要素）所有权分配，并以按资本所有权分配为核心。若是按"按生产要素分配"观点推之，生产的收入只能是分配给生产要素自身，资本所得只能是分配给作为资本的货币或生产资料，土地所得则分配给土地等自然物质，但这显然是不科学的。在现实经济发展中，实际上是生产要素的所有者取得利润、利息、地租等。资本通过利润、利息实现资本所有权，土地通过地租实现所有权；劳动力则通过工资实现所有权及其价值。② 如果按生产要素贡献分配，无法证实在生产中各种生产要素，如各种原材料、劳动资料、土地等各自贡献了什么、贡献了多少等。比如在农业生产中，自然力起了重要作用，并且是生产财富和价值的必要条件，但它们并未参与分配。从所有制视角分析，自然力作为生产要素不管其贡献有多大，因为没有被任何主体占有，就不会参与分配，因此，生产要素被主体占有是参与分配的前提，不被任何主体占有的生产要素，不参与收入分配。③ 在经济发展实际中，各种生产要素无疑对生产过程产生了不可或缺的"贡献"，但资本和土地的"贡献"与资本家和地主的个人的劳动"贡献"并不是统一的。只有劳动贡献与劳动者的贡献是相一致的，劳动、劳动力、劳动者统一于一身。由此推之，只要资本、土地和一切生产资料归劳动人民公共所有，即由私有制转变为公有制，就不存在按生产要素所有权分配问题了。

要素资源掌握在不同主体手中是按生产要素所有权分配的另一个重要条件，无论是在私有制或公有制经济中，如果要素资源掌握在同一主体手中，就不存在

---

① 卫兴华．我国现阶段收入分配制度的理论与实践问题 [J]．经济学动态，2004 (04)．
② 卫兴华．中国特色社会主义分配理论与实践的是是非非 [J]．海派经济学，2018 (02)．
③ 卫兴华．社会主义初级阶段的理论与实践 [M]．北京：经济科学出版社，2017：89．

按要素所有权分配问题，例如，在奴隶制社会时期，生产资料和劳动力都归奴隶主所有，奴隶主获得全部的要素收入，因此不存在分配问题。在个体私有制经济中，农民作为独立的个体掌握全部生产资料，并能够获得全部的个体劳动收入，也不存在按要素分配问题。在实行单一的公有制经济中，无论是国有经济或集体经济，生产资料归劳动者所有，劳动者以主人的身份获得劳动收入，只实行按劳分配。在资本主义制度下，资本、土地、劳动力分别归不同的主体所占有，因而实行以按资本所有权分配为核心的按要素所有权分配，这是典型的资本主义分配方式。社会主义制度条件下的按劳分配，并不是按劳动要素进行分配，因为社会主义经济中根本不存在按要素所有权分配的问题。当前阶段我国所实行的按劳分配为主体，多种分配方式并存是由我国初级阶段的所有制结构决定的。卫兴华指出，不同的发展阶段，按劳分配与按生产要素分配相结合的情况也在发生变化。在混合所有制经济还未发展时期，公有制经济实行按劳分配，私营企业和外资经济实行按生产要素分配，两种分配方式"板块式结合"。在混合所有制经济发展起来后，股份合作制企业逐渐增多，公有资本与私有资本混合发展的情况也越来越多，这时出现了按劳分配与按生产要素分配的"渗透式结合"。[①]

（三）对以劳动价值论为社会主义分配依据的辨析

有学者将劳动价值论作为社会主义实行按劳分配原则的理论依据，卫兴华不赞同此观点，他指出马克思在《资本论》和《哥达纲领批判》等著作中阐述社会主义实行按劳分配原则时，并未将其与劳动价值论相联系，而是与其分离开进行论述。马克思所讲的按劳分配，是在商品生产和交换都消亡的条件的实物分配，而在社会主义实践过程中，由于商品经济的存在，按劳分配采取的是货币价值的形式。在现实的社会主义社会中，即使是在实行单一的公有制时期，商品货币关系都还存在，在社会主义商品经济条件下，以货币工资作为媒介，劳动者通过劳动领取货币工资，再用货币工资购买自己所需的商品。而以上这些仅能说明，按劳分配的比例是与各个劳动者为社会贡献的财富和价值相联系的，但并不能论证按劳分配的实现形式与劳动价值论的实现形式是一回事。在资本主义商品经济条件下，雇用工人也是通过领取货币工资的形式来实现自己的劳动价值，但这是价值关系，与劳动价值论语义不同。有些学者提出按劳分配以劳动价值论为依据的观点，意图在论证实行按要素贡献分配即要素价值论的科学性，卫兴华认为，以按生产要素贡献分配来证明要素价值论的合理性是站不住脚的。因为价值

---

① 卫兴华. 我国现阶段收入分配制度的理论与实践问题[J]. 经济学动态，2004（04）.

的创造与价值分配并不是必然统一的。马克思在揭露资本主义商品价值规律的过程中，对资产阶级经济学的"三位一体"公式①进行了批判，并在批判的同时论证了劳动价值论的科学性。马克思主义理论和社会主义实践证明：生产方式决定分配方式，不同的生产关系决定了不同的分配关系。以公有制为基础的社会主义生产关系决定了实行按劳分配的原则；以私有制为基础的资本主义生产关系决定了资本主义国家实行按生产要素所有权分配的原则。②

第二节 对贫富分化与共同富裕问题的探索

实现共同富裕，是社会主义建设的本质要求和根本原则，是我们党的奋斗目标，也是中国特色社会主义的应有之义。改革开放 40 多年来，我国经济发展取得了举世瞩目的成就，创造了世界经济发展史上的"中国奇迹"，人民生活水平也显著提高。但随着我国社会主义市场经济的快速发展，居民收入差距不断扩大，从 20 世纪 90 年代中期开始出现了贫富分化现象。虽然到了 2020 年底，我国已经实现了全面脱贫，但还存在许多生活水平低下的低保人口，相对贫困依然存在。因此，有必要从理论和实践上去探究贫富分化产生的原因，并寻找解决问题的思路。卫兴华教授从 20 世纪 80 年代末就开始关注社会分配的不公平问题，并不断深化对收入分配理论和实践的研究。

一、对贫富分化产生的原因考察

关于什么是"贫富两分极化"，卫兴华指出："贫富两极分化，是指在同一经济运动过程中，一方面出现了富人，另一方面出现了穷人。"他认为贫富分化可以分为绝对和相对两种表现形式，并判定我国当前的贫富分化属于相对两极分化，即穷者的收入和生活水平在提高，但是其与富者的差距在扩大。③卫兴华从理论与实践相结合上来考察贫富分化产生的原因，并对相关观点进行评析。他认为，我国目前贫富差距过大问题的出现存在多种原因，原因有主要和次要、长期

---

① "三位一体"公式即"资本－利润、土地－地租、劳动－工资"。
② 卫兴华. 中国特色社会主义分配理论与实践的是是非非 [J]. 海派经济学，2018（02）.
③ 卫兴华. 我国贫富分化的现实与成因分析 [J]. 江苏师范大学学报，2013（05）.

与短期之分。①

(一) 学术界对贫富分化产生原因的不同见解

改革开放以后,社会主义市场经济体制逐渐取代传统计划经济,原来收入分配中存在的"平均主义"和"体脑倒挂"等不合理现象也逐步得到改变。但随着多种所有制结构的深入发展,非劳动生产要素按贡献参与分配,导致我国居民收入差距的基尼系数持续攀升,贫富分化现象也随之产生。基尼系数是国际上通用用来分析贫富差距的指标。联合国有关组织规定:基尼系数低于 0.2,收入绝对平均;0.2~0.3 之间,收入比较平均;0.3~0.4 之间,收入相对合理;0.4~0.5 之间,收入差距较大;基尼系数在 0.5 以上,收入差距悬殊。国家统计局公布的 2003~2018 年的基尼系数全部都在 0.45 以上,说明进入 21 世纪以来,我国人均支配收入差距较大。其中,2008 年的基尼系数达到了峰值为 0.491,已超过了国际公认的贫富差距警戒线。贫富分化现象引起了政府的极大关注,中央和地方政府采取了一系列促进收入公平分配的保障政策。在政府政策推动下,2009 年以来我国的基尼系数开始有所回落,呈下降趋势(见图 5-1),但仍在收入差距较大的范围内,说明当前我国居民收入差距还是十分明显的。关于贫富分化产生的原因,学术界有不同的看法和声音。

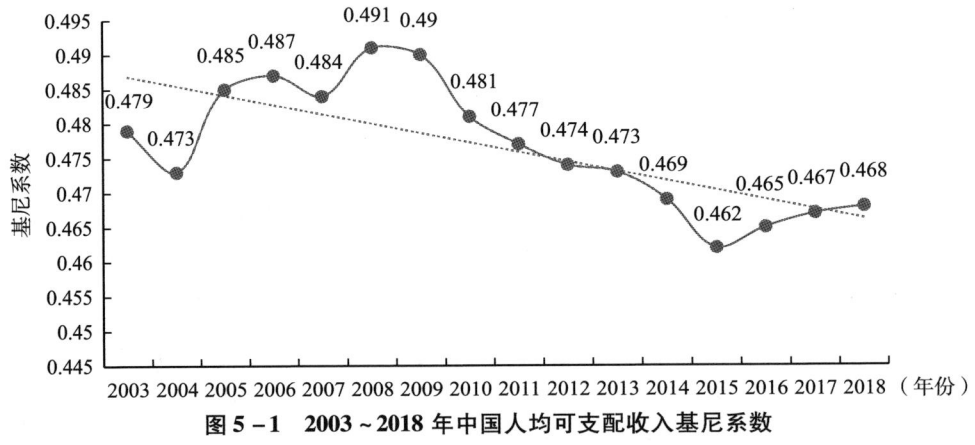

图 5-1 2003~2018 年中国人均可支配收入基尼系数

资料来源:国家统计局。

刘国光从社会主义本质问题的入手,强调社会主义区别于资本主义的本质在

---

① 卫兴华. 社会主义初级阶段的理论与实践 [M]. 北京:经济科学出版社,2017:193.

于消灭剥削和两极分化,因此更要更加关注生产关系方面。他还指出,我国宪法对基本经济制度的规定和分配制度的规定就是为了节制私有经济和按资分配的资本主义因素的过度发展,使其不至于超过公有制为主体和按劳分配为主的地位,并演变为私有化、两极分化和社会变质。只有认真、坚决、彻底地贯彻实行宪法的这两条规定,我们才能够在社会主义初级阶段保证社会主义本质的逐步真正实现。① 程恩富认为,劳动收入份额过低是导致收入分配差距拉大的直接原因。而劳动收入份额过低与所有制相关,劳动报酬占比下降是公有制的比重在中国经济中的比重下降、政府和工会未能在市场经济充分发挥作用的客观结果的体现。在其他条件不变的情况下,随着非公有制经济成分(含内资和外资)份额的加大,劳动报酬占比随之降低。而在公有制经济内,工人通过职代会、工会等机构可以维护自己的权利,并且公有制经济的工资决定直接受政府管理,工人的社会保障和福利待遇比较完善。而在私营经济中,工资决定完全由资方决定。② 吴宣恭认为,我国收入分配不公的主要矛盾,在于私营资本的占有者与普通劳动者收入差距远远大于行业间劳动者的工资差别,其根源在于鼓励私人资本主义经济发展的同时,对其引导和监管不力,一方面资本过度剥削、资本积累过快,而另一方面普通劳动大众则处于相对贫困。③ 胡钧将我国居民收入差距的原因归结为五个方面。④ 第一类是劳动贡献上的差别,因个人诚实劳动的努力程度和辛苦程度不同,或者因个人禀赋或能力不同而导致的收入差距;第二类是因对生产要素占有上的差别,如掌握有用于投资的资本数量不同;第三类是因分配制度不健全,如一些垄断性行业职工的收入明显高于非垄断性行业职工的收入;第四类是因制度法规不规范,即人们称之为灰色收入;第五类是因贪污腐败或不法行为而获得的非法收入,这被称为黑色收入。杨宜勇将造成收入差距扩大的原因概括为多种因素,认为区域自然条件差异、不同行业发展快慢、市场导致的资本逐利和投机行为以及制度不完善、监管不到位。⑤ 近年来,随着我国贫困人口数量的减少,尤其是2020年我国实现全面脱贫后,从理论方面对居民收入差距进行研究的文献较少,学者们更多的是实证的角度,选取某一具体因素对城乡收入差距的影响进行研究,比如对产业结构与城乡收入差距的关系、土地配置扭曲与城乡收入差距、金

---

① 刘国光. 究竟如何看待当前的"贫富差距"——社会主义本质特征探微 [J]. 人民论坛, 2010 (31).
② 程恩富. 关于劳动收入分配若干问题的思考 [J]. 综合竞争力, 2010 (06).
③ 吴宣恭. 再谈分配不公的主要矛盾和根源——兼答何炼成教授 [J]. 当代经济研究, 2011 (08).
④ 胡钧. 转变经济发展方式与国民收入分配结构调整 [J]. 改革与战略, 2010 (11).
⑤ 吴敬琏. 缩小收入差距不能单靠再分配 [J]. IT时代周刊, 2011 (08).

融发展与城乡收入差距、外商投资与城乡收入差距等方面问题的探讨。

（二）探究贫富分化产生的具体原因

1. 从所有制的决定作用考察贫富分化产生的原因

卫兴华认为，考察贫富分化产生的原因，离不开所有制的决定作用。当前，我国贫富分化的根源正是所有制结构变化，特别是资本在经济中的比重不断增大。[①] 首先，他指出，考察贫富分化的原因，需要用马克思主义生产关系决定分配关系的原理来说明。马克思在《哥达纲领批判》中指出，不能离开生产资料所有制来谈分配问题，分配方式取决于生产方式，分配关系取决于生产资料所有制。只有在社会主义公有制内部实行按劳分配，才不会导致贫富分化问题产生。从人类发展历史看，奴隶制社会、封建社会、资本主义社会等这些私有制社会中都必然存在着收入分配不均、贫富分化。卫兴华根据马克思的理论观点，结合我国社会主义初级阶段的基本经济制度提出，改革开放以来私营和外资企业的大量发展是造成我国两极分化的根源。[②] 改革开放后，在落后的生产力发展水平的制约下，以公有制为主体、多种所有制经济共同发展的基本经济制度在我国逐步建立起来，生产关系的变革极大地推动了生产力的快速发展，个体、私营和外资经济随之蓬勃兴起。非公有制经济企业的性质决定了其分配关系的倾向，非劳动生产要素参与分配导致劳动收入所占比重减少，而资本等非劳动生产要素所占比重逐渐增大，这是我国贫富分化形成的根本原因。在改革开放的一个时期内，片面重视生产力的发展，忽视社会主义生产关系的发展与完善，忽视消除两极分化、逐步实现共同富裕的根本目的。另外，片面宣传市场经济的正面效应，忽视其会产生贫富分化的负面效应。

2. 分析富人阶层群体和贫穷群体产生的原因

富人阶层和贫穷群体是贫富分化的两极。卫兴华认为，在分析两极分化产生的原因时既要考察富人阶层产生的原因，也要弄清贫穷群体产生的原因。[③] 他指出富人阶层产生途径主要有两个方面：一是私人通过占有大量的生产要素或资源取得巨额的非劳动收入。我国目前很多的大私营企业主（当前社会上的富人或富豪）产生于这一途径。改革开放后，私营经济和外资企业迅速发展，占比已经远远超过公有制经济。在资本主义经济中，必然是资本强势、劳动弱势，进而导致

[①] 卫兴华. 中国特色社会主义政治经济学的分配理论创新 [J]. 毛泽东邓小平理论研究，2017 (07).
[②] 卫兴华. 我国贫富分化的现实与成因评析 [J]. 江苏师范大学学报，2013 (05).
[③] 卫兴华. 我国当前贫富两极分化现象及其根源 [J]. 西北师范大学学报，2012 (05).

个人收入和财富分配分化。另一种富豪产生的情况体现在演艺行业,一部分人通过演艺事业获取巨额的收入。明星群体通过演艺事业获得的收入远远超过了对国家有较大贡献的自然科学家和社会科学家。歌星、影视明星及其他艺人年收入几百万、几千万、上亿元是普遍现象。当然,这与实行市场经济有关,但市场经济发展不完善、不规范,不是贫富分化现象产生的根源,因为这既不符合市场经济理论,也不符合历史事实。党的十八大以来,中央提出八项规定后,限制公款消费,演艺市场热度已不如从前,但不可否认的是演艺群体的收入还是远远大于科学家和专家学者们的收入。演艺界、金融证券界和国企高管的过高收入与低收入困难群体相比,存在分配的不公平不合理,应对过高收入予以调节。但这不是造成两极分化的根本原因,因为他们并没有造成大量低收入困难群体。以上两种情形导致了收入差距的拉大,但并不造成低收入群体贫困。卫兴华认为,寻找造成全社会两极分化的根本原因,必须是既造成了一批财富日益增大、人数日益增多的富人群体,同时又造成了人数众多的低收入群体。这就必然涉及所有制问题。①低收入群体产生的原因也有两个方面:一方面是公有制经济与非公有制经济在国民经济中的差距悬殊造成的。私营、外资企业在国民经济和城镇就业等方面的占比过高,已超过了七成。在私营企业中雇佣劳动的收入一般低于国有企业从业人员的收入。从分配关系的倾向看,随着我国公有制和非公有制经济在经济总量占比的变化,劳动收入所占比重不断减少,而资本所占比重大大增加,导致现阶段我国劳资收入差距不断拉大。基于以上经济现实,理论界有不少学者通过分析所有制结构变化来阐释贫富分化问题产生的原因。另一方面,在20世纪90年代的国有企业改革过程中存在着许多不规范操作,以及在改革过程中有关部门的监督力度不够,造成了大量国有资产无形当中变成了个人私有资产,导致国有资产流失严重。还存在原国有企业主管利用手中职权,侵占公共利益,使国企职工被雇用或是被解雇,从而陷入贫困的境况。卫兴华认为,中外私有制经济的发展所占比重远远高于公有制经济是导致我国贫富分化的根本原因。但并不能因为所有制结构是导致贫富分化的根源,我们就否定或轻视私营外资企业的重要作用,或是以"国进民退"压减私有制经济,也不意味着要对富人人数的增加和财产的扩大加以限制。只是主张应按邓小平理论、我国宪法以及中央指导思想和社会主义经济制度的规定,坚持和发展以国有经济为核心的公有制经济,坚持和完善公有制为主体、多种所有制共同发展的基本经济制度,不搞全面私有化。②

---

① 卫兴华. 造成贫富分化的人根源在哪里?[J]. 中华魂,2012(08).
② 卫兴华. 我国当前贫富两极分化现象及其根源[J]. 西北师大学报(社会科学版),2012(05).

(三) 对私营企业的"人民社会主义"性质观点的辩驳

卫兴华认为,认识非公有制经济的性质、作用及其称谓的变异问题是正确认识和对待我国出现贫富分化问题的重要前提。私营经济和外资企业的性质在马克思主义理论中是非常明确的,私营经济是民族资本主义经济,外资企业是外国资本主义经济,同属于资本主义经济。改革开放以来,关于私有制的称谓有过几次变化。由于新中国成立的前30年,我们曾经主张消灭一切私有制,社会主义要与传统的所有制决裂,因此,改革开放初期,如果直接提出恢复和发展私有制经济包括私人资本主义经济,会碰到意识形态上的障碍。为发展生产力,我们把私有制经济称作非公有制经济,以此避开私有制概念和资本主义概念。在当时的背景下提出"非公有制经济"概念是从发展生产力目标出发,顺应形势发展,可以理解。卫兴华认为,当前应划清公有制与私有制、社会主义经济与资本主义经济的界限。他指出,将"非公有经济"改称"民营经济"并非是对相关理论概念的顺向发展,反而是逆向发展。[①] 他认为,与民营经济相对应的概念应是"国营经济",但我国当前已不再提"国营经济"的概念,连宪法也把国营经济改为国有经济了,反观之,"民营经济"概念成为媒体宣传的流行语,代之以私营经济和个体经济。在民营经济迅速发展的背景下,有人赋予民营经济的"人民社会主义"性质,而将国有经济称为国家社会主义,并提出要用"人民社会主义"取代国家社会主义。还有学者提出要用中国特色社会主义"摒弃传统社会主义",即摒弃马克思主义认为的只有公有制经济是社会主义经济的核心观点。进而推出非公有制经济是中国特色社会主义经济的重要组成部分的结论,并将其作为社会主义经济制度的基础。1997年9月,党的十五大报告提出非公有制经济是我国社会主义市场经济的重要组成部分,又提出"公有制为主体、多种所有制经济共同发展,是我国社会主义初级阶段的一项基本经济制度"。有学者对十五大报告的导向性进行解读,把十五大报告中讲公有制为主体、多种所有制经济共同发展是我国社会主义初级阶段的一项基本经济制度,改成公有制经济和非公有制经济共同构成社会主义基本经济制度。[②] 该文认为,"非公有制经济是我国社会主义市场经济的重要组成部分、这一句话可以看作对社会主义基本经济制度所作的规定中非公有制经济地位的一个进一步的论述。"上述理论导向引发了学术界不少学者的共鸣,达成了理论界的"共识",即私营经济被赋予了社会主义经济的性质,

---

① 卫兴华. 中国特色社会主义分配理论与实践的是是非非 [J]. 海派经济学, 2018 (02).
② 于光远. 重要理论贡献——关于十五大报告的问答 [J]. 发展论坛, 1998 (01).

与公有制经济共同构成社会主义经济制度的基础。卫兴华认为以上"共识"是对十五大报告的错解，他在《理论前沿》发表论文坚持非公有制经济是非社会主义经济的观点。有学者批驳卫兴华的观点，认为他坚持"传统社会主义经济理论"是反对中国特色社会主义和社会主义市场经济。在如此舆论背景下，私营经济的"人民社会主义"性质被强化了，并被指代表人民的利益，而具有国家社会主义性质的国有经济则成了"与民争利"。"国退民进"的声势浩起，并在一定时期内被宣传为改革的方向。甚至有人将非公有制经济的比重超过公有制经济作为改革的成就加以宣扬。受私营经济为"人民社会主义""国退民进"等舆论的影响和引导，20世纪90年代末的国企改革成了公开掠夺国有资产的"私有化运动"，[①] 大量国有资产在改革中沦为私人所有。总之，在改革开放的一个时期内，片面重视生产力的发展，忽视社会主义生产关系的发展与完善，片面宣传市场经济的正面效应，忽视其会产生贫富分化的负面效应，不利于消除两极分化，更不利于共同富裕目标的实现。

二、关于共同富裕理论和实践的思考

党的十八大报告指出："必须坚持走共同富裕的道路。共同富裕是中国特色社会主义的根本原则"。这是十八大报告中提出的新历史条件下夺取中国特色社会主义新胜利"必须牢牢把握"的八项基本要求[②]中最核心的一项，其他七项基本要求是实现共同富裕的条件和保障。十九大报告将实现全体人民共同富裕列为具体的奋斗目标。卫兴华认为，构建我国公平的财富分配方式，应以社会主义的本质要求即共同富裕为出发点和落脚点。[③]

（一）对共同富裕理论与实践的溯源

卫兴华认为，社会本质论与马克思科学社会主义是继承与发展的关系。邓小平提出的大力发展社会主义生产力和实现共同富裕的社会主义本质论，是中国共产党历史上第一次提出此项内容，但在马克思主义发展史上却不是首倡。他指出，邓小平的社会本质论与马克思科学社会主义是继承与发展的关系，并从马

---

① 卫兴华. 中国特色社会主义分配理论与实践的是是非非[J]. 海派经济学, 2018 (02).
② 八项基本要求包括：必须坚持人民主体地位，必须坚持解放和发展生产力，必须坚持推进改革开放，必须坚持维护社会公平正义，必须坚持走共同富裕的道路，必须坚持促进社会和谐，必须坚持和平发展，必须坚持党的领导。
③ 卫兴华. 我国当前贫富两极分化现象及其根源[J]. 西北师大学报, 2012 (05).

恩列的著作中找到相关论述来源。马克思、恩格斯在《共产党宣言》中指出"无产阶级将利用自己的政治统治,一步一步地夺取资产阶级的全部资本,并且尽可能的增加生产力的总量"。① 马克思在1857~1858年的《经济学哲学手稿》中提出:"在未来的社会主义制度中,社会生产的发展将如此迅速,……生产将以所有人的富裕为目的"。② 恩格斯也讲:在社会主义制度下,"通过有计划地组织全部生产,使社会生产力及其成果不断增长,足以保证每个人的一切合理的需要在越来越大的程度上得到满足"③ 列宁指出:"只有社会主义才可能广泛推行和支配根据科学原则进行的社会生产和分配,以便使所有劳动者过上最美好的、最幸福的生活,只有社会主义才能实现这一点"。④ 从马恩列的论述中可看出,他们都强调两条:一是迅速发展生产力,二是以所有人的富裕为目的。卫兴华通过考察马克思主义经典作家的论述得出,我们党的社会主义本质论与马克思的科学社会主义理论属于源与流的关系,前者是"流",后者是"源",也是继承与发展的关系。

有观点认为,马克思主义只是革命斗争的理论,不是社会主义建设的理论,并认为马克思理论已经过时,对经济建设发展没作用。还有观点认为,邓小平提出社会主义本质论是一种全新的社会主义理论,与马、恩、列的理论不同,借此暗指邓小平提出的社会主义本质论和中国特色社会主义理论是否改旗易帜?卫兴华对以上观点进行辩驳。他指出,中国特色社会主义经济理论中所强调的快速发展生产力、共同富裕以及以民生为重的内容,与社会主义本质论的内涵是相一致的。社会主义要实现全体劳动人民的共同富裕,"让所有劳动者过最美好最幸福的生活",这是社会主义区别于以往一切社会制度的本质所在。邓小平提出的社会主义本质论,以解放和发展生产力为出发点,以实现共同富裕为落脚点,提出判断社会主义事业的得失成败的三条"是否有利于"的标准,即:是否有利于发展社会主义社会的生产力,是否有利于社会主义综合国力的提高,是否有利于提高人民的生活水平。三条"有利于"所强调的内容与发展生产力和走共同富裕的道路内涵是一致的,与马克思主义经典作家的理论观点是一致的。原始社会没有私有制,没有阶级剥削与对立,平均分配,没有收入分配上的不公平,但由于生产力极端落后,不可能有共同富裕和美好的生活。奴隶制度、封建制度、资本主

---

① 《马克思恩格斯选集》(第1卷)[M]. 北京:人民出版社,1995:287.
② 《马克思恩格斯全集》(第46卷)下[M]. 北京:人民出版社,1980:222.
③ 《马克思恩格斯选集》(第3卷)[M]. 北京:人民出版社,1995:336.
④ 《列宁选集》(第3卷)[M]. 北京:人民出版社,1995:546.

义制度，都存在阶级剥削与对立，存在贫富两极分化，"最美好最幸福的生活"与广大劳动者无缘，只有占少数部分的剥削者才能享受到富裕生活，也不可能有共同富裕。这里，需要深刻领会列宁的话，"要使所有劳动者过最美好最幸福的生活"，这里指的是"所有劳动者"，不是部分劳动者，更不是少数剥削者和富人。卫兴华对此问题的探究澄清了学术界中存在的认为马克思主义只是革命斗争理论的误解，也充分论证了，中国特色社会主义道路强调经济建设，推进生产力的快速发展，将保障和改善民生作为重点，强调共同富裕原则等内容完全符合马克思主义的指导，并不是对马克思主义和社会主义的"改旗易帜"。

（二）探索共同富裕作为社会主义本质规定提出的过程

邓小平同志强调共同富裕是社会主义的本质内容，党的十八大报告强调共同富裕是中国特色社会主义的根本原则。重视和强调走共同富裕道路是科学社会主义和中国特色社会主义应有之义。面对当前收入分配差距过大的趋势，强调和着力于共同富裕具有重要的理论和现实意义。

卫兴华从中国共产党建党以来文献及总纲内容阐释共同富裕作为社会主义本质规定的提出。改革开放以前，在"左"的形势下，宣扬的是宁可要贫穷的社会主义，不要富裕的资本主义，强调以阶级斗争为纲，忽视经济建设，忽视生产力发展和人民生活水平的提高，把对生产力和提高人民生活水平的重视说成是"经济主义""福利主义"，只强调公有制、按劳分配、国民经济有计划按比例发展，追求"一大二公三纯"的共有制度，由此导致普遍贫穷的社会主义的产生，导致人民的物质财富匮乏，无法过上富裕的生活。在这样的条件下，不会将共同富裕看作是社会主义本质规定和根本目的。

改革开放以后，邓小平系统阐述了对社会主义的深刻认知，并提出社会主义的根本任务是发展生产力。在1992年南方谈话中，邓小平同志提出了社会主义本质的深刻内涵，将共同富裕作为社会主义本质的重要内容之一。[①] 在中国共产党发展史上，将解放生产力、发展生产力以及人民的共同富裕作为社会主义的本质规定并被强调提出也是第一次。共同富裕的概念在1953年《中共中央关于发展农业生产合作社的决议》中使用过，但并未作为本质规定提出。卫兴华从1921年中国共产党建党以来历届代表大会的文献和党章总纲的内容，对中国共产党对什么是社会主义的认识过程进行了总结和梳理。第一次到第七次全国代表大会的党章总纲大多涉及消灭资产阶级、废除私有制、实现共产主义等内容。直

---

① 《邓小平文选》（第3卷）[M]. 北京：人民出版社，1993：373.

到 1956 年召开的第八次全国代表大会，中国共产党根据 1952 年斯大林在《苏联社会主义经济问题》中提出的社会主义根本目的是最大限度满足人民日益增长物质文化需要，以及在"高度技术基础上"发展和完善社会主义的生产的内容，在党的总纲中提出"党的一切工作的根本目的，是最大限度地满足人民的物质生活和文化生活的需要，因此，建设社会主义必须在生产发展的基础上，逐步地和不断地改善人民的生活情况"。由于受"左"风的影响，1969 年中国共产党第九次全国代表大会、1973 年第十次全国代表大会、1977 年第十一次全国代表大会都未涉及满足人民生活需要和发展生产的内容。直到 1978 年十一届三中全会报告提出"全党工作应转移到经济建设上来"，这时重视发展生产力和提高人民生活水平的宗旨才重新回到中央文件中。

（三）对共同富裕具体内涵的阐释

卫兴华认为共同富裕是一个相对概念而不是绝对概念，也不可能有一个绝对的衡量的标准。他提出应从六个方面把握共同富裕概念和内涵：[①]

一是要对走共同富裕的道路和共同富裕的目标进行区分。我国现阶段提出的共同富裕的内涵包括，既要走共同富裕的道路，也要致力于实现共同富裕的目标。生产力发展的状况和财富增长的状况决定了共同富裕目标实现的时间长短。在生产力落后的国家建立社会主义制度，即使实行社会主义公有制，也需要较长时间的努力才能实现共同富裕的目标。如果在发达资本主义国家的基础上建立社会主义制度，则有一个贫富两极分化向共同富裕转变的过程，但转变的时间较短。在实现共同富裕目标的过程中，既要重视把蛋糕做大，也要重视如何才能把蛋糕分好，将做大和分好蛋糕二者辩证统一起来，才能体现分配是否真正的公平。

二是要认识到共同富裕并不是人人无差别的均等富裕，而是随着生产力发展、全社会财富的增加，大家实现收入的普遍提升，但富裕程度还是有差别的，住房面积的大小、衣食的质量、银行存款的多少都会存在不同程度的差别。奖勤罚懒、奖优罚裂，按对国家和社会的贡献分配，按劳分配依然是社会主义的分配原则。

三是要正确把握"共同富裕是中国特色社会主义根本原则"的重要意义和走向。党的十八大报告的总题目是《坚定不移沿着中国特色社会主义道路前进，为全面建成小康社会而奋斗》，党的十九大报告的题目是《决胜全面建成小康社会

---

① 卫兴华. 论社会主义共同富裕 [J]. 经济纵横, 2013 (01).

夺取新时代中国特色社会主义伟大胜利》说明我党始终把实现共同富裕作为发展的最终目的。另外走中国特色社会主义道路、高举中国特色社会主义伟大旗帜是实现共同富裕的重要保障。要走共同富裕的道路，就必定需要一定的战略措施做保障，一方面要重点抓社会主义经济建设，大力发展生产力，为共同富裕提供物质保障；另一方面是要发挥制度建设在实现共同富裕目标中的作用，始终坚持两个"毫不动摇"①，释放非公有制经济的发展活力，更要做大做强公有制经济，为共同富裕目标的实现提供制度保障。离开了公有制这一主体，就必然产生两极分化，更不可能实现共同富裕。邓小平明确告诉我们："我们在改革中坚持了两条，一条是公有制经济始终占主体地位，一条是发展经济要走共同富裕的道路，……只要我国经济中公有制占主体地位，就可以避免两极分化。"②离开了公有制为基础或为主体，搞私有化，就必然是两极分化，不可能实现共同富裕。"因此，要把握好实现共同富裕的物质保障和制度前提"。

四是共同富裕是一个相对的概念，会随着社会主义发展阶段的顺向演进不断变化，共同富裕标准在这一发展过程中也会呈现出由低到高不断推进的过程。从经济社会发展的过程来看，在现实社会主义社会和未来共产主义社会中，共同富裕的水平会随着生产发展和财富增加不断提高。卫兴华提出随着社会生产和财富的增加，共同富裕可分为不同阶段。当我们在一定程度上消除两极分化，人均收入达到1.5万美元，能够实现更加公平的分配，那么就可以判定我国进入初级共同富裕阶段，后期还会迈进中级富裕、再到高级富裕阶段。卫兴华认为，赶上和超过发达国家人均GDP的水平并不是共同富裕的标准。虽然发达国家和其他高收入国家的人均GDP较高，但都存在两极分化，无法实现共同富裕。这些国家人均GDP的高值掩盖了1%和99%财富占有上的对立。③ 坚持公有制为主体是消除两极分化，走共同富裕道路的重要制度保障。

五是要把握实现共同富裕的难点。解决发展方面的难题是实现共同富裕的首要之义，但是在我国当前经济背景下如何坚持和发展公有制为主体和按劳分配为主体，是摆在我们面前的制度性难题。当前，我国私营经济和外资经济已占国民经济的很大比重，城乡70%~80%的职工在非公经济中就业。卫兴华认为，随着非公有制经济在我国国民经济中所占比例的提高，怎样坚持和发展公有制为主体

---

① 两个"毫不动摇"：毫不动摇地巩固和发展公有制经济，毫不动摇地鼓励、支持、引导非公有制经济发展。
② 《邓小平文选》（第3卷）[M]．北京：人民出版社，1993：149．
③ 卫兴华．我国当前贫富两极分化现象及其根源[J]．西北师大学报（社会科学版），2012（05）．

和按劳分配为主体的制度，是实现共同富裕目标的难点。正如前文分析的，私营和外资企业是资本主义经济，资本利润和雇佣劳动力的收入是天然对立的。私有制经济或资本主义经济必然会导致贫富分化的产生，会对社会主义共同富裕的实现产生一定程度的阻碍作用。而我国是社会主义国家，走中国特色社会主义道路，作为社会主义本质规定和根本原则的共同富裕始终是社会主义建设和发展的最终目标，任何时候都不能偏离这个目标。我国目前所处的发展阶段决定了我们只能暂时先实现中国特色的社会主义共同富裕。对产生于私营经济中的富豪，需要依法保护其财产，在这一阶段，也不能限制富豪的人数增加和其财富的进一步扩大。卫兴华认为可从两方面致力于共同富裕[①]：一是针对低收入劳动群体特别是困难群体，要注重保障和改善其生活状况，让广大劳动人民衣食住行的基本生活条件获得保证，真正实现经济社会的发展成果的全面共享；二是针对富人阶层而言，提倡多行善举，多承担社会责任，多关心困难群体。特别是私营和外资企业，应多给职工提高工资和福利，保障职工权益。这样，可以保障初级层次共同富裕的实现。

三、提出消除贫富分化，实现公平分配的对策

近些年来，我国在改革与发展中，高度强调并致力于保障和改善民生，将其作为经济工作的出发点和落脚点。为此，深化收入分配体制改革，努力提高居民收入在国民收入分配中的比重，提高劳动报酬在初次分配中的比重，提高低收入者的收入水平，扩大中等收入者比重，尽快扭转收入差距过分扩大的趋势，就显得尤为重要。除改革和完善收入分配体制外，还配套出台了一系列惠民政策和措施，如就业扶持、扶贫政策、全民医保、社会保障、安居工程、兴农富农、国家助学，等等。另外，转变发展方式，调整经济结构，扩大消费需求方面的经济政策，也与保障和改善民生密切相关，是为保障和改善民生提供物质保障。国家提出一系列的惠民方针政策和具体措施充分体现了走社会主义共同富裕道路的决心。在我国实行社会主义国家，贫富分化与共同富裕是相相背离的。卫兴华认为，在缓解贫富分化、缩小收入差距上，应落实基本经济制度，着力于生产力的发展，并给予防止两极分化和走共同富裕道路同等的重视，不断改革和完善收入分配制度。

---

① 卫兴华. 坚决走共同富裕之路 [J]. 红旗文稿, 2013 (03).

（一）认为弄清贫富分化是非问题是促进公平分配的前提

如何缓解贫富分化，缩小收入差距，促进分配公平，学术界存在不同的观点和分歧。有的学者提出市场化改革能够实现分配公平。卫兴华认为，从马克思主义经济学或西方经济学理论，抑或从发达资本主义国家或我国的市场经济来看，仅依靠市场化改革是不能实现社会公平分配的。在我国社会主义市场经济中，市场在资源配置中起决定作用，但仅依靠市场手段来调节个人收入分配从而实现社会公平分配是不可能的，需要将市场与政府调节结合起来。

他认为，缩小过大的收入差距，消除贫富分化，需要分清几个认识上的是与非，这样才能避免在实际工作中产生是非不清、带来消极后果的情况。第一，缩小收入差距，消除两极分化，应从生产中与那些业绩、贡献与收入不匹配的部分着手，保护合理合法的收入，不能实行平均主义。第二，我国处于社会主义初级阶段，收入分配实行按劳动和生产要素相结合的原则，这就必然带来收入差距的扩大和贫富分化问题的产生。但这并不意味着反对和压制资本等非劳动要素参与分配，而是应该按照社会主义本质的要求，采用各种路径和方法来缩小收入差距，处理好和协调好劳资分配关系问题。第三，社会主义市场经济中，不同行业的不同企业之间，由于管理水平、科技水平、劳动者技术水平等方面存在差别，在职工收入方面有的存在较大差距，也是合理的、公平的。这正是社会主义市场经济应有之义。第四，科学家群体的高收入以及因创造发明而获得较高的奖励性收入的情况不属于贫富分化范畴，这部分人群即使与普通的劳动者收入有较大差距也是合理的，也不能说差距"过大"，也不能说是分配不公，因为科学家群体高收入的获得是其对国家和社会做出了重大贡献而理应得到的回报。第五，不同区域之间由于自然资源禀赋不同，以及拥有的经济发展条件不同，导致有的地区劳动者的收入高些，有的地区劳动者的收入低些，这样的区域间的收入差距不是社会分配不公的范畴。第六，分配中如果收入差距不大，但如果差距不是因为生产中的业绩与贡献而导致的，也被视为收入分配不公平的现象。

（二）认为缩小收入差距、促进分配公平应从制度和体制内着手

卫兴华认为缩小收入差距、促进分配公平，消除两极分化，应重点解决我国实行多种所有制经济和多种分配方式并存的经济制度下，所出现的收入分配不公和两极分化问题。[①] 卫兴华主张，应回到我国现行制度内和体制内来，讨论缩

---

① 卫兴华．社会主义初级阶段的理论与实践［M］．北京：经济科学出版社，2017：197.

收入差距、消除两极分化问题。社会中存在的官员腐败、贪污受贿、非法牟利等现象则不属于缩小收入差距内容，因为这些情况都是属于制度外和体制外的问题。所谓制度内的问题，是指我国实行社会主义初级阶段基本经济制度过程中出现的问题；所谓体制内的问题，是指我国实行社会主义市场经济体制过程中出现的一些问题。相关学者及专家提出的腐败、垄断、部门与职业差异，市场经济发展不到位和不规范等问题，都在一定程度上和一定逻辑上导致了贫富差距的扩大，但这些均属于浅层次的枝节性原因。腐败导致国有资产流向私人，垄断使部分行业和部门的职工收入过高，都是收入差距拉大的途径，但并没有导致大量富人和穷人的同时出现。卫兴华认为，要消除贫富分化，实现公平分配，就必须要明白此类操作手段产生的收入差距，不是分配不公平衍生的结果，这些问题归属于违法乱纪范畴，需要通过国家制度和法律来处理，而不能通过促进分配公平来解决。这些分配不公平的问题，并不是在以公有制为主体、多种所有制结构的经济制度下与之相适应的分配方式所产生的收入差距过大，属于制度外和体制外的分配不公平问题，所以不属于改革分配制度范畴。

改革开放40多年我国经济的快速发展和人民生活水平的显著提高，充分证明了我国基本经济制度和社会主义市场经济体制是有效的。以公有制为主体、多种所有制经济共同发展的经济制度，与我国的初级阶段的基本国情相适应。在新中国成立初期至改革开放前，我国实行单一的公有制经济和传统计划经济体制，并不存在收入差距过大和两极分化的社会问题，但这种"公平"是低水平的。而在我国现行的经济制度和经济体制下，出现了全社会的两极分化现象，这种现象的出现有很多方面的原因，不仅有理论认识上的原因，也有实际工作中存在的问题，对这些原因应该有客观的认识和应对措施。在私营和外资企业中，劳动与资本对立、企业利润与职工工资对立，这些都是导致贫富分化问题的资本主义根源性矛盾。占有资本的大企业主与出卖劳动力的雇佣工人相比，年收入的差距能够达到几十倍、上百倍甚至上千倍。再从资本与劳动收入的占比来看，我国目前劳动关系中最大的一个问题是劳动收入比不断下降，目前已严重偏低，劳动收入比下降主要是在私营外资企业。而城乡间收入差距扩大、区域间收入差距扩大既有历史与条件的原因，又有国家政策的原因，不是个人收入分配不公平造成的。金融界、演艺界群体的高收入是造成两极分化的因素，但不是贫困群体和低收入者形成的根源。在文化界、教育界也存在收入差距过大、具体分配制度不合理的问题，不同地区的不同高校、不同科研单位，同样是教授，收入差距相差却很大，这与分配体制有关，与教师的水平和贡献无关。

（三）提出缩小收入差距过大趋势、消除贫富分化的具体途径

卫兴华认为要缩小收入差距过大趋势、消除贫富分化首先在理论认识上要统一到中央指导思想上来，具体说来就是要：正确认识和处理好收入分配中的效率和公平问题；要全面理解和把握邓小平的社会主义本质论和中央提出的关于收入分配的政策；要注重提高低收入群体的收入特别是提高生活困难群众的收入和生活水平，这是缩小收入差距、促进公平分配的重点。① 早在 2008 年，卫兴华提出缩小收入差距五策②，一是要缩小收入差距必须要巩固和发展公有制经济，增强国有经济的活力。所有制结构是贫富分化产生的根源，就要强调进一步坚持和完善公有制主体地位，坚持基本经济制度。卫兴华指出，收入差距过大的重要根源是所有制结构的逆向变动，巩固和发展公有制经济，加大国有企业改革力度，搞活国有经济，消除腐败现象，是遏制贫富分化的重要途径。但不能限制私有和外资经济的发展，也不能限制私营外资企业利润的增加。③ 二是提高劳动报酬在初次分配中的比重，提高分配的公平程度。卫兴华（2008）观察到，我国资本收入占 GDP 比重偏高，并且仍处于上升趋势，劳动收入偏低并呈下降趋势。他指出，我国贫富分化形成于初次分配，而由于分配机制不健全，再分配制度根本无法实现政策文件中强调的"初次分配注重效率，再分配注重公平"，所以初次分配和再分配都要兼顾效率和公平。三是破除经营垄断，营造公平竞争环境。要采取有效措施限制垄断行业或部门存在的较高垄断性收入，该行业或部门的高收入并非来自竞争力，必须打破经营垄断，消除因机会不平等而产生的收入差距。四是实现分配公平，要着力"调高扩中提低"。卫兴华指出，对于非法取得的过高收入应予以取缔，但对合法经营或劳动取得的高收入，可以采取累进税的办法进行调节；中等收入者的比重应逐步扩大，还有一个重点是放在提高低收入群体的收入水平，以形成橄榄型的收入模型。④ 五是逐步提高扶贫标准和最低工资标准。⑤ 建立完善的社会保障体系，为改善人民基本生活提供保障，是中国特色社会主义建设的重要内容。卫兴华认为，提高扶贫标准和最低工资标准，是缩小收入差距重要措施。

---

① 卫兴华. 社会主义初级阶段的理论与实践 [M]. 北京：经济科学出版社，2017：200-203.
② 卫兴华. 缩小收入差距五策 [N]. 北京日报，2008-1-7（008）.
③ 卫兴华. 遵循共同富裕的原则促进分配公平 [J]. 新视野，2013（05）.
④ 卫兴华. 深化分配制度改革应形成共识 [N]. 北京日报，2007-12-24（017）.
⑤ 卫兴华. 缩小收入差距五策 [N]. 北京日报，2008-1-7（018）.

第三节　对分配过程中公平与效率关系的研究

对分配制度进行改革，缩小收入差距，遏制财富占有差距过大的趋势，处理好经济社会生活中尤其是分配过程中的效率与公平关系，是中国特色社会主义政治经济学中需要关注和研究的重要内容。关于效率与公平关系的理论认识，并不是纯粹的学术理论问题探讨，是与广大劳动者切身利益相关的问题，更是关系到我国社会主义本质能否具体实现的问题。正确处理分配领域的公平与效率的关系，是缩小收入差距、缓解贫富分化的关键所在，也是我国社会主义现代化建设过程中要着重解决的理论和现实问题。

一、对公平与效率关系的阐释

改革开放以来，我国经济发展取得巨大发展成就，但在切分蛋糕上却出现了分配不公平、矛盾凸显的局面。我国是社会主义国家，以牺牲社会公平为代价的发展，是与共同富裕的社会主义生产目标相背离的，做大蛋糕和分好蛋糕二者统一起来是社会主义本质的要求和体现。卫兴华认为，在分配领域中，从根本上说经济效率和公平间的关系是统一的，做大蛋糕和分好蛋糕是辩证统一的关系。①

（一）结合马克思的生产关系决定分配关系论证效率与公平的关系

马克思关于生产方式与分配方式关系有详细的论述。他指出，生产对分配起决定作用，一定的生产方式决定一定的分配关系。卫兴华认为，马克思关于生产关系决定分配关系的理论，即对生产、分配、交换与消费四个过程的逻辑关系的辩证把握，对我国提出的通过扩大内需的方式来促进生产的做法，对弄清做大蛋糕和分好蛋糕之间的辩证关系具有指导意义。他从生产和分配在经济发展过程中的互动关系来研究做大蛋糕和分好蛋糕之间的辩证关系。从经济发展的历史过程来看，生产效率与分配公平之间存在相互关系：一方面，采用与效率较低的旧生产方式相比的更高生产效率的新生产方式进行产品的生产，必然能够提高可供社会分配的产品总量，为增进社会公平创造必要的物质条件。另一方面，社会产品的公平分配有利于促进生产效率的提高，不公平的收入分配则会给社会带来不安

---
① 卫兴华. 既要做大蛋糕又要分好蛋糕 [J]. 理论导报，2011 (02).

定因素，不利于经济的健康发展。从长远发展趋势看，分配是否公平也会对劳动效率、生产效率的高低产生直接的影响。如果分配比较公平合理，能够提高劳动者的积极性，激发劳动者的工作热情，对劳动生产效率的提高必然有利，而如果分配不公平、不合理，将会挫伤人们的劳动积极性和创造性，弱化劳动者在人力资源上的投资能力，不利于生产效率的提高。当前中央重视分配公平，重视民生问题，十分重视切分"蛋糕"，但这并不意味着忽视做大"蛋糕"的重要性——首先要做大蛋糕，才能有更大的"蛋糕"用来切分。在不同的所有制经济中切分"蛋糕"的方式有所不同。在社会主义公有制经济中，切分"蛋糕"采取按劳分配方式，而在非公有制经济中切分"蛋糕"的方式不同，采取的是按要素分配的方式。按照马克思主义理论和社会主义实践，在社会主义制度下，我国实现按劳分配，多劳多得，少劳少得，奖优罚劣，奖勤罚懒，既体现了公平，又提高了劳动效率，而效率的提高，社会财富增加，劳动者获得更多的收入，劳动者的积极性和创造性得到激励，劳动者的潜力得到了进一步发挥，由此提高了生产效率，如此形成了很好的良性循环。二者在社会主义按劳分配原则下，能够很好地统一起来，不存在此消彼长的矛盾。实现了在做大"蛋糕"的同时也能分好"蛋糕"；而在分好"蛋糕"的同时，又促进"蛋糕"做得更大更好。而在私营和外资企业中，实行按生产要素所有权分配和市场机制分配，劳资矛盾、利润与工资分配份额矛盾的存在在所难免，不存在效率与公平的内在统一。但当私营企业主支付给劳动者低于最低劳动标准的工资、克扣工资、拖欠工资、不尊重职工权利等现象出现时，政府和其他的相关机构可通过政策引导和监督来保障劳动者权益的实现，这时候公平与效率在私营企业和外资企业中实现了外在的统一。

（二）从不同的角度和领域探讨公平与效率的关系

在不同行业、不同的对象群体中，公平与效率的关系也会随之有所不同，因此卫兴华主张应从多角度理解公平和效率关系的内涵。讨论公平与效率的关系，应分清角度和领域。效率是生产的关键，在生产领域提倡效率优先，强调提高生产水平是毋庸置疑的。对于企业来说，效率肯定是摆在第一位的。具体说来，与企业相关的效率不仅只包含生产效率，还包括职工的劳动效率、对资源的利用效率以及各个部门主管的管理效率等，这些都是企业追求效率所涵盖的具体方面。这些效率有机结合在一起构成了企业生产的整体效率，任何工作岗位都应重视整体工作效率的提高。近年来，我国经济发展进入新常态，依靠经济转型、科技创新政策、"创新"的新发展理念等举措，生产与经济效率有所提高，但总体来说，生产效率与发达国家相比还存在差距。在此大背景下，为促进生产力的发展，在生产中应重视和强调效率。从资源配置层面讲，要强调资源配置效率。改革开放以来，我国进行了社会市场经济体制的改革，尤其是党的十四大确立了建立社会主义市场经济体制的目标后，社会主义市场经济体制逐步完全替代了传统的计划经济体制，由此资源配置方式也发生了变化，由市场机制决定资源配置替代了传统指令性计划对资源进行配置的方式。改革开放40多年的实践证明，由市场对资源进行配置的方式与传统指令性计划配置资源方式相比，表现在效率上前者显著高于后者。尤其是党的十八届三中全会提出，"市场在资源配置中起决定作用"的重大理论观点后，市场在资源配置中将发挥更大的作用。但卫兴华认为，市场并不是万能的，如果完全放任市场，不对市场主体的经济行为进行规范和监管，由其完全自发、不受约束的运行，必然会导致周期性的经济危机产生，对经济社会发展造成极大危害，并会带来资源浪费和环境问题等。因此，在市场机制的基础上，还需要更好地发挥政府的作用，将政府调节与市场调节结合起来。通过"看得见的手"对"看不见的手"进行积极的引导，有利于克服市场失灵，让市场配置资源的效率得以更好地发挥和提高。效率问题不仅存在于生产和分配领域，还存在于社会生活的各个方面，虽然公平与效率两个方面的内容经常被放在一起讨论，但有些时候效率的高低与公平却是没有关联的。

从收入分配的角度来考察公平与效率的关系时，作为社会主义国家，消灭剥削、消除两极分化、实现共同富裕应该是我们要强调和重视的最大的社会公平。从长远发展趋势来看，生产效率的提高对实现以上社会公平是有利的。卫兴华认为，在谈及分配问题时，并不存在分配效率是高还是低的说法，应表述成分配是否公平与合理。他进一步指出，从分配角度考察公平与效率的辩证关系，并不能仅停留在分配领域，也并不仅指分配公平与分配效率的关系，实际上涉及分配公平与不公平是否会对劳动效率、生产效率的高低产生影响。在分配关系中，二者是统一的，分配公平有利于生产效率的提高，分配不公不利于提高效率。如果在分配关系上提倡"效率优先，兼顾公平"，实际上是对公平不够重视，把公平放在次要的地位。这样，不仅无法实现社会公平分配，效率也无法得到有效提高。

（三）对公平和效率提法演变的考察

改革开放以来，中央对于分配领域中的公平与效率的关系，一直予以重视和关注，并在相关文件中提出指导性意见。卫兴华不仅从马克思主义和科学社会主义实践来考察公平与效率的关系，他还从改革开放后中央关于公平与效率关系的有关文件精神中考察二者的关系，并对中央文件相关提法进行科学解读。

新中国成立初期，我国经济虽然有一定的增长，但主要是粗放型的增长，经济效率和劳动生产率低下。特别在 1957 年以后,"左"的一套日益盛行,平均主义倾向长期存在于实际经济工作中,混乱的工资分配关系挫伤了劳动者的主动性、积极性与创造性,对经济效率的提高产生了不良影响。① 因此,改革开放以后,为了破除分配领域中存在的平均主义的现象,实现公平分配,提出了包含提高效率和克服平均主义的新的改革与发展的理论与方针。改革开放后,我国根据生产力发展诉求和分配平等程度的现实状况,不断调整效率与公平的关系,效率与公平关系在社会主义市场经济体制建设中历经了一定的演变过程。

改革开放之初我国并未提出"效率优先"的原则。1978 年 12 月党的十一届三中全会提出,将党的工作着重点转移到社会主义现代化建设上来,对经济管理体制进行改革,认真执行按劳分配原则,克服平均主义。未提及效率与公平概念及其关系,但"实行按劳分配、克服平均主义"是对社会主义效率与公平关系相统一的体现。1987 年,党的十三大报告提出:"合理拉开收入差距,又要防止贫富悬殊,坚持共同富裕的方向,在促进效率提高的前提下体现社会公平"的分配政策,"防止贫富悬殊,坚持共同富裕的方向",意旨防止两极分化,坚持走社会主义共同富裕的道路,体现了作为社会公平重要内容的分配公平。② 党的十四大报告提出"兼顾效率与公平",将效率与公平结合起来,既重视效率,又体现社会公平。直到 1993 年党的十四届三中全会提出"体现效率优先,兼顾公平"的个人收入分配原则后,效率和公平的地位发生了一些变化:效率优先,公平次之,效率重于公平。当然,二者关系出现转折有一定的时代背景和理论背景。党的十四大提出,建立社会主义市场经济体制,市场经济替代了计划经济,通过让市场发挥基础性作用,更好地激发市场主体的活力,提高资源配置效率。"效率优先,兼顾公平"的思路在党的十六大报告之中作出了具体化的表述。为了进一步发挥社会主义市场经济活力,推动经济增长,党的十六大明确提出:"坚持效率优先,兼顾公平""初次分配注重效率,发挥市场作用……再分配注重公平,加强政府对收入分配的调节职能,调节差距过大的收入",这些表述意味着初次分配主要由市场决定,更加注重效率,再次分配由政府决定,更加注重公平。"效率优先,兼顾公平"的理论与政策思路流行了十多年,在这一原则下,我国经济快速发展,但由于市场决定的初次分配导致产生了"收入差距过大"的问题,不同阶层的贫富分化现象日益显著,社会矛盾也渐次凸显。

2004 年,党的十六届四中全会开始不再提"效率优先,兼顾公平",党的十

---

① 卫兴华,张福军. 应重视十七大关于效率和公平关系的新观点 [J]. 高校理论战线,2008 (05).
② 卫兴华. 怎样准确把握"效率与公平"的演变与内涵 [J]. 人民论坛,2013 (06).

六届五中全会、十六届六中全会都不同程度地提出了注重社会公平的思路,十六届六中全会则提出,"在经济发展的基础上更加注重社会公平",以此来强调公平的重要性;在新的历史时期,在我国经济发展成就瞩目但收入差距过大、贫富分化问题凸显的形势下,中央根据实际需要调整了处理公平与效率关系的原则,并在党的十七大报告中提出了处理社会主义分配关系中效率与公平关系的新思路:"合理的收入分配制度是社会公平的重要体现,初次分配和再分配都要处理好效率和公平的关系,再分配更加注重公平"。从十七大报告中对公平与效率关系论述中,不存在孰先孰后、孰重孰轻的问题,也不存在谁优先、兼顾谁的问题,而是将两者有机结合与统一起来,强调两者应该并重。十八大报告进一步提出"推动经济更有效率,更加公平。"党的十九大提出:"坚持在经济增长的同时实现居民收入同步增长、在劳动生产率提高的同时实现劳动报酬同步提高。"由此看出,改革开放以来的一个较长的时期中,中央文件中有关公平与效率关系的论述和理论界相关讨论,主要是从分配领域这一层次着眼的。党的十八大以后,对公平和效率关系的讨论范围有所拓宽,不仅强调从分配领域的层次上处理好效率与公平的关系,也注重从整个经济社会的发展层面处理好二者的关系。卫兴华认为,我们作为社会主义国家,强调和重视社会公平和分配公平是必然的,是消灭剥削、消除两极分化,逐步实现共同富裕的保障。但党的政策针对效率与公平关系的调整,只是放弃了分配关系中"效率先于公平"的原则,但并不代表生产效率和经济增长速度不重要,而是在着力改变初次分配不重视公平的发展思路和分配原则。①

(四)对效率与公平问题不同意见的评析

效率与公平的关系一直是学术界研究和讨论的热点问题,同时也是老百姓极为关注的话题。2007年,卫兴华撰文对学术界中存在的"效率与公平并重论""效率与公平并重统一论""市场管效率,政府管公平论""公平优先,兼顾效率论""效率优先,兼顾公平"5种观点进行了归纳和评析:②

1. 赞同"效率与公平并重论和统一论"

"并重论"的一种见解认为效率与公平并重应该是一个普通原则,不应有先后之别;另一种则认为"效率优先、兼顾公平"原则不是固定不变的,在收入分配差距明确扩大,甚至影响社会稳定时,就应该向公平倾斜,即应根据实际情况

---

① 卫兴华. 怎样准确把握"效率与公平"的演变与内涵 [J]. 人民论坛,2013(06).
② 卫兴华. 对近年来关于效率与公平问题不同意见的评析 [J]. 当代财经,2007(05).

动态调整。"统一论"则认为，在市场经济条件下，不管效率与公平所涵盖的内容在客观上是否存在统一性，在理论指导和政策措施上应将两者有机统一，不能为了效率牺牲公平，也不能为了公平而牺牲效率。卫兴华认为，社会主义初级阶段的根本任务是解放和发展生产力，重视社会生产效率的提高，推进生产力快速向前发展永远是正确的选择；重视社会的分配公平，与我国的社会主义本质直接相关。我国以公有制为主体的多种所有制结构衍生了我国分配制度中多种分配方式并存的现状，不管哪种分配方式，都应重视和强调公平分配原则在社会发展中所发挥的作用。卫兴华认同效率与公平的统一论或并重论，他认为二者统一或并重具有一定的科学性。

2. 不完全认同"市场管效率，政府管公平"论

此观点认为，市场经济是通过竞争方式来提高资源配置效率的经济发展机制，竞争必然会产生收入差距和分配的不平等，这种情况下通过政府的介入来进行宏观调控是极其必要的，能够缩小因市场竞争而产生的收入不平等，实现相对公平；因而认为政府应该管公平，不需要去提效率优先，否则就会产生一种错位。卫兴华指出，此观点中所强调的市场管效率的内容，从资源配置的角度来看，是具有一定合理性的；但也偏重于资源配置效率内容，对劳动效率方面的重视却远远不够。我国是社会主义国家，应该将劳动者的利益放在更重要的位置，更应注重劳动者主动性和创新性的发挥，提高劳动效率，故必须要重视社会的分配公平。所以，仅仅强调资源配置效率这其中的一个方面与分配公平的关系是不全面的。

3. 不认同"公平与效率中一方优于另一方"的观点

"公平优先，兼顾效率"这一分配原则，在社会主义性质的框架下公平分配的内涵直接关系到共同富裕，并且分配不公不会影响生产效率。而"效率优先，兼顾公平"则认为，效率属于生产力范畴，发展生产力永远是第一位的，而生产决定分配，分配只能是第二位；只有效率优先，蛋糕做大，才能解决分配公平问题，否则就将退到旧体制的平均主义中去；公平与分配"不能联姻"，世上没有公平分配；资源配置的效率更为重要，公平应强调机会均等，如此也就逻辑地认同效率优于公平。卫兴华认为，"公平优先，兼顾效率论"，抑或"效率优先，兼顾公平论"都难以让人认同。效率与公平，一方优先于另一方，不仅仅体现在顺序的先后，还包括二者谁的地位更重要，即效率重于公平或公平重于效率，这就会使一方处于兼顾的次要地位，这显然与逻辑和现实都不符合。生产的首要地位和决定作用，强调的是"生产"本身的重要性，并不对分配和消费的"兼顾"

地位产生影响，它们之间是相互统一的关系。① "效率优先，兼顾公平"强调将生产力放在首位，但也不能内在地轻视或不重视分配公平。推进生产力发展是为共同富裕的社会主义建设目标实现提供必要的物质条件。有观点认为，不认同"效率优先，兼顾公平"就会倒退到旧体制的平均主义中的观点，这是错误地将平均主义与公平分配划上等号；而认为在分配关系中支持"效率优先"，就可以把"蛋糕"做大，进而实现分配公平，显然这一理由与国内外经济发展实际完全不符。

关于效率与公平问题的研究，学界还存在一种片面的观点，即在生产力落后的条件下，在分配中应强调效率优先，解决分配不公平的问题应以经济增长为前提，而暂时的分配不平等有利于经济增长。然而，这一观点的前提条件是，贫富程度是个人储蓄动机的决定因素，而储蓄形成的资本积累又会推动经济增长。卫兴华认为，这种观点既缺乏逻辑上的必然因果关系，也无充分的实际例证。从我国经济社会发展的实际情况来看，经济的快速增长并未逻辑地产生收入分配趋向公平，而收入差距过分扩大的现实，正是在我国经济规模不断攀升的背景下出现的。

二、主张建立效率与公平相统一的收入分配制度

自 20 世纪 70 年代末，卫兴华就开始对我国的收入分配制度开展研究：1992 年针对当时我国存在的平均主义和收入分配悬殊问题，他提出改革和完善收入分配制度的对策。关于改革和完善收入分配制度，他始终认为应体现社会公平，2004 年提出在对待和处理收入分配问题时，应在重视效率的前提下重视分配的公平；2008 年提出要构建效率和公平相统一的收入分配制度；2017 年进一步强调分配关系理论应是效率和公平相统一。卫兴华对收入分配制度的研究充分体现了他是一位将人民利益摆在第一位的具有为民情怀的经济学家。

（一）提出实现效率和公平相统一是中国特色社会主义的本质要求

卫兴华认为，大力发展社会生产力，同时注重社会公平，努力实现公平与效率的统一与结合是社会主义的本质要求，也是我们党的一贯主张。② 科学社会主义的奠基人、马克思主义的创始人马克思和恩格斯曾经指出，未来的共产主义社

---

① 卫兴华. 社会主义初级阶段的理论与实践 [M]. 北京：经济科学出版社，2017：239.
② 卫兴华，张宇. 构建效率和公平相统一的收入分配体制 [J]. 现代财经，2008 (04).

会,将"以每个人的全面而自由的发展为基本原则"①。保证一切社会成员有富足的和一天比一天充裕的物质生活,而且还可能保证他们的体力和智力获得充分的自由的发展和运用②。邓小平同志指出,"社会主义的本质,是解放生产力,发展生产力,消灭剥削,消除两极分化,最终达到共同富裕"。③ 党的十七大报告指出,"实现社会公平正义是中国共产党人的一贯主张,是发展中国特色社会主义的重大任务"。党的十八大强调,必须坚持走共同富裕道路。共同富裕是中国特色社会主义的根本原则。党的十八大以来,习近平多次强调,收入分配是民生之源,是改善民生、实现发展成果由人民共享最重要、最直接的方式;要通过深化收入分配制度改革等措施使收入分配更合理、更有序。改革和完善收入分配制度,缩小当前收入分配差距和财富占有差距过分扩大的趋势,处理好分配和经济社会生活中的效率与公平的关系,也是社会主义政治经济学中的重要问题。④

有人把公平与效率看成是一种此消彼长的替代关系,认为强调注重分配的社会公平必然会导致效率下降,重视公平就必然会牺牲效率,不利于生产力的发展。这是混淆了公平与平均主义的概念。在我国当前实行多种所有制经济和市场经济的条件下,居民收入差距不可避免地会有一定程度的扩大,适当的收入差距对于克服平均主义的弊端和提高资源配置的效率,有着积极的作用。但是,如果收入差距过大或者有不断扩大的趋势,那么这是与社会主义本质要求相背离的,甚至会对经济健康发展造成一定的损害,带来一系列消极后果。比如:收入差距的过分扩大以及财富向少数阶层集中,使得占居民主体的广大中低收入群体缺乏购买力,不利于刺激消费、妨碍经济增长。收入分配的过分不平等会促发大量中低收入和弱势群体出现,这部分群体住房、医疗、营养、教育等条件得不到很好的改善,他们的生存和发展的权利得不到很好的保障,这必然会对劳动力素质的提高和人的全面发展造成不良影响。收入分配的严重不公平,会导致贫富分化难以消除,导致不同阶层在经济、政治和文化上事实的不平等,并进而损害政治民主和社会公正,加剧社会矛盾,危害社会的和谐和稳定。

收入分配及社会公平问题一直以来都是党和政府高度关注的问题。近些年来,居民收入之间的差距过大,普通群众对收入分配现状表现出不满意,分配过程中存在不公平和不合理因素是收入差距过大的主要原因,有些收入并没有反映

---

① 《马克思恩格斯全集》(第23卷)[M]. 北京:人民出版社,1972:649.
② 《马克思恩格斯选集》(第3卷)[M]. 北京:人民出版社,1995:633.
③ 《邓小平文选》(第3卷)[M]. 北京:人民出版社,1993:373.
④ 卫兴华. 中国特色社会主义政治经济学的分配理论创新[J]. 毛泽东邓小平理论研究,2017(07).

各种生产要素的真实贡献，如大量的非法收入、灰色收入、垄断性收入等。这些不合理、不公平因素导致的收入差距不仅会对社会主义的公平原则造成破坏，也会对正常的市场竞争带来损害，从而影响经济效率。一直以来，我们党和政府从人民群众的根本利益出发谋发展、促发展，在社会主义建设道路上，始终将人民的利益放在首位，探索各种使全体人民共享改革发展成果的路径，带领全体人民朝着共同富裕的方向稳步前进。特别是党的十八大以来，我们党将民生问题摆在更突出的位置，带领14亿人民打赢脱贫攻坚战，于2020年底实现了全面脱贫的目标，接下来要朝着实现民主、文明、和谐、美丽的社会主义现代化强国的目标前进。在中国特色社会主义道路上，全体人民共同建设、共同享有，是我们始终坚持的原则。如果在发展的过程中出现两极分化，社会的财富只集中到了少数人的手中；或是城乡间、区域间和不同阶层间的收入差距不断扩大；抑或是人民群众的正当权益得不到充分保障，那么，必然会对全体人民共享改革发展的成果和建立和谐社会的宏伟目标的实现造成不良影响。因此，实现公平与效率的统一与结合既是社会主义的本质要求，亦是实现社会主义现代化强国目标进程中理应坚持的原则。

（二）强调初次分配和再分配都要处理好公平与效率的关系

效率和公平并重，是指在生产和经济领域，要重视效率，在分配领域要重视公平。"效率优先，兼顾公平""初次分配重效率、再分配注重公平"的提法在社会主义市场经济条件下，曾在学术界流行了许多年，并获得许多学者的认可。卫兴华一直以来都不赞同"效率优先、兼顾公平"的观点。他早在1998年就提出"在促进效率的前提下努力实现社会公平"的观点，2003年提出"效率和公平"二者并重的观点，① 并认为在按劳分配的基础上，寻求其有效的实现形式，就能够实现效率与公平的有机统一。② 他认为，效率和公平在原则上并无二致，二者必须并重。实现效率原则并不会必然导致分配公平的出现，二者处理不当会背离社会主义发展的本质目标。③

卫兴华主张：生产重效率、分配重公平，社会主义应重视初次分配的公平，分配关系中效率与公平应该是并重的地位。并提出相关的理论论据：④ 第一，初

---

① 卫兴华. 怎样认识和把握我国现阶段的个人收入分配制度 [J]. 新视野，2003（05）.
② 卫兴华. 我国现阶段收入分配制度若干问题辨析 [J]. 宏观经济研究，2003（12）.
③ 卫兴华. 关于提高驾驭社会主义市场经济能力的几个问题 [J]. 中国特色社会主义研究，2005（02）.
④ 卫兴华. 中国特色社会主义政治经济学的分配理论创新 [J]. 毛泽东邓小平理论研究，2017（07）.

次分配的不公平才是收入差距过大和产生两极分化的主要和根源性的原因。再分配只是对初次分配产生从属性的、局部性补充作用，对解决收入差距拉大的问题只能起到部分缓解的作用。因而，要想弥补和解决由市场机制本身和非劳动要素参与分配以及其他因素所造成的两极分化问题，单纯依靠再分配的调节功能是很难办到的。在我国当前社会保障制度尚不健全的情况下，想通过主要依靠政府力量的再分配来实现公平，是不可能实现的。第二，实现全体人民的共同富裕是社会主义的本质所在。因此，在初次分配中就应该重视公平，从源头上降低收入水平的差距，否则就会导致偏离社会主义共同富裕目标的贫富分化问题的出现。第三，"效率优先"的提法，于资本有利，于劳动不利。在私营、外资等非公有制企业中，通常将利润和效率放在第一位，从而忽视了普通劳动者收入的公平分配。第四，理论界中有部分学者从生产的先后顺序来论证效率优先、兼顾公平的合理性，并指出应该做"蛋糕"、后分"蛋糕"。从生产过程的顺序来看，生产在前，分配在后，先生产后分配，但生产的顺序与分配公平与否不存在逻辑关系，并不能推导出初次分配可以不顾公平，任由收入分配差距过分扩大。第五，卫兴华指出，"效率优先、兼顾公平、初次分配不顾公平"这一观点出自哈耶克、弗里德曼等西方右翼经济学家。然而，大部分的西方学者对此观点并不认同，西方资本主义国家的政府在经济发展的实践中也并没有采纳。针对当前我国出现收入差距过大的趋势和背景下，不少学者提出应对"优先、兼顾"的原则进行调整，使收入分配的原则向公平倾斜。

卫兴华认为，"关于生产重效率、分配重公平，社会主义应重视初次分配的公平"的观点需要注意几个问题：① （一）强调更加重视社会公平、分配公平，并不是说要轻视效率，而是要把公平和效率有机的统一与结合起来，在分配的过程中要既重视提高效率，又重视促进公平。分配领域中的效率与公平不是相互对立、相互排斥的关系，而是可以相互促进的关系。（二）我国作为社会主义国家，必须强调公平正义，不能忽视公平这一要素，如果仅仅片面强调效率，为生产而生产、为效率而效率是偏离了社会主义的不可取的做法。社会主义发展生产、提高生产效率的目的，是为了要增加社会财富的总量，并致力于提高人们的生活水平和生活质量。分配是实现人民生活水平提高的重要的中间环节，如果在分配环节中没有遵循公平分配这一原则，即使全社会的生产效率得到很大程度的提高，但最终还是不免要走向贫富分化。而使得共同富裕的目标无法实现，与社会主义的本质要求背道而驰。（三）分配公平并不是搞平均主义，也不是人人平均，也

---

① 卫兴华，张福军. 应重视十七大关于效率和公平关系的新观点［J］. 高校理论战线，2008（05）.

不同于分配均等。分配公平,是指劳动者的收入应与其在生产中的业绩与贡献相匹配。在此前提下,可以允许存在合理的收入差距。(四)中央对我国目前存在的收入差距过分扩大的趋势给予了极大的关注与重视,尤其是我国进入新时代以后,把民生问题放在了极其重要的位置。更好地提高低收入者的水平,党和政府采取各种政策和措施,切实解决民生问题,切实为弱势群体、困难群众的利益着想。(五)缓解和缩小收入差距过分扩大的趋势,强调更加重视公平,但不会对高收入群体产生直接影响,并不会限制富人获得应有的收入,不应把分配公平的原则和政策误解为是在劫富济贫,也不是"仇富""仇智"。富人可以通过正当途径增加收入使自己更加富裕,可以有更高的追求,但他们在取得更高的收入后,要通过缴纳累进税的方式多给国家和社会提供点税收,为人民多做点贡献,更好地回报社会。(六)促进社会公平,首先要落实到初次分配的公平。(七)彻底厘清"效率优先,兼顾公平"与"初次分配注重效率,再分配注重公平"的现实差异,不要将二者混为一谈。(八)一方面要提高居民收入在国民收入中的比重,提高普通劳动者的劳动报酬在初次分配中的比重,另一方面要通过改革分配方式对低收入者的收入进行提高,这是更加重视公平应该重点推进的任务,也应是一个"逐步推进"的过程。

(三)提出以"共享"发展推动社会分配的公平

卫兴华认为,积极推动共享发展,解决社会公平正义问题。让广大人民群众共享改革发展成果,是社会主义的本质要求,是社会主义制度优越性的集中体现,是我们党坚持全心全意为人民服务根本宗旨的重要体现。①

党的十八大以来,我国的经济发展已到了一个新的阶段,发展生产力和发展社会主义生产关系,实现"两个一百年"目标,实现共同富裕,需要有新的发展思路。党的十八届五中全会提出了创新、协调、绿色、开放、共享的五大新发展理念。五大新发展理念将我国新阶段的发展目的和发展手段融入其中,既包含了我国新阶段发展生产力的新途径,也包含了实现社会主义生产目的的新理念。"共享"在五大新发展理念中处于最后位置,是五大新发展理念的最终目标,也是解决社会公平正义问题的重要途径。党的十九大以来,以习近平同志为核心的党中央强化了以人民为中心的执政理念,提出了"我们的目标就是让全体中国人都过上更好的日子""始终把人民放在中心位置""我将无我,不负人民"等论述。习近平在省部级主要领导干部学习贯彻十八届五中全会精神专题研讨班上指

---

① 卫兴华. 中国特色社会主义政治经济学的分配理论创新 [J]. 毛泽东邓小平理论研究, 2017 (07).

出："落实共享发展是一门大学问，要做好从顶层设计到'最后一公里'落地的工作，在实践中不断取得新成效。"① 习近平在省部级主要领导干部学习贯彻党的十九届五中全会精神专题研讨班开班式上指出："为人民谋幸福、为民族谋复兴，这既是我们党领导现代化建设的出发点和落脚点，也是新发展理念的'根'和'魂'。"②

共享，是社会主义本质要求，是着力践行以人民为中心的发展思想，体现全心全意为人民服务的根本宗旨。马克思主义是解放全人类的学说，致力于让劳动人民摆脱剥削与压迫，过上自由平等、"最美好的、最幸福的生活"。共享应覆盖经济社会的各个层面：共享改革与发展的成果；共享青山绿水、蓝天白云；共享高品质的物质文化生活；共享优质的医疗保健事业；共享安全舒适的居室；共享资源配置公平的教育；共享社会和谐与自然和谐的平安生活。当然，共享应以消灭贫困和贫富分化，实现共同富裕为核心内容。

坚持人民主体地位和以人民为中心的发展思想是共享理念的实质。实现好、维护好、发展好最广大人民的根本利益是共享的目标。但共享不是仅停留在理论层面，而应该实实在在的依靠广大劳动人民的劳动创造来实现。应积极发挥广大人民群众的力量，共同参与到实现共享的过程中。卫兴华认为，要实现共享首先要准确把握共享、共富的概念——应从宏观和动态的角度来理解和把握共享、共富的概念。共享、共富与均享、均富不能划等号，不同的行业、不同的群体的能力有大小，对社会的贡献也存在差异，因而个人收入分配在事实上也是不均等的。其次，人的消费需求也是千差万别的，不可能穿同样的衣服、住同样的房子，开同一款汽车等。随着生产力的发展和财富的涌流，共享的范围不断扩大，共享内容的质量也不断提升。卫兴华将共享的内涵概括为四个方面③：一是全民共享，社会财富不是由少数富人共享，而是城乡全体人民共同富裕；二是全面共享，这是针对共享的覆盖面而言，包括共享经济、政治、社会、文化、生态等多方面建设与发展的成果；三是共建共享，共享的成果要靠全民共同创造，首先要创造出成果，才有可供共享的成果；四是渐进共享，共享有一个过程。党的十八大以来，9899万农村贫困人口全部实现脱贫，贫困县全部摘帽，绝对贫困历史性消除。④ 虽然我国已经实现全面脱贫，但贫富差别还存在，人均GDP还只达到

---

① 中国共产党新闻网，http://cpc.people.com.cn/n1/2016/0510/c64094-28337020.html。
② 新华网，http://www.xinhuanet.com/politics/leaders/2021-01/11/c_1126970918.htm。
③ 卫兴华. 中国特色社会主义政治经济学的分配理论创新 [J]. 毛泽东邓小平理论研究，2017 (07).
④ 国家统计局：中华人民共和国2020年国民经济和社会发展统计公报。

中等发展国家水平,因此,要依靠不断地发展生产力以增加财富来丰富共享成果的内容。我国各阶段生产力发展的状况和共享的状况会随着社会主义初级阶段、中级阶级和高级阶段的变化而呈现不同的内容,但总趋势是不断发展和完善的。到社会主义的高级阶段即未来的共产主义社会时期,劳动不是人们的第一需要,社会分配将实行各尽所能,按需分配的方式,旧的分工也将不会存在,城乡差别、体脑差别也不复存在,人们将获得自由全面发展,届时共享会达到一个更高的境界。由此可见,共享的内涵处在一个不断丰富和完善的动态过程中。在实现共享的路径方面,卫兴华认为仅靠生产力的发展和财富的不断增加是远远不够的,这仅是实现共享的物质保证。而制度是实现共享发展的重要保障。我国是社会主义国家,公有制是我国社会主义经济制度的基础,只有劳动人民成为生产资料和财富的主人,才能保证共享的真正实现。因此,不能忽视公有制经济的发展,必须通过深化改革,而更应该将以国有经济为核心的公有制经济搞好搞活,以科技创新、体制创新、管理创新推动国有经济发展,激发国有经济发展活力,使其发展成果真正归全民共享。

卫兴华关于分配中公平与效率关系的理解,获得学术界的广泛认可,中央文件的提法也与其早期提出的主张相契合。

卫兴华关于社会主义市场经济理论与实践问题的研究

在我国探索改革取向与体制转轨目标的历程中，从社会主义市场经济的提出，到最终得以确立，既有其历史必然性，也经历了一番艰辛的理论探索与激辩争鸣。随着我国经济体制改革与经济实践的不断发展，以及对社会主义市场经济认识的不断深化，社会主义市场经济理论逐渐在理论界中达成广泛共识；与此同时，党中央在1992年党的十四大中作出果断决策，提出建立社会主义市场经济体制的目标，由此社会主义市场经济建设与实践在全国范围内展开。随着市场经济实践的不断推进，一批创新型的马克思主义经济学家担负了率先提出和不断丰富完善社会主义市场经济理论的光荣使命。卫兴华是较早提倡社会主义发展商品经济的马克思主义经济学家，也是较早研究社会主义市场经济运行机制的经济学家。有关社会主义商品经济理论和社会主义市场经济理论以及市场经济实践等问题的研究，一直是卫兴华教授探究最多也是成果最丰富的领域。卫兴华关于社会主义市场经济理论的形成过程、市场经济与商品经济的关系、商品经济与社会主义公有制是否相统一等问题展开研究，提出了许多独到的见解。他还从资源配置视角对政府与市场的关系进行梳理和阐释，提出"国家调节市场、市场引导企业"的社会主义市场经济运行机制，对新时代我国政府与市场关系进行重构，对社会主义市场经济与法治建设进行探析。卫兴华关于社会主义商品经济理论和社会主义市场经济理论研究成果，丰富了中国特色社会主义市场经济理论的内容，推动了我国社会主义经济理论的创新与发展，对中国特色社会主义经济理论的发展具有重要价值，对我国经济体制改革实践具有十分重要的借鉴意义。

第一节　对社会主义商品经济理论的研究

新中国成立至改革开放前，学术界关于商品经济在社会主义制度中的地位和认识没有达成共识，社会主义非商品经济论、生产资料商品外壳论、商品经济与社会主义制度无法兼容等观点广泛充斥于学术界。一直以来，卫兴华都主张社会主义应发展商品经济。早在1959年，他就对否定全民所有制经济中的生产资料是商品的观点提出质疑，肯定了商品经济的存在，"对于生产资料是否是商品的问题，我们要将生产资料界定在商品的范围内，如果不能够承认这一点，将会必然导向否认了价值规律在生产资料中作用"，提出社会主义经济中的消费资料和生产资料都应是商品的观点，并指出社会主义发展商品的意义。[①] 改革开放以后，随着社会主义市场经济实践和发展，理论界对社会主义商品经济有了新认识，在此背景下，卫兴华对社会主义商品经济展开持续研究，从生产力和商品经济的互动关系上强调发展商品经济具有一定的必要性，对商品经济与社会主义商品经济进行辨析、对商品经济与市场经济的关系进行研究，并且也验证了商品经济可以与社会主义公有制的统一性。

一、对商品经济与社会主义商品经济的溯源与阐释

（一）对马克思、恩格斯商品生产理论的探析

1. 早期对商品经济概念的使用

西方经济学教科书和论著中较少涉及商品经济的概念。商品生产问题是马克思政治经济学的重要问题，但商品经济的概念却没有出现在马克思主义著作中。马克思在其著作中使用的商品生产、商品交换商品流通等概念，实际上同商品经济的内涵是一致的。在列宁的著作中，曾广泛使用商品经济概念。列宁在分析商品经济时，把"大资本"即资本主义经济和"独立的小生产"即个体经济看作"是商品经济的两种形式"，并指出"商品经济早已形成，而手工业只不过是其中的一个成员而已。""小作坊在农民中的扩展，扩大了商品经济，并为资本主义

---

① 卫兴华. 社会主义制度下商品生产的研究方法问题 [J]. 学术月刊, 1959 (11).

准备了基地。"① 在我国，在苏区和解放区时期的一些起指导作用的论述中就已经使用了商品经济的概念。张闻天说："苏区经济的主要特点之一是农业的小生产的商品占绝对优势。"② 毛泽东在《中国革命和中国共产党》中提到："中国封建社会内的商品经济的发展，已经孕育着资本主义的萌芽。"1984 年，党的十二届三中全会通过的《中共中央关于经济体制改革的决定》中有涉及商品经济的表述，提出我国社会主义经济是"公有制基础上的有计划的商品经济"，规定了当时改革的目标模式就是要建立有计划的商品经济体制。虽然如此，但实际上在当时的经济学论著中较少使用商品经济的概念，而较多地使用商品生产和商品交换。

2. 探析马克思、恩格斯否定社会主义存在商品生产和市场关系的原因

在马克思和恩格斯的著作中，对未来社会主义社会的商品生产和市场关系曾提出预见和论断：一旦在全社会实现生产资料公有制，商品生产将会消失，从而与商品生产相联系的价值、价格、货币、市场等也同时消失。③ 卫兴华认为，马、恩提出社会主义制度下商品生产将会消亡的预言的原因主要有四个方面：其一，在一定程度上受空想社会主义者的影响。虽然马克思和恩格斯将社会主义由空想变为现实，科学社会主义与空想社会主义有根本的区别，但在社会主义社会商品生产的问题上，两者的见解却在一定程度上是一致的。英国的空想社会主义者托马斯·莫尔、温斯坦莱，意大利空想社会主义者康帕拉，法国空想社会主义者摩莱里等将社会主义商品生产问题融入未来的设想中，对未来社会提出了设想，认为公有制取代私有制后，不再需要经过商品市场来相互买卖产品。英国伟大空想社会主义者欧文提出的理想社会——合作公社中，实行按需分配，"这种社会的成员将通过简易、正常、健康和合理的工作，生产出满足其消费欲还有余的为数极多的剩余产品。因此可以让每个人都随便到公社的总仓库去领取他所要领取的任何物品"。④ 因而公社内部不存在商品货币关系。欧文把货币的存在与富人对劳动者的剥削联系起来，"现在，货币成了一种最流行的欺诈工具。富人利用外行人所不了解的手法，利用货币从那些用繁重的劳动创造出最宝贵财富的人手里夺取这种财富，所以货币也使社会上即使不是最有害的成员，也是最无用的成员得以积累和享用财富。"⑤ 马克思和恩格斯同样认为，在生产资料私有制被消灭

---

① 《列宁全集》（第 2 卷）［M］. 北京：人民出版社，1984：164、316、329.
② 张闻天选集［M］. 北京：人民出版社，1985：340.
③ 卫兴华. 对马克思、恩格斯商品生产理论的再探析［J］. 中国社会科学，1998（02）.
④ 《欧文选集》（上卷）［M］. 北京：商务印书馆，1965：347.
⑤ 《欧文选集》（下卷）［M］. 北京：商务印书馆，1965：30.

后，在以公有制为基础的社会主义和共产主义社会中，商品货币关系存在的条件也不复存在。他们也认为，在资本主义社会中，商品与货币可以作为剥削劳动者的手段，商品作为商品资本、货币作为货币资本，成为资本家获取剩余价值的手段。但是他们没有把商品货币关系看做是产生和存在剥削与压迫制度的根源，也没有赋予商品货币资本主义属性。其二，马克思和恩格斯所了解的历史上的商品货币经济，和他们所见的资本主义商品货币经济，其运行过程呈现出自发性与盲目性。商品货币经济的运行过程中，资本主义经济运行的周期性经济危机、无政府状态和尔虞我诈的竞争以及资本主义的各种矛盾等弊端暴露无遗。所以，商品货币经济的消极面成为社会学家所关注的重要方面。马克思指出，商品是资本主义经济的细胞，是资本主义社会财富的元素形式。因此，资本主义经济运行与发展中的一切积极面与消极面，都同时表现为商品经济运行的积极面与消极面。关于其消极面，如马克思和恩格斯在《共产党宣言》中指出：资产阶级"使人和人之间除了赤裸裸的利害关系，除了冷酷无情的'现金交易'，就再也没有任何别的联系了……它把人的尊严变成了交换价值，用一种没有良心的贸易自由代替了无数特许的和自力挣得的自由"。马克思、恩格斯从资本主义经济关系与商品经济关系紧密联系、资本主义经济运行与商品经济运行紧密联系、资本主义经济的消极面与商品经济现象紧密联系这种现象关系出发，提出："共产主义要消灭买卖、消灭资产阶级生产关系和资产阶级本身"。① 其三，从劳动的性质看，在全社会占有生产资料的社会主义社会中，私人劳动（局部劳动）与社会劳动的矛盾不再存在。在计划调节下，每个生产者的劳动成为社会总劳动的一部分，因而每个社会成员的劳动，都直接是社会劳动，而不再需要迂回曲折地通过市场把社会劳动表现为价值形式。马克思、恩格斯分析商品生产存在的原因或商品生产消亡的根据时，是从生产者的劳动怎样表现为社会劳动这一问题，展开深层次的理论分析。为进一步明确"生产的社会性"如何确立的问题，马克思研究了两种不同的情况：一是存在私有制或不同所有者的情况下，生产的社会性通过产品交换来体现产品的交换价值，从而实现个人劳动的社会性；二是在共同所有和共同生产的情况下，以生产的社会性为前提，个人直接分享产品参与消费，不再以互相独立的劳动或劳动产品之间的交换为媒介。

3. 探析马克思、恩格斯用计划调节排除商品经济和市场经济的原因

卫兴华认为，马克思、恩格斯预计社会主义不存在商品经济的理论，曾给社会主义经济发展带来某种消极影响，但在当时的历史条件和认识水平上并不是完

---

① 《马克思恩格斯选集》（第1卷）[M]. 北京：人民出版社，1995：288.

全不合理的。所有社会主义国家的实践证明，社会主义不仅不能消除商品经济，而且需要大力发展商品经济。卫兴华认为，社会主义社会的实际经济关系比马克思、恩格斯所设想的理想社会复杂得多是探讨马克思、恩格斯预计社会主义商品经济将会消亡的理论观点同社会主义实践不相符合的重要原因。他们所设想的社会主义所有制是单一性的，并不存在商品交换，劳动的社会性也无法体现。并认为，社会主义制度的人们在生产与分配中的关系是"简单明了的"，每个人的劳动一开始就是直接的社会劳动。马克思和恩格斯未认识到社会主义企业之间在经营管理水平上的重大差别及与此相关的物质利益形成中的重大差别，是他们预计社会主义社会不存在商品经济的重要理论根源之一。社会生产差别和经济利益关系的差别是社会主义经济实践的两个重要方面。社会生产的差别主要体现在每个劳动者的劳动差别及相关的个人收入分配上的差别，这个差别决定了社会主义公有制经济中按劳分配的必然性。经济利益关系的差别源自各个企业经营管理水平的差异。关于这方面的差别，在马克思的商品生产理论以及劳动价值理论和剩余价值理论中都未提及。劳动差别会带来劳动者之间的经济利益差别，并通过按劳分配机制实现，而不同企业间经营管理水平的差别所引致的企业间的经济利益差别，则要通过市场机制和商品价值关系来实现。马克思、恩格斯对前者进行了相关论述和关注，而忽略了后者。之所以如此，一是因为他们没有也不可能预见到社会主义企业在经营管理方面的复杂性，以为这是一种简单易行的事情。甚至在社会主义企业之间有无经营管理水平上的差别这回事也没有涉及过。二是在马克思、恩格斯看来，在社会主义社会中，将实行计划调节，不同企业之间不会有物质利益占有上的差别。他们预计，在消灭了资本主义制度和商品市场关系的同时，可以通过自觉的、统一的计划调节，实现生产同需要的统一，实现国民经济的合比例发展。

（二）对"社会主义经济是商品经济"的理解

卫兴华认为，社会主义与商品经济的关系以及商品经济及其规律在社会主义经济中的地位、作用和意义问题，是一个十分重大的社会主义理论与实际问题。曾经在很长的一段时期内，社会主义与商品经济的关系问题一直缠绕着马克思主义经济理论工作者。在改革开放实行十多年后，社会主义商品经济理论问题上无论是中央对该问题的认识，还是学术界对该问题的探讨都取得了重大的、新的发展，但关于这个问题仍存在着较大的理论认识上的分歧，需要进一步深入探讨和辨明是非。

从内容上看，商品经济应是商品生产与商品流通的统称。商品生产出现以前的产品和产品之间的直接交换不能称之为商品经济。商品生产是以货币为媒介的商品流通出现以后，才成为商品经济。卫兴华认为，商品经济是在社会分工和不同所有者或不同利益主体存在的条件下，不同生产者和经营者之间劳动联系的一种社会形式和方式①。在不同的社会分工条件下，商品生产过程和商品流通过程相结合，可以解决不同利益主体在生产和经营的单一性与消费的多面性之间存在的矛盾，在矛盾的解决过程中通过增加各自的比较利益来达到节约劳动耗费的目的。他指出，商品经济不属于社会制度的范畴，不具有任何社会经济制度的特点，更不具有姓"资"姓"社"的规定性。商品经济的本质体现为商品价值规律，例如商品经济中的价值规律和竞争规律以及供求规律和货币流通规律等均在任何社会制度中表现出共同效果。资本主义商品经济和社会主义商品经济的制度基础虽然不同，但均与其对应的生产关系相融合。社会主义商品经济的基础是社会主义公有制，并且相融于社会主义生产关系。资本主义商品经济以资本主义私有制为基础，相融于资本主义生产关系。社会主义的商品经济的盲目性以及自发性，在社会主义制度中仍然存在。卫兴华认为，我们在发展社会主义商品经济时，应对其加以指导、调整以及管理，以减少并且克服盲目性。②

将计划经济与商品经济对立的固有观念，在较长的一段时间内影响了我国经济体制改革的进程。卫兴华认为这主要是由于长久以往对市场经济内涵的固有观念导致的。传统观点认为，市场经济是指完全由市场机制自发调节的经济，并总是将商品经济与资本主义、私有制等概念相挂钩。随着改革进程的不断深入，我国逐步认识到商品经济和市场经济在社会主义经济发展中的作用，对市场经济和商品经济的理解随之更加深入，传统的经济理论得以突破。1979 年中央经济工作会议提出，国有企业作为独立的商品生产者和经营者"可以进行竞争"，突破了"社会主义只有竞赛，没有竞争"的传统理论观点，这是从开展经济竞争的角度阐释社会主义商品经济的内容。1984 年党的十二届三中全会通过的《中共中央关于经济体制改革的决定》（以下简称《决定》）提出：社会主义计划经济是商品经济，但必须建立在公有制基础上，而且是有计划的。卫兴华认为，《中共中央关于经济体制改革的决定》关于社会主义商品经济的论述，将"商品经济看作是社会主义经济的内在属性""把社会主义的根本制度性特征与经济体制性特征统一起来""否定了商品经济是旧社会制度遗留下来的经济形式"，③ 为社会主

---

① 卫兴华. 社会主义初级阶段理论与实践 [M]. 北京：经济科学出版社，2017：132.
② 卫兴华. 社会主义商品经济存在的原因 [J]. 经济研究，1985（06）.
③ 卫兴华. 社会主义市场经济理论的探索和确立 [N]. 人民日报，2008 - 09 - 23（007）.

义市场经济理论的确立和发展提供了理论基础。党的十四大报告回顾十二届三中全会的《决定》的重要意义时指出：它"提出了我国社会主义经济是公有制基础上的有计划的商品经济……是对马克思主义政治经济学的新发展，为全面经济体制改革提供了新的理论指导。"

卫兴华不赞同从本质属性上界定社会主义经济是商品经济的观点。历史上不同的社会经济形态下都存在商品经济，资本主义初期的手工业经济是商品经济，资本主义经济是商品经济，社会主义经济也是商品经济。但这三种经济的本质属性是不同的，不能用共有的经济形式表明不同社会经济制度的本质属性。资本主义经济的本质不能用商品经济来体现，社会主义经济的本质也不能用商品经济来说明。他认为，社会主义经济的本质是实行公有制和按劳分配的经济，包含解放生产力，发展生产力，消灭剥削，消除两极分化，最终实现共同富裕等内容。重视商品经济在社会主义经济发展中的作用，讲社会主义经济是商品经济，主要是从经济体制和运行机制着眼的。[1] 商品经济主要包含完全自发的、无计划的商品经济和有计划的商品经济两类，而社会主义经济属于有计划的商品经济。商品经济虽不是社会主义经济的本质属性，但强调社会主义经济是商品经济，具有重要的理论和现实意义。社会主义商品经济论的提出为改革开放提供了理论支持。改革开放初期，强调商品经济的地位和作用，实质上是要求在经济运行中要重视市场的地位和作用。卫兴华认为认识和把握商品经济的共同规定性和其与社会主义经济关系结合的特殊性都是有利于发展社会主义经济的[2]：一方面，认识和把握商品经济的一般和共同规定性，有利于我们认识在社会主义经济中发展商品经济所表现出的积极作用（主导的）和消极作用（非主导的），有利于自觉利用商品经济规律，放手发展商品经济，并克服和削弱商品经济发展中所出现的自发性和盲目性。另一方面，认识和把握商品经济与不同性质的社会经济关系相结合的特殊性，有利于我们重视社会主义经济关系和商品经济关系的自觉和有机结合，把商品经济的发展纳入社会主义的轨道背离了社会主义关系，就不存在社会主义商品经济。发展社会主义商品经济，就是要发展社会主义关系下的商品经济。

（三）论证了社会主义发展商品经济的必然性

1959年，卫兴华撰写的《社会主义制度下商品生产的研究方法问题》一文，系统阐述了社会主义发展商品经济的含义，即"正确认识和利用社会主义的商品

---

[1] 卫兴华. 从商品经济到市场经济探索与认识的曲折历程 [J]. 当代马克思主义研究，2009 (05).
[2] 卫兴华. 社会主义商品经济的几个理论问题 [J]. 学术月刊，1986 (12).

生产及相关的杠杆,便能够促进生产发展和提升人民生活水平"。我国的社会主义实践历程也证明了社会主义的发展离不开商品生产和流通,社会主义的发展需要大力地发展商品经济的事实。他认为"商品经济的充分发展是社会经济发展不可逾越的阶段"的论点,对中国社会主义市场经济的改革以及发展的实践过程是十分有利的。而"进行商品经济是社会经济不能够逾越的阶段"的表述对我国经济改革与发展没有任何理论与实践意义,因为商品经济在中国经济史上已经存在了几千年,我国早在奴隶社会、封建社会中就已经有了商品经济的雏形,但由于自然经济占据主流地位,商品经济只能以微弱的市场推力在经济发展潮流中发挥有限的作用。商品经济并不等同于资本主义,也并不是只能有资本主义的商品经济,商品经济的发展是包含在社会生产力发展范围之内的。所以,商品经济的发展与生产力的发展相类似,具有明显的连续性和继承性。与资本主义国家相比较而言,社会主义国家的商品经济相对是比较落后的,也因为这一点,必须加强商品经济这门课程[1],卫兴华认为在识别和判定商品经济的社会性质时应与所有制相联系,从商品经济的内部,包括分配关系、生产资料与劳动者的关联方式等出发,而不是通过外部关系以及商品经济在国民经济中的比重进行判断。着眼于中国的社会主义初级阶段,在以社会主义公有制经济为主体以及多种经济成分共同发展的背景下,与其他多种商品经济相比,社会主义商品经济是占有主体地位的,此外,也必须大力鼓励非社会主义性的商品经济的发展。

有人认为,有社会分工就有商品经济,将社会分工作为商品经济存在的唯一条件。这种论述难以成立。社会分工只是商品经济存在的一般条件和基础,但并不是只要有社会分工就存在商品经济。社会分工的发展,决定了不同生产者需要互通有无、进行交换。但交换包括商品交换和非商品关系的产品交换。在社会分工条件下究竟是进行商品交换,还是进行产品交换,这取决于其他的条件。卫兴华认为,在当时社会主义全民所有制经济即公有制经济中存在商品经济具有一定的必然性,首先,在全民所有制企业的产品生产中存在社会分工。其次,在当时传统经济体制背景下,国有企业所有权关系实际上有两个层次:从法律意义上的最终所有权来看,这些企业属于由国家代表的全民所有,而从现实经济过程中的所有权来看,各个企业在日常经济活动中事实上各自代表国家或全民行使所有权。不同国有企业之间,在现实的经济活动过程中,事实上是作为不同的所有者特别是产品的不同所有者相互对待的,如同国有企业与非国有企业之间的相互关系那样,它们无权过问也无权无偿支配或使用对方的生产资料和产品。再次,各

---

[1] 卫兴华. 社会主义商品经济存在的原因 [J]. 经济研究, 1985 (06).

个企业的生产和经营管理状况不同，劳动生产率不同，经济效益不同，也就必然要求获得与此相联系的差别利益。在传统体制下，所有企业实行吃"大锅饭"模式，亏损部分由国家补贴，盈利部分都上缴国家，与企业经营管理水平相联系的差别利益在经济活动过程中无法得到实现。在传统体制下，并不是先有企业的相对独立的经济利益，然后有商品经济。恰恰相反，只有先保证企业作为相对独立的商品生产者与经营者而运行，它们才能作为具有各自独立的经济利益的经济实体而存在。实行商品经济，是实现不同企业差别利益的途径和社会形式。在传统体制下，企业自身的利益要求长期被忽视，全民所有制内部商品经济关系及其规律的作用也同样被忽视。

二、阐明社会主义经济与商品经济相统一的理论依据

新中国成立初期，社会主义公有制经济与商品经济互相排斥的观点长期存在，许多学者认为仅有私有制才能与商品经济相匹配。几十年的社会主义实践突破了社会主义经济同商品经济截然对立的传统观点。卫兴华从理论层面论证了社会主义经济与商品经济相统一的必要性和可能性。

（一）社会主义经济与商品经济相统一的必要性

首先，与奴隶制经济、封建制经济和资本主义经济相比，社会主义经济所包含的物质利益关系较为复杂。国家、集体和劳动者个人三个经济主体之间既存在总的利益的一致性和统一性，又存在着利益的差别性和矛盾性。这种整体利益上的一致性和统一性，需要通过计划调节（后称之为宏观调控）手段来实现和保证，而不同经济主体之间的利益差别性和矛盾性，则需要通过商品经济及其运动规律来实现和调节。因此，在社会主义经济中，将公有制经济与商品经济相结合和统一起来，其实质上是把社会主义经济利益关系的一致性和差别性统一起来。因此，卫兴华认为，社会主义经济与商品经济相统一，有利于社会主义经济和经济关系的协调和发展。

其次，虽然我国已提出社会主义初级阶段的理论三十多年，改革开放后的四十多年经济发展也取得了辉煌成就，但当前我国还仍处在社会主义初级阶段。我国政府的经济管理水平一直在提高，在社会主义阶段，政府自觉地、有计划地管理社会经济的水平还有进一步提升的空间；另外，在社会主义经济中，生产和消费之间的关系十分复杂，管理部门难以对社会生产和需求的各个方面事先进行准确预测。20世纪80年代，卫兴华提出，在社会主义初级阶段，实行马克思、恩

格斯所设想的排斥市场机制和商品经济的计划经济是行不通的,高度集中的囊括社会经济生活各方面的计划体制也是不可取的,而只能实行较低形式的、有弹性的和粗线条的计划经济。① 这种计划经济只有同商品经济相结合和充分发挥市场机制,其作用才能得以实现。

再次,在社会主义经济制度还不够完善、不够成熟的社会主义初级阶段,社会主义经济制度所包含的公有制、计划经济、按劳分配、生产目的等方面,缺少各自和整体的实现机制和有效形式。因此,我们应努力完善社会主义经济制度,探求它的实现机制和有效形式,在更好地发挥社会主义经济自身的动力功能并完善其机制的基础上,注重发挥商品经济机制的作用,把商品经济所特有的内在动力和外在压力同社会主义经济的动力机制结合起来,实现既各自发挥功能又共同发挥功能的很好结合。社会主义经济关系运行的方方面面离不开商品经济关系的辅助作用。因此,计划机制与市场机制相统一才是社会主义经济的运行机制。卫兴华认为,社会主义公有制与商品经济具有相统一的特征,而且社会主义有计划的商品经济是存在着独特的优越性。② 有计划的商品经济在一定的社会条件下,能够克服市场调节的部分缺陷,帮助有效实现国民经济有计划按比例发展,并且可以帮助消除两极分化和贫富悬殊,同时有助于实现社会主义共同富裕。

(二) 社会主义公有制能够与商品经济相统一的理论依据

卫兴华论证了社会主义公有制能够与商品经济相统一的理论依据:

第一,商品经济自身不具有特定的社会性质,它仅作为一定的工具和手段,被应用于不同的社会制度形态当中,且与不同年代社会制度形态相融合并发挥作用。它既可以同资本主义经济相结合,成为资本主义商品经济,也可以同社会主义经济相结合,成为社会主义商品经济。商品经济本身并不具有特定的社会属性,也是因为这一点,商品经济能够与多种差异性的所有制形式结合,以此类推,商品经济能够与社会主义公有制共同结合,进一步形成具有计划性的商品经济。人们往往容易把商品经济同特定社会性质的经济相结合时所反映的特定经济关系当作是商品经济自身的性质。例如,当商品经济作为资本主义经济关系借以实现的形式时,就认为商品经济自身具有资本主义性质;当商品经济作为社会主义经济关系借以实现的形式时,就认为商品经济自身具有社会主义性质。其实并不是这样,商品作为一种生产关系,只体现商品生产者之间的劳动联系和关系,

---

① 卫兴华. 社会主义商品经济的几个理论问题 [J]. 学术月刊, 1986 (12).
② 卫兴华. 社会主义初级阶段理论与实践 [M]. 北京: 经济科学出版社, 2017: 113-120.

并不回答是何种社会性质的关系。不论何种生产方式下生产的商品,其作为商品的性质都是一样的,不会改变。

第二,社会主义公有制经济内部产生了特殊因素能够帮助促进商品经济。卫兴华认为,存在于社会主义公有制经济中的商品经济,同时包含了存在的一般性与特殊性。毫无疑问,商品经济的一般性是社会分工,而特殊性则是存在于社会主义公有制经济中的社会分工。在形式和经济利益上,社会主义公有制均表现出明显的不同,比如,都是全民所有制性质的企业,但不同的企业在生产和经营管理上都具有明显的差别,在经济利益上的差别更加显著,社会主义商品经济的独特性在这一点上充分得到了体现。社会主义经济的内在特征是商品经济,[①] 来自公有制经济的内部,因此,公有制经济和商品经济并不具有排斥性,而是内在统一于公有制经济中。

第三,社会主义公有制经济中存在的经济规律,如国民经济有计划、按比例发展规律与商品经济中供求规律等存在一致性。社会主义国民经济有计划按比例发展规律,要求生产和消费、供给和需求的平衡。而价值规律、供求规律等商品经济规律,则是通过市场机制的功能,调节着资源按照市场需求的规模和结构配置,调节着生产和消费供给和需求在总的趋势上的平衡。从经济运行过程来看,公有制经济同商品经济相结合,也正是要求计划机制与市场机制、计划调节与市场调节相结合。虽然计划调节是事前的,而市场调节和价值规律的调节是事后的,但二者的总目标一致,可统一起来。由此推出,社会主义公有制经济和商品经济是能够相统一的。关于社会主义公有制和商品经济这两个方面,谁适应谁,谁服务谁的问题。卫兴华认为,我们必须要强调发展公有制基础上的有计划的商品经济,商品经济的存在是由社会主义公有制内部的经济条件决定,并不是商品经济的存在决定了社会主义所有制,据此可以说明是由于适应和符合社会主义公有制的性质,商品经济得到了发展。因此,应是商品经济适应社会主义公有制的性质而发展。如果说,社会主义所有制也应适应商品经济发展的要求而改革,那应是指社会主义公有制实现的具体形式的改革,如企业具有经营权,能够独立地自主经营、自负盈亏等,并可以进一步探求适应商品经济发展的所有制实现形式的其他改革措施。[②] 但这种改革不会也不应损害和动摇公有制本身。总的来说,应是商品经济适应社会主义公有制的规定而发展,而社会主义公有制的具体实现形式则应适应商品经济发展的要求而进行改革。

---

① 卫兴华. 社会主义市场经济理论的探索和确立 [N]. 人民日报, 2008-9-23 (007).
② 卫兴华论社会主义公有制与商品经济相统一的理论根据 [J]. 南京社会科学, 1990 (01).

（三）社会主义有计划的商品经济的优越性

卫兴华认为，我国实行社会主义有计划的商品经济有其自身的优越性，主要体现在四个方面：第一，商品经济统一了社会主义总的经济利益和具有差异性的具体的经济利益，仅仅的单一的某一类的商品经济不能够保障国家和社会整体利益的稳定性，而单一的计划经济难以调节公有制经济利益、国家利益和企业利益、个人利益的矛盾，只有实行有计划的商品经济，才能将二者有机结合起来，才能更好地处理好国家、企业和个人的利益分配关系，缓和不同利益主体之间的矛盾。第二，实施具有计划性的商品经济能够按照它的特点，也就是其计划性，有效地避免和克服商品经济的盲目性以及一些自发特征。公有制基础上有计划的商品经济能够自觉地、有计划地按比例发展，避免由无政府状态造成的经济危机，而私有制基础上的商品经济无法克服发展中出现的自发性和盲目性。第三，实行有计划的商品经济，就是要把计划调节和市场调节有机结合起来。市场调节具有更加灵活、灵敏的特点，可以保证企业的活力，使企业在商品经济特有的动力机制和竞争压力下发展；计划调节具有统一性，可保证商品经济遵循社会主义方向和沿着平衡和协调的轨道发展。开展有计划的商品经济发展，并不是单纯地限制其发展，反而是为了更好地促进其发展。第四，实施有计划的商品经济符合生产高度社会化的需要，满足现代经济和社会主义公有制经济的需求。市场并不是万能的，在现代经济中的许多领域，市场所能起的作用是十分有限的，比如重要基础设施的建立和发展，产业结构的优化和重点产业的发展，国民经济重要比例关系的平衡和调整，整个社会经济秩序的维护和重要经济利益关系的协调等等，这些都需要依靠计划调节来实现。在现代社会条件下，西方许多经济学家对市场自发调节的缺陷也进行了研究，以探求"克服市场本身所固有的盲目性"的途径。但这并不会因此而改变西方资本主义国家市场经济的性质。由于私有制的存在，使得西方国家经济的计划调节作用无论在范围上和程度上都存在一定局限性，无法像社会主义国家一样从总体上实现国民经济有计划按比例地发展，更无法避免生产无政府状态和周期性经济危机，更不能克服市场经济分配中的两极分化、贫富悬殊的现象。

三、对商品经济与市场经济关系的认识与辨析

从我国社会主义经济发展历史过程来看，商品经济与市场经济是两个既相互联系又有区别的概念。长期以来，学术界存在将商品经济与市场经济概念等同和

混淆使用的情况，这不符合中国的经济实践与历史事实。卫兴华对商品经济与市场经济有清晰的认识，他认为商品经济与市场经济既相联系，又有区别，不能把二者等同起来。与市场经济相对立的概念是计划经济，二者都是资源配置的方式，而商品经济与市场经济并不是相对立的关系。卫兴华从四个方面对商品经济和市场经济的关系进行阐释和辨析：第一，从我国社会主义商品经济发展史来看，新中国成立后商品生产和商品交换就一直存在，虽然在计划经济时代，商品生产和交换受到一定的限制，甚至到了"文化大革命"时期，商品经济近乎停滞，但即使是这样商品经济从未被消除过。如果将商品经济与市场经济等同化看待，那么可推之，自新中国成立以来，市场经济就已经存在并发展了，但事实不是这样。改革开放以前，虽然我国商品经济和市场经济一直存在，但那时市场在资源配置和调节方面没有发挥作用，而是由计划配置资源，即国家计划调企业生产与社会供求。如果市场经济与商品经济等同，那么新中国成立后社会主义市场经济一直存在，也就不会有之后的十四大提出建立社会主义市场经济体制的目标了。资本主义国家一开始就面向市场，在市场中求生存、求发展，实践市场经济，不存在现有商品经济，后有市场经济的情况。第二，从商品经济与市场经济二者本身的关系来看，商品经济的存在和发展需要市场，产品生产出来需要在市场中实现交换，实现自己的社会价值，没有市场作为产品交换的平台，也就没有商品经济。改革开放以前的很长一段时间，我们否定市场经济，但我们并不是否定市场，市场与市场经济亦是不同的两个概念，党的十四大，我们提出建立社会主义市场经济体制，是从市场作为资源配置的决定者的角度出发，并不是由于商品经济需要市场才做出的决策。第三，从中央的有关文件可看出市场经济与商品经济具有不同的内涵。早在20世纪50年代，社会主义国家已经认识到商品生产和商品交换在社会经济发展中存在的必要性。1958年人民公社时期，毛泽东就强调发展商品生产和商品交换，以及价值规律在发展社会主义经济中的作用。1984年，《中共中央关于经济体制改革的决定》（以下简称《决定》）也提出，发展商品经济是为了发展社会主义经济，此外《决定》也提及了"我国实行的是计划经济……但并不是完全由市场调节的市场经济"。由此看出，中央文件对商品经济和市场经济表述是截然不同的，这也说明二者具有不同的内涵。党的十四大提出建立社会主义市场经济体制的经济体制改革的目标模式。这是对市场经济作出的新界定——从市场在资源配置中起基础性作用和决定作用进行界定，这一界定既超越了市场经济与资本主义相联系，与私有制相联系，也超越了将市场经济与完全自发盲目、无政府状态相联系，同时也让某些学者将市场经济与商品经济等同意义的观点不攻自破。第四，市场经济是从发挥资源配置功能的角度来界定的，与商品经济的存在不能等同。市场经济主要包含市场机制的功能和市场在资源配置中的效果等。讲商品经济和商品生产，是从不同的生产者的劳动联系着眼的，必然要涉及商品生产过程内的特定的社会经济性质。商品经济则有发展程度的差别，存在不发展、发展不完善，以及发展完善等不同程度。在商品经济的不发展和不完善的模式中，市场没有办法发挥资源配置的作用。这一点说明能够发挥市场调节作用的并不是随便一种商品经济。新中国成立后，我国早已出现了商品经济，在改革开放以前，我国明确了商品经济，以及价值规律在经济发展中的作用，但这是在计划经济框架内构建的社会主义商品经济体制，市场没有起到调节经济的作用，市场既不能调节生产经营活动，也不能调节供求关系和价格，而是完全由国家来对经济进行计划调节。在传统的计划经济体制下，市场功能弱小，没有发挥调节作用，也就无法对资源进行配置，完全由国家按照指令性计划来调节经济和配置资源。传统的计划经济体制是排斥市场调节机制的，陈云同志在1979年3月的《计划与市场》一文中指出：苏联和中国经济中"出现的主要缺点，只有'有计划按比例'这一条，没有在社会主义制度下还必须有市场调节这一条。"因此，改革开放前和改革开放的前期阶段，我国虽然存在商品经济和市场，但不能说我国实行的是市场经济。

基于党的十四大提出的社会主义市场经济体制模式，市场经济是市场调节在资源配置中起基础性作用的商品经济。党的十八大以后，我们强调市场在资源配置中发挥决定性作用和更好地发挥政府的作用。卫兴华认为，为更好实行社会主义市场经济，进行社会主义建设，应重视公有制经济即国企发展中市场调节的作用。我国社会主义市场经济发展的重点有两个，一是保障市场经济能够在宏观经济的调控下健康运行；二是市场经济必须要与基本经济制度结合在一起。①

第二节 对社会主义市场经济理论形成过程的总结和评析

我国由计划经济向市场经济转变，是社会主义发展史上的重要理论和实践创举，但这一转变过程是曲折的、复杂的。关于社会主义市场经济理论的形成过程，学术界一直未达成共识。理论是行动的先导，没有理论指导的实践，必然是盲目的实践。建立和发展社会主义市场经济的伟大社会实践，需要科学的社会主

---

① 卫兴华. 社会主义初级阶段理论与实践［M］. 北京：经济科学出版社，2017：141.

义市场经济理论的指导。我们正在建立和发展的社会主义市场经济是一项亘古未有的崭新事业,在这方面进行的实践探索刚刚开始,不可能就此形成一个科学、完整的社会主义市场经济理论体系,这就使我们当前正在进行的建立和发展社会主义市场经济的社会实践,处于一种既迫切需要理论指导。[①] 因此,对社会主义市场经济理论的形成过程进行全面的总结和评析,对社会主义市场经济理论的建立、完善和发展具有重要意义。卫兴华从中央文件和中央领导人关于市场经济理论的论述,诠释和探究社会主义市场经济理论的形成过程,正本清源,对社会主义市场经济理论的形成过程进行了系统、全面和准确的总结和评析。

一、准确把握邓小平市场经济思想发展的曲折历程

从1978年改革开放到1992年邓小平南方谈话这段时期,在公开报道的中央有关文件和领导人的讲话时,并未用到"市场经济"一词,而是用"市场调节"这一概念来替代。从1979年开始,我国将计划经济为主、市场调节为辅作为经济体制改革的模式。而这里的市场调节的经济,实际上是指由市场配置资源的经济。市场调节与市场经济的内涵具有一致的内涵。但在当时的背景下,将社会主义与市场经济相联系有一定的敏感性,邓小平和陈云等中央领导人关于市场经济的内部讲话,都未公开发表。直到1992年邓小平南方谈话后,才把1979年以后中央领导提出市场经济的讲话公开出来。因此,有学者提出邓小平在1992年南方谈话之前曾多次提出现在所实行的社会主义市场经济体制的相关内容,其关于社会主义市场经济的理论认识是一贯的。卫兴华不赞同此观点,他认为邓小平的市场经济思想的发展经历了曲折、复杂的历史过程。准确理解和把握邓小平市场经济思想发展过程,对更好地理解和把握中央在认识和对待计划经济与市场经济关系理论的指导思想的发展和变化方面大有裨益,也十分有利于更深刻和全面地理解我国社会主义市场经济理论的形成过程。

卫兴华认为要准确理解和把握邓小平的市场经济思想,要弄清三个问题[②]:

第一,在改革开放前期,邓小平是赞同和支持计划经济为主、市场调节为辅这一指导思想的。这点可从邓小平领导和指导完成的中央重要文献中的内容中找到依据。不仅是《关于建国以来党的若干历史问题决议》(1981年十一届六中全会)中提及的"必须在公有制基础上实行计划经济,同时发挥市场调节的辅助作

---

① 习近平. 对发展社会主义市场经济的再认识 [J]. 东南学术, 2001 (04).
② 卫兴华. 关于社会主义市场经济理论与实践的历史回顾与评析 [J]. 高校理论战线, 2000 (01).

用",还是1981年的《政府工作报告》、1982年通过的宪法和党的十二大报告说明的"计划经济为主、市场条件为辅"均可作为依据。邓小平在1979年会见外宾时曾提出:"社会主义为什么不能够搞市场经济,这个不能说是资本主义(意指社会主义即使实行了市场经济,也不属于资本主义的内容),我们的发展是计划经济为主,同时也结合市场经济。"这其实也是在计划经济为主、发挥市场调节辅助作用的总体框架下提出的。这里所指出的市场经济并不是计划外的市场经济,而是存在于社会主义公有制经济内部的,由市场自发调节的那部分经济成分,能够对整体的计划经济产生辅助效果的经济。

第二,卫兴华主张要用发展的眼光和视角去理解和把握邓小平关于市场经济的思想,邓小平关于市场经济的思想是一个逐步形成的过程。改革开放前期,邓小平赞同"计划经济为主,发挥市场调节辅助作用"的提法。1987年2月,邓小平同几位中央负责同志谈话时讲"我们以前是学苏联的,搞计划经济,后来又讲计划经济为主,现在不要再讲这个了"。而后,党的十三大报告也不再提计划经济为主也不再强调计划经济的优越性。1990~1992年,邓小平突破传统认识,提出"计划经济与市场经济'都是手段'"的观点,特别是在1992年南方谈话中提出"计划经济不等于社会主义,市场经济不等于资本主义"的著名论断。之后,中央就不再提"计划经济为主",也不再把计划经济作为社会主义制度的特点,这就为后来扩大市场经济的范围、实行社会主义市场经济体制的提出提供了理论和思想认识的基础。随着"计划经济为主"提法被放弃,市场经济(市场调节)为辅的认识也随之发生了改变。

第三,邓小平在1979年对市场经济的问题专门发表了讲话,他实际上是把市场经济区分为两种,一种是与社会主义经济相结合的市场经济,即市场调节意义上的社会主义公有制经济中的市场经济,也就是后来中央和理论界所指的社会主义市场经济。另一种是与资本主义经济相结合的市场经济。邓小平在1979年11月26日回答外宾提问的内容,对这一观点进行了作证。他认为,在当时我国国内是全民所有制和集体所有制的经济体制下,非社会主义市场经济只能表现在外资和部分华侨投资两个方面。以私营经济为成分的资本主义市场经济在当时国内根本不存在,也不可能全面推广。而市场调节涵义上的非资本主义经济的市场经济,中国已经实行。邓小平曾经多次在会见外宾以及和相关负责同志谈话中涉及市场经济的概念,但都未公开报道出来。

卫兴华认为,只有既如实理解和把握邓小平的市场经济思想及其发展过程,又如实理解和把握中央有关重要文献和一些主要领导人关于市场经济的讲话,才能正确理解我国社会主义市场经济理论和实践发展过程的曲折性与复杂性,才不至于把邓小平的有关思想同中央文件和其他领导人的有关思想对立起来。[①] 在当时，对市场经济的内涵的界定有很多种，有的界定将市场经济与私有制和资本主义联系起来，所以，当中央文件和某些主要领导人的讲话从与私有制和资本主义相联系的意义上否定我国实行市场经济或完全实行市场经济时，邓小平同志是正面赞同的。而当涉及我国应充分发挥市场调节的作用、实行社会主义市场经济时，邓小平同志是积极倡导和支持的。我们现在实行的社会主义市场经济，是对市场经济作了新的界定的，既超越了与私有制或资本主义联系的理解，也超越了原来的完全由价值规律自发调节、"无政府""盲目性"生产的理解。市场经济是通过市场调节作用由市场机制配置资源的社会经济。社会主义市场经济，是在社会主义条件下的市场经济，即社会主义基本制度与市场经济相结合的经济。

二、对社会主义市场经济理论确立和发展过程的探索

早在2000年，卫兴华就对社会主义市场经济体制的形成过程，对党在计划和市场问题上有关指导思想的发展和变化进行了研究和评析，他认为，"建立社会主义市场经济体制"体现了党的指导思想的重大转变[②]。党的十一届三中全会后，我国开始逐渐认识到商品经济和市场机制在社会主义经济发展中的作用，但仍受传统经济理论的影响——社会主义的本质属性就是计划经济，且与商品经济天然对立的传统观念，导致我国社会主义市场经济实践和理论发展经历了曲折复杂的过程。他指出："当时经济理论要实现发展与创新，首先要突破将计划经济与商品经济对立起来的传统观念，从而突破社会主义非商品经济论、生产资料非商品论等观点"[③]。1979年的中共中央工作会议和1984年党的十二届三中全会对传统经济理论进行了阶段性渐进式突破，为我国市场经济体制的建立以及市场经济理论的发展奠定了理论基础。

发展市场经济是我国传统计划经济体制改革的重要方向。改革开放以来，从经济体制与市场经济的关系认知来看，有多种不同的理解和提法。通过梳理和研究多位主要领导人讲话和中央有关文件中关于市场经济的论述，卫兴华认为，1991年以前我国基本上否定完全（全面）实行市场经济，在公开报道中央有关

---

① 卫兴华. 关于社会主义市场经济理论与实践的历史回顾与评析 [J]. 高校理论战线，2000（01）.
② 卫兴华. "建立社会主义市场经济体制"是党的指导思想的重要转变 [J]. 哈尔滨市委党校学报，2000（03）.
③ 卫兴华. 社会主义市场经济理论探索和确立 [N]. 人民日报，2008-09-23（007）.

文件和主要领导人讲话时，一般用"市场调节"一词替代"市场经济"这一概念；邓小平南方谈话后，才将1979年以后领导人各次提出的关于市场经济的讲话公开出来。我国在探寻新的经济体制过程中，由于受到社会主义发展历史、现实和理论约束，经历了对市场经济从总体上由否定到半肯定、到完全肯定的过程。① 从理论上认识我国社会主义市场经济发展的曲折性和复杂性，不能只遵从关于我国社会主义市场经济理论与实践的"全书"和典籍，而应该全面理解和把握邓小平的市场经济思想和发展过程，并如实理解和把握主要领导人关于市场经济的讲话和中央的重要文献。卫兴华将我国社会主义市场经济理论的确立和发展过程分为三个阶段②。

（一）"计划经济为主，市场经济为辅"的发展阶段

党的十一届三中全会后，实行改革开放，总结以往计划经济发展的得失，单一计划经济体制的弊端逐渐暴露出来，全社会普遍认识到只有对其进行改革才能推动发展。但并不能因此否定社会主义建设前期阶段实行计划经济的必要性与必然性。若没有统一的计划指导与管理，我国就无法较快地建立起完整的工业体系。③ 卫兴华通过对历史文献的分析发现，在中央领导层中陈云是最早主张引入市场经济（市场调节）的，并认为陈云的市场经济思想是得到邓小平和李先念等中央决策层的赞同和支持的。陈云在1956年中共八大会议提出"三个主体、三个补充"的经济思想：主张在工商业经营方面，国家、集体经营是主体，个体经营是补充；在生产计划方面，"计划生产"是主体，"自由生产"是补充；在市场方面，"国家市场"是主体，"自由市场"是补充。④ 卫兴华根据1972年2月李先念的讲话和1979年3月陈云撰写的《计划与市场的问题》一文提及的关于市场经济发展的内容，认为"计划经济为主，市场经济为辅"这一经济体制框架来源于陈云提出的关于市场经济发展的思想。1979年2月，李先念根据陈云的意见在一次内部会议中提出："在计划经济前提下，搞点市场经济作为补充。计划经济和市场经济相结合，以计划经济为主；市场经济是个补充，不是小补充，是大补充。"⑤ 陈云最早提出了"计划经济为主、市场经济为辅"，率先打破了传统

---

① 卫兴华. 关于社会主义市场经济理论与实践的历史回顾与评析 [J]. 高校理论战线，2000（01）.
② 卫兴华，田超伟. 准确把握邓小平市场经济思想发展的曲折历程 [J]. 马克思主义理论学科研究，2016（04）.
③ 卫兴华，李先灵. 我国确立社会主义市场经济体制的曲折历程 [J]. 宁夏党校学报，2019（02）.
④ 陈云年谱（修订本），中 [M]. 北京：中央文献出版社，2015：484.
⑤ 陈云年谱（修订本），下 [M]. 北京：中央文献出版社，2015：265.

计划经济体制的束缚，并成为党中央早期经济改革的指导思想。1979年4月5日，《在中央工作会议上的讲话》上李先念作为中央代表对计划和市场的关系作出阐述："在整个国民经济中，要以计划经济为主导，同时必须充分重视发挥市场调节的辅助作用。"这是在公开场合第一次以中央文件形式表明我国经济体制改革的指导思想，并且在之后的改革理论与实践中得以检验。邓小平同志对陈云同志的经济改革观点是同意的，这一点能够从邓小平主持制定的《关于建国以来党的若干历史问题的决议》以及1980年1月《目前形势和任务》中提出的"计划调节和市场调节相结合"的内容中得以验证，同时邓小平同志在1983年4月3日的谈话中也提及"最重要的还是陈云同志说的，要以公有制基础上的计划经济为主，辅以市场调节"①。在1982年9月召开的党的十二大中，明确提出"计划经济为主、市场调节为辅"作为我国经济体制改革指导思想，并将其写入1982年宪法中。1984年10月《中共中央关于经济体制改革的决定》提出"社会主义计划经济必须自觉依据和运用价值规律，是在公有制基础上的有计划的商品经济"，该决定充斥了计划经济与商品经济相对立的观点，也可看出中央决策层在更大程度上更加重视市场在经济运行中的地位和作用。"计划经济为主，市场经济为辅"在现在看来存在一定的局限性，但这一阶段是我国市场化改革的起步阶段，为社会主义市场经济理论的确立做了准备。②

卫兴华采取历史与逻辑统一的分析方法，对陈云同志的"为主为辅"的改革思想进行评价。首先，从现在我国全面实行社会主义市场经济，放弃计划经济的改革模式来看，"为主为辅"的指导思想显然是有历史局限性的。但是，在中央决策层中，陈云最先指出计划经济存在的缺点，需要引入市场调节（市场经济），把经济搞活是具有创新性理论和实践意义的。其次，改革的理论思想总有一个开始探索和逐步发展的过程。计划经济体制在我国很长一段时间被认为是无法打破的，"为主为辅"的理论思想在计划经济体制中打开了一个缺口。这一"市场调节（市场经济）为辅"的理论思想得到邓小平支持，冲破了中外的传统认识：市场经济必然是以私有制为基础，与资本主义划等号。我国改革初期，提出的以市场经济作补充，是与社会主义公有制相结合的新型的市场经济。后来，公有制一统天下的局面得以突破，私营经济、个体经济和外资经济逐渐发展起来，我国的市场经济范围也得以扩大了。再次，1984年中共中央《关于经济体制改革的决定》继承和发展了陈云的"为主为辅"的改革思想。该决定中虽然没有提

---

① 陈云年谱（修订本），下［M］．北京：中央文献出版社，2015：293．
② 卫兴华．社会主义市场经济理论的探索与确立［N］．人民日报，2008-9-23（007）．

"为主为辅"的模式，但在实际论述中包含了这一思想，把市场取向的改革推向前进，把计划经济与商品经济内在地统一起来。

（二）放弃"为主为辅"论，"计划与市场内在统一"的发展阶段

伴随着中国改革开放的深入，以"计划经济为主，市场调节为辅"的发展弊端在经济发展实践中逐步显现出来，随后计划与市场内在统一的过程慢慢渗透到经济发展进程中。1987年2月邓小平与几位中央领导人的谈话内容："我们以前是学苏联的，搞计划经济。后来又讲计划经济为主，现在不要再讲这个了，不要再搞苏联式的高度集中的计划经济，压制市场经济；要扩大市场经济的范围，不再强调计划经济为主"，突破了第一阶段"为主为辅"的运行模式，推行计划与市场内在统一的新结构。在社会主义市场经济理论发展的第二阶段，邓小平并没有完全否定计划经济，而是提倡计划与市场二者要灵活结合。党的十三大报告没有再提"计划经济为主"，也没有涉及"计划经济"一词，而是有了新的提法，提出"社会主义有计划商品经济的体制，应该是计划与市场内在统一的体制"，在本质上对计划和市场进行了统一；并且强调要实行"国家调节市场，市场引导企业"新型的运行机制，即企业的经营活动不再由国家直接管理，而是由市场机制直接调节企业的经营活动，国家通过指导性计划的方式对市场进行宏观调控。这一运行机制实际上是与社会主义市场经济运行机制相接轨的。邓小平对党的十三大报告中"国家调节市场、市场引导企业"的运行模式是赞同的和支持的。面对一些质疑市场调节的声音，他在1989年6月9日谈话中提及："在实际工作中，尤其是调整时期，我们应该加强或多一些计划性，而在其他时候可以多一些市场调节，要把经济建设搞得更具有灵活性。以后的经济发展还是要结合计划经济与市场调节两部分。"[1] 1989年庆祝新中国成立40周年大会上，江泽民同志提出要"坚持计划与市场相结合"，这与邓小平的讲话内容是一致的，而后他又说"如果一味削弱乃至全盘否定计划经济，企图完全实行市场经济在中国是行不通的，必然导致经济生活和整个社会生活的混乱"。[2] 由此看出，当时我们既没有完全实行计划经济，也没有完全实行市场经济，而是将两者结合发展。之后的一段时期中国的社会主义市场经济实践的确是围绕该模式展开。

---

[1] 《邓小平文选》（第3卷）[M]．北京：人民出版社，1993：306．
[2] 十三大以来重要文献选编（中）[M]．北京：人民出版社，1991：20．

（三）"全面实行社会主义市场经济"的发展阶段

邓小平在 1990 年后始终致力于社会主义市场经济理论的创新工作，创新性地提出了"计划经济与市场经济'都是手段'，计划经济不等于社会主义，市场经济不等于资本主义"①的论点。尤其是 1992 年的南方谈话，打破了计划经济无法与市场经济共存的传统观念，明确认为社会主义也可以进行市场经济建设。为了落实邓小平市场经济思想，1992 年 6 月 9 日江泽民在中央党校的讲话中，提出了"关于在我国建立社会主义市场经济体制"的建议。他从资源配置的角度将市场经济界定为"配置资源和提高激励的有效方式""通过竞争和价格杠杆把稀缺物资配置到能创造最好效益的环节中去"。同时指出，市场不是万能的，它有"自身的明显弱点和局限性"。

这一阶段，我国社会主义市场经济发展摆脱了与资本主义和私有制的内在联系，为解放思想、扩大市场经济范围和实行社会主义市场经济体制提供了思想准备和理论基础。党的十四大报告明确提出"建设社会主义市场经济体制"的目标，在国家宏观调控下发挥市场对资源配置的基础性作用，突出市场在资源配置中的作用，并进一步强调指出社会主义市场经济实质上是市场经济与社会主义基本制度两方面内容的结合。党的十四大提出的关于社会主义市场经济理论的内容，完全突破了将市场经济与私有制和资本主义绑定的传统观念，为社会主义经济体制改革和经济发展开辟了新的道路。经过长期艰辛的探索与实践，我国社会主义市场经济理论在党的十四大以后最终确立起来。2013 年 11 月，党的十八届三中全会进一步提出，使市场在资源配置中起决定性作用和更好发挥政府作用，进一步完善了我国社会主义市场经济理论。

三、对中国特色社会主义市场经济理论形成曲折原由的探析

新中国成立后，由于受经济理论和实践滞后性的影响，我国对实行市场经济存在质疑。我国社会主义市场经济思想发展历经曲折，既有理论认识局限的因素，又有复杂历史和现实背景的影响。②

---

① 《邓小平文选》（第 3 卷）[M]．北京：人民出版社，1993：373．
② 卫兴华，田超伟．准确把握邓小平市场经济思想发展的曲折历程 [J]．马克思主义理论学科研究，2016（04）．

（一）在理论认知方面存在局限

受已有历史条件和时代条件的限制，马克思主义经典作家将市场经济视为资本主义特有的属性，将计划经济视为社会主义的属性，并认为二者是对立的关系。列宁在1906年著作《土地问题和争取自由的斗争》一文中明确指出"只要还存在市场经济……世界上任何法律都无法消灭不平等和剥削"，由此看出，列宁将市场经济与计划计划经济看作是两种对立的制度。改革开放前，虽然我国已有的社会主义实践虽突破了对商品经济认知的局限，但少有学者对"市场经济"的概念和理论进行研究和讨论；而在西方资本主义国家的主流经济思想中，市场经济与私有制紧密相关，在20世纪二三十年代，市场经济与社会主义无论在舆论媒体还是西方经济学家的眼中都被普遍看作截然对立的东西。1922年，维也纳大学教授米赛斯发表论文，认为在社会主义公有制下不可能存在真正的市场和合理的经济计算，也不可能有效率的资源配置。他认为，市场和价格的形成功能同生产资料私有制的社会分不开，而"市场是资本主义社会制度的核心，是资本主义的本质"。他把市场经济与社会主义都看作社会制度，最后的结论是，"二者必居其一，要么是社会主义，要么是市场经济"。① 就是说，社会主义和市场经济二者不可能皆而有之，要社会主义就不可能有市场经济，要市场经济就得放弃社会主义。西方的权威书籍《简明不列颠百科全书》对"资本主义"词条做如下解释：资本主义"亦即自由市场经济"。此外，世界银行的有关发展报告曾长期把社会主义国家称作计划经济国家，把资本主义国家称作市场经济国家。据此可以发现，一直以来，不仅仅是马克思主义经济学，包括西方主流经济学等均没有打破市场经济与私有制相联系以及计划经济与公有制相联系的传统观念，也没有突破计划经济与资本主义以及市场经济与社会主义无法兼容的思维观点。

（二）历史事实方面的原因

纵观世界资本主义发展历程可以看出，市场经济是有利于资本主义经济发展的，离开了市场经济和市场调节机制，资本主义也将不复存在。所有的资本主义国家，均实行私有制为基础的市场经济。市场经济贯穿了资本主义发展的几百年，虽然在出现经济危机时，为弥补"市场失灵"，资本主义国家加强对经济的计划和干预，但始终坚持市场调节经济的机制；而十月革命后，世界上所有的社会主义国家都实行以公有制为基础的计划经济。即使1984年中共中央《关于经

---

① 《现代外国经济学论文选》（第9辑）[M]. 北京：商务印书馆，1997：63－67.

济体制改革的决定》肯定我国实行商品经济,也还同时强调计划经济与商品经济的统一;提出"社会主义计划经济……是在公有制基础上的有计划的商品经济",这一论断被看作是社会主义经济理论和改革理论的重大突破。但该决定还是强调了计划经济的优越性:"社会主义社会在生产资料公有制的基础上实行计划经济,可以避免资本主义社会生产的无政府状态和周期性危机,使生产符合不断满足人民日益增长的物质文化生活需要的目的,这是社会主义经济优越于资本主义经济的根本标志之一。"因此,把市场经济视为资本主义的制度属性,把计划经济视为社会主义的制度属性,符合当时的实际情况。[1] 社会主义国家实行以公有制为基础的计划经济也在一定区域和一定时期内优势尽显。如苏联在第二次世界大战后,依靠国家主义政策和计划经济体制,迅速恢复国民经济,成为与美国相抗衡的超级大国。尤其是在 1929~1933 年资本主义世界发生经济大危机期间,苏联经济蓬勃发展,在鲜明的对比下,社会主义计划经济的优越性清晰地显示出来了。新中国成立之初,经济社会百废待兴,依靠计划经济体制,我国经济得以恢复,完成了社会主义改造。在计划经济后期,尽管计划经济体制弊端尽显,但社会主义国家要由计划转向市场也是存在一定困难的。

(三) 对西方和平演变的警惕

西方国家看似反常地鼓励和支持社会主义国家开展经济、政治和文化体制改革,甚至对部分社会主义国家实行市场经济进行援助,帮助其实现市场经济和民主政治,以达到其和平演变的目的;苏东社会主义国家进行的市场化改革,无论是主张市场经济的还是反对市场经济的,都将市场经济与私有制相关联,将经济市场化与政治多元化相结合,他们按照西方的要求和设计,将经济市场化和政治多元化、经济私有化、国家非社会主义化结合在一起,导致社会主义全面蜕变和最终解体。[2] 例如,1988 年 8 月 11 日《华尔街日报》发表了《战略转变:美国重新确定安全政策》一文,提出"共产主义作为一种意识形态正在衰败",在此形势下,美国"新的安全政策……的目的是促进积极的变化,诸如在第三世界甚至在东方集团内扩展民主概念和市场经济"。据国外媒体报道,1990 年 6 月 27 日美国总统在回答记者提问时讲,只有在莫斯科作出转向市场经济的"彻底的改革努力之后",才能向苏联提供数十亿美元的援助。

---

[1] 卫兴华,田超伟. 准确把握邓小平市场经济思想发展的曲折历程 [J]. 马克思主义理论学科研究,2016 (04).

[2] 卫兴华. 关于社会主义市场经济理论与实践的历史回顾与评析 [J]. 高校理论战线,2000 (01).

正因为我们党认识到西方国家鼓励社会主义国家放弃计划经济、完全实行市场经济的图谋所在，所以，当1987年3月美国国务卿舒尔茨来华向我们党提出建议，废除计划经济，完全实行市场经济时，被断然拒绝了。外国媒体公开报道了这一事实，并引证了李先念主席的讲话。1987年3月4日的《人民日报》报道了李先念的讲话，"外国有人希望我们完全放弃计划经济，只搞市场经济，搞资本主义，全盘西化，这种想法是要落空的。"我们党对西方国家企图让中国实行完全私有化的市场经济的意图保持警觉，强调坚持实行以公有制为主体的社会主义市场经济，这在一定程度上影响了我国社会主义市场经济理论的提出及市场经济发展的进程。实践证明，我国最终实现了由计划经济转向了市场经济，并逐步实行全面的市场经济，但我们的市场经济是与社会主义基本经济制度相结合的市场经济，是以公有制为基础的市场经济。

基于社会主义传统经济理论和资本主义市场经济发展历程，以及苏东社会主义市场化改革实践，我国长期坚持以公有制为基础的计划经济体制，在一定程度上限制了我国生产力的高速发展。为推动生产力的快速发展，我国着力调整计划与市场的关系，进行经济体制改革，不断扩大市场在资源配置中的作用，但在很长的一段时期内我国并未完全实行市场经济。卫兴华教授指出，社会主义市场经济理论的产生与发展，植根于社会主义国家坚持的传统经济发展体制阻碍了社会主义生产力的充分释放的事实；为促进社会主义生产力发展，需进行经济体制改革，而经济体制改革所强调的市场机制在经济增长中的积极效果，就须打破原有的传统经济理论①。

第三节　对社会主义市场经济中政府与市场关系的研究

政府和市场的关系，对于任何实行市场经济的国家而言，都是其经济发展过程中要处理好的核心矛盾，这也是学术界长期争鸣的一个重大话题。正确厘清政府和市场之间的关系是中国经济体制改革的核心内容。改革开放以来，尤其是党的十四大正式地提出建立社会主义市场经济体制这一个明确目标后，我国市场经济发展的重点一直聚焦于政府和市场的关系。卫兴华深入分析了政府与市场的关系，以及其在我国社会主义市场经济建设动态演进中发挥的作用，

---

① 卫兴华. 社会主义市场经济理论探索和确立［N］. 人民日报，2008-09-23（007）.

还深刻分析了处于社会主义市场经济发展的不同阶段下,政府功能与市场功能呈现出的不同组合。

一、对社会主义市场经济运行机制的研究

卫兴华是最早对社会主义市场经济运行机制进行研究的经济学家,从20世纪80年代开始,带着他的博士生洪银兴、魏杰对社会主义经济运行机制展开研究,发表了大量的成果。卫兴华与其博士生洪银兴、魏杰关于社会主义市场经济运行机制的研究成果,获得学术界的广泛认可,对我国经济体制改革和社会主义市场经济的最终确立做出了重大贡献,也因此获得第九届中国经济理论创新奖。

(一)提出"国家调节市场、市场引导企业"的社会主义市场经济运行机制

20世纪80年代,我国正处于计划经济向市场经济转型的初期,随着社会主义商品经济逐渐获得认可,一批经济理论研究者对经济体制改革的方向进行了开创性的探索和研究。随着社会主义经济实践的发展,传统经济体制下的经济运行暴露出一系列弊端,社会主义经济运行机制问题也日益成为政治经济学研究的重要内容。对社会主义经济经济体制进行改革实际上是对传统的经济运行机制进行改革,选择新的符合经济体制改革需要的经济运行机制。

早在1986年,卫兴华、洪银兴、魏杰就对经济运行机制的概念做出了界定:即指一定经济机体内各构成要素之间相互联系和作用的制约关系及其功能。它存在于社会再生产的生产、交换、分配和消费的全过程,① 并系统研究了我国经济改革所要建立的经济运行机制,即"计划调节市场,市场调节企业"的模式。这是学术界首次提出经济运行机制的概念。他们提出的"计划调节市场,市场调节企业"的经济运行模式与党的十三大报告指出的"国家调节市场,市场引导企业"这一新的经济运行机制的内涵相一致。1987年,卫兴华、洪银兴、魏杰在《经济研究》第1期发表《计划调节导向和约束的市场调节》一文,打破了将计划调节与市场调节看成是同一层次调节机制的传统观点,提出"计划调节市场,市场引导企业"的运行机制,即计划调节和市场调节应是纵向的不同层次的调节机制,计划调节从经济运行的总体方向制约和协调市场调节过程,是高层次的调节,而市场调节遵循计划规定的轨道调节企业的经营活动,在运行中发挥计划机

---

① 卫兴华,洪银兴,魏杰. 社会主义经济运行机制[M]. 北京:人民出版社,1986:28.

制的功能，并认为在现实经济运行中，计划调节发挥主导作用，市场调节发挥基础性作用，形成了"计划调节导向和约束的市场调节机制"。1987年党的十三大报告采用了"国家调节市场，市场引导企业"这一提法。1989年，卫兴华与洪银兴、魏杰合著的《经济运行机制概论》一书对社会主义商品经济的运行机制进行了系统论述，将社会主义经济运行机制理论内涵归结为经济运行目标理论、经济决策理论、经济动力理论和经济调节理论等方面[①]。并指出在当时有计划的商品经济条件下，进行经济体制改革实际上是探索新的能保证整个经济活力的运行机制，这一运行机制必然是计划机制和市场机制的有机结合体。

1989年政治风波后，理论界开始质疑"国家调节市场，市场引导企业"的机制，主张计划调节的声音也变得更强起来。针对这一质疑，他在多部论著中强调应重视这一经济运行机制的理论和实践价值。1990年，卫兴华在《中国社会科学》第5期刊发《计划经济与市场调节相结合的根据和形式》一文，进一步强调"国家调节市场，市场引导企业"运行模式在社会主义经济条件下的适用性，"国家调节市场，是必要的，否则市场会是完全自发和盲目的。另外，讲市场调节，如果不允许市场引导企业，市场调节便失去了对象，市场调节的作用也就不存在了。"

党的十四大报告提出建立社会主义市场经济体制的目标，确立了社会主义市场经济，并强调："要使市场在社会主义国家宏观调控下对资源配置起基础性作用"。在此背景下，理论界提出在经济运行中要加强和完善国家宏观调控。实际上宏观调控就是政府调控，即政府对经济进行有目标、有计划的调节，政府调控是以计划调节为基础的。这在一定程度上与党的十三大报告中提出的"国家调节市场"的内涵相一致。卫兴华通过对政府和市场功能关系考察，指出在社会主义市场经济体制下，政府与市场的功能组合关系在新的经济条件下会呈现出新内容：一是在基础层次上，市场对企进行直接调节，政府（国家）在宏观层次上通过调节市场间接调节企业生产和经营活动；二是政府通过税收、信贷、利率等经济杠杆调节微观经济；三是市场功能是政府发挥功能的基础，宏观层次的调节措施也必然要遵循市场价值规律，并与市场运行机制相适应；四是政府在宏观经济领域起着调节作用。[②] 1992年，邓小平在南方谈话中提出"社会主义也有市场""市场经济不等于是资本主义，计划经济不等于是社会主义"等著名论断，突破了理论界对市场经济的传统看法，对后来社会主义改革理论与实践产生了很大影

---

① 卫兴华，洪银兴，魏杰. 经济运行机制概论 [M]. 北京：人民出版社，1989：7.
② 卫兴华. 改革以来我国市场功能与政府功能组合关系的演变 [J]. 特区理论与实践，1998（04）.

响。卫兴华始终认为"国家调节市场，市场引导企业"二层次经济运行机制是科学的，这种政府功能与市场功能的组合有利于市场改革，它概括说明了国家、市场和企业三者之间的关系，也说明了计划与市场有机结合的新体制的运行模式。①卫兴华等围绕社会主义经济运行机制进行的原创性研究成果对后来确立社会主义市场经济的内涵做出了重大理论贡献。②

（二）对计划调节和市场调节相结合运行机制的阐释

正确处理计划经济和市场调节的相互关系是社会经济体制改革的重要内容。

1. 关于计划调节与市场调节关系问题的理论分歧

20世纪90年代初，我国经济理论界关于计划调节和市场调节的关系问题存在较大分歧。有人认为，在国民经济的主体部分应该实行计划调节，在国民经济的小众部分实行市场调节，从而推出计划调节和市场调节的主辅关系，即以计划调节为主，以市场调节为辅；也有人提出，该让市场在国民经济的大部分活动中发挥调节作用，而计划调节只适用于一部分重点企业，从而推出市场调节和计划调节的主辅关系即以市场调节为主而以计划调节为辅；还有一种观点认为，计划调节和市场调节是相互渗透的关系，二者不能截然分开，计划调节的范围需要发挥市场机制的作用，而市场调节范围也需要加强计划的指导，在市场调节中渗入计划调节。卫兴华认为，以上这些观点虽然在内容方面不尽相同，但其本质上却有共同点——都把计划调节和市场调节看成是同一层次的调节机制，把国民经济分为由计划调节和由市场调节两个相并列的板块，从横向视角来阐释计划调节和市场调节的关系。③ 前一种观点的主要问题在于，将计划调节是市场调节理解为是相互对立的关系，计划调节的范围不存在市场调节，而市场调节范围又完全排斥计划调节，其必然会导致计划调节的那部分经济效益不高，市场调节的盲目性难以克服等不良结果产生，甚至会出现计划调节挤占市场调节，市场调节排挤计划调节的现象产生，从而不利于国民经济的有序运行。而后一种观点，将计划调节和市场调节置于完全同等的地位，看似比前一种观点更加科学，但这一观点也未体现二者的层次关系，计划调节与市场调节相比居于高层次地位的特征并未显示出来，整个国民经济的运行的核心机制和导向机制无法凸显，难以保证国民经济的良性循环。

---

① 卫兴华. "国家调节市场，市场引导企业"评析 [J]. 经济研究，1998（03）.
② 卫兴华，洪银兴，魏杰. 社会主义市场经济运行机制研究 [M]. 北京：经济科学出版社，2020.
③ 卫兴华，洪银兴，魏杰. 计划调节导向和约束的市场调节 [J]. 经济研究，1987（01）.

卫兴华认为，从横向联系考察计划调节和市场调节相互关系的观点，只注意到了市场调节与计划调节之间的现象联系，而忽视了二者的内在联系。他对计划调节和市场调节的内在联系进行了详细阐释：一方面，从市场机制对计划调节的作用来看，政府及相关部门在制定计划时，要将市场的需求状况和对市场发展趋势考虑其中，并且计划的效果也只有经过市场活动的检验和校正，才能检验计划是否科学。通过计划手段制定的政策要在市场中执行，要依靠市场机制来贯彻，这样计划目标才能在市场调节过程中得以实现，因此，计划调节实际上是在市场机制作用中对国民经济活动进行调节。另一方面，从计划调节对市场调节的作用来看，计划是市场运行的总体导向，引导市场的发展方向，对市场在利益关系上的局限性、调节活动中的短期性行为、盲目行为和失灵情况加以克服和调节；当市场运行出现偏差时，计划能够帮助市场机制迅速扭转调节功能紊乱的局面；在市场机制功能难以达到或者作用力微弱的经济活动领域，由计划机制承担调节的任务；计划完善市场运行条件，为市场机制发挥积极功能提供了必需的基础。

2. 认为计划调节和市场调节之间应是一种纵向二层次调节关系

通过对计划机制和市场机制内在联系的详细阐释，卫兴华提出计划调节和市场调节之间应主要是一种纵向关系，而不应是层次不分的横向关系。在社会主义运行机制中，计划调节属于高层次的调节机制，其以市场调节为基础，并且把市场机制作为运行基体，并从经济运行的总体方向上制约和协调市场调节过程。计划调节和市场调节的现实运行过程表现为：从纵向上看，计划调节渗入市场，使计划机制在市场机制的运行中发挥调节作用，促使市场机制内部各要素之间形成与计划目标相一致的联系，让市场机制在计划规定的轨道上运行，从而使计划机制的功能在市场机制运行中得以发挥，最终国民经济的运行目标在市场机制的经济活动中得以实现。卫兴华将计划调节和市场调节的活动过程概括为"计划调节市场，市场调节企业"的模式。从以上经济运行过程可看出，计划调节和市场调节不是同一个层次的调节机制，与市场调节相比，计划调节是高层次的调节机制；计划调节和市场调节的对象也不相同，前者以市场为调节对象，而后者则以企业为调节对象；计划调节与市场调节虽属不同层次的调节机制，但二者在市场运行的现实活动中通过纵向联系而紧密结合在一起，相互制约和相互作用，共同推动国民经济实现有计划按比例发展。在计划调节和市场调节的纵向联系中，以计划调节处于主导地位，市场调节发挥基础作用。起主导作用的计划调节和作为调节基础的市场调节，在现实经济运行中融为一体，从而形成计划调节导向和约束的市场调节机制相结合的经济运行机制。卫兴华认为，在当时的经济背景下，在国民经济运行的总体中，由计划调节引导和约束的市场调节应是社会生产的主要调节形式。然而，一些特殊的调节形式在一定时期内也会被不同程度的采用，如对特殊的产业、特色产品和企业进行必要的直接的指令性计划调节。这些特殊调节形式会因经济发展时期不同以及经济发展需要进行相应的扩大或者缩小，但社会生产的最主要调节形式是计划调节引导和约束的市场调节。

3. 提出计划调节市场的四种模式

要在长期实行以排斥市场为特征的集权式的社会主义国家，建立"国家调节市场，市场引导企业"的经济运行机制面临着一些困难。首先，当时我国的市场体系不够完善，市场暴露出来的缺陷不是市场机制本身内在功能的缺陷，而是由市场不完善所形成的外在缺陷，因此应建立一个较发达的市场体系，为新的经济运行机制运行提供良好的环境。其次，国家作为计划调节的主体，其所拥有的集权式直接管理经济的行政能力已无法满足调节市场有效性的要求，因而亟须重新建造与有计划商品经济体制相适应的国家机构及其职能。最后，改革开放以前及改革开放初期，企业不是真正的市场主体，与市场的内在联系不紧密，其经营活动更多的是受国家的直接控制和引导，因而重新建造企业运行格局显得十分必要。在此背景下，卫兴华、魏杰提出建立"国家调节市场、市场引导企业"的经济运行机制的四种方式。

一是"市场化"方式。这种方式强调充分发挥市场的作用，在充分放开市场后，市场通过的连锁反应进行自我扩张，形成市场造市场的格局，并带动整个市场进行自行组织和发展，从而推动市场体系逐步完善。在市场充分放开后，市场对国家的机构及职能的作用也随之发生变化，倒逼国家调整机构设置和转变职能。随着市场组织的发展和市场体系的完善，国家调节会被动地进入调节市场的轨道，并从而取代市场运行机制向自觉适应市场机制的要求转变，最终与市场形成作用与反作用的灵敏关系。在市场充分放开后，企业成为市场运行的主体，市场会迫使企业在享受市场利益的同时要承担市场风险，从而使市场能够对企业进行引导和企业能够对市场进行选择，以至于使企业能够纠正市场偏差。但该模式要推广存在一定的弊端：在当时计划调节为主、市场发育极不成熟的背景下，单纯靠市场力量推进新的经济运行机制的形成不仅无法取得成功，并会导致市场机制的优势无法发挥出来，反而是市场的短处得以充分释放，进而引发经济的大波动和紊乱。

二是"政府化"方式。该方式的特点是突出政府在运行机制中的作用。政府通过行政手段再造市场，帮助市场清除发展过程中的干扰因素，加速市场发育和成长进程，为形成较为完善的市场体系创造条件；同时，政府主动改造机构条件并完善职能，从行政式的直接调节经济活动转向调节和引导市场，与市场形成调节和反作用的相互关系；并摈除与企业的"父子式"直接管理关系，将企业主体推向市场，使企业与市场形成市场引导企业、企业对市场进行选择和对市场偏差进行纠正的关系。实行"政府化"方式的困难在于：由于受长期实行集权化模式的影响，政府的管理方式形成了一定的惯性，短期内难以从传统模式中摆脱出来，旧体制下的政府机构对于新的经济运行机制的形成有着极强的逆反作用，因此，单靠政府自身组织市场，造就自主经营和自负盈亏的企业，实现自我职能转换及完善，显然无法适应当时经济发展的需要。

三是"企业化"方式。该方式把放活企业作为建立"国家调节市场、市场引导企业"经济运行机制的重要突破口，强调要使企业成为自主经营和自负盈亏的商品生产者和经营者。企业摆脱国家直接的行政控制，由原来行政附属物身份转变为真正的市场主体，从而促进市场体系的形成，同时，与市场建立起内在有机联系，接受市场引导并同时纠正市场。企业成为市场主体后，国家调节会随之跟踪到市场中，从而以市场作为调节对象，与市场形成调节与反作用的关系。"企业化"方式的推广同样也存在阻碍：企业作为市场活动的主体，由于长期受国家行政的严格控制，市场意识及竞争意识较为薄弱，因而单靠企业的力量开拓市场、摆脱国家的直接控制，是较为困难的。

由此推之，要单纯依靠上述三种方式中的任何一种都无法推动"国家调节市场、市场引导企业"经济运行机制的形成。卫兴华等提出第四种方式：即对市场化、政府化、企业化方式进行综合和配套改革。针对当时国家行政干预过多、市场及企业力量薄弱的问题，应采取弱化国家行政调节、强化市场机制、硬化企业经营机制配套改革措施，三者相互促进和呼应。具体说来，弱化国家行政调节是指，国家应弄清自己管辖的范围，对于无能力管和管理无效的领域坚决不管，针对应该管辖的领域要讲究方式方法，不能单靠行政权力去指挥。另外，国家实现从直接管理企业转向调节市场是弱化国家行政调节的关键，从单纯或主要依靠行政权力调节转向运行经济机制调节，以此加强和完善国家调节。强化市场机制是指，在全社会的经济活动中充分发挥市场机制的作用，并利用市场是国家与企业的连接枢纽的特点，通过强化市场，将国家的政策导向和宏观调控的目标传入企业中，迫使国家和企业共同进入"国家调节市场、市场引导企业"的运行轨道。硬化企业经营是指，企业摆脱国家直接控制，真正成为市场主体，不再是国家行政的"附属物"，完全进入市场运行之中，真正做到自主经营和自负盈亏。弱化国家行政调节、强化市场机制硬化企业经营这三个方面应是相互促进的关系。市场及企业的强力可抑制和消除国家弱化调节的逆反作用；国家和企业可对市场在强化过程中出现的经济紊乱及盲目性缺陷进行协调和弥补；硬化企业经营既要隔断国家与企业的"脐带"关系,也需要由市场风险及市场利益形成一定的压力和吸引力。卫兴华等认为,在当时的经济背景下,弱化国家行政调节、强化市场机制、硬化企业经营机制配套改革是形成"国家调节市场,市场引导企业"的新经济运行机制的唯一途径。①

(三) 梳理了改革开放以来我国政府与市场关系的演变

改革开放以来,我国政府与市场关系改革的核心内容是对市场与计划关系的认识和处理。卫兴华认为,社会主义市场经济中政府功能与市场功能的组合,会受到经济制度和生产力发展的影响,并与社会经济环境有关。在我国经济体制改革实践中,随着我国改革进程的推进和生产力水平的发展,政府与市场的关系呈现出不同的组合方式。

(1) 政府与市场"为主为辅"板块式的功能组合。20世纪70年代末,针对传统经济体制的发展缺陷,陈云同志首先将市场调节引入社会主义经济中。陈云同志关于市场调节的思想,对我国经济体制的改革具有重要的理论和突破性实践意义,一度成为党中央改革的指导思想。②但当时的市场调节只是针对计划外的经济活动,并且是传统意义上的由市场价值规律对经济进行"盲目的""无政府"的调节,这就决定了计划调节与市场调节难以进行有机结合,而是形成了"板块式"的功能组合,而且是"有计划按比例"的调节占主要部分,"盲目的""无政府"的调节仅仅是小部分。1979年以后的中共中央文件也多次强调"计划经济为主、发挥市场调节辅助作用"的经济体制改革导向。如1981年通过的《关于建国以来党的若干历史问题的决议》提出,"我国经济体制改革的基本方向应当是:在坚持实行社会主义计划经济的前提下,发挥市场调节的辅助作用"。我国提出的发挥市场调节作用的经济发展理论,除了通过计划(政府)指令或指导来发展经济之外,开始注重发挥市场在资源配置中的功能。1982年9月,党的十二大报告还强调要正确划分政府与市场发挥作用的范围和界限。卫兴华认为,政府功能和市场功能在不同领域、不同层次和不同范围存在差异,但在20世纪80年代初资源配置中的政府与市场只是一种简单的为主为辅的板块组合。在指令性计划范围内,市场机制无法充分发挥调节资源配置的作用,市场功能发挥的程度都较低,政府的作用较为明显。所以,在这种资源配置功能的板块式组合下,市场只是在国家计划之外(不重要的小商品范围)起资源配置的调节功能。

---

① 卫兴华,魏杰. 建立新的经济运行机制的若干问题 [J]. 改革, 1989 (02).
② 卫兴华. 改革以来我国市场功能与政府功能组合关系的演变 [J]. 特区理论与实践, 1998 (04).

党的十二大以后的几年,"计划为主""市场为辅"仍是社会主义经济体制改革框架的原则,但市场取向的力度总体上在逐渐增加。

(2) 政府与市场"内在统一"的功能组合。在我国生产力发展的内生诉求下,1987年10月,党的十三大报告改变了政府与市场关系"为主为辅"的提法,对市场调节和市场功能有了更充分的肯定和认识,认为市场机制不再仅仅充当辅助的角色,而是直接调节企业的生产活动。指令性计划的直接管理方式已经不能适应社会主义经济发展的要求,指令性计划的范围逐步缩小,指导性计划逐渐成为主导,指令性计划即使存在并发挥作用,也必须是在价值规律的基础上调节经济活动。卫兴华认为,政府与市场这一新的功能组合有三个新特点:一是强调在资源配置方面做到计划调节和市场调节相结合,充分发挥政府与市场在资源配置上的各自功能和优势。二是强调计划调节也要遵循价值规律,实现计划与市场的内在统一。三是新的经济机制总体上应该是"国家调节市场,市场引导企业"的机制。他将这一新的经济运行机制称为"二层次的纵向调节机制",即市场在基础层次进行调节的同时,政府在宏观层次进行调控,以弥补市场失灵的负面效益,从而增加经济运行的计划性和自觉性,保持国民经济的协调发展。

(3) 政府与市场"调节与基础"的功能组合。1988年的价格改革(提出"绝大多数商品价格放开,由市场调节,以转化价格形成机制")和1989年的"6.4风波"给市场化取向的改革理论与实践产生了一定的阻碍。[①] 之后,理论界开始质疑"国家调节市场,市场引导企业"的机制,主张计划调节的声音也变得更强起来,卫兴华在多部著作和多篇论文中强调"国家调节市场,市场引导企业"运行机制的科学性,并认为这种政府功能与市场功能的组合是有利于市场改革的。在1992年南方谈话中,邓小平也提到了"社会主义也有市场""市场经济不等于是资本主义,计划经济不等于是社会主义"等论点。邓小平同志的南方谈话突破了理论界对市场经济的传统看法,对后来社会主义改革理论与实践产生了很大影响。1992年,党的十四大报告强调:"要使市场在社会主义国家宏观调控下对资源配置起基础性作用"。卫兴华指出,政府与市场的功能组合关系在新经济体制条件下呈现出新特点和新内容:一是在基础层次上,市场对企业进行直接调节,发挥市场价值规律的作用,政府(国家)在宏观层次上通过调节市场间接调节企业生产和经营活动。二是政府通过税收、信贷、利率等宏观经济杠杆调节微观经济,引导微观经济的发展。三是市场功能是政府功能发挥的基础,政府宏观层次的调节措施也必然要遵循市场价值规律,并与市场运行机制相适应;四

---

① 卫兴华. 改革以来我国市场功能与政府功能组合关系的演变 [J]. 特区理论与实践, 1998 (04).

是政府在宏观经济领域起调节作用。这里的宏观调控分为两种：一种是对宏观经济进行调控，包括经济目标的实现，经济总量的平衡、经济结构的调整等方面，一种是在宏观层次上对微观经济进行调控。

二、从资源配置视角阐释政府与市场的关系

政府与市场是资源配置的最重要的两个主体。市场在配置资源中不可避免地存在失灵的情况，而这时就需要发挥政府作用，对其缺陷进行弥补。政府通过引导、弥补和规制等作用，对市场进行干预，保持市场的充分、完全和有序竞争提供良好环境，打击不正当竞争，保持经济政策的正确性和连续性，实现社会公平、正义。

（一）从中西方认知差异的视角阐释市场配置资源的内涵

从本质上看，资源配置是政府与市场关系的核心论点。根据政府或市场在资源配置中的作用，往往将经济体制划分成计划经济体制和市场经济体制。在实行计划经济体制的国家，由政府决定企业的生产、产品的价格以及消费资料的分配等，也即由政府计划决定资源配置。在实行市场经济的国家，则由价格机制、竞争机制、供求机制等市场机制决定资源的配置。市场配置资源的过程与马克思主义政治经济学的价值规律调节生产资料和劳动力在各个部门的流动具有一致内涵，即资源在市场的各个经济部门、各个企业之间自发地进行有效的、合理的分配和流动。生产领域的资源配置在整个经济过程中起决定作用，但市场对资源的配置不仅包含生产部门的资源配置，也包含实际经济生活中流通过程和分配过程的资源配置。

为深入研究我国社会主义市场经济中政府与市场的关系，卫兴华分析了国内外理论学界对资源配置认知的差异，通过研究发现，作为社会主义国家的中国与西方资本主义国家对市场和市场经济的了解和认知是存在差异的，包括对政府与市场在资源配置中的作用的认知也是存在差别的。西方经济学关于市场和市场经济、资源优化配置等内容的研究有几个关注点：第一，西方经济学在阐释市场经济时，重点研究市场机制如何配置资源，市场如何引导生产等问题。但无论是在斯蒂格利茨、还是萨缪尔森或是其他西方经济学家的著作中，都没有讨论过市场在资源配置中是发挥"基础"作用还是起"决定"性作用的问题。而在我国，关于市场在资源配置中由起"基础性"转向"决定性"作用问题的讨论确是十分热烈，关于市场在资源配置中起决定性作用的各种解读和阐释充斥着各大报纸

和刊物。第二,虽然市场经济在发达国家已经实行了几百年,但发达资本主义国家却很少有专门阐释市场和市场经济的论著。西方经济学论著在论述市场经济问题时,更多的是在阐释市场经济的负面效应,对市场经济正面作用的宣传和研究较少。我国媒体在对社会主义市场经济进行宣传时,主要突出市场的积极效应,并强调在社会主义条件下实行市场经济的必要性。卫兴华援引大量西方经济学权威著作中的相关内容来证明自己的观点。西方权威著作《简明不列颠百科全书》相对比较粗略地对市场与资源配置的问题进行描述,如其中提到"18 世纪亚当·斯密提出'现代工业是依靠其产品市场的广泛而发展的',19 世纪晚期瓦尔拉提出市场资源配置的一般均衡论,经济理论界开始注意'资源分配使用',经济学家们认为各种市场力量的各自发挥,可带来充分就业和资源的最佳分配。除了传统的'完全竞争'理论外,还出现了'不完全竞争'理论。"他还援引美国《现代经济词典》和约瑟夫·斯蒂格利茨、保罗·萨缪尔森等经济学专家的观点来论述资源配置中政府与市场发挥的作用。《现代经济词典》中提出,美国基本上是一种市场经济,……美国仍有许多经济领域"不受市场指导",而是"由政府规定"或"决定"。① 西方部分自由市场经济学家,如米尔顿·弗里德曼等不赞同政府干预,确信完全市场是实现经济效率的唯一途径。而美国经济学家约瑟夫·斯蒂格利茨在其著作《经济学》中不仅肯定市场经济的作用,还强调了政府在保障公平竞争以及限制势力等方面的重要影响,主张政府干预下的市场经济。② 保罗·萨缪尔森也认为市场经济配置资源的效率毋庸置疑,但也存在负面效用,主张"政府应进行干预,以增进市场经济的功能和公平",并提出"'看不见的手'并非完美,有时也会导致失灵从而将经济引向歧途"。③ 第三,西方经济学权威著作反对新自由主义的市场万能论,具体论述了政府在发展市场经济中的重要作用。而反观在我国,却出现了用新自由主义的观点来解读十八届三中全会《中共中央关于全面深化若干重大问题的决定》(以下简称《决定》)中市场应该对资源起"决定"性作用的论述,主张市场决定一切,应削弱和排斥政府的作用。卫兴华认为,《决定》中"市场在资源配置中起决定作用",是回归市场的本质,体现了市场经济的一般规律,学界出现的泛化的解读偏离了中央文件的精神。

卫兴华认为,西方经济学论著与我国关于市场经济的阐释和宣传存在差异具

---

① 卫兴华. 中西方学界在市场经济问题上认知与论述的差异 [J]. 红旗文稿, 2015 (04).
② [美] 约瑟夫·斯蒂格利茨. 经济学 (第2版) [M]. 北京: 中国人民大学出版社, 2000: 359.
③ [美] 保罗·萨缪尔森. 经济学 (第14版) [M]. 北京: 经济学院出版社, 1996: 544 - 697.

有一定的客观原因。"在资本主义发展的长河中,通过在市场经济中生存和发展,建立起了成熟的市场经济。资本主义国家在发展过程中通过对市场经济的摸索和实践,逐步建立了关于市场经济的概念和理论。"① 所以,西方经济学理论对市场经济的内涵和发展方式并未进行过多描述。长期生活在市场经济体制中的人们,对市场经济十分敏感,对市场经济的优缺点及正负效应都十分熟悉,但是政府对市场的影响是循序渐进的,需要时间。中国从传统计划经济体制向社会主义市场经济转型的变革引发了诸多争议。"摸着石头过河"的市场经济实践给理论界衍生了讨论和争论的空间。先汲取市场经济的理性知识,再获得实践的感性知识,使得我国在 20 世纪 80 年代对社会主义市场经济的探索和发展缺乏理论准备和实践经验。卫兴华认为正是社会主义市场经济发展路径这一改革和发展模式的特殊性,使得具有不同理论偏好和价值取向的研究者和实践者,在政府与市场的关系问题上产生了不同的主张和观点,并导致"市场经济只能建立在私有制基础上""自由市场经济,政府不要干预"和"推行全面私有化、自由化、市场化"等认知和观点产生,造成了我国学术界对市场经济相关理论比西方学术界有更多的争论和分歧。②

(二)认为社会主义市场经济与资本主义市场经济在资源配置上应有所区分

计划和市场都不是万能的,两者存在一定的互补关系。市场是宏观计划的接受者和实现机制,为计划调节提供灵活、准确的信息传递系统;而由于市场存在理想条件、正常偏离理想条件和非正常偏离理想条件的失灵问题,所以市场调节也必须由计划来调节导向和规范。③ 关于社会主义国家资源配置中政府与市场发挥功能的领域,卫兴华强调,社会主义国家资源配置和西方国家相比既有共性也有特性,社会主义市场经济资源配置理论发展不应照搬西方的理论。社会主义国家市场配置资源只限于微观经济领域,宏观经济领域的资源配置应是由政府决定或主导,不仅要发挥政府在宏观经济增长和发展方面配置资源的作用,还要发挥在发展社会主义所有制、基本经济制度方面的决定作用。④

卫兴华首先从微观层次分析社会主义与资本主义经济中,政府与市场在资源

---

①② 卫兴华. 中西方学界在市场经济问题上认知与论述的差异 [J]. 红旗文稿,2015 (4).
③ 卫兴华. 社会主义市场经济中的计划与市场 [J].《资本论》与当代经济,1993 (04).
④ 卫兴华. 论宏观资源配置与微观资源配置的不同性质——兼论市场"决定性作用"的含义和范围 [J]. 政治经济学评论,2014 (04).

配置中如何扮演差异性角色。他将微观领域的资源配置划分为市场主体的经营管理层和市场主体的投资取向层。在以私有制为基础的资本主义国家，是私人决定了资源配置的两个层次。在我国的计划经济时代，投资和兴建企业完全由政府决定，国有企业和集体企业的生产和经营管理也都由计划决定。在我国实行社会主义市场经济，以公有制为基础、多种所有制经济共同发展的条件下，资源配置则有所不同。在党的十四大确立了社会主义市场经济体制的目标模式以后，我国私营经济、外资经济、个体经济等非公有制经济迅速发展，当前已经在我国占有70%以上的规模。在私营企业、外资企业、个体经济中，经营管理和投资取向两个层面都由私人决策，这些私有单位的投资方向和经营管理都由企业主体根据市场的需要来决定；在以国有经济和集体经济为主导的公有制企业中，在经营管理层面，企业根据市场供求和竞争状况，根据市场价格信号安排生产，生产产品同样要接受市场检验。由市场决定资源配置，市场决定企业生产数量和产品价格。市场经济竞争规律在私有制和公有制经济中一样起作用。而在投资取向层面上，则与之相反，有其独特的宏观导向，市场价格信号导向较弱。比如设立新型企业，资本投向确定是服务于国家和社会的，则不受市场价格影响。

在分析宏观经济领域资源配置时，卫兴华强调，资源配置在宏观领域的重要作用，并认为应充分地体现资本主义和社会主义在市场经济上的不同点。我国的特色化的社会主义经济制度决定了我国的社会主义市场经济的资源配置也是独特的，与西方发达国家存在很大不同。西方经济学论著很少论及宏观经济领域的资源配置问题。西方经济学著作中经济提及宏观政策的四大目标：经济增长、充分就业、价格稳定和进出口平衡，政府在这些目标的实现过程中发挥了重要作用，政府通过实施财政政策、货币政策、国际经济政策来推动这些目标实现，在这其中不是市场决定资源配置，而是政府决定资源配置。我们作为社会主义国家，宏观领域的资源配置要比资本主义市场经济内容更广，南水北调、西气东输、西部大开发、振兴东北老工业基地、新农村建设、乡村振兴等都属于宏观经济领域配置资源的内容，这些领域的资源配置都应由政府决定，不能由市场来决定。社会主义宏观经济的内容不仅包括宏观经济政策目标，同时囊括了公有制与私有制经济的变化，以及不同所有制经济的呈现形式等，主要是因为资源配置在不同所有制经济中都普遍存在。坚持和完善社会主义经济体制，要对集体经济和国有经济等公有制经济进行坚持和发展，要将资源更多的配置到国有经济为主导和公有经济为主体的制度安排上来。此外，资源配置对消除两极分化、实现共同富裕的社会主义共同目标息息相关，这就要求在某些宏观资源配置领域必须要强化政府的力量，单纯依靠市场的力量是不可能实现的。在中国的社会主义市场经济中，市场决定了微观领域的资源配置,而宏观经济调控由政府负责,政府决策的重要性不可忽略。①

三、对新时代我国政府与市场关系的重构

十八届三中通过的《中共中央关于全面深化改革若干重大问题的决定》明确指出,"经济体制改革是全面深化改革的重点,其核心问题是如何处理好政府和市场的关系,使市场在资源配置中起决定性作用和更好地发挥政府作用",这为新时代社会主义市场经济中政府与市场关系的重构提供了指导思想和发展目标。

(一) 对市场决定资源配置作用的阐释

(1) 从市场在资源配置中发挥基础作用到决定性作用的转变。世界各国市场经济的发展以及我国社会主义市场经济的建设历程,证明合理化的市场体制,最大化发挥出市场的作用是促进我国经济发展的有效保障和重要前提。党的十四大提出"使市场在社会主义国家宏观调控下对资源配置起基础性作用"的指导思想,已经在我国社会主义市场经济的建设中沿用了二十多年,期间在十五大、十六大、十七大、十八大中央文件中有做修改:十五大提出"坚持和完善社会主义市场经济体制,使市场在国家宏观调控下对资源配置起基础性作用",十六大提出要"在更大程度上发挥市场在资源配置中的基础性作用",十七大提出"要深化对社会主义市场经济规律的认识,从制度上更好发挥市场在资源配置中的基础性作用";十八大提出"完善按劳分配为主体、多种分配方式并存的分配制度,更大程度更广范围发挥市场在资源配置中的基础性作用,完善宏观调控体系,完善开放型经济体系,推动经济更有效率、更加公平、更可持续发展。"纵观以上表述,市场在资源配置中起基础性作用的说法在很长一段时间一直没有改变。直到2013年11月党的十八届三中全会通过的《决定》才有了新的提法,重点强调市场的作用,强化和扩大了市场配置资源的作用,既强调了市场对资源配置的基础性作用,也强调了市场对资源配置具有决定性效果这一重要观点。《决定》关于市场在资源配置中作用描述的转变,表明党和政府在改革开放的成功实践和总结基础上,对客观经济规律的把握更加科学,对市场经济认识更加理性。② 十九大报告提出"市场经济体制的改革必须以完善产权制度和要素市场化配置为重

---

① 卫兴华. 社会主义初级阶段理论与实践[M]. 北京:经济科学出版社,2017:180.
② 黄林,卫兴华. 重构新时代的市场与政府关系[J]. 经济问题,2014(05).

点，实现产权有效激励、要素自由流动、价格反应灵活、竞争公平有序、企业优胜劣汰"。

（2）提出市场在资源配置中起决定性作用的理论认知和实践条件都已成熟。卫兴华指出："将市场在资源配置中的'基础性'作用改为'决定性'作用在认识和实践方面的条件都已成熟"①：在理论认识方面，长期以来，马克思主义经济学和西方经济学都认为，市场经济是资本主义，计划经济是社会主义。我国社会主义市场经济体制受社会主义制度、生产力发展水平和我国特殊的经济环境影响，经历了渐进式的发展过程，在我国社会主义市场经济理论实践与探索过程中"市场等于资本主义，计划等于社会主义"的观念已经基本消除；在实践方面，从历史事实来看，资本主义国家都一直实行市场经济，而社会主义国家曾一直践行计划经济。我国由计划经济转向市场经济，经历了市场取向改革的不同阶段。从"计划经济为主，市场调节（市场经济）为辅"到实行社会主义有计划的商品经济体制（更大范围发挥市场作用），再到计划经济与市场调节（市场经济）相结合，最后统一了认识，建立了社会主义市场经济体制。这是逐步推进社会主义市场化经济改革的过程，也是逐步推进思想解放的过程。党和政府对市场规律的认识和驾驭市场的能力在这一过程中得到了提高。进入新时代，只有充分发挥市场在配置资源中的决定作用，促进资源优化配置，才能最大限度激发各类市场主体的赶超战略和创新活力。卫兴华强调，改提"决定性"提高了对市场定位的明确度和认识度，符合市场经济原理和规律，与马克思主义经济学讲价值规律调节商品生产和流通是一致的，② 在我国，无论是从理论还是实践方面看，市场已经在微观经济运行层面决定资源配置，具体包括价格决定、企业生产经营活动、消费者需求选择等三个方面。

（3）对泛化市场决定作用观点的辨析。关于市场在资源配置中的决定性作用的认识，仍然存在一些误区：一是有观点认为社会主义市场经济与资本主义市场经济不同，市场不能决定资源配置。卫兴华认为，这是对市场经济本质的误解，他指出市场配置资源的决定性作用是市场经济的一般规律，适用于一切经济体制，在资本主义经济中能起决定作用，在社会主义市场经济中也能起决定作用。讲市场配置资源的决定作用，与马克思主义经济学讲价值规律调节生产即自发地将生产资料和劳动论分配于不同的部门，在本质内容上是一致的。价值调节生产，由反映供求关系和竞争关系的价格决定企业生产什么、生产多少，价值规律

---

① 卫兴华. 由市场决定资源配置需要厘清三个问题［N］. 深圳特区报，2014-03-05.
② 卫兴华. 更加尊重市场规律更好发挥政府作用［N］. 光明日报，2013-12-13.

决定其实就是市场决定。弄清这些方面的理论和实际情况，弄清价值规律决定和市场决定资源配置的本意，就不会对社会主义市场经济中由市场决定资源配置的理论与实践产生质疑。二是认为社会主义经济发展中资源配置全靠市场决定。有些读者和学者，由于没有分清不同领域政府和市场的不同作用，也没有弄清政府职能和宏观调控在不同层面的作用，误以为强调市场的决定作用涵盖了整个经济社会的发展，从而产生疑虑。另外，有的学者以新自由主义的理念或欧美市场经济模式的理念为依据，对市场决定资源配置的作用也作了泛化的解读。如有的学者在解读中淡化和否定市场决定资源配置中的宏观调控作用。公然忽视和否定《决定》中强调宏观调控作用的有关论述。有的学者还认为中央提出市场的决定作用，就是要弱化政府的职能，是否定"强势政府"，否定政府对市场的"驾驭"和对市场及社会经济生活的监管，否定国有经济的作用。卫兴华认为这种解读和宣传，完全不符合《决定》的本意和精神，应正本清源，按照《决定》的精神，澄清理论是非。习近平在关于《决定》的说明中，明确提到"我们对市场经济规律的认识和驾驭能力不断提高"。指出：实行社会主义市场经济，要"发挥党和政府的积极作用""强调科学的宏观调控、有效的政府治理，是发挥社会主义市场经济体制优势的内在要求"。而且"全会决定强调必须毫不动摇巩固和发展公有制经济，坚持公有制为主体地位，发挥国有经济主导作用，不断增强国有经济的活力、控制力、影响力"。① 讲市场的决定性作用，并不意味着我国的整个社会主义建设和发展事业，全部改革开放大业，都由市场决定，如国家的军事和国防建设、新工程建设以及公共服务体系建设等都应由党和政府来决定。②

（二）强调应更好地发挥政府作用

我国建立和发展社会主义市场经济经济体制，既肯定市场在资源配置中的决定性作用，也强调政府在资源配置中的积极作用以及在社会主义经济重要领域中的关键作用。习近平总书记在《中共中央关于全面深化改革若干重大问题的决定》中指出：我国实行的社会主义市场经济体制，因此我们仍然要发挥社会主义制度的优越性，发挥党和政府的积极作用。卫兴华认为，在实行社会主义市场经济的中国，政府的作用是不可忽视的，并且其在资源配置中的作用不能弱于而只

---

① 习近平. 关于《中共中央关于全面深化改革若干重大问题的决定》的说明 [N]. 人民日报，2013-11-16.
② 卫兴华. 由市场决定资源配置需要厘清三个问题 [N]. 深圳特区报，2014-03-05.

能强于当代资本主义国家。① 党的十八届三中全会后,有学者用市场万能论来夸大市场的作用,主张削弱政府作用和质疑政府宏观调控的必要性。我们应该认识到,国家强调市场决定资源配置,是为了更好地发挥市场在微观层次配置资源的优势和效率,但这并不意味着市场对资源配置是完全效率的;市场不是万能的,并不能解决所有问题,市场在微观层次配置资源方面存在失灵问题,如市场在解决贫富分化、生态环境治理、公共服务和公共产品的提供、社会保障等社会管理的多个方面并不是有效率的。② 而政府在宏观层次上的资源配置中则存在缺乏效率的情况。卫兴华认为,要更好地发挥政府的作用,首先要弄清政府调控的范围,厘清政府的正当干预和不正当干预,应完善和加强政府的正当干预,消除政府的不正当干预。政府对经济发展的干预是十分必要的,必要的、合理的和正当的干预是其必要的职责,其干预的能力应该高于资本主义国家。他认为政府的重要经济职责是发展以国有经济为主导的公有制经济,并关注集体经济的发展。而对于非公有制经济主要以鼓励为主,不需要直接管理、策划。政府腐败性干预、政府官员拖沓不办事、政府多个部门的多头检查、重叠的审批制度等都属于不正当干预的范围。卫兴华指出,政府的职能主要包含三个方面:一是发挥政府监管市场的作用,建立和完善现代市场经济体系,加强对市场中出现的价格垄断、地方割据、假冒伪劣、不正当竞争等现象的监管,加强对企业的安全生产的监管,保障职工的正当权益,引导企业科学发展;二是建立和发展包括国有经济和集体经济的公有制经济;如,建立新型高科技产业,扩大和完善基础设施建设,搞好国防军事建设,保证国家经济、政治、国防的安全等。三是对宏观经济进行宏观调控。科学、完善的宏观调控体系是社会主义市场经济体制发展的内在诉求。政府的职责不仅包含在宏观经济运行中,保持经济总量平衡,促进重大经济结构协调和生产力布局优化,③ 更包含在社会主义制度、基本经济制度方面政府的决定作用。只有党和政府的有效领导和经济实践,才能保障社会主义改革的方向不会偏离社会主义道路。消灭剥削、消除两极分化,最终实现共同富裕的目标不能依靠市场来完成,而是要靠党和政府的力量来推进。此外政府还参与宏观经济领域生产力发展的资源配置,如生态环境治理、区域结构调整、资源的开发、产能过

---

① 卫兴华. 论宏观资源配置与微观资源配置的不同性质——兼论市场"决定性作用"的含义和范围 [J]. 政治经济学评论, 2014 (04).
② 黄林,卫兴华. 重构新时代的市场与政府关系 [J]. 经济问题, 2014 (05).
③ 卫兴华. 由市场决定资源配置需要厘清三个问题 [N]. 深圳特区报, 2014 - 03 - 05.

剩的治理等。①

（三）提出政府与市场的关系应是"有效市场和有为政府"的统一

社会主义市场经济在建立有效市场的同时，也强调有为政府的配合。关于二者的关系，卫兴华提出，我国社会主义市场经济强调市场对资源配置的决定作用，绝不是搞新自由主义所主张的彻底"市场化"相联系的"私有化"，也决不是让政府撒手不管，无所作为，而是在否定政府的不当干预、过多干预行为的同时，肯定政府的正当干预、必要干预。新时代，我国政府与市场的关系，不应该单纯强化政府、弱化市场，也不应该无限强化市场、弱化政府，应该强调有效市场和有为政府的有机结合，即在市场决定资源配置的基础上更好地发挥政府的功能，不能弱化和排斥政府的作用，只有这样才能为市场决定资源配置创造良好的发展环境。坚持宏观调控与市场机制作用的有机统一，就是在肯定市场资源效率的同时，肯定政府在经济活动中的重要引导和规范作用，以及在整个社会主义建设和发展事业中的主导作用。在现代市场经济中，政府进行宏观调控、监管市场和维护市场秩序，不是要弱化市场的作用，而是为了更好地发挥市场的决定作用。卫兴华认为，社会主义市场经济，应是有效市场与有效或有为政府的结合，或是高效市场与高效政府的结合，谨防出现市场或政府的两种极端倾向。② 我国作为社会主义国家，政府在资源配置的作用同样不可忽视，要发挥"看得见的手"（政府）以及"看不见的手"（市场）的结合作用，市场调节的基础性和政府宏观调控的重要性，才是社会主义市场经济发展的关键。③

第四节　对社会主义市场经济与法治建设的研究

党的十八届四中全会通过的《中共中央关于全面推进依法治国若干重大问题的决定》，明确提出全面推进依法治国，总目标是建设中国特色社会主义法律体系，建设社会主义法治国家。习近平总书记指出，法治是最好的营商环境，社会

---

① 卫兴华. 论宏观资源配置与微观资源配置的不同性质——兼论市场"决定性作用"的含义和范围[J]. 政治经济学评论，2014（04）.
② 黄林，卫兴华. 重构新时代的市场与政府关系[J]. 经济问题，2014（05）.
③ 卫兴华. 更加尊重市场规律　更好发挥政府作用[N]. 光明日报，2013-12-13（011）.

主义市场经济本质上是法治经济。① 要促进市场在资源配置中起决定性作用和更好发挥政府作用的有机统一，必须发挥法治固根本、稳预期、利长远的保障作用。市场经济不仅具有平等性、竞争性、开放性等特征，还具有法治性特征。在当前建设和完善社会主义市场经济的新形势下，用法治来为改革发展提供引导和保障，是保障社会主义市场经济健康发展的必要条件，必将为中国经济的改革和发展注入新动力。从社会主义市场经济的角度而言，为了有效处理好政府与市场的关系，推进经济转型，转变政府职能，更好发挥市场在资源配置中的决定性作用和更好发挥政府作用，需要加快建设法治的市场经济。只有法治的市场经济，才能有效适应和促进国家治理体系和治理能力的现代化。

卫兴华对社会主义市场经济与法治建设展开研究，他认为社会主义市场经济必须要在法治轨道上运行，市场经济的改革必须依靠法治来引领和推动。市场经济主体要按照一定的规则参与市场的竞争并受法治监管；市场决定资源配置和政府的宏观调控，也必须在法治的框架内进行。② 建设和完善社会主义市场经济体制，不但要有效处理好政府与市场的关系，更要加快法治建设，保障社会主义市场经济健康运行。

一、阐释了市场经济与法治的内在关联

过去学界在研究和阐述社会主义市场经济时，通常将研究的重点放在市场经济与经济制度方面，即对市场经济与宏观调控之间联系进行研究的文献较多，而对市场经济与法治之间联系的研究论著则较少，媒体对社会主义市场经济的宣传亦是如此。市场与法治是现代文明的两大基石，因此对市场经济与法治的关系展开研究具有重要意义。卫兴华根据马克思描述的市场与法治的关系，即"先有交易，后来才由交易发展为法制。……这种通过交换和在交换中才产生的实际关系，后来获得了契约这样的法的形式"，③ 提出法律产生于市场交换的实践，市场中的生产、分配、交换等经济行为是法治经济得以产生和进步的前提等观点。恩格斯指出："在社会发展某个很早的阶段，产生了这样的一种需要：把每天重复着的生产、分配和交换产品的行为用一个共同的规则概括起来，设法使个人服

---

① 习近平法治思想深刻回答了系列重大问题［OL］. 求是网，http://www.qstheory.cn/laigao/ycjx/2021-03/07/c_1127180948.htm, 2021-03-07.
② 卫兴华. 社会主义市场经济与法治［J］. 经济研究，2015（01）.
③ 《马克思恩格斯全集》（第19卷）［M］. 北京：人民出版社，1974：423.

从生产和交换的一般条件,这个规则首先表现为习惯,后来便成了法律"。① 通过分析马克思和恩格斯关于市场与法律的相关理论,并对比计划经济、自然经济与市场经济中生产和交换的内在架构和规范,他认为市场经济和法治存在天然的内在契合性。② 为更深刻地说明市场经济与法治的内在关联,卫兴华对自然经济、计划经济和市场经济条件下,法律存在的基础、行使的主体和范围进行了对比研究:在自然经济条件下,法律规范是统治阶级维护自身权力和社会治安的工具,对社会关系的调整和约束主要依靠血亲和宗法关系、宗教戒律、传统习惯和道德伦理;在计划经济条件下,人类社会的文明程度得到了很大提高,但由于缺乏独立的市场主体,政府依靠行政命令配置经济资源和管理经济活动,从一定意义上说,法律是政府权力的进一步延展;在市场经济条件下,生产和交易中衍生出的各种关系,已经远超出自然经济条件和计划经济条件下固有的关系种类,彼时经济形态中的法律和规范不能满足市场经济发展的现实诉求,需要专门的行为规则来约束市场行为和规范经济活动。在这一问题研究的基础上,他还指出了计划经济和市场经济法律体系的本质区别,即计划经济的法律是命令式的法律体系,而与之不同的是,在市场经济中法律体系则是规律性的,这是因为在市场经济中,法律体系以经济主体的权利和义务为核心。在市场经济条件下,政府的权利受到了规律性法律体系的严格限制,确保了市场优化配置资源的作用。

卫兴华认为,经济的市场化要求社会的法治化,法治是市场经济的内在诉求:③ 一是市场主体地位的确立需要法治,以保障市场活动主体的独立性和平等性;在市场经济体制下,市场主体的资格要得到确认,明确产权、充分尊重和平等保护各类市场主体的财产权。二是市场经济的契约形式和竞争性特征保障公平竞争规则的形成和运行;各市场主体在竞争中为了追求和实现自身的经济利益,会采取一些不规范的市场行为,如欺诈、虚假广告、违约、制假售假、不正当竞争等。这势必会妨碍市场竞争秩序,使市场活动陷入混乱无序的状态。只有通过法律形式构建法治经济,才能建立公平竞争的规则和秩序,市场交换中的合同和信用关系也只有得到法律上的确认,才能成为一种受法律保护的契约关系,才能防止权力对市场的不正当干预,保障市场经济活动的正常运行。三是法治是市场经济宏观调控的重要手段,以保障国家宏观调控的科学性和客观性。多年来的经济实践证明,对政府的宏观调控行为与市场调节一样,如果不加以规范,往往会

---

① 《马克思恩格斯全集》(第18卷)[M]. 北京:人民出版社,1974:347.
② 卫兴华. 社会主义市场经济是法治经济[J]. 前线,2014(12).
③ 卫兴华. 法治是市场经济的内在要求[N]. 人民日报,2015-1-12(007).

导致政府对市场主体的不当行为，政府有时会为了特定时期、特定范围的利益，对市场经济活动进行不当干预，对企业和个人的权利和利益造成一定的损害。将宏观调控纳入法治轨道，有利于提高国家宏观调控政策的科学性和客观性，保证市场经济的正常运行和健康发展。社会主义法治既要确认市场经济的公平，又要为社会主义消除两极分化逐步实现共同富裕提供保障。在市场经济条件下，法律保障每个市场主体的平等地位，保障市场机会公平、规则公平。但市场经济的公平，是按生产要素分配的公平，符合资本发展的要求，但无法体现劳动的公平，更不能满足社会主义所要求的消除两极分化、实现共同富裕的公平。在市场主体占有要素资源不同的条件下，资本强势、劳动力弱势的不平等现象较为凸显，从而导致资本回报率高和劳动力回报率低的悬殊差别和分化。市场经济在一定程度上会自发地扩大这种差别。然而，这种分配差别是无法通过市场机制调节来弥补的。这就自觉调节和缩小收入差距过大的趋势。基于此，我们认识到，需要国家依靠法治手段建立公平的社会主义收入分配机制和社会保障制度，才能达到要素公平分配，收入差距逐渐减小的目标。否则，收入和财富分配的不公平必然会继续扩大，影响经济社会稳定和可持续发展，也影响社会主义制度的发展和完善。

二、提出法治是社会主义市场经济发展的必要保障

法治是市场经济的内在诉求，保障市场主体的独立性和平等性，维护市场公平竞争规则，实现市场宏观调控，都离不开法治的约束和规范。鉴于市场在配置资源方面的缺陷，市场经济发展应受到两个方面的制约，即政府的调控和法治的监管。① 卫兴华认为，相比于资本主义市场经济，社会主义市场经济在宏观调控和法治监管方面应更为严格。②

一是社会主义公有制经济的巩固和进步必须依靠法治监管。我国处于社会主义初级阶段的基本国情决定了法治的保障性是十分重要的，只有将法治与社会主义公有制相结合，才能更好地服务于现代化建设，才能在我国社会主义公有制的巩固和完善的过程中进一步巩固我国社会主义市场经济的公有属性。卫兴华根据我国社会主义初级阶段基本经济制度的特殊性，从社会主义事业发展的视角出发讨论社会主义市场经济中法治监管的重要性。他认为，限于生产力发展水平，以国有经济为主导的社会主义公有制的建立、发展和巩固，离不开政府的直接投资

---

① 卫兴华. 社会主义市场经济与法治［J］. 经济研究，2015（01）.
② 卫兴华. 社会主义市场经济要在法治轨道上运行［J］. 经济学动态，2015（01）.

与支持,更离不开政府的监管和法治的制约,否则国有经济就容易被侵蚀和盗取,甚至面临私有化,社会主义经济制度也将不复存在。

二是社会主义市场经济的公平竞争需要法治规范。从本质上来看,竞争是市场经济的根本属性,市场竞争之于市场经济是内在属性。关于市场竞争和法治规范,卫兴华认为,社会主义市场经济是竞争经济,而不是道德经济,其经济主体为了在市场竞争中追逐最大利润,难免会做一些损人利己、损公肥私的事情。为了避免这种无序的市场秩序和市场准则,社会主义市场经济要求各竞争主体要严格遵循市场规则和市场秩序,以避免不公平竞争。只有保障了政府监管和有力的法制约束,社会主义市场经济才能够公平竞争,其制度才能够不断得到完善。

三是社会主义市场经济中政府与市场关系平衡需要法治调节。实践证明,政府与市场关系的调节亟须法治平衡。卫兴华认为,要使"使市场在资源配置中起决定性作用和更好发挥政府作用"这一指导思想在社会主义市场经济资源配置中得以践行,就需要将法治作为市场与政府关系的平衡器。只有政府对市场的调控与监管依法进行,才能有效应对市场失灵问题。对权钱交易、寻租谋私等影响公平的现象要依法监管和处置。

四是须采取法制手段解决社会主义市场经济中分配不公问题。卫兴华强调,社会主义市场经济的运行要严格遵循价值规律。市场在优化资源配置和促进生产力发展的同时,会导致收入和财富分配不公的现象出现,进而引发两极分化。他援引法国经济学家皮凯蒂的研究结论:财富分配不公缘于发达国家私人资本的回报率比经济增长率高,缩小分配差距的办法是用法治规范财富分配,即实行资本税,并提出,可"通过加强和改善税收法制以缩小收入和财富的过大差距"的途径,来缓解我国收入不平等、财富不平等问题。[①]

三、强调宪法是社会主义市场经济运行和发展的根本框架

宪法是我国的根本大法,在所有法律中具有最高的法律地位和法律效力。卫兴华从宪法关于社会主义制度的相关规定中,探寻社会主义市场经济与法治的关系。他认为我国社会主义市场经济的运行和发展要以宪法关于社会主义制度相关规定的内容为准则。宪法对我国的社会主义制度作出相关规定:"中华人民共和国的社会主义经济制度的基础是生产资料的社会主义公有制,即全民所有制和劳动群众集体所有制。"又规定:"国家在社会主义初级阶段,坚持公有制为主体、

---

① 卫兴华.社会主义市场经济要在法治轨道上运行[J].经济学动态,2015(01).

多种所有制经济共同发展的基本经济制度。"可见,宪法将"社会主义经济制度"和"社会主义初级阶段的基本经济制度"两个概念进行了区分。社会主义经济制度存在于社会主义的初级、中级和高级阶段,并且在持续完善中。而社会主义的初级阶段的基本经济制度范围更大,同时包括社会主义公有制经济和非社会主义性质的非公有制经济,并且也体现了社会主义公有制在制度上的主体地位。我国发展社会主义经济,要注重经济与制度的有机结合,以坚持和发展社会主义经济制度和社会主义初级阶段的基本经济制度为条件,以国有经济为主导、公有制为基础或为主体。社会主义制度以社会主义经济制度为基础,社会主义经济制度以公有制为基础。我国实行的社会主义市场经济应服务于"保障国有经济的巩固和发展",服务于"巩固和促进公有制的基础和主体地位及其发展与完善"。

关于社会主义市场经济,理论界存在一些偏离宪法的私有化理论观点。有学者断言:我国国有经济不是社会主义经济,而非公有制经济才是社会主义经济。他们将社会主义国家的国有经济与希特勒的国家社会主义工人党相联系,称为国家社会主义,而将私有制经济称作人民社会主义,主张以人民社会主义代替国家社会主义。恩格斯曾批判有人把俾斯麦的某些国有化措施称作社会主义,将其斥之为冒牌社会主义。俾斯麦为了军事需要将铁路国有化,当然不是搞社会主义,而是为资产阶级服务的。实际上,资本主义国家的某些国有经济确实是国家垄断资本主义,而劳动人民掌握政权的社会主义国家的国有经济就是社会主义经济。这是从马列主义到毛泽东思想、到中国特色社会主义理论,到我国宪法和党章一以贯之的理论共识。

有人反对在"市场经济"前面加"社会主义"一词,认为社会主义与市场经济无法结合。我国宪法明确规定,我国实行的是社会主义市场经济,党章也规定:"中国共产党领导人民发展社会主义市场经济",因此,强调将"社会主义"去掉的市场经济私有化观点是与宪法和党章相背离的。有部分人将"非公有制经济是社会主义市场经济的重要组成部分",误解为"非公有制经济是社会主义经济的重要组成部分",这种观点显然是错误理解了社会主义经济以及社会主义市场经济体制的含义及范围。社会主义经济对应的是制度范畴,社会主义市场经济对应的是经济体制性范畴。深入透彻的解析社会主义初级阶段和社会主义经济制度,可以有效地帮助我们遵守宪法,以及推进社会主义市场经济在公有制为基础或为主体的经济制度下的健康发展。①

---

① 卫兴华. 社会主义初级阶段的理论与实践 [M]. 北京:经济科学出版社,2017:165.

四、主张以法治引领和推动社会主义市场经济改革

改革开放 40 多年，我国经济高速发展，经济改革随之不断发展和推进。当前，我国已进入全面深化改革时期，社会主义市场经济改革将面临更大挑战。其中，我国法治建设与体制改革不同步问题仍然存在，社会主义市场经济法律基础仍显薄弱，法治观念、法律监管仍显不足，在一定程度上也阻碍了我国社会主义市场经济体制改革的进程。卫兴华认为，我国政府的法治监管还存在两方面的问题：一是对市场和企业该管的没有管或没有管好，监管不到位；不该管的却乱伸手，管得过多；二是法治观念薄弱，有法不依、执法不严、徇私枉法，一些重要的改革行为无法可依。[①] 鉴于当前国家经济体制改革和治理体系建设需要，要切实加强和完善政府调控和法制监管，推进法治建设，建立市场经济的法制化体系，将现代化理念渗透进治理体系及治理能力改进中。

关于社会主义市场经济的有关法律及制度应怎样优化，如何推进经济体制改革和市场经济发展问题，卫兴华从完善现代市场经济体系、创新和完善产权保护制度、厘清政府与市场的关系三个方面进行了研究和论述，并强调要加强法治建设，用法治引领和推动社会主义市场经济改革[②]：

一是用法治完善现代市场经济体系。党的十八届四中全会报告明确指出，"要实现重大改革于法有据、立法要主动适应改革和经济社会发展需要"。卫兴华指出，当前我国社会主义市场经济运行中的安全风险并未消除，无序竞争、信用缺失、政府越位和缺位等现象仍然是我国经济发展中的羁绊，现代市场经济体系建设还存在法治短板。可见，当前亟须完善社会主义市场经济法律制度，用法治完善现代市场经济体系，以规范社会主义市场经济秩序。[③] 只有用法治完善现代市场经济体系，让经济体制改革在法治的轨道上运行，才能在一定程度上降低法治缺失衍生的改革损失，以保障社会主义市场经济体制改革的相关利益。

二是加强法治创新和完善产权保护制度。产权保护制度是关于产权界定、运营、保护的一系列制度安排，是社会主义市场经济存在和发展的重要条件，是坚持和完善基本经济制度的内在要求。在市场经济中，各个市场主体的资源禀赋不同。在市场竞争机制下，资源禀赋的差异可能导致弱势的市场主体（包括弱势群

---

① 卫兴华. 社会主义市场经济与法治 [J]. 经济研究，2015 (01).
② 卫兴华. 社会主义初级阶段的理论与实践 [M]. 北京：经济科学出版社，2017：165 - 167.
③ 卫兴华. 社会主义市场经济要在法治轨道上运行 [J]. 经济学动态，2015 (01).

体）的利益和财富受到侵犯。因此，需要制定一套公平的法律制度来保护弱势市场主体的利益。虽然我国当前法律体系为市场主体产权和利益的保护提供了依据，但伴随公有制实现形式的多样化和混合所有制经济的发展，对国家所有权、集体所有权、企业法人财产权、土地承包经营权等各类财产权的法律保护就显得明显滞后。保护各类市场主体的财产权是市场经济发展的客观要求。[①] 只有健全各类市场主体的产权和权益保护的制度体系，用法治创新和完善产权保护制度，切实维护公有财产权和私有财产权，以激发各类市场主体的活力和创新动力，才能从根本上推进社会主义市场经济不断创新发展。

三是用法治界定政府与市场关系的边界。党的十八届三中全会提出，使市场在资源配置中起决定性作用和更好地发挥政府的作用。厘清政府与市场的边界，是我国社会主义市场经济建设的关键。近年来，我国政府在持续推进政府职能转变，消除政府不当干预，各级政府大刀阔斧地进行简政放权、减少审批，让市场真正在资源配置中起决定性作用。新时代，在我国市场经济发展过程中，政府部门审批过多和监管不力并存，部分地方政府对市场存在不合理干预现象，在资源配置上仍然没有厘清政府与市场的关系，制约了市场对资源的配置效率。党的十八届四中全会决定还明确指出，要依法全面履行政府职能，行政机关要坚持法定职责必须为、法无授权不可为，坚决纠正不作为、乱作为。推行政府权力清单制度，坚决消除权力设租寻租空间，绝不允许任何组织和个人有超越宪法和法律的特权，真正做到在法治轨道上开展工作。当前，我国法治建设与市场体制发展存在错位，特别是在界定政府与市场关系上存在偏差和法律缺失。完善社会主义市场经济法治体系，是厘清政府与市场关系边界，保障市场经济持续健康运行的现实需要。因此，卫兴华提出，要以法治精神推进法治经济发展和法治政府建设，厘清政府与市场、企业的关系，更清晰地界定公权力与私权利的边界，推进社会主义市场经济健康运行。在推进依法治国的过程中，坚持党的领导才能确保社会主义市场经济的改革方向，维护好和实现好最广大人民的根本利益。

---

① 卫兴华. 社会主义市场经济是法治经济［J］. 前线，2014（12）.

卫兴华经济学术思想的特征

卫兴华教授潜心研究马克思主义政治经济学逾60载，在马克思主义经济理论发展与创新方面取得了丰富成果，这些研究成果的取得离不开其长期坚持科学的研究方法。卫兴华是学界公认的马克思主义经济学研究的权威，在60多年的研究和教学工作中，坚守马克思主义经济理论阵地，始终运用马克思主义基本原理和方法来研究现实经济问题，逐步形成自己的研究风格和特点。卫兴华教授始终以严谨、科学的态度研究经济学，他总是强调，搞经济理论研究，必须坚持马克思主义的科学态度，切忌用主观随意性削弱甚至取代科学性。①

第一节 坚守马克思主义经济理论阵地

一、坚定马克思主义信仰，准确把握马克思主义基本原理

卫兴华常说，是对马克思主义的信仰给了他最大的人生动力。在60多年的教学研究工作中，他始终坚守马克思主义政治经济学阵地，从未离开过马克思主义理论的指导，从未脱离马克思主义的基本原理。卫兴华的个人经历与祖国的命运息息相关。随着中国从旧社会步入新社会，从战争年代迈进和平岁月，卫兴华的求学之路也是一波三折，跌宕起伏。在20世纪50年代"反右"斗争中卫兴华被划为"中右"，并两次被下放劳动，在20世纪60年代"文化大革命"期间他

---

① 洪银兴. 在创新中严守马克思主义科学阵地——"人民教育家"卫兴华教授学术成就简述 [N]. 光明日报, 2019-11-27.

遭受了不公正待遇，这些痛苦折磨丝毫没有动摇他探索、钻研和传授马克思主义政治经济学的坚定信念。① 卫兴华对马克思主义的坚守与信仰，是在早年日寇入侵他的家乡时经过艰难困苦岁月的洗礼，目睹并亲历了中华民族的苦难与艰辛候，逐渐形成的，这个经历让他看到马克思主义真理的本质。

（一）深耕马克思主义基本原理

卫兴华教授长期深耕马克思主义经济学，熟读马克思主义经济学理论著作，运用马克思主义经济理论分析现实经济问题，是学界广为认可的马克思主义权威。他强调，马克思主义经济学需要发展，但必须首先把握其本意，不能错解曲解甚至编造马克思的观点。在学术研究和理论探讨中，始终不渝地自觉坚持马克思主义政治经济学的基本原理是卫兴华经济思想的一个重要特点。要几十年做到这一点并非易事，他需要有坚定的信念和立场，需要有坚实的理论基础，还需要经受住激烈的学术争鸣和严峻理论斗争的考验。② 卫兴华对马克思政治经济学研究对象问题、马克思生产力概念及内涵、马克思劳动价值论以及地租理论等的研究充分体现了他准确把握马克思主义基本原理的特点。

（1）对马克思政治经济学研究对象问题的阐释。长期以来，围绕政治经济学的研究对象问题，我国理论界一直存在不同的意见和争论。卫兴华撰写多篇论文对马克思政治经济学研究对象问题展开研究，他认为马克思政治经济学的研究对象是资本主义生产关系，并未包含生产力。在《资本论》中，马克思对资本主义生产从简单协作、工场手工业到机器大工业的演变等生产力范畴进行了考察，但这些考察和分析是为他揭示资本主义生产关系的实质及其发展变化规律服务的，是为了说明在资本主义条件下，随着社会生产力的发展，劳动对资本的隶属关系所发生的变化，即从形式上的隶属变为实质上的隶属，以及资本主义生产关系中产生了哪些矛盾，这些矛盾及运动又怎样为从资本主义向社会主义的发展准备了物质基础及条件。因此，生产力并不是政治经济学的研究对象，作为马克思主义政治经济学研究对象的只能是社会生产关系。卫兴华认为，随着社会主义实践的发展，政治经济学的研究对象应有所发展，必须既联系上层建筑又联系生产力来研究生产关系。他指出，马克思之所以将他的政治经济学研究对象确定为生产关系或经济关系，是由他当时的经济学任务决定的，即揭示资本主义经济制度产生、发展及最后必然为社会主义所代替的客观规律，为工人阶级的斗争提供思想

---

① 卫兴华. 坚守马列主义替老百姓说话 [N]. 中国英才海外版，2016 - 8 - 4.
② 张维达，潘石. 卫兴华经济思想述评 [J]. 中国社会科学，1992（05）.

武器。当代马克思主义经济学特别是中国特色社会主义政治经济学的研究对象，不仅要研究社会主义经济关系，为发展和完善社会主义生产关系服务，更要以此促进生产力的发展。社会主义政治经济学的任务是为实现社会主义本质服务，不仅要为解放和发展生产力提供理论支持，而且要通过生产力的高度发展来实现逐步消灭剥削、消除两极分化，实现共同富裕的目标。因此，社会主义政治经济学既要研究社会主义生产关系，还应该研究经济体制与运行机制，研究经济增长与发展，研究资源配置方式，研究人的全面发展等生产力范畴的内容。

（2）准确把握马克思生产力内涵并进行拓展。生产力问题是马克思主义政治经济学的重要内容。学术界关于生产力内涵一直未达成共识。生产力二要素和三要素论是多数学者的观点。生产力二要素论者认为生产力的内容只包含劳动者和生产工具。三要素论者认为，应该把劳动对象纳入生产力的概念中，即包括劳动者、生产工具和劳动对象三个要素。卫兴华从对《马克思恩格斯全集》第 23 卷、第 26 卷、第 42 卷和第 46 卷，以及马克思《机器、自然力和科学的应用》等著作的研究，对生产力内涵有了较为深入和全面的把握基础上，提出了生产力多要素论。他认为，长期以来理论界对生产力概念的理解过于狭窄，忽略了生产力中应该包含的许多要素，有的只强调人的因素有的只强调物的因素，或者在物的因素中只强调生产工具而忽视其他因素，导致对自然资源和生态环境没有很好地加以保护等。卫兴华主张，应当把科学的发展及其在工艺上的应用，协作和分工，生产组织和经营管理，开发、利用和保护自然资源等，都作为生产力发展中的因素来看待。他还提出应当从发展的、动态的视角来把握生产力的内容。生产力这一概念的内涵不是不变的，随着社会生产的发展和新的知识领域的开拓，比如信息技术、人工智能等现代科技创新等，这些新的因素会进入生产过程，因而构成生产力内容的因素也会不断发展和丰富。

劳动价值论是理解马克思主义政治经济学的枢纽，也是卫兴华长期致力于研究的重点问题。卫兴华围绕这一问题发表了大量论文，对马克思劳动价值论的诸多方面进行了系统论述，包括商品价值量的决定、商品效用与价值的关系、两种含义的社会必要劳动时间、劳动生产力与价值量的关系的三个原理及其在社会主义条件下的作用、生产性劳动与非生产性劳动、深化劳动与劳动价值论的认识等问题，并对学术界存在的误读误解马克思劳动价值论的观点进行了批判和澄清。地租理论是马克思主义政治经济学中一个重要且复杂的理论问题。早在 20 世纪 50 年代，卫兴华就针对政治经济学书刊和教学中对马克思的资本主义地租理论阐述不够准确、解释不够正确，以及加总计算错误等问题展开分析和研究，其后又针对农产品的价值决定、绝对地租与垄断价格，以及初级农业合作社的地租形态和土地报酬等问题发表了多篇文章阐述自己的观点。卫兴华还运用马克思的地租理论，研究了我国初级农业合作社的地租形态和土地报酬问题。

（二）从系统性和整体性方面把握马克思主义基本原理

卫兴华熟读马克思主义经济学理论著作，对马克思主义经典著作有着精深的研究，并从事教学与科研工作60多年，以其深厚的理论功底坚守马克思主义科学阵地。卫兴华长期深耕于马克思主义经济学，能够正确把握和运用马克思主义经济学基本原理。学术界对马克思主义政治经济学基本原理的认识普遍存在以偏概全、只见树木不见森林的现象。他始终坚持从系统性和整体性来把握马克思的理论观点，对理论界存在的疑难理论问题，从马克思的整体论述中找到明确的阐释。只要从系统性和整体性上研究和把握马克思的劳动价值论，就会得出符合马克思原意的结论。

（1）在劳动价值论问题上，关于两种含义的社会必要劳动时间和价值的关系问题的阐释。马克思在《资本论》第1卷中，提出了同一部门内的社会必要劳动时间的概念，即平均必要劳动时间决定商品价值。马克思在《资本论》第3卷中又提出了另一种含义的社会必要劳动时间，即按照市场需要的商品量来生产的社会必要劳动时间。由此，理论界出现了价值由第二种含义的社会必要劳动时间来决定，或者由两种含义的社会必要劳动时间共同决定价值的观点。卫兴华通过对《资本论》第3卷第10章及第37章关于另一种社会必要劳动时间的论述中指出，马克思只是从理论的整体上回答了第二种含义的社会必要劳动时间只涉及价值的实现问题，不涉及商品生产的价值决定。因此，《资本论》第1卷中所论述的社会必要劳动时间决定价值的原理，不会因为《资本论》第3卷提出的另一种含义的社会必要劳动时间而发生改变，前者是价值的决定理论，后者是价值的实现理论。卫兴华对马克思劳动价值论的认识和把握就是在通读三卷《资本论》的基础上，从马克思《资本论》中关于劳动价值的论述来阐释和拓展劳动价值论的内涵，联系当前社会经济发展的实际，对马克思劳动价值论进行创新，并指出与简单的体力劳动相比，科技劳动和管理劳动等高级的复杂劳动在经济发展过程中具有更加重要的意义。

（2）关于马克思关于重建"个人所有制"的解读。理论界对《资本论》中关于消灭资本主义私有制后重建个人所有制论述的解释，存在不同的认识。2019年5月他完成了关于马克思个人所有制的理论论文（约2万字）。在文中他对相对立的两种解读进行辨析：一种解读是"重新建立消费资料的个人所有制"；另一种解读是指生产资料由众多个人联合起来共同占有的社会所有制。卫兴华认为，马克思提出的这个问题，是要说明社会主义取代资本主义后应建立什么样的生产资料社会所有制（公有）。这个问题与我国建立什么样的社会主义公有制，或以什么原则改革国有企业的实践密切相关。因此，不应仅仅作为一个抽象的学理问题进行争论。要联系社会主义实践来进行讨论。据此，卫兴华明确指出三点：第一，从总体上把握《资本论》中的有关论述。所谓改造为"联合起来的社会的个人所有制"，也就是归全体劳动者所有的生产资料社会所有制。第二，在马克思的著作中，生产资料公有制即社会所有制将取代资本主义私有制，而在所有制中并未涵盖消费资料所有制。第三，马克思的著作中所涉及的社会制度更替，其着眼点是生产资料所有制的变更，以及与所有制相联系的生产资料与劳动力相结合的生产方式的区别。在对社会制度或生产关系的差异进行划分时，根本不存在消费资料个人所有制的"重新建立"问题。卫兴华结合我国实际对重建个人所有制进行阐释指出：当前，我国的非公有制经济在占比方面已处于优势，它们的兴衰和发展亦会对我国国民经济的兴衰产生直接影响，所以，政府要伸手帮助解决非公有制经济经营中的困难，大力鼓励和支持其发展。卫兴华认为，马克思所讲的社会主义所有制与我国社会主义初级阶段的基本经济制度是不同的，不能教条主义地对待马克思的理论著作。

（三）持续挖掘《资本论》的当代价值

卫兴华自20世纪50年代开始从事科研工作，就开始耕耘在《资本论》这一块阵地上，他对《资本论》的研究、传播、运用与发展，为马克思经济理论的创新与发展做出了很大贡献。在许多学者看来，《资本论》只是研究资本主义经济的一本著作，是过去破坏旧世界的一本著作，对于社会主义建设与发展没有意义了，卫兴华认为没有好好研读《资本论》的人才会提出这一观点。当然，现在资本主义和过去马克思所处资本主义不同，它有很多新的变化，新的问题需要我们进一步地探索。在现代马克思主义经济学面临被弱化的背景下，在马克思主义过时论、无用论、终结论等言论层出不穷，西方主流经济学广受吹捧的环境下，他始终坚定对马克思主义的信仰，持续对《资本论》的当代价值进行与时俱进的研究，不断挖掘《资本论》的科学意义和时代价值，在《资本论》出版的各个周年纪念时间发表多篇文章强调《资本论》的科学意义和当代价值，指出《资本论》对现实经济发展的意义。改革开放前，卫兴华对马克思主义经济学的潜心研究，对马列经典著作的深入研读和对马克思主义基本原理和方法的准确把握，为改革开放后对社会主义经济理论研究奠定了深厚的马克思主义理论基础。正是因为他对马克思主义坚定的信仰，并将对马克思主义的信仰转化为研究的动力，才有了改革开放后学术道路的辉煌。改革开放后,他围绕社会主义经济理论、经济增长与经济发展理论、经济体制改革理论等理论与实践问题展开研究,出版了50多本专著,发表了1000多篇学术论文,在学术研究上取得了巨大成就。卫兴华将马克思主义基本原理同中国改革发展的实践相结合,强调"马克思主义揭示和追求的是真理,我就要用追求真理的精神去坚持马克思主义、发展马克思主义。"① 2014年,卫兴华撰写了《走进马克思经济学殿堂》一书,书中收入了65篇改革开放以来坚持和发展马克思主义经济学的学术论文,这些论文既从正面阐述了《资本论》和有关论著的重要理论观点,也对误解、错解、乱解、曲解马克思理论的内容提出商榷,进行评论和展开辨析。《走进马克思经济学殿堂》紧密联系中国特色社会主义的建设事业来阐明马克思的经济理论及其当代价值。

二、运用马克思主义立场、观点和方法研究现实经济问题

卫兴华对马克思经济学理论的探索并不仅局限于理论层面的探究,而是与中国特色的社会主义经济发展实践相结合,运用马克思主义经济理论分析现实经济问题,不断地拓展与创新马克思主义政治经济学理论。从事教研工作60多年以来,卫兴华始终站在经济理论研究的前沿,运用《资本论》的科学理论与方法来分析现实经济问题。面对我国经济发展过程中出现的新问题以及时代提出的重大发展任务,他始终做到坚持运用马克思主义的立场、观点和方法来研究现实经济问题。

(一) 运用马克思主义基本原理解决现实问题

卫兴华凭借对马克思主义思想体系研究的深入研究和深厚功底,准确把握马克思主义基本理论,并运用这些基本理论来分析和探讨经济社会中存在的现实问题。他坚持系统地研读马列经典著作,尤其是反复地研读《资本论》,直到读懂弄懂马克思的基本原理,这为学术界准确理解和把握马列主义的基本原理和方法,以及马克思主义政治经济学的教学与科研奠定了基础。长期以来,他坚持用马克思主义立场、观点和方法研究经济理论和现实经济问题,在分析社会主义经济理论与经济建设中遇到的现实经济问题时,始终坚持从马克思经典著作中找答案,在继承和创新马克思主义经济理论方面取得了令人瞩目的成就。从20世纪

---

① 访中国人民大学马克思主义经济学教授卫兴华:矢志不渝求真理 不做风派理论家 [N]. 人民日报, 2016.1.

60年代起,"商品经济""竞争""劳动价值""非公经济""市场调节""混合所有制经济"等经济热词相继进入人们的视野,卫兴华教授关于马克思主义政治经济学研究成果均围绕这些热点问题展开。以下举几个卫兴华运用马克思理论分析现实经济问题的例子。

关于马克思股份制理论,卫兴华有深入的研究和自己的见解,他结合马克思股份制理论对社会主义公有制实现形式展开分析。针对学界存在的"资本主义国家股份制已经是社会主义公有制",进而推之社会主义一切股份制都是社会主义公有制的观点,他据理力争、展开辨析[①],指出资本主义国家股份制是"资本主义生产方式在资本主义生产方式本身以内的扬弃",这种"扬弃"是在资本主义体系基础之上对私有财产的"扬弃",是个人产业发展为联合的公司产业,是私人财产转化为公司联合的共同财产,但这些并未克服财富作为社会财富和作为私人财富的性质之间的对立,无法改变资本主义制度的私有性质,更无法触动资本主义制度,因此资本主义国家股份制与社会主义公有制并不能等同。关于股份制还存在一种观点,即由于股份制是在资本主义制度下产生和发展起来的,在很长一段时期,有观点认为只有资本主义才能发展股份制,而社会主义不能实行股份制。卫兴华认为,股份制的本质是资本的组织形式和资产的经营形式,不存在姓"资"姓"社"的问题,它既可以是资本主义私有制的实现形式,也可以是社会主义公有制的实现形式。将我国私营企业和外资企业组织和参与的股份制都纳入社会主义公有制的范畴显然是不合理的。股份制是公有还是私有,关键是看股权掌握在谁的手中。

对于社会主义制度先进与否的判断标准,卫兴华从马克思主义经典作家中探寻答案,主张要以生产力标准和价值标准二者统一来判断制度的先进与否。马克思说:"在未来的新社会制度中,社会生产力的发展将如此迅速……生产将以所有人的富裕为目的"[②]。由此看出,马克思强调生产力标准和价值标准的统一性,他们从来没有只强调生产力标准而忽视社会主义价值标准,特别是生产关系标准。他运用马克思的"两个标准相统一"做进一步分析指出,社会主义制度产生以前的奴隶制、封建制和资本主义制度,只注重生产力的发展,导致剥削和贫富差距普遍存在,这些私有制度与马克思主义所提倡的价值标准无法统一起来。邓小平关于社会主义本质的理论:"解放生产力,发展生产力,消灭剥削,消除两极分化,最终实现共同富裕",体现了社会主义生产力标准与社会主义价值标准

---

① 卫兴华.准确把握马克思关于股份制的理论观点[N].光明日报,2008-8-21.
② 《马克思恩格斯全集》(第46卷)下[M].北京:人民出版社,1980:220.

的相统一。

卫兴华在其与张宇教授合著的《社会主义经济理论》①一书中对我国社会主义经济发展、改革与开放中的基本理论问题与重大现实问题的研究，充分体现了他运用马克思主义原理分析现实经济问题的特点。在经济全球化背景下，新自由主义理论试图通过在全球范围推进自由化、市场化进程，将世界各个国家和各个民族纳入由西方发达国家设计并主导的全球经济一体化格局中。2001年后，我国正式加入世贸组织，全球化思想以及新自由主义全球化理论对我国改革开放事业产生一些不良影响。针对当时的新自由主义这一思潮，卫兴华在《社会主义经济理论》一书中，运用马克思主义经典作家关于生产力与生产关系矛盾运动的理论，对经济全球化的实质及其现代表现形式进行深入分析，并指出经济全球化具有二重性特点：从生产力方面看，全球化能够大力推动生产力的发展。全球化使得国际分工在广度和深度上都得到了发展，商品、资金、信息和劳动力在全球范围内的流动也更加流畅，知识和技术传播与扩散的效率得以提高，大大促进了社会财富的增长。从这个意义上说，经济全球化是对马克思主义经典作家关于人类历史转为世界历史的必要阶段内涵的最好诠释；从生产关系的角度看，经济全球化实际上是由西方发达国家主导的，是资本主义生产方式内在矛盾运动突破国别界限，在世界范围内寻求缓和矛盾空间的扩张过程，是资本主义生产关系的全球化。因此，许多发展中国家在参与经济全球化的过程中，受跨国公司的渗透、外贸依存度的增加以及金融资本全球性风险转移等因素的影响，在经济上容易丧失自主权，在西方发达国家所鼓吹的"开放""自由""民主"的口号下，成为发达国家获取超额利润、规避金融风险、转移劣势产业的"后花园"。卫兴华运用马克思主义理论对经济全球化实质进行全面剖析并指出，我国既要坚持继续对外开放，积极参与全球化，又要注意国家经济安全问题，维护国家根本经济利益，警惕沦为发达国家转移风险和劣势产业的牺牲品。

运用马克思《资本论》原理分析经济危机问题。对资本主义经济危机问题，马克思曾讲过："经济危机是资本主义基本矛盾产生的，深刻的革命在这里"。马克思看到，资本主义差不多每十年会经历一次经济危机，1929年、1933年经济大危机以后，资本主义通过采取一些自我完善、自我改革的措施，使资本主义的矛盾有所缓和，经过一些稳定时期。因此有人认为，资本主义好像"新生"了，其实不然。资本主义经济危机的爆发是所有的经济学家都没有预料到的。但是后来国内的理论界写了很多分析经济危机的文章和著作，还是回到马克思《资本

---

① 卫兴华，张宇. 社会主义经济理论［M］. 北京：高等教育出版社，2007.

论》中去，回到马克思的著作里去，因为马克思的《资本论》中已经明确地指明了资本主义的经济危机的必然性的，并认为资本主义没有跳出这个规律，只不过是过去有的时候缓和一点，有的时候危机小一点。卫兴华运用马克思关于经济危机理论逻辑对国际金融危机问题进行分析，指出2008年经济危机与1929年爆发的经济危机大萧条有着相同的根源，都是"资本主义生产方式的矛盾，即生产社会化与资本主义私人占有之间的矛盾，其实质是生产相对过剩，充分暴露了资本主义生产关系的局限性"，金融危机产生的根源并未超越马克思的理论逻辑。①金融危机以后，西方许多人重拾《资本论》，《资本论》也因此在德国、法国出现了热销，这本身就说明其他国家的领导人物和学者也认同马克思的著作对资本主义经济危机是有所预见的。

（二）对马克思主义并不是采取教条的态度，而是从经济发展实践出发

卫兴华坚持用马克思主义观点和方法来研究现实的经济问题，但对马克思主义并不是采取教条的态度，而是从中国发展的实践出发，结合中国改革发展的实践，运用马克思主义科学的研究方法来解决发展中的实践问题。改革开放以来，西方的经济理论和经济思想被大量的引入国内，面对让人应接不暇的西方经济思想、观点，他不主张"拿来主义"的态度，而是坚定马克思立场，运用马克思主义的基本原理来分析现实经济问题。卫兴华并不是教条地接受马克思的所有观点、也不认为马克思的所有观点都是科学的，例如，马克思曾提出社会主义制度下商品生产将会消亡的预言，卫兴华论证了社会主义公有制与商品经济是相统一的，指出马克思之所以会提出这样的预言是受当时社会经济实践因素限制所致。

卫兴华教授在教学和研究中，始终自觉坚持和运用马克思主义经济学的基本原理。在他从教的60多年中，发表了大量马克思主义经济学和社会主义经济理论方面颇具学术价值的研究成果，其中不乏大量运用马克思主义经济理论分析现实经济问题的文章。

例如，卫兴华在对马克思劳动价值论的研究中，不仅对马克思主义的劳动和劳动价值理论进行准确的理解与把握，还从国内外新的社会经济发展形势出发，结合新情况、新问题对劳动价值论进行拓展，提出随着第三产业在经济增长中所占比重的增加，非物质生产劳动也能创造价值。在对生产力理论进行探索中，他认为随着经济社会的发展，生产力要素的内容应有所拓展，并与党的十八大以来

---

① 卫兴华，孙咏梅. 用马克思主义的理论逻辑分析国际金融危机[J]. 社会科学辑刊，2011 (01).

中央提出的创新、协调、绿色、开放、共享的五大发展理念相结合，认为这些都应该列入生产力社会层面的研究范畴。并提出中国特色社会主义政治经济学研究怎样更好更快地发展生产力，实质上是要研究生产力的社会层面，研究生产力诸要素如何在生产中更好地发挥作用。再如，在阐述生产力与生产关系运动规律时，卫兴华指出过去搞"一大二公"，实行人民公社化、"跑步进入共产主义"等都是社会主义建设中违背经济规律的情况，对社会主义经济建设造成了不良后果。改革开放以来，我们党根据马克思的历史唯物主义原理，从我国生产力发展的现实水平出发，提出了我国处于社会主义初级阶段基本国情的论断，实行了具有中国特色的社会主义初级阶段的基本经济制度。

再如，卫兴华运用马克思财富论来分析社会主义现实经济问题。他认为，在新的历史条件下，在中国特色社会主义制度下，应加强对马克思财富论的理论和实践意义的探索和研究。他运用马克思财富论来分析社会主义现实经济问题。财富论与价值论存在一定区别，财富论适用于一切社会经济形态，马克思的劳动价值论只有在商品经济的条件下才适用，包括适用于小商品经济、资本主义商品经济和社会主义商品经济。马克思曾指出，在社会主义制度下商品生产和价值将消亡，因而商品价值关系不是永恒范畴，而是历史范畴。可以预计，未来进入共产主义社会实行各尽所能、按需分配，商品价值关系将不再发挥作用。而马克思的财富论适用于一切社会形态，更适用于社会主义和共产主义社会。马克思曾预计，在未来社会主义制度下商品生产消亡了，以使用价值为内容的财富将以实物形式满足社会成员的物质文化需要，社会主义将最终实现使"集体财富的一切源泉充分涌流"，达到"以所有的人富裕为目的"。在马克思的著作中，价值与财富是两个既相联系又有区别的概念。人类生存与发展，需要通过劳动生产物质财富。人们的生活需要满足的程度，取决于财富生产的多少。社会经济越发展，社会的财富越增进；而社会财富越增进，人类社会也越发展，二者相互依存、相互促进。由使用价值构成的财富，会以产品的形式独立存在。卫兴华通过探究马克思著作关于财富论的论述，结合社会发展现实，认为财富论应是中国特色社会主义政治经济学的重要内容，并成为基本的经济学理论。①

三、不断创新和发展马克思主义经济理论

卫兴华教授在新中国成立 70 周年之际获得"人民教育家"荣誉勋章，2019

---

① 卫兴华. 马克思的财富论及其当代意义 [J]. 经济问题，2019（02）.

年 11 月 24 日获第九届中国经济理论创新奖。卫兴华教授一生求实唯真、守正创新，正是基于这种治学态度和创新精神，他成为我国经济学界成果最为卓著的经济学家。① 不断创新和发展马克思主义政治经济学理论是其守正创新的重要体现。在中国从计划经济走向市场经济，制定和出台相关大政方针，为奏响改革开放的号角奠定坚实的理论基础的过程中，卫兴华教授都与时俱进地从马克思主义政治经济学的角度，发表了独立见解和有一定社会影响的论著。②

任何科学的理论体系都随着时代变迁不断地深化并向前发展，并被赋予新的时代内涵。马克思主义经济理论诞生于几百年前，马克思辩证唯物主义和历史唯物主义是我们分析社会经济实践的科学方法，马克思主义中的一些基本原理至今仍然具有很强的指导意义，比如，商品生产和市场经济的一般规律同样适用于社会主义市场经济的实践。但由于时代变迁，以及经济实践情况的变化，马克思主义经济理论中有些理论需要深化和发展。卫兴华坚持创新和发展马克思经济理论，扬弃某些被实践证明的不符合客观实践的观点和论断，通过客观理性的分析，提出更符合现实经济发展实践的科学的经济理论观点。著名马克思主义经济学家顾海良教授对卫兴华不断创新和发展马克思主义经济理论方面做出了评价：卫兴华对中国特色社会主义经济理论所做的研究、探索，是马克思主义基本原理同中国实际以及当代特征相结合的典范。③ 著名经济学家洪银兴教授对卫兴华教授不断探索经济理论作出评价：在创新中严守马克思主义科学阵地，坚持求实唯真的治学态度、守正创新的探索精神。④ 卫兴华不仅始终坚持运用马克思主义立场、观点和方法来分析现实经济问题，还根据我国经济发展的不同时期呈现的不同经济特点，来创新马克思主义经济理论。

鉴于科技因素在经济发展中的重要作用，卫兴华拓展了马克思主义生产力理论，主张生产力多要素论，认为科技创新是生产力发展的重要因素。以劳动者、劳动对象、劳动资料为内容的生产力三要素论和以劳动者、生产资料（包含了劳动对象和劳动资料）为内容的二要素论，是理论界长期流行的观点。卫兴华教授于 1980 年在《哲学研究》发表论文明确指出，生产力三要素论和二要素论偏离

---

① 洪银兴. 在创新与发展中坚守马克思主义科学阵地——谨以此文纪念"人民教育家"卫兴华教授 [J]. 当代经济研究，2020（01）.

② 卫兴华：坚守马列主义　替老百姓说话 [N]. 中华英才海外版，2016 – 08 – 04.

③ 顾海良. 增强政治经济学研究的现实性——读《中国特色社会主义经济理论体系研究》[N]. 人民日报，2015 – 12 – 23.

④ 洪银兴. 在创新中严守马克思主义科学阵地——"人民教育家"卫兴华教授学术成就简述 [N]. 光明日报，2019 – 11 – 27.

了马克思关于生产力要素的准确论述。他根据马克思在《资本论》中讲的提高劳动生产力要素包括"工人的平均熟练程度,科学的发展水平和它在工艺上应用的程度,生产过程的社会结合,生产资料的规模和效能,以及自然条件",明确提出了生产力多要素论,认为科学、分工协作、管理、自然力等也应是生产力要素的范畴,并且随着生产的发展,生产力要素的内涵也会更加丰富。在此基础上他进一步指出:曾经有一段时间,由于把生产力的内容理解得很狭窄,致使我国的生产力发展在实践中出现了片面和偏颇。例如,片面强调人的因素而忽视物的因素,在物的因素中片面强调生产工具的作用而忽视原材料以及电力和其他能源等的作用,不重视自然资源的保护和生态平衡;忽视科学技术和科技人员的作用,甚至批判"技术至上""专家路线"以及科学是生产力的观点。因此,遵循马克思的生产力多要素论,特别要把握马克思强调科学的独立作用,有利于从更多角度更大范围不断推动我国生产力的快速健康发展。

长期以来,围绕政治经济学的研究对象问题,我国理论界一直存在不同的意见和争论。卫兴华对政治经济学研究对象是生产力还是生产关系以及马克思《资本论》研究对象的"资本主义生产方式以及和它相适应的生产关系和交换关系"的"资本主义生产方式"的含义等问题进行了深入的研究和探讨。关于《资本论》研究对象问题,卫兴华在《资本论的研究对象究竟是什么——对胡钧同志商榷的商榷》(1983)一文中对胡钧同志认为"资本主义生产方式是指资本主义生产力或者生产力含义上劳动方式(协作、分工、机器大工业)"的观点进行了辨析。他认为要正确认识"资本主义生产关系"的含义,应从马克思的原意去把握。马克思曾说过:"政治经济学所研究的是财富的特殊形式"。[1] 恩格斯也明确指出:"经济学研究的不是物而是人与人之间的关系。"[2] 列宁说过:"政治经济学绝不是研究'生产',而是研究人们在生产上的社会关系。"[3] 列宁还明确指出:"《资本论》就是专门研究现代社会即资本主义社会的经济制度的。"[4] 通过研究他认为,随着社会主义实践发展,政治经济学的研究对象需要发展。马克思的政治经济学主要是研究资本主义生产关系即经济关系及其运动规律的,因此,马克思主义政治经济学的研究对象应该是建立在一定生产力基础上的社会生产关系,是经济利益关系或经济利益问题,这是毫无疑问的,[5] 但必须既联系上层建

---

[1] 《马克思恩格斯全集》(第46卷)下 [M]. 北京:人民出版社,1980:383.
[2] 《马克思恩格斯选集》(第2卷) [M]. 北京:人民出版社,1995:44.
[3] 《列宁全集》(第3卷) [M]. 北京:人民出版社,1959:42.
[4] 《列宁全集》(第2卷) [M]. 北京:人民出版社,1961:166、44.
[5] 卫兴华. 马克思主义政治经济学对象问题再探讨 [J]. 马克思主义研究,2006 (01).

筑又联系生产力来研究生产关系。而马克思之所以将他的政治经济学研究对象确定为生产关系或经济关系，是由其当时的经济学任务决定的，即揭示资本主义经济制度产生、发展及最后必然为社会主义所代替的客观规律，为工人阶级的斗争提供思想武器。卫兴华认为，当代马克思主义经济学特别是中国特色社会主义政治经济学的研究对象，首先应包含社会主义经济关系，在发展和完善社会主义生产关系的同时促进生产力的发展。社会主义政治经济学的任务是为实现社会主义本质服务的，不仅要为解放和发展生产力提供理论支持，而且要通过生产力的高度发展来逐步实现消灭剥削、消除两极分化，最终实现共同富裕的目标。因此，社会主义政治经济学既要研究社会主义生产关系，还应该研究经济体制与运行机制，研究经济增长与发展，研究资源配置方式，研究人的全面发展。

随着非物质生产部门在经济发展过程中发挥作用越来越大，商业服务行业占比的不断升高，卫兴华认为，不对劳动价值论进行创新，劳动价值论就会对现实缺乏解释力。卫兴华主张拓宽劳动价值论的范围，并要注意把握商品经济的劳动、对社会起积极作用的劳动这两个标准。

第二节　勇于对重大经济理论是非问题进行辨析

捍卫真理，在学术争鸣上为真理正本清源，面对经济理论是非问题展开辨析是卫兴华经济学术思想的重要特征。卫兴华能够在学术上取得重大理论成果与其对学术界中存在一些模糊观点、错误观点、曲解观点勇于展开辨析是不可分割的。卫兴华教授被誉为经济学界"清道夫""保洁员"，正是因为他对理论界中存在的违背马克思愿意，错解和曲解马克思主义的观点、错误的思潮，总是挺身而出，展开争鸣、辩驳和交锋，进而辨明是非。他的许多创新理论和观点就是在辨析与批判中产生的。他赞同对马克思主义进行理论创新，反对歪曲马克思主义原理、违背马克思原意以及将非马克思主义的观点强加给马克思。他运用马克思主义的科学批判武器对非科学、反科学的观点进行辩驳与批判，对一些不正确使用马克思主义经济学概念的地方，以及对社会主义市场经济的许多重大理论是非，他都要辨个明白。

一、对错解、误解马克思经济思想的观点的批驳

卫兴华被称为经济学理论问题的"清道夫"，哪里有争论问题，哪里就有他

的独到见解。卫兴华在学术研究和理论探讨中，始终不渝地坚持马克思主义政治经济学的基本原理。他对马克思的基本原理进行准确理解和解读，针对《资本论》中的一些重要原理进行正本清源，并把握它的精髓，对推动我国《资本论》研究起到了积极的促进作用。面对误读、误解、错解和曲解马克思基本原理的观点，他勇于进行理论辨析，以求还原马克思经济理论的原意。

2012年，卫兴华的著作《理论是非辨析——误解错解马克思主义理论事例评说》一书出版，该书共收入了43篇文章，对学术界存在的"误解、错解"的理论观点进行有理有据的评析，在辨析中阐明自己的观点，还原马克思主义理论原著本意与精神实质，得到马克思主义理论工作者的认同。2015年卫兴华撰写的《走进马克思经济学殿堂》一书中共10章65篇文章，其中有6章是对《资本论》中的疑难理论问题的解析及对误解、错解马克思理论的评析及对错误理论的辨析。

（一）对错解、曲解、误解马克思基本经济理论观点的辩驳

改革开放以前，卫兴华投入大量精力和时间对《资本论》和其他经典著作进行学习和研讨，对理论研讨中出现某些错解马克思主义原理的问题，有理有据的提出不同意见。当时，学界一般是正面研读马列主义、毛泽东著作和中央理论指导，较少的人刻意否定马列主义，也基本不存在任意曲解的情况，只是在研讨会中会出现对某个问题的不同解读。改革开放以后，倡导思想解放和学术自由，意识形态更加多元化，大量的西方论著流入中国，随之而来的是公开曲解和否定马克思主义和科学社会主义思想的产生。卫兴华作为坚定的马克思主义理论工作者，为追求马克思主义真理，把握其真谛，对任意编造、曲解马克思主义基本理论和原理进行有理有据的辩证。毕业留校任教后，卫兴华凭借自己对马克思、恩格斯著作的反复研读和对马克思政治经济学原理的准确把握，对当时苏联教科书里流行的部分观点提出了质疑。

（1）对货币具有阶级性观点的辩驳。20世纪50年代初，苏联的《政治经济学教科书》是我国高校的通用教材。当时，全国上下把这部教材看作是完全马克思主义的、绝对正确的著作。卫兴华凭借对马克思主义基本原理的把握及教学经验，对流行于苏联的有关教材和新编教科书中的一些观点缺乏提出质疑。比如，苏联《政治经济学教科书》第二版提到："在以人剥削人为基础的各个社会形态里，货币具有阶级性，它是占有他人劳动的手段。"他发现在马克思的著作中不存在这一观点。而且从实际生活看，在阶级社会中，金属货币作为一般等价物，对任何阶级和个人都一样起作用，固然货币在剥削者手中可以成为"占有他人劳

动的手段"，但在劳动者和被剥削者手中，也是必要的维持其生活的手段。再说，在剥削者手中，生产资料也是"占有他人劳动的手段"，但不能以此得出生产资料具有阶级性的论断。1958年，卫兴华在《新建设》上发表《货币有没有阶级性》一文，对货币具有阶级性的观点进行辩驳。此后，在国内出版的有关论著中，没有再看到货币具有阶级性的观点。

（2）对苏联《政治经济学教科书》中提到的"抽象劳动'只是商品经济所特有的社会劳动的特殊形式'"观点的质疑。卫兴华认为，"抽象劳动'只是商品经济所特有的社会劳动的特殊形式'"的观点缺乏理论与事实依据。他指出，《资本论》和马克思其他著作中没有相关论述。关于抽象劳动，马克思在《政治经济学批判》导言中指出：劳动作为"最抽象的范畴""正是由于它们的抽象而适用于一切时代"，只是在商品经济中它"才具有充分的适用性"。① 卫兴华结合当时社会的实际情况对此观点进行分析——我国当时建立和发展农业生产合作社，社员出勤劳动以工分为单位进行计算，他认为，"工分"这个概念所反映的就是舍去劳动具体形式的抽象劳动。1957年，卫兴华在《读书月报》刊发《关于抽象劳动问题》一文，对上述观点提出质疑。该文发表后，获得了学术界许多学者的支持。多年以后，国内的部分政治经济学教材放弃了苏联《政治经济学教科书》中提到的"抽象劳动'只是商品经济所特有的社会劳动的特殊形式'"这一观点。特别是由徐禾教授等编写的《政治经济学概论》（当时较为受欢迎的教材）（人民出版社1973年、1983年）中，特别说明："只要有具体劳动存在，同时也就会有抽象劳动。马克思十分明确地指出，抽象劳动或一般劳动是一个'适用于一切时代'的范畴，尽管它的适用程度在不同时代可以有很大的差别""并非任何时候抽象劳动都形成价值"。

（3）对"由于固定资本比流动资本增加得更快，整个资本的周转就缓慢起来，造成利润率的下降。"观点的争鸣。苏联《政治经济学教科书》在平均利润和生产价格一章中，针对利润率下降趋势提出："由于固定资本比流动资本增加得更快，整个资本的周转就缓慢起来，造成利润率的下降。"的观点。卫兴华认为，这一观点经不起推敲，他在《教学与研究》1957年第4期发表了《固定资本周转的快慢对利润率有无影响？》的短文，对苏联教科书提出了质疑。固定资本的增加不会对流动资本的周转速度造成影响。但是如果固定资本增加的速度高于流动资本，意味着部门资本有机构成和技术装备水平的提高，可变资本绝对或相对减少，进而导致部门利润率下降。针对单个企业而言，技术装备水平的提

---

① 《马克思恩格斯选集》（第2卷）[M]．北京：人民出版社，1995：23.

高，则能够获得超额利润，提高企业利润率。马克思讲资本周转速度会影响年利润率的高低，是指流动资本（实质上是指可变资本）对周转速度的影响。而固定资本周转快慢并不影响利润率的高低，但是它增加的速度大于流动资本时会对利润率产生一定影响。

卫兴华在《经济研究》1956年第1期发表了《关于资本主义地租理论中的一些问题》一文，系统阐述了级差地租Ⅱ的形成、绝对地租和级差地租加在一起的计算等问题，并针对苏联有关论著和我国多位著名的经济学界老前辈的著作中所存在的对马克思地租理论阐述上的纰误进行了辩证获得共识。

（二）对片面理解马克思主义基本理论和观点的辩驳

有的学者没有从系统性和整体性上对马克思的基本经济理论、观点、立场进行把握，有的学者以只见树木不见森林的思路来阐明马克思的原理和观点，还有的学者并未读过马克思的《资本论》及其他著作，便对马克思的经济学理论进行随意的批判和解读，或是只摘录《资本论》中的某一段就随便下结论。卫兴华对存在以上情况的观点展开辩驳。

（1）对"社会主义道路只限于西欧"的辩驳。曾经有人虚构马克思的观点说"社会主义道路只限于西欧"，卫兴华对此观点进行辩驳：① 马克思曾在1881年一封信的草稿中说过"我明确地把这一运动的'历史必然性'限于西欧各国"，这一运动讲的是英国式的资本原始积累运动，而不是社会主义运动。"仅限于西欧各国"是指英国率先完成了原始积累时期的资本主义运动，西欧其他国家也逐步经历着生产者和生产资料相分离的过程，还有许多资本主义国家的产生与发展并不都遵循这一运动模式。提出此观点的人进一步推导出，中国走的社会主义道路是"斯大林版本"的社会主义道路，卫兴华认为此观点是背离了马恩的告诫，并提出辩驳意见，他从《共产党宣言》《资本论》《〈政治经济学批判〉导言》等马恩著作中找到证据来反驳对马恩的误解、错解和曲解，并证明马恩从来没有放弃社会主义要消灭私有制、建立公有制的主张。

（2）澄清"马克思关于重建个人所有制"的是是非非。学术界关于"马克思关于重建个人所有制"问题的研讨一直未停止过，改革开放以后，大量的专著、论文对此问题进行探讨，有的学者提出"生产资料公有、消费品个人所有的'所有制'"主张，有的学者将其理解为"人人皆有的所有制"，还有的提出"股份制是重建个人所有制的形式"，卫兴华对这些随意错解和曲解马克思原意的观

---

① 卫兴华.岂能如此歪曲马克思主义与历史事实[J].经济学动态，2011(11).

点——进行澄清。他本着全面理解、准确把握的态度来阐释"马克思关于重建个人所有制"问题。① 他认为理解这个问题首先应明确,在《共产党宣言》中,马克思将个人所有制分为两类"一类是,孤立的、单个人的个人所有制,即被资本主义剥夺和否定的个体私有制,这类私有制是以小私有制为基础的个人所有制,体现的是单个人的利益;另一类是联合起来的社会的个人所有制,即公有制中,作为联合体的个人所有制"。马克思所说的"重建个人所有制"指的是建立后一种个人所有制,是以公有制为基础的联合起来的个人所有制,体现的是众多劳动者个人利益的所有制。马克思所讲的三种所有制的"否定之否定",就是要阐明个体劳动者的私有制被资本主义私有制否定了,这是第一个否定,而资本主义私有制因其发展中产生的内部矛盾决定了其最终要被社会主义公有制所否定的必然性,这是第二个否定。卫兴华关于"重建个人所有制"的全面理解,对我国当前所有制的改革,尤其是公有制的改革与完善具有重要的理论和现实意义。

卫兴华在《经济研究》中(1956年第1期)发表的文章,纠正了资本主义级差地租与绝对地租加总计算上的纰误,这一点在苏联和我国经济学界普遍存在。卫兴华于1959年在国内学界提出社会主义商品经济论,他认为全民所有制经济中的消费资料和生产资料都应是商品。他还针对苏联政治经济学教科书中的某些观点,提出了不同的意见。

(三) 对将自己的理论观点强加给马克思的情况的辩驳

改革开放以前,学术界大多数是对马列主义、毛泽东著作和中央文件进行正面研究,任意曲解马恩原意的情况较少。改革开放以后,随着西方各种著作的引入,西方各种理论观点涌入中国,受西方意识形态的冲击,公开曲解马克思主义和科学社会主义的思潮甚嚣尘上。有的学者将自己的观点强加给马克思,虚构马克思的观点,有的学者将马克思阐释得很清楚的观点说是马克思并未涉及此研究领域。卫兴华对任意曲解马克思主义和科学社会主义的观点进行有理有据的辨析,对误解和错解马克思的观点进行辩证。

(1) 对马克思"普照的光"误解的辨析。1989年,卫兴华针对学界存在的对马克思关于"普照的光"思想的误解进行了辨析。② 马克思关于"普照的光"作出如下论述:"在一切社会形式中都有一种一定的生产决定其他一切生产的地位和影响,因而它的关系也决定其他一切关系的地位和影响。这是一种普照的

---

① 卫兴华. 正确理解马克思关于重建个人所有制的理论观点 [N]. 光明日报, 2007-9-25.
② 卫兴华. 马克思讲过一切社会都是多种经济成分并存吗? [J]. 当代经济科学, 1989 (03).

光，它掩盖了一切其他色彩，改变着它们的特点。这是一种特殊的以太，它决定着它里面显露出来的一切存在的比重。"① 有的学者将这里的"普照的光"理解为多种经济成分并存，而"普照的光"是指在众多经济成分中占主体地位和主导地位的所有制，从而推导出，在我国社会主义经济建设中，多种所有制经济中的公有制经济是"普照的光"，而其他非公有制经济在"普照的光"的影响下也成了社会主义经济的错误观点。卫兴华认为此观点是对马克思原意的误解，此处并未涉及多种经济成分即多种所有制形式问题。他通过《〈政治经济学批判〉导言》的有关论述，认为"普照的光"实际上是在谈政治经济学体系中经济范畴的安排顺序问题。马克思指出，在研究经济范畴的发展时，应当注重对主体的把握。当研究的主体是资产阶级社会时，政治经济学体系"从地租开始，从土地所有制开始，似乎是再自然不过的了，因为它是同土地结合着的，而土地是一切生产和一切存在的源泉，并且它又是同农业结合着的，而农业是一切多少固定的社会的最初的生产方式。但是，这是最错误不过的了。"② 然后紧接着论述"普照的光"的内容。以资产阶级社会为研究主体的政治经济学，之所以不能从地租或土地所有制开始，是因为在资产阶级社会中，"农业越来越变成仅仅是一个工业部门，完全由资本支配。""不懂资本便不能懂地租。资本是资产阶级社会的支配一切的经济权力。它必须成为起点又成为终点。"实际上，马克思在《资本论》就是以资本范畴为研究起点，然后再对工资、利润、利息、地租、土地所有制等范畴展开研究。在所有资本形式中，工业资本居首位和主体，正是工业资本的产生和发展，决定了资产阶级社会的资本主义性质。因此，从马克思论述和研究来看，工业资本才是资产阶级社会的"普照的光"或"以太"。工业资本的生产具有支配地位，其他一切生产和经济形式受工业资本的支配和影响，其他一切部门和一切方面的关系受工业资本和雇佣劳动的关系的影响和支配，包括资本主义以前存在的土地所有制和地租、商业资本和商业利润、生息资本和利息等资本主义的经济形式。由此可见，所谓"'普照的光'或'以太'原理"，根本不是指多种经济成分之间的关系。

（2）对学术界存在的错解马克思股份制理论的观点进行辨析③，并主张要理解和把握资本主义国家股份制性质，应回到马克思关于股份制的相关论述当中。

---

① 《马克思恩格斯选集》（第2卷）[M]．北京：人民出版社，1995：24．
② 卫兴华．理论是非辨析——误解错解马克思主义理论事例评说[M]．北京：经济科学出版社，2012：180．
③ 卫兴华．准确理解和把握马克思关于股份制的理论观点[N]．光明日报，2007-8-21．

有观点认为资本主义国家的股份制已经是公有制，而且是社会主义公有制。他对此观点提出质疑。马克思指出："这种向股份形式转化的本身，还是局限在资本主义界限之内；因此，这种转化并没有克服财富作为社会财富的性质和作为私人财富的性质之间的对立"。① 由此推之，认为资本主义国家股份制已是社会主义性质的公有制，作为社会主义社会的我国的一切股份制，理所当然地都是社会主义公有制的观点是对马克思原意的误解。党的十五大报告对股份制做了明确论述："股份制是现代企业的一种资本组织形式……资本主义可以用，社会主义也可以用。不能笼统地说股份制是公有还是私有，关键看控股权掌握在谁手中。国家和集体控股，具有明显的公有性"。如果控股权掌握在外商或私企手中，该企业就具有明显的私有性，但其中的国家股和集体股，依然是公有。如果完全由外商或私企组织的股份公司，就不具有公有性，它只是私人企业的社会化和现代私有制的有效实现形式。马克思讲的股份制"是作为私人财产的资本在资本主义生产方式本身范围内的扬弃"，这里的"扬弃"是指由经营权和所有权相统一的私人财产转化为经营权和所有权相分离的联合起来的公司财产，但这种"扬弃"（转化）始终是在资本主义生产方式内部发生，没有脱离资本主义私有制基础；马克思还提出"股份制是通往新的生产形式的'过渡点'"，意味着股份制带来了资本的集中和社会化，与原来分散的个人资本相比，更容易促进向社会占有生产资料、经济社会化的社会主义生产方式转变，并不是在资本主义内部就能实现的过渡。卫兴华对马克思股份制理论的准确理解和把握，对分析和判断我国的股份制性质以及国有企业改革具有重要现实意义。

二、对错解、曲解中国特色社会主义经济理论观点的辨析

卫兴华对中国特色社会主义经济理论展开持续系统的研究，尤其是党的十八大以来，致力于构建中国特色社会主义理论体系和中国特色社会主义政治经济学理论体系。他坚持运用马克思主义立场、观点和方法，并结合中国特色社会主义经济建设的实践，对理论经济学的一些重大问题提出自己的独到见解，许多观点得到中央和学界的认可。改革开放以来，在探索社会主义道路进程中，存在一些曲解中国特色社会主义经济理论和中国特色社会主义做法的思潮和观点，针对这些错误思潮和观点，他坚持用马克思主义科学的方法进行理论辨析。以下列举几例卫兴华教授对错解、曲解中国特色社会主义经济理论观点的辨析。

---

① 《马克思恩格斯选集》（第2卷）[M]．北京：人民出版社，1995：520.

1. 对"三个有利于"姓"资"姓"社"问题的探讨

邓小平南方谈话提出:"改革开放迈不开步子,不敢闯,说来说去就是怕资本主义的东西多了,走了资本主义道路,……判断的标准,应该主要看是否有利于发展社会主义社会的生产力,是否有利于增强社会主义国家的综合国力,是否有利于提高人民的生活水平。"学界不少人误将邓小平的"三个有利于"看作是姓"社"姓"资"的标准,认为私营经济、个体经济、外资经济符合"三个有利于"的标准,便看成是社会主义经济成分。卫兴华对此进行辨析,指出邓小平"三个有利于"可以是改革开放是非得失的标准,也可以是判断一切工作得失的标准,但不能作为姓"社"姓"资"的标准,否则就会得出私营经济、个体经济、外资经济等姓"资"的东西不符合"三个有利于"判断标准,也就不应该发展的不科学结论。私营经济、个体经济、外资经济等非公有制经济虽然属于资本主义性质,但其符合"三个有利于"的判断标准,应该鼓励其发展,改革开放40多年的实践也说明非公有制经济存在与发展的必然性。

2. 对生产力一元论、唯生产力理论等观点的辨析

马克思主义生产力决定论认为,生产力决定生产关系,生产关系一定要适合生产力发展的状况。生产力是推动社会历史发展的决定力量,生产力不断向前发展决定社会经济制度的更替。从原始社会到奴隶社会、封建社会和资本主义社会的依次更替,都可用生产力决定论来说明。发达资本主义国家终将会由生产力突破其生产关系,转向社会主义,但转变的快慢与曲折程度会受到政治等因素的影响。我国在生产力落后的情况下选择了社会主义道路,但生产力的决定作用否定搞超阶段的"跑步进入共产主义",也否定直接建立马克思所设想的发达资本主义国家将建立的单一社会所有制模式。我国实行中国特色社会主义制度,正是遵循生产关系一定要适合生产力发展状况规律的结果。在我国社会主义建设进程中,有学者宣扬"生产力决定一元论""唯生产力标准论""唯生产力论"等。卫兴华对这些理论误读进行澄清,马克思主义重视生产力在人类社会历史发展和进步中的作用,不仅是因为生产力决定生产关系,而是因为生产力的发展促进了人类社会历史的进步,科技的创新与发明为人类社会造福,比如原始社会火的发明,给人类带来福祉,再比如我国高铁的创新被不同社会制度的国家采用等。这些与生产力决定生产关系的变革无关。因此,卫兴华认为,重视生产力的作用,肯定生产力决定论,不能只从生产力决定生产关系来说明,更不能宣传机械生产力决定论。不能将生产力看作是推动社会发展的唯一因素,也不能将生产力作为判断一种社会制度的进步与落后,一个政党政策得失的唯一标准,而应该将生产力标准与社会主义价值标准统一起来。邓小平同志提出的社会主义本质论便是将生产力标准与社会主义价值标准相统一起来,是对马克思主义关于生产力标准理论的继承、丰富和发展。

3. 对社会主义经济体制转轨中存在的理论是非进行研究和澄清

有人认为邓小平是市场经济学派,陈云是计划经济学派。卫兴华不赞同此观点,他从《陈云年谱》《邓小平文选》中探寻指出,关于我国社会主义经济中"市场调节""市场经济"的概念最早是由陈云和李先念提出的,早在1979年2月二人就谈过"计划经济和市场经济相结合,市场经济是补充,不是小补充,是大补充"①,邓小平对陈云的观点是赞同的。卫兴华从一系列的文献资料中发现,邓小平关于社会主义市场经济的理论观点也经历了从计划转向市场的曲折发展过程。卫兴华主张用历史观点看待由计划经济转向市场经济的改革过程。对于社会主义在一定时期内实行计划经济的必要性和作用不能全盘否定。20世纪50年代,苏联实行计划经济,也曾对生产力发展起了很大的推动作用,并迅速缩小了与美国的经济差距,为战胜强大的德国奠定了物质技术基础。新中国成立之初我国实行的计划经济为经济的恢复和发展提供了制度保障,所带来的经济发展成就超过了旧中国百年以上。如果在生产力落后的新中国初期就搞市场经济,就难以集中力量在短时期内建立完整的工业体系,也难以大力发展以国有经济为核心的社会主义经济。计划经济体制有其内在的弊端,在经济发展到一定阶段时其弊端更加凸显,这时就需要进行经济体制改革和转轨,探索建立社会主义市场经济。

4. 对劳动和非劳动要素都创造价值观点的辨析

党的十六大报告提出生产要素按贡献参与分配的原则,有的学者提出劳动和非劳动要素都创造价值,都是价值的源泉的观点,并以此推出党的十六大报告内容蕴含马克思的劳动价值论被要素价值论替代的观点,卫兴华对此理论问题进行辨析,他指出,马克思、恩格斯一再强调劳动是价值的唯一源泉,但不是财富的唯一源泉,劳动与自然界要素都是财富即使用价值的源泉,自然界的物质对创造财富有贡献,却不创造价值。党的十六大报告中提出的按要素贡献参与分配的贡献,不是指按劳动、知识、技术、管理、资本等生产要素在创造价值中的贡献来分配,而是按照它们在生产财富即使用价值中的贡献分配,这是与马克思的财富论联系在一起的。

5. 对误读党的十九大关于新时代主要矛盾变化解读的辨析

理论界对党的十九大文件的某些权威性解读并不符合其原意。新时代的社会主要矛盾变化了,主要矛盾成为人们日益增长的美好生活需要和不平衡、不充分的发

---

① 中共中央文献研究室编:《陈云年谱》(下册)[M]. 北京:中央文献出版社,2015:265.

展之间的矛盾。主流媒体发表一些专家关于社会主要矛盾解读文章,有学者用区域不平衡、城乡不平衡、收入不平衡、生产力落后,还有原始生产工具等来解释主要矛盾的变化。卫兴华不赞同以上观点,他撰写多篇文章大胆地反驳以上观点。他认为,所谓不平衡不充分的发展,本意是指,随着我国生产力快速发展,人民收入显著提高,消费需求也随之提高了。从需求方看"人民日益增长的美好生活需要",要求有更高质量、更方便、更安全、更科技化、更个性化的消费品。虽然生产与供给的水平也提高了,但低端产品过剩,高端产品还不能充分满足人民日益增长的美好生活需要。因而形成供求双方新的不平衡。解决的途径是提高生产质量和效益,以供给侧结构性改革为主线,搞科技创新,建立新的经济体系等。《马克思主义研究》2018 年第 9 期以"本刊特稿"形式,刊登了卫兴华的《应准确解读我国新时代社会主要矛盾的科学内涵》一文,对他的观点予以支持。

三、对中国特色社会主义相关经济理论问题的辨析

(一)对中国特色社会主义政治经济学理论是非问题的辨析

在中国特色社会主义 40 多年的经济发展实践过程中,受知识体系以及中西方观点的影响,学界对中国特色社会主义的诸多经济理论问题未达成马克思主义的共识,导致理论界对中国特色社会主义经济理论的认识还不充分的情况出现,"非公有制经济具有社会主义经济的性质"观点、"不问'姓资姓社''姓公姓私'"的思潮依然冲击着我国社会主义经济理论。卫兴华在对社会主义经济理论发展的是非问题进行澄清和辨析中来阐释中国特色社会主义经济理论体系的内涵。卫兴华坚持科学社会主义,对中国特色社会主义经济理论进行研究探讨,对一些错误的观点展开争鸣,在理论是非辨析中表达自己的观点和见解。在《中国特色社会主义经济理论体系研究》一书的前言"中国特色社会主义经济理论的坚持、发展与创新"中,对创建和发展中国特色社会主义经济理论的是非问题进行了辨析。卫兴华在 2016 年《经济纵横》第 1 期发表的《有关中国特色社会主义经济理论体系的十三个理论是非问题》一文中,对创建和发展中国特色社会主义经济理论 13 个是非问题进行了详细的阐释和辨析,具体包括:一、新民主主义制度与单一公有制社会主义制度的理论是非。二、阐明了社会主义初级阶段与中国特色社会主义二者间的关系。三、指出"社会主义经济制度"与"社会主义初级阶段的基本经济制度"是两个不同的概念,二者不能混同。四、"社会主义经济"与"社会主义市场经济"是两个既有联系又相互区别的概念,不容混同。

五、是否中国特色社会主义的所有内容都具有社会主义性质。六、不能混同公有制的存在形式和其实现形式。七、发展社会主义应把大力发展生产力和发展与完善社会主义生产关系二者结合起来。八、分清生产力决定论、生产力标准论与唯生产力标准论和唯生产力论的区别。九、邓小平提出的三条"是否有利于"的标准不是判断姓"社"姓"资"的标准。十、在经济体制转轨进程中，从计划经济转向社会主义市场经济的是是非非。十一、阐明了社会主义商品经济与市场经济的概念和区别。十二、关于效率与公平的理论是非。十三、关于社会主义经济增长和经济发展的问题。

（二）对混淆和误解经济学基本概念进行澄清

弄清概念和基本原理是研究的基础，学术界经常出现乱用经济学概念，混淆经济学基本原理的现象，导致得出不科学的结论。卫兴华对许多理论和实践问题的研究都是建立在弄清、搞懂基本概念、基本原理的基础上的。他的著作《中国特色社会主义经济理论体系研究》对中国社会主义建设中的理论与实践问题展开研究，对社会主义经济中存在概念混淆和误解情况进行辨析，集中体现了"弄清概念、绝不含糊"的研究风格。卫兴华准确把握了中国特色社会主义经济理论体系中的基本概念、原理，并对其进行了重点阐述，为继承、发展和创新中国特色社会主义经济体系提供了理论支持。[①]《中国特色社会主义经济理论体系研究》一书中收入的论文，对新民主主义制度与单一公有制社会主义制度、社会主义初级阶段与中国特色社会主义、社会主义经济与社会主义市场经济、社会主义经济制度与社会主义初级阶段的基本经济制度、中国特色社会主义内容与社会主义性质、公有制存在形式及其实现形式、大力发展生产力与发展完善社会主义生产关系、商品经济与市场经济、效率与公平和贫富差距的根源、社会主义经济增长与经济发展等十几对概念做出了明确界定，并阐释了它们之间的联系和区别。这些基本概念和原理也是社会主义建设中非常重要的基础理论问题。中国特色社会主义经济理论要继承、发展和创新，必须弄清这些基本概念和原理，而混淆了这些基本原理和内容势必给社会主义建设实践产生不良影响。以下列举几例卫兴华对社会主义经济理论中含糊不清概念的辨析。

1. 对"社会主义经济"与"社会主义市场经济"概念的辨析

卫兴华在20世纪90年代就发表论文，认为非公有制经济是社会主义市场经

[①] 何召鹏，马慎萧.《一部发展和创新中国特色社会主义政治经济学的鼎力之作——评〈中国特色社会主义经济理论体系研究〉》[J]. 政治经济学评论，2016（03）.

济的组成部分。他指出，市场和市场经济不属于社会制度性范畴，而是经济体制范畴，是资源配置的手段，因此不能根据不同经济成分对市场和市场经济进行分割。市场配置资源不会因为公有和私有而有所区别，国有经济参与的市场，对私有制经济同样起资源配置作用。反过来，私有制经济参与的市场，对公有制经济也一样起资源配置作用。由此推之，社会主义市场经济既包括作为主体的公有制经济，也包括非公有制经济。但是在党的十五大报告提出"非公有制经济是社会主义市场经济的重要组成部分"后，有些学者将这一提法误解为非公有制经济是社会主义经济的重要组成部分，并由此得出私有制是社会主义经济基础的结论，卫兴华认为以上对党的十五大报告的宣传存在误解，他撰写了系列论文进行了批判和争鸣。有些人将"社会主义经济"与"社会主义市场经济"相等同，也把"社会主义经济制度"与"社会主义初级阶段的基本经济制度"相等同，把"中国特色社会主义"与"社会主义"相等同，认为中国特色社会主义所包括的全部内容都具有社会主义性质。他认为出现以上错误认识的根源在于，有些人认为应该摒弃马克思主义的科学社会主义也即传统的社会主义。卫兴华坚定认为，社会主义经济和社会主义经济制度，要以公有经济为基础，这是科学社会主义的基本原理。作为资本主义经济的私营经济和作为小商品经济的个体经济是非社会主义经济，既不是"社会主义经济"的组成部分，也不是"社会主义经济制度"的构成部分。这一"传统"理论，不能摒弃。在卫兴华长期争鸣和辨析后，理论界公开宣传私有制经济是社会主义经济的学者逐渐减少。特别是党的十七大和十八大报告先后指出："我们既坚持了科学社会主义的基本原则，又根据我国实际和时代特征赋予其鲜明的中国特色""中国特色社会主义，既坚持了科学社会主义基本原则，又根据时代条件赋予其鲜明的中国特色。"习近平同志指出："中国特色社会主义是社会主义而不是其他什么主义，科学社会主义的基本原则不能丢，丢了就不是社会主义。"① 由此可见，将社会主义区分为应当摒弃的传统社会主义和中国特色社会主义，将两者对立起来，以后者否定前者，实际上是要用中国特色社会主义否定科学社会主义，割断了流与源的关系。公有制经济是社会主义经济，私营经济和外资企业是资本主义经济，这既是科学社会主义的基本原理，也是中国特色社会主义的基本原理。② "非公有制经济是社会主义市场经济的重要组成部分"，是初级阶段基本经济制度的组成部分，是肯定非公有制经济

---

① 习近平谈治国理政［M］. 北京：外文出版社，2014：22.
② 卫兴华. 有关中国特色社会主义经济理论体系的十三个理论是非问题［J］. 经济纵横，2016（01）.

在社会主义初级阶段经济发展中地位和作用,但非公有制经济的私有性质并未改变。卫兴华对此观点的争鸣和辨析产生一定的社会影响,公开宣扬私有制经济是社会主义经济的观点也越来越少。

2. 对"社会主义经济制度"与"社会主义初级阶段的基本经济制度"基本内容的阐释

学术界有观点认为"社会主义经济制度"与"社会主义初级阶段的基本经济制度"具有相同的内涵,实际上二者是不同的概念。"社会主义经济制度"在社会主义发展的各个阶段都存在,并有一个不断发展与成熟的过程。而社会主义初级阶段的基本经济制度只是在初级阶段存在,包含初级阶段的经济特点。当前,我国还处于社会主义初级阶段,既存在社会主义初级阶段的基本经济制度,又存在初级阶段的社会主义经济制度。卫兴华认为,社会主义经济制度是社会主义生产关系的总和,包括作为基础的公有制经济、劳动人民成为社会和生产的主人、实行按劳分配原则、国民经济有计划按比例发展、消灭剥削和两极分化、走共同富裕道路。社会主义国有经济和集体经济是这种社会主义经济关系的主要体现。因此,一般把我国国有经济和集体经济称作社会主义经济,把公有制度称作社会主义经济制度。私有制经济并不包含在其中。在我国社会主义初级阶段,不但存在这种社会主义经济和经济制度,而且必须占主体地位,这样才能保证我国的社会主义制度性质。而社会主义初级阶段的基本经济制度,是公有制为主体、多种所有制经济共同发展,其中既包括作为主体的公有制经济,也包括私营、个体和外资经济。这是两个既有联系又有区别的经济概念,不能等同和混淆。① 坚持和发展作为主体的社会主义经济制度,才能保证我国的社会主义性质。

3. 阐明商品经济和市场经济的异同

学术界不少学者将商品经济与市场经济作为内涵相同的概念使用。在西方经济学理论中,一般只讲市场经济而不讲商品经济。在我国社会主义经济中,商品经济和市场经济两个概念同时并存并在实践中得以应用,因此学界对其内涵的界定也存在差异。卫兴华对商品经济和市场经济之间的联系和区别进行了详细阐释,他认为,二者既有关联也存在差异,市场经济的建立和发展以商品经济为基础。在我国实行指令性计划经济的年代,商品经济也并未消除,而是一直存在。那时的商品市场,计划调节起资源配置作用,市场调节作用基本没有得到发挥,商品的生产与流通完全由计划调节,也即有商品经济而无市场经济。卫兴华通过

---

① 卫兴华. 有关中国特色社会主义经济理论体系的十三个理论是非问题[J]. 经济纵横,2016(01).

考察发现，党中央的有关论述也将商品经济与市场经济两个概念分别应用。党的十二届三中全会《中共中央关于经济体制改革的决定》中提出，必须大力发展商品经济和我国实行"有计划的商品经济"的要求。同时又说，我国在总体上实行计划经济，"而不是那种完全由市场调节的市场经济"。在我国提出和实行社会主义市场经济后，以市场经济取代商品经济概念的观点也随之开始流行，认为探讨社会主义经济建设和发展不必再涉及商品经济了。卫兴华不赞同此观点，他指出"社会主义商品经济"与"社会主义市场经济"二者长期并存是必要的，而且在实践中也是并存的。我国目前存在多种所有制经济，也就存在多种不同经济成分的商品经济。有公有制为基础的社会主义商品经济，有私营经济和外资经济的资本主义商品经济，有个体经济的小商品经济。按照所有制的不同，商品经济有不同社会性质的商品经济，但不能按不同经济成分划分为多种不同性质的市场经济。市场与市场经济是以市场配置资源为着眼点，因而多种所有制经济都可统一于社会主义市场经济中。但不能将一切私有制的商品经济都纳入社会主义商品经济之中。也就是说，非公经济可以成为社会主义市场经济的组成部分，但不能成为社会主义商品经济的组成部分。私有制商品经济不属于社会主义商品经济的范畴。商品经济是商品生产与商品流通的统一。社会主义公有制商品生产的性质和关系，与私营、外资经济是不同的。前者不存在商品生产中劳资对立的关系，而后者则存在资本与雇佣劳动对立的关系。还有学者提出市场经济是高度社会化的商品经济的观点，卫兴华不认同此观点，从我国的社会主义实践来看，我们是在生产力和商品经济均很落后的条件下建立社会主义市场经济的，在建立社会主义市场经济几十年后，我国的商品经济也没有达到"高度社会化"的程度。他从商品经济与市场经济的关系方面对市场经济进行界定，即市场经济是通过市场调节实现资源配置的商品经济。按照中央最新有关文件精神，将市场经济定义为市场决定资源配置的经济。

卫兴华在论著中经常提到，没有搞清楚一些基本理论和概念问题，对实践产生的负面影响，比如，五六十年代社会主义建设中，未认清生产力和生产关系之间的关系，违背经济规律搞"大跃进""刮共产风"给国家和人民造成了损失；再比如，在改革开放以前，"左风"盛行的年代，把发展生产力批判为"唯生产力论"，提倡以阶级斗争为纲，导致了当时社会主义的普遍贫穷。这些都与没有全面掌握马克思主义的基本原理，没有科学地把握和认识社会主义判断标准有关。卫兴华关于社会主义本质理论、社会主义市场经济理论、社会主义初级阶段论、社会主义初级阶段基本经济制度理论、社会主义收入分配制度等社会主义经济理论的主要观点和内容在概念的阐释中也得以体现出来。

第三节 紧扣经济发展实践来探索社会主义经济理论

卫兴华把大部分时间都用在课堂和对马克思主义经济理论和中国特色社会主义经济理论研究方面，但他的研究又不仅仅是停留在纯粹的理论方面，也不仅仅是对马列著作和相关书本的解读和阐释，而是结合社会主义经济发展实践来阐释马克思主义经济理论的精髓和真理，并探索这些原理对社会实践发展的科学价值。

一、对改革和发展中的重大理论问题展开前瞻性研究

关注国家大政方针以及改革与发展中的重大现实课题，是卫兴华经济学术思想的重要特点。卫兴华长期致力于研究经济社会建设中亟待解决的重大实践问题，探索社会主义经济建设与发展规律。他关于社会主义改革与发展问题的研究，不仅推动了马克思主义经济学理论的繁荣和发展，更体现了为国家经济建设与发展服务的宗旨，为我国社会主义实践的发展提供了思路。党的十一届三中全会后，卫兴华将自己的研究方向和研究重点放在了社会主义经济理论、经济体制改革理论、经济增长与发展理论等有关现实经济理论的研究方面，转向关注改革与发展的现实经济理论研究。在生产力理论、多种经济成分发展理论、社会主义经济中开展竞争的理论以及后来在有关市场经济体制、经济增长方式、经济体制改革等重大理论问题上，都进行了深入的探讨和研究，引起了国内外经济学界的关注。以下列举几例卫兴华关注改革与发展中的重大现实问题的典型例子。

卫兴华关于国企改革问题的持续研究和探索，为国企改革发展提供思路。国企改革长期以来是我国经济体制改革的核心环节。改革开放以来至20世纪90年代初，对国有企业进行放权让利是这一阶段国企改革的重点内容。通过改革来调整国家与企业之间的关系，将企业职工的利益与企业经营业绩进行挂钩，调动职工的积极性，但这一阶段国企改革的效果不尽人意。20世纪90年代初，伴随着经济体制改革的步伐的推进，国企改革也进入到新阶段，我国的国有企业在社会主义市场经济体制框架下致力于建立现代企业制度，取得了一定成效。但在90年代中后期，非公经济迅速发展，国有企业发展却陷入了困境，出现高负债率、冗员多、社会负担重、摊派严重、员工积极性不高等问题，国有企业的效益也逐年下滑，亏损面逐年增大的。为解决国企改革面临的困境，1997年9月，党的十

五届一中全会提出,"用三年时间,使大多数国有大中型企业摆脱困境,力争在大多数国有企业中初步建立现代企业制度。"卫兴华教授(1997)急国家之所急,撰写《三改一加强是医治"国企病"的良方》(1997)、《关于国有企业职工主人翁地位的若干思考》《国企职工下岗再就业问题的思考》《私有化思潮泛滥中坚持国企改革的正确方向》(1999)等论文,为如何建立现代企业制度、如何解决国企下岗职工再就业、如何提高国企效益等问题进行研究,为国企改革建言献策。党的十八大以来,我国国企改革进入新阶段、面临新困境,卫兴华发表了《发展和完善中国特色社会主义必须搞好国有企业》《关于深化国有企业改革的几个问题》(2015)等系列论文对国企改革的定位与贡献、新时期国有企业改革应重点把握的方面等展开研究。卫兴华关于国企改革的研究为我国国企改革提供了方案和思路。

关于按劳分配与按要素贡献分配问题的研究。改革开放40多年来,我国经济发展取得了巨大经济成就,但贫富差距依然存在,因此,对我国收入分配制度相关理论与实践进行研究就显得尤为必要。卫兴华厘清了按劳分配与按要素贡献分配二者之间的关系,这对我国收入分配制度的改革具有重要意义。党的十六大报告提出"确立劳动、资本、技术和管理等生产要素按贡献参与分配"的分配原则,并放在分配制度的首要地位,导致有的学者认为,将生产要素按贡献参与分配放在首位就意味着我国现阶段的分配制度主要是按照生产要素贡献分配,生产要素中既然已经包括劳动要素,按劳分配就没有存在的必要了。以按劳分配为主体,多种分配方式并存是我国收入分配制度,也即作为主体的按劳分配方式与非按劳分配方式并存。非按劳分配方式,主要是指按生产要素所有权分配的方式。因此,卫兴华认为,所谓"按生产要素分配"或"确立劳动、资本、技术和管理等生产要素按贡献参与分配的原则",都是对非按劳分配方式的具体说明,并不是提出新的、凌驾于按劳分配方式之上将按劳分配包括其中的独立的分配方式。[①]"按生产要素分配"或"生产要素按贡献分配",只是多种分配方式中的一种,并不能取代按劳分配方式。卫兴华对按劳分配与按劳动这一生产要素参与分配进行了区分。卫兴华认为,按劳分配是社会主义的分配原则,以社会主义公有制为基础的按劳分配方式中,劳动者占有生产资料并以主人的身份参与分配;而存在于私营企业、外资企业的按要素贡献分配,是与特定的私有制经济相联系的,劳动者是作为雇佣劳动者,作为劳动要素的提供者参与生产与分配。这种按劳动要素分配的收入与按劳分配收

---

① 卫兴华. 我国现阶段收入分配制度的理论与实践问题[J]. 经济学动态, 2004 (04).

入不能等同。两种收入所体现的生产关系和分配关系是不同的。需要明确，按劳分配是由社会主义生产方式决定的社会主义分配方式；而按生产要素分配，适用于与特定的私有制经济相联系的分配方式。

关于贫富分化与共同富裕问题的研究。党的十八大强调，共同富裕是社会主义的根本原则。共同富裕是中国特色社会主义的重要内容，是建设社会主义的根本目的，是社会主义最本质的特征，也是建设富强民主文明和谐的社会主义现代化国家的条件和要求。[①] 改革开放40多年，我国经济发展取得巨大成就，但也出现了居民收入差距过大、两极分化的局面，这与社会共同富裕的目标是相背离的。卫兴华对贫富分化现象与社会主义共同富裕问题展开研究，在他所撰写的《中国特色社会主义经济理论体系研究》（2015）、《社会主义初级阶段的理论与实践》（2017）两本著作中专设章节对贫富分化与社会主义共同富裕的理论与实践问题进行探讨，并在《人民日报》（2010）、《北京日报》（2013）及多家学术刊物上发表了数篇关于共同富裕问题探讨的论文，提出一些重要观点：我国贫富分化的根源是以公有制为主体，多种所有制经济共同发展的基本经济制度；对于贫富分化产生的原因应分清根本原因和非根本原因，主要原因和非主要原因；提出了绝对两极分化和相对两极分化的概念，并指出我国目前出现的两极分化不是绝对两极分化而是相对两极分化；社会主义国家要实现共同富裕、消除两极分化单靠市场化改革来实现是不可行的，需要将市场调节和政府调节结合起来；缩小收入差距、促进分配公平、消除两极分化主要是从制度内和体制内来着手；中国共产党首先倡议把共同富裕作为社会主义的本质规定和党的根本任务，与马克思主义科学社会主义是继承与发展的关系；共同富裕是一个相对的概念而不是绝对的概念。

卫兴华对改革和发展中的一些前沿性理论问题展开了前瞻性研究，还体现在：他在国内较早论证了允许多种经济成分同时存在的客观依据；肯定和论述了国有经济之间应进行竞争的问题，突破了社会主义消灭竞争只有竞赛的传统观点；较早提出并坚持效率和公平相统一与并重的分配原则；最先提出非公有制经济是社会主义市场经济的组成部分；突破生产力二要素三要素之争，提出运用马克思的生产力多要素论发展我国生产力等。

---

① 卫兴华. 社会主义初级阶段的理论与实践 [M]. 北京：经济科学出版社，2017：105.

二、紧扣时代发展脉搏开展经济理论研究

卫兴华从事经济学教学和科研工作60多年，见证了我国社会主义经济建设和发展的过程。他关于经济理论的研究从来都不是脱离实践的研究，也不仅是停留在对马克思主义经典著作的准确解读上，[①] 而是以经济发展实际为基础，并紧扣时代前沿问题。2019年12月，卫兴华教授被授予"人民教育家"称号，出于经济理论工作者的社会责任感，他对社会主义经济实践的前沿问题展开研究，提出了许多新思路、新见解和新成果，并将研究成果用于指导实践。

卫兴华关于社会主义初级阶段理论的研究突出体现了其紧密联系社会实践，紧扣时代脉搏的思想特征。1987年，党的十三大提出了我国处于社会主义初级阶段基本国情的重要论断，当时我国处于生产力水平还比较落后，人民的生活水平还比较低。他对社会主义经济理论的研究始终坚持以初级阶段基本国情为出发点和立足点，紧密联系社会主义初级阶段这一基本国情来研究社会主义实践中的一系列重大经济理论问题。随着改革开放政策不断推进，我国经济向前发展，经济发展状况也随之发生了很大变化，特别是党的十八大以来，我国在强起来和富起来方面取得的成就更加显著。卫兴华结合这些经济发展新变化，运用唯物辩证法发展的观点来阐释社会主义初级阶段基本国情"没有变"和"不断变"的实际情况。2017年，他撰写的《社会主义初级阶段理论与实践》一书，以社会主义初级阶段作为他研究社会主义经济理论的基点，对我国社会主义初级阶段的基本经济制度、初级阶段的分配理论、社会主义市场经济理论、初级阶段与中国特色社会主义关系、公平与效率问题、国有经济主导作用、国企改革问题等经济社会发展中的重大实践问题进行研究。他关于社会主义初级阶段重大经济理论问题的研究，既注重历史，又紧密结合现实经济情况，根据经济改革和发展中呈现的新问题和新特点，做出新的理论概括，并提出可行性的对策。

改革开放以后，随着理论认识和社会主义实践不断探索与发展，我国完成了由计划经济向市场经济的转轨。卫兴华以我国对社会主义探索实践为基础，对社会主义商品经济理论和市场经济理论展开研究。1984年，党中央通过的《中共中央关于经济体制改革的决定》提出了计划经济是公有制基础上有计划的商品经济的重大理论，随后学界对这一重大理论展开探讨，出现了计划经济同商品经济对立、商品经济与公有制相互排斥等观点，以及市场经济与商品经济相混同等情

[①] 洪银兴. 卫兴华：求实唯真的理论自信 [N]. 2017-11-9 (014).

况。卫兴华对这些观点进行了辨析，对商品经济和市场经济的概念和关系进行了阐释，提出了社会主义公有制和商品经济发展相统一的依据，强调社会主义实践进程中发展商品经济的重要性。

卫兴华紧扣经济发展实践，把握时代脉搏的研究特点还体现在：在国企改革方面，他提出国有企业应"放下包袱、轻装上阵"的改革理论；在经济成分的性质方面，提出非公经济不是社会主义经济的组成部分，而是社会主义市场经济的重要组成部分；20世纪80年代，在我国社会主义市场经济刚刚起步阶段，他最早提出和论述了社会主义经济运行机制理论，并提出"计划调节市场，市场调节企业"的理论观点，该理论观点的内涵与后来党的十三大报告提出的"国家调节市场，市场引导企业"的思想相契合，也与国家宏观调控下的市场经济内涵相呼相应；较早提出的公有制的实现形式问题，与中央后来提出的探索公有制的多种实现形式的观点相融相通；发表多篇论文对党的十八届三中全会关于混合所有制经济问题进行论述，认为"不能用私有化观点错解混合所有制经济，不是'国退民进'，混合所有制经济既有利于放大国有资本功能，增强其活力，提高其影响力和控制力，也有利于非公有制经济更好地发展，关键是解决好控股权的问题"。

三、始终站在经济理论前沿研究社会主义实践问题

改革开放后，卫兴华的教学研究工作迎来了新机遇。随着改革的不断推进和深入，一系列新理论和实践问题亟待解决，经济发展理念与社会实践的结合日趋紧密，卫兴华与时代共命运，也随之逐步扩大自己的研究领域。他不仅研究马克思主义经济学理论，还对社会主义经济理论和经济改革与发展进行探索。在马克思主义经济学方面，他根据教学与研究的需要，力求深入地阐述马克思、恩格斯、列宁的有关经济理论，并对错解或误解经典作家的观点进行讨论与争鸣；在社会主义经济理论方面，他既从正面探讨社会主义经济理论与实践问题，又针对混淆社会主义经济理论相关概念和见解提出质疑和辩驳；在经济改革与发展领域，他在计划与市场的关系、国有企业改革、收入分配以及经济增长与发展方式转变等方面都有系统研究和自己的独到见解。卫兴华教授一直站在经济理论研究的前沿，并勇于对马克思主义政治经济学理论进行创新，他提出的很多观点都得到了实践的检验并被证实是具有前瞻性的、正确的和科学的，在我国经济学界具有举足轻重的理论地位和学术影响力。

例如，卫兴华教授是国内较早提出社会主义商品经济论的经济学家，早在

1959年他就在《学术月刊》发表《社会主义制度下商品生产的研究方法》一文，提出社会主义商品经济论，认为消费资料和生产资料都应是商品，他强调指出：不能否定全民所有制中生产资料的商品性质否则"是忽视了不同国营企业之间的独立权利和利益。……只看重了它们的统一面，而看偏了它们的矛盾面。""更重要的是，如果否认生产资料是商品，那么必然导向否认价值规律在生产资料生产中的作用，这样就违反了社会主义经济生活的实践。"在当时的背景下，提出与主流观点不相融的社会主义商品经济论并在刊物上公开发表是有一定风险的，需要一定的勇气。

在我国的市场化改革开始以后，他将研究重点转向对社会主义商品经济运行机制的研究。1986年，他与他指导的博士生洪银兴、魏杰在《经济理论与经济管理》发表文章指出，在调节社会生产比例时，要充分发挥市场机制的调节功能，对经济的宏观控制由直接控制为主转向间接控制为主，国家调节市场的一个重要内容就是完善市场机制，保证市场机制能对企业进行充分调节。同年，他们还在《学术月刊》发表《论企业活力和企业行为约束》一文，提出增强企业作为商品生产者和经营者的活力，并且要把其活力纳入社会主义经济的运行轨道，该文也因此获得了1986年度的孙冶方经济学奖。1986年，他和洪银兴、魏杰两位博士生合著出版的《社会主义经济运行机制》一书，以马克思主义政治经济学基本原理为指导，并从我国的实际情况出发，在国内首次提出"经济运行机制"的概念，并明确提出了"国家调节市场、市场引导企业"的思想。这一思想得到了经济学界的广泛认同，不仅被党的十三大报告采用，而且与后来中央先后确认的社会主义市场经济的定义相契合。使市场在国家宏观调控下对资源配置起基础性作用，以及使市场在资源配置中起决定性作用和更好发挥政府作用，实际上都包含这一经济运行机制。正是基于企业、市场和政府经济运行机制这一原创性研究成果具有重要的理论价值和实践价值，卫兴华教授和他的团队获得了2019年中国经济理论创新奖。

再比如，关于我国的经济体制改革，卫兴华认为改革的取向应该把市场取向与非市场取向相结合。他认为计划和市场相结合是社会化商品经济的一般调节手段，不能把计划、计划调节、计划经济混同起来，也不能把市场、市场调节、市场经济混同起来。在当时经济条件下，社会主义要发挥市场的调节作用，但不是完全推行市场经济，而是实行计划经济和市场调节相结合。他不赞同把我国政策上允许和鼓励适当发展的个体经济、私人雇工经济都看成是社会主义性质的经济成分，经济成分的社会性质与不同经济成分存在的必要性和重要性是不同的。他认为改革开放不能不管和不分姓"社"姓"资"，要坚持改革开放的社会主义方向，但又不能随意乱定姓"社"姓"资"，也不能对任何事物都问姓"社"姓"资"；问姓"社"姓"资"并非要排斥和否定一切姓"资"的东西。

党的十八大以来，中国特色社会主义进入新发展阶段，党中央根据社会主义实践情况的变化，提出了许多新经济观点和新思路。卫兴华以改革开放40多年的实践和新中国70年持续探索实践为研究基础，对新阶段的经济新常态、供给侧结构改革、社会主义主要矛盾变化等问题展开研究和阐释，提出了许多独到的见解。

卫兴华经济学术思想的现实意义

在研读了大量的卫兴华学术著作和论文的基础上，笔者在本书的第一章~第七章对卫兴华经济学术思想的主要观点进行了较为全面和系统的概括，对卫兴华经济学术思想的主要内容和精髓进行了充分理解和把握，对卫兴华经济学术思想的形成和发展进行了梳理，对卫兴华经济学术思想的特点进行了归纳，并在论述的过程中证明了卫兴华经济学术思想对中国特色社会主义建设事业发展的理论和实践价值。通过研究，笔者认为卫兴华经济学术思想的现实意义主要体现在四个方面：一是推动了中国特色社会主义政治经济学理论体系的构建。二是卫兴华对马克思主义经济理论的坚持、深化和发展，对中国特色社会主义理论体系的研究，为中国特色社会主义经济改革与实践提供了重要的理论参考。三是为政治经济学学科建设与发展做出了突出贡献。四是卫兴华的学术思想、治学精神为后来理论工作者提供了宝贵财富。

第一节 推动马克思主义政治经济学的发展和创新

学术界普遍认为中国特色社会主义经济理论研究可分为三次研究高潮。第一次社会主义经济理论研究高潮出现在 20 世纪 50 年代中后期，这次研究高潮持续时间短，因"文化大革命"而终止；第二次社会主义经济理论研究的高潮出现在 20 世纪 80 年代，在邓小平同志的倡导和带领下，理论界兴起了研究社会主义市场经济理论与转型问题。第三次社会主义经济理论研究高潮出现在 2015 年习近平同志提出"中国特色社会主义政治经济学"之后。2016 年初理论界开始掀起了研究中国特色社会主义政治经济学新高潮，这标志着中国社会经济理论研究与发展进入了新阶段。卫兴华教授不仅是新中国 70 年的社会主义建设与发展实践过程的见证者，更是社会主义经济理论研究的承载者，他经历了三次社会主义经济理论的研究高潮，并在三次研究高潮中都提出了许多有创建的学术观点，为推动马克思主义经济学发展和创新作出了新探索。

党的十八大以来，随着中国特色社会主义进入新发展阶段，对社会主义经济发展实践规律进行提炼与总结成为时代的要求。卫兴华在准确把握马克思主义基本原理的基础上，结合我国社会主义经济发展不同阶段的实践，对中国特色社会主义政治经济学理论体系进行研究，不断创新政治经济学理论。他认为，马克思主义的科学理论与中国特色社会主义政治经济学，是"源"与"流"的关系，并以中国特色社会主义经济实践为依据。卫兴华对中国特色社会主义政治经济学理论体系构建的贡献主要体现在以下几个方面的内容。

一、丰富了马克思主义政治经济学的研究内容

马克思主义政治经济学是发展的学科，自被引入中国以后，国内的马克思主义经济学家以马克思主义基本原理为基础，对新中国成立以来社会主义建设和发展问题展开研究，丰富和拓展了马克思主义政治经济学的研究内容，卫兴华便是其中的典型代表。

（一）准确把握马克思主义基本原理

准确把握马克思主义基本原理，不仅是卫兴华经济思想的重要特点，也是卫兴华教授推动马克思主义政治经济学发展与创新的重要表现。卫兴华被凤凰网"一个人和他的时代·巨匠"栏目称为"真理的守护者"。在多年的经济理论研究过程中，他总是认真研读原著，遇到有疑问之处，就反复查证马列经典著作原版，以求准确还原原著的意思。

比如，针对学术界存在的关于《资本论》研究对象问题的争议，他从 1982 年开始发表多篇论文对《资本论》研究对象进行详细阐释。他对马克思相关著作进行详细考证，综合马克思的有关论述认为，《资本论》中所讲的资本主义生产方式，是指在广义资本主义生产关系体系中起决定性作用的基础性生产关系，即体现资本主义所有制关系的劳动者同生产资料相结合的特殊生产方式，也就是资本与雇佣劳动相结合的资本主义生产方式。

卫兴华认为，理论界长期流行的生产力二要素或三要素的观点偏离了马克思主义的有关论述。二要素论主要来自苏联著作，三要素论是对《资本论》中关于

劳动过程的三个"简单要素"论述的误解。对此问题，他于1980年在《哲学研究》第11期发表《关于生产力的内容和发展生产力的问题》一文，突破了生产力二要素、三要素的框架和争论，提出了生产力多要素论，并被大多数学者接受和认可。

劳动价值论是马克思主义经济学的基石，但学界存在着对劳动价值论的多种误解、错解的情况，还存在先曲解后批判的情况。卫兴华从20世纪50年代起先后发表多篇论文，对劳动价值论作了长期的深入探讨，力求忠实地按照马克思的原意，理解马克思劳动价值论的有关范畴和原理。例如，1962年12月24日在《光明日报》发文论述了价值范畴的内涵；在《经济研究》1962年第12期发文论述了价值决定问题；在《教学与研究》1983年第3期发文论述了价值量与劳动生产力的关系；在《学术月刊》1964年第7期和1964年7月27日《光明日报》发文论述了农产品的价值决定问题；在《学术月刊》2001年第7期发文论述了如何科学地认识马克思的劳动价值论；在《经济纵横》2012年第1期发文对劳动价值论的坚持和发展问题进行阐述，并认为，劳动价值论随着时代发展也需要创新与发展。卫兴华还发表了几篇论文，对所谓的第二种社会必要劳动时间决定商品价值或两种社会必要劳动时间共同决定价值的观点展开辨析。

再比如，《资本论》中关于货币流通规律公式的表述是经济学界难以解决和有争议的问题，在解读上存在困难。卫兴华在《学术月刊》1985年第1期发表论文《〈资本论〉中货币流通规律公式的探讨》，引用了《资本论》不同版本的中译本、法译本、俄译本、英译本以及日本著名马克思主义经济学家河上肇书中关于这个问题的论述，讲清和解决了这一难题，说明既不存在马克思的笔误，也不存在错译。从此，平息了学术界关于这一问题的争论。

学界关于《资本论》中提出的粗放型与集约型增长方式、外延型与内涵型扩大再生产存在着误解和错解。卫兴华发表多篇论文在对此问题进行澄清，辨明理论是非，《中国社会科学》2016年第11期发表《对马克思再生产理论的认识误区》一文，对马克思再生产理论进行了详细论述，对粗放型与集约型增长方式、外延型与内涵型扩大再生产等概念进行了较为全面和系统的澄清。

卫兴华对《资本论》中的地租理论进行了较系统的学习和研究。早在1956年，他在《经济研究》发表了《关于资本主义地租理论中的一些问题》一文，对当时多位经济学界老前辈所著教材中的有关纰误，进行了辨析，获得共识。当时，大部分观点认为农业的发展落后于工业是资本主义制度的必然现象和不可克服的矛盾。马克思在一百多年前研究绝对地租理论时，虽然资本主义农业的发展状况落后于工业是当时的实际情况，但他在对此问题进行论述时留有余地。运用抽象法进行分析，可以假定一切农业资本的有机构成都低于工业。马克思指出："这个假定，对我们这里所研究的并且只有在这个假定下才会出现的地租形式来说，是足够了。在这个假定不成立的地方，和这个假定相适应的地租形式也就不会成立。"由此可见，马克思并没有认为资本主义农业必然地和永远地会落后于工业。

马克思曾经提出，资本主义农业中绝对地租的存在，是以农业的发展落后于工业，农业资本有机构成低于工业为前提的。可是，当代资本主义国家农业的资本有机构成已经接近或赶上了工业资本的有机构成，绝对地租是否还存在？卫兴华在《教学与研究》1980年第5期发表文章，通过对马克思相关论述的考察回答了这一问题。马克思将农业和工业的发展关系，分为三个阶段：农业的劳动生产率高于工业；工业的劳动生产率高于农业；农业劳动生产率的发展速度赶上工业和增长得更快。第二次世界大战后发达的资本主义国家曾有较快的经济增长，农业资本的有机构成和农业劳动生产率已经等于或超过工业。马克思在《资本论》中指出："如果农业资本的平均构成等于或高于社会平均资本的构成，那么，上述意义上的绝对地租，……就会消失。"当农业资本的有机构成等于社会资本的平均构成时，农产品的价值便与其生产价格相等。农业资本家除取得一般利润外，没有更多的剩余价值作为绝对地租去支付土地所有者。但只要土地是租来的，就必须支付租金。这种租金同由级差地租、垄断地租等所构成的租金不同。它依然可以采取绝对地租的形式。从现实情况来看，在发达的资本主义国家，例如，美国的农业劳动生产率很高，农产品还大量出口。不但不需要新的更劣的土地进入耕作，现有的土地耕作面积也受到一定的限制。在这种情况下，农产品的价格如何实现长期地垄断价格呢？马克思说：当农业资本的构成，与非农业资本的平均构成相等时，原来不提供级差地租只提供绝对地租的土地，将不能支付地租了。这样一来，土地所有者只好自己耕种这些土地，或者在租金的名义下，把他的租佃者的一部分利润甚至一部分工资刮走。马克思关于绝对地租的这种预见性分析，与当前发达资本主义国家实际情况是相符合的。根据实际统计，农业资本的利润率一般低于社会资本的利润率，农场主的一部分纯收入要依靠国家补贴。目前，在发达的资本主义国家如美国，家庭农场数量众多，这些农场主既是土地所有者，又是农业生产者，不需要支付地租。

（二）在批判和辨析中实现对马克思主义政治经济的发展与创新

改革开放后，我国经济学研究中出现了以所谓的"创新"来混淆理论是非的现象，卫兴华勇于开展批判并提出自己的主张。

卫兴华在近70年的教学和科研工作中，始终坚持马克思主义的科学态度，为学生树立严谨的治学作风，坚持将学习的马克思经济理论用以指导我国社会主义的经济实践。在做学术研究中，严格要求自己，做到"不唯书、不唯上、不唯风、不唯众"，实事求是，探索真理，不做"风派理论家"。在改革开放前的"左"风年代，他发表的文章和论著中，找不到任何迎合"左"的政治形势的东西。对经济学界的老前辈，卫兴华也是非常尊敬的，但在学术问题上他从来不盲目地迷信权威，对当时被认作权威著作的苏联教材和论著也不迷信。比如，20世纪50年代，由苏联科学院经济研究所编写的《政治经济学》教科书在干部、高校中被当作马克思主义和社会主义的真理在学习。他作为一位年轻教师，针对教科书的三个问题提出了不同意见：一是不赞同货币具有阶级性；二是不赞同抽象劳动是商品经济范畴；三是不赞同固定资本的周转快慢影响利润率高低。这三条意见后来都被学界所认同。[①]

卫兴华对误解、错解、曲解马恩列理论和中国特色社会主义理论的种种观点进行辩驳的例子不胜枚举（在本书第七章已列举许多例子，此处不再赘述）。他关于恩列理论和中国特色社会主义理论的种种观点的辨析的研究成果，大都收录在《理论是非辨析：误解错解马克思主义理论事例评说》（经济科学出版社2012年版）和《走进马克思经济学殿堂》（中国财政经济出版社2014年版）的两部文集中。关于马克思主义经济学著作和基本原理的理解方面，卫兴华发表了大量有争鸣和论战性的文章。他反对以教条式的方式来解读马克思的经济理论，又反对在理论研究中对马克思经济思想进行错解、曲解和歪解。针对改革开放后我国经济学研究中以所谓的"创新"来混淆理论是非的做法，更是以批判的态度来看待，并勇敢地提出自己的主张。卫兴华教授被称为经济理论界的"清道夫"，他对歪曲马克思主义原理和中央文件精神是不能容忍的，对一些强加给马克思的观点也是不能容忍的，因为那会误导读者，产生负面效应，需要辨明理论是非。

二、拓展马克思主义政治经济学的研究对象

长期以来，卫兴华十分关注政治经济学的研究对象问题，对政治经济学的研究对象问题展开深入研究，并且主张应拓展政治经济学的研究对象。他认为，要阐明马克思主义政治经济学的研究对象，应从马列经典著作中寻求依据。中国特色社会主义政治经济学的研究对象不仅继承了马克思主义政治经济学的研究对

---

① 《卫兴华：要做人民拥护的经济学家》，https：//www.sohu.com/a/238199293_425345。

象，并根据中国实践得到了进一步拓展，两者是继承与发展的关系。

(一) 明确马克思主义政治经济学的研究对象

马克思主义政治经济学对资本主义生产关系进行了系统、全面、透彻的研究，但决定生产关系的生产力的相关内容并不是马克思主义政治经济学的研究对象。改革开放以来，理论界关于马克思主义政治经济学研究对象问题的观点不一，并未达成共识。有的提出马克思政治经济学的研究对象应包括生产力，还强调要把生产力放在首位。持此观点的理论依据主要来源于马克思《〈政治经济学批判〉导言》中开头的一句："摆在面前的对象，首先是物质生产。"卫兴华认为此观点理解有误，他认为（2007）这里所讲的"首先是物质生产"是为了阐明生产、分配、交换、消费这四个过程之间的内在逻辑关系，其实马克思在将物质生产摆在研究的第一项内容，也是将物质生产的社会关系作为研究的重点，研究的是生产的社会性质而不是生产力。① 卫兴华认为，马克思主义政治经济学的研究任务，在一定程度上决定了生产力并未成为其研究对象。揭示了资本主义经济的本质关系，进而阐明资本主义产生、发展和灭亡的经济规律，是马克思政治经济学的实质目的；同时，这也为无产阶级革命提供了重要的理论基础和思想武器。马克思主义政治经济学没有为资产阶级出谋划策的任务，更没有必要承担研究如何更好地发展资本主义经济，和更快的发展生产力的责任。马克思主义政治经济学虽然未将生产力作为研究对象，但在研究生产关系时是联系生产力的，是以既有的生产力发展状况为条件的。卫兴华通过研读马列经典著作发现，马克思研究资本主义经济制度都是紧密结合生产力发展状况进行的；而紧抓两个基本环节，即推进生产力发展和提高人民生活水平，是马克思、恩格斯、列宁在论述社会主义建设时的基本理论要素。在斯大林对生产力和生产关系的互动规律的研究和阐释中，并未提出社会主义政治经济学应为生产力发展服务的见解。

由于社会主义政治经济学和资本主义政治经济学的任务不同，二者研究对象也有所区别：资本主义政治经济学是出于服务于革命的目的，其研究对象是资本主义生产关系；而社会主义政治经济学则是出于服务社会主义建设的目的，其研究对象应在马克思主义政治经济学基础上进行拓展，既要系统研究中国特色社会主义生产关系，同时，也要研究怎样更好更快地发展生产力。

---

① 卫兴华. 政治经济学研究对象的继承与发展问题 [J]. 生产力研究, 2008 (02).

(二) 关于中国特色社会主义政治经济学研究对象的认识

对生产力的研究是否应包括在政治经济学研究对象中,是政治经济学界备受关注的一个重要的理论和实践问题。卫兴华对政治经济学的研究对象和生产力关系问题进行了深入和持续的研究,并提出了自己的观点。他认为,由于生产力的内涵是多层次的,因此对于这一问题不能简单地肯定或者否定。生产力的内涵包含技术层面和社会层面;生产力的技术层面不属于政治经济学的研究对象。他明确提出,"中国特色社会主义政治经济学既要为发展和完善社会主义生产关系服务,也要为发展社会生产力服务",[①] 因此,从中国特色社会主义的建设实践来看,中国特色社会主义政治经济学的研究对象,既包括生产关系,同时也要从理论上阐明如何更好更快进推进生产力的发展。[②] 关于如何加快生产力发展,他(2017)强调要从经济理论和社会层面上而不是从技术和工艺层面上来着手:[③] 第一,要对不适应生产力发展的经济、政治体制应该如何进行改革的问题进行研究,以达到实现解放生产力的目标。第二,要对如何更好地利用和发挥生产力所包含的各个要素的作用问题进行研究,例如,如何更好地将自然力如水力、风力、太阳能和自然资源等用于农业和工业的生产中;通过何种方式来对劳动者的文化知识和生产技术水平进行提高问题;采取什么途径来对企业的经营管理水平进行提高;如何将高科技的发明与创新要素很好地运用到各个产业各个部门的生产过程中等。社会科学与自然科学都可能对以上这些与生产力相关的内容开展研究,交叉研究的情况普遍存在,例如,关于自然力在生产中如何发挥作用,科技创新如何在生产中得到更好地运用。自然科学和工艺学对以上内容进行研究时要突出科技在生产方面的应用,而政治经济学则主要是从经济理论方面对以上问题进行研究。第三,是从社会层面进行研究。研究技术层面的生产力是自然科学家和科技工作者的任务。作者经济学理论的研究内容应是生产力社会层面方面。我国在经济发展实践过程中,中央提出以人为本、统筹兼顾、全面协调可持续的发展观,经济增长方式和发展方式由粗放型增长转向集约型增长等,都是用新的经济发展理论来指导生产力的发展。党的十八大以来,中央关于中国特色社会主义建设提出了一系列新思想、新理念和新思路。例如,2016年对我国经济发展作

[①] 卫兴华. 创建中国特色社会主义政治经济学怎样看待斯大林的观点 [J]. 江淮论坛,2017 (04).
[②] 卫兴华,聂大海. 马克思主义政治经济学的研究对象与生产力的关系 [J]. 经济纵横,2017 (01).
[③] 何召鹏. 创建和发展中国特色社会主义政治经济学的基本理论问题研究——访中国人民大学经济学院荣誉一级教授卫兴华 [J]. 马克思主义理论学科研究,2017 (05).

出进入"新常态"的战略判断,并强调要转变现阶段的经济增长和经济发展方式,寻找经济发展的新动力,从传统的依靠要素驱动发展转向依靠创新来驱动经济的发展,推进我国经济实现高质量发展。通过供给侧结构性改革路径,提高企业供给产品(包括供给国内和国外的产品)的档次,增加消费市场中的有效供给,以适应国内消费结构和国际需求结构变化。习近平还提出了五大发展理念中的共享发展理念,为我国将来发展社会主义生产力提供了重要指导思想。卫兴华认为,上述中央提出的战略判断、新发展理念和改革思路,都属于生产力发展的社会层面方面的内容,都是对生产力发展的体制安排。

(三)厘清中国特色社会主义政治经济学的逻辑主线

政治经济学主线和逻辑起点是构建起中国特色社会主义政治经济学理论体系的关键。因此,近年来我国经济学界对中国特色社会主义政治经济学的主线和逻辑起点问题进行了热烈讨论。有观点认为,习近平新时代中国特色社会主义经济思想的逻辑起点应当是新时代中国特色社会主义主要矛盾。[1] 何自力指出,经济学的逻辑主线是指贯穿经济学理论范畴和理论体系始终的价值取向,它体现经济学的性质,决定经济学的理论品质,因此他认为,以人民为中心是中国特色社会主义政治经济学的逻辑主线。[2] 李济广认为,生产资料公有权是社会主义政治经济学和中国特色社会主义政治经济学的当然起点。[3] 李建平在分析经济学界关于中国特色社会主义政治经济学逻辑主线的多种观点的基础上,提出应把物质利益作为中国特色社会主义政治经济学的逻辑主线。[4] 沈佩翔、蒋锦洪指出共享发展强调全民共享、全面共享、共建共享和渐进共享,科学地回答了新时代中国特色社会主义政治经济学关于"发展为了谁、发展依靠谁、发展成果由谁享有"等问题,因此他们认为,共享发展是新时代中国特色社会主义政治经济学的逻辑主线。[5]

---

[1] 刘荣材. 论习近平新时代中国特色社会主义经济思想的逻辑起点——基于马克思主义政治经济学的理论范式 [J]. 中国经济问题, 2021 (03).
[2] 何自力. 以人民为中心是中国特色社会主义政治经济学的逻辑主线 [J]. 当代经济研究, 2021 (02).
[3] 李济广. 公有权、公有制:中国特色社会主义政治经济学的起点与主线 [J]. 马克思主义研究, 2019 (02).
[4] 李建平. 论中国特色社会主义政治经济学的逻辑主线和体系结构 [J]. 理论与评论, 2018 (04).
[5] 沈佩翔、蒋锦洪. 共享发展:新时代中国特色社会主义政治经济学的逻辑主线 [J]. 西安财经学院学报, 2019 (03).

1. 提出全体人民共同富裕是中国特色社会主义政治经济学的主线

卫兴华认为，探寻中国特色社会主义政治经济学的主线应回归至科学社会主义经典著作中。马克思在《1857—1858 年经济学手稿》中提出，未来的新社会制度中，"社会生产力的发展将如此迅速""生产将以所有的人富裕为目的"。列宁也讲：社会主义要使"所有劳动者过最美好、最幸福的生活。只有社会主义才能实现这一点。而且我们知道，社会主义一定会实现这一点，而马克思主义的全部困难和它的全部力量也就在于了解这个真理"。生产力落后的国家建设社会主义，首先要让劳动人民过上温饱不愁的生活，达到小康水平。进而要让全体人民共同富裕，包括生存资料、发展资料和享受资料都能充分满足需要。

共同富裕既表明社会主义发展应达到人民群众所需要的美好生活水平，又表明社会主义要消灭剥削、消除两极分化，实现分配公平。原始社会实行公有制，没有阶级剥削和奴役现象，但生产力极端落后，没有共同富裕。从奴隶社会、封建社会到资本主义社会，生产力不断发展，社会财富随之增加，发达资本主义国家的生产率达到了相当高的程度，但存在剥削制度和贫富两极分化，不可能实现共同富裕。只有在社会主义和共产主义社会才能实现共同富裕，让人民过上最美好、最幸福的生活。全体人民共同富裕不是轻而易举就能实现的，要以生产力的快速发展为前提。所以，马克思主义经典作家把快速发展生产力和实现共同富裕连在一起，作为建设社会主义必须抓好的两大环节。《共产党宣言》指出：无产阶级取得政权以后，要"尽可能快地增加生产力的总量"，以提高人民的生活水平。

通过对马恩经典著作的考察，卫兴华将中国特色社会主义政治经济学的主线表述为：通过快速发展生产力逐步实现共同富裕。他进一步从理论逻辑和历史逻辑两个方面论证这一主线的科学性。[①] 从科学社会主义的理论逻辑看，快速发展生产力逐步实现共同富裕，是科学社会主义的本质规定。实行公有制为主体、按劳分配为主的分配方式是发展社会主义经济的根本要义。马克思主义致力于社会主义事业，其初衷是要让劳动人民摆脱受剥削受压迫的境地，成为社会的主人，过上有尊严而且富足的生活。其最终目的则是实现全体人民的共同富裕，并获得自由而全面的发展。快速发展生产力并逐步实现共同富裕，是实现社会主义初衷和根本目的的唯一途径。实行按劳分配和公有制与社会主义初衷和根本目的密切相关，是服从于社会主义本质规定的。公有制、按劳分配都是围绕"通过快速发

---

① 卫兴华. 中国特色社会主义政治经济学的主线和逻辑起点, 社会主义经济理论研究集萃（2019）——砥砺奋进的中国经济［C］. 北京：中国财经出版传媒集团、经济科学出版社, 2019.10.

展生产力逐步实现共同富裕"这一主线运行的。从中国社会主义发展的历史逻辑看，中国特色社会主义经济社会发展也是以快速发展生产力逐步实现共同富裕作为主线的。在社会主义实践中，只有遵循这一主线，发展才会取得成功；一旦偏离这一主线，发展就会遭受挫折。新中国成立后，百废待兴，我国重视生产力的发展和人民生活水平的提高，大兴经济建设，实施并提前完成了第一个五年计划。但在20世纪60年代，由于实行以阶级斗争为纲，搞"一大二公"的公有制，使社会主义经济建设遭受挫折，导致人民生活在很长一段时期内得不到明显改善。十一届三中全会后，中央提出解放生产力，发展生产力，消灭剥削，消除两极分化，最终达到共同富裕的社会主义本质论。这是对马克思关于社会主义本质规定的坚持和发展。四十多年来，我们遵循社会主义本质规定，致力于通过快速发展生产力逐步实现共同富裕，并将其具体化为坚持公有制为主体、多种所有制经济共同发展的社会主义初级阶段基本经济制度和坚持按劳分配为主体、多种分配方式并存的初级阶段的分配方式，提出以人民为中心的发展思想和决胜全面建成小康社会、实现共同富裕的发展路径。改革开放40多年来，我国社会生产力和综合国力大幅提高，人民生活水平得到很大改善，创造了中国奇迹。

2. 认为社会主义初级阶段的基本经济制度是中国特色社会主义政治经济学的逻辑起点

卫兴华认为，要弄清中国特色社会主义政治经济学的逻辑起点，首先要探寻科学社会主义政治经济学的逻辑起点。由于《资本论》是从研究商品开始的，因此有观点认为，商品就是资本主义政治经济学的逻辑起点。卫兴华不赞同此观点，他指出商品生产与流通早在奴隶社会就存在，并在以后的社会制度中得以不断发展。商品、商品生产、商品流通都是中性的，不具有特殊的社会属性，它既不决定也不影响任何社会经济制度的本质规定。因此，商品不能成为资本主义政治经济学的逻辑起点。①

卫兴华回到《政治经济学批判》导言"政治经济学的方法"一节内容中，分析科学社会主义政治经济学的逻辑起点。导言中有这么一段描述："从地租开始，从土地所有制开始，似乎是再自然不过的了……但是，这是最错误不过的了。在一切社会形式中都有一种一定的生产决定其他一切生产的地位和影响，因而它的关系也决定其他一切关系的地位和影响。这是一种普照的光，它掩盖了一切其他色彩，改变着它们的特点。"导言中关于"普照的光"的论述强调了何种

---

① 卫兴华. 中国特色社会主义政治经济学的主线和逻辑起点，社会主义经济理论研究集萃（2019）——砥砺奋进的中国经济［C］. 北京：中国财经出版传媒集团、经济科学出版社，2019.10.

性质的社会经济制度起主导作用是研究社会制度的关键。土地所有制和地租是封建社会"普照的光";具有资本主义私有制性质的工业资本是资本主义社会"普照的光"。早在资本主义社会以前的社会制度中就存在了商业资本、借贷资本,但并未带来资本主义的产生。而是工业资本的产生和发展,推动形成了资本主义私有制,才形成了资本主义。因此,《资本论》第一卷研究工业资本的生产过程,第二卷研究工业资本的流通过程。在具有资本主义私有制性质的工业资本这一"普照的光"主导下,商业资本、借贷资本、土地所有制及其经营方式都具有资本主义性质,但它们都从属于工业资本。资本主义政治经济学的核心是剩余价值,逻辑起点或"普照的光"是工业资本及其资本与雇佣劳动的关系。

卫兴华认为,中国特色社会主义政治经济学的"普照的光"和科学社会主义政治经济学是一致的,即以生产资料公有制为基础、为主体。公有制和公有制为主体是现阶段中国特色社会主义的"普照的光",现阶段中国特色社会主义政治经济学的逻辑起点应是社会主义初级阶段的基本经济制度。一种经济形式的社会性质是由其内部的生产关系决定的。国有经济即社会主义全民所有制经济,是我国国民经济中的主导力量。我国国有经济的社会主义性质应表现为,企业职工以主人翁的身份与属于全民的生产资料相结合。这就是说,社会主义公有制要体现在生产资料与劳动力相结合的社会主义生产方式上,具体表现为职工拥有知情权、话语权、参与权、选举权等。应当注意的是,把社会主义初级阶段的基本经济制度作为现阶段中国特色社会主义政治经济学的逻辑起点,并不意味着一定要把它放在相关论著的第一章。这方面论著的第一章或导论,要讲中国特色社会主义政治经济学的对象与方法,讲生产力与生产关系及其相互关系的基本原理,讲生产、分配、交换、消费的关系等。因此,卫兴华认为社会主义政治经济学的核心应是通过大力发展生产力实现共同富裕,社会主义公有制应是其逻辑起点或基础。

改革开放以后,什么是社会主义、为什么要搞社会主义、怎样建设社会主义的问题,成为我国发展社会主义的重要时代命题。卫兴华从马恩列的理论概括中,探寻这些问题的答案:建立社会主义国家目的是为了让劳动人民摆脱受剥削、受压迫的旧制度,过上更加富裕的生活;而要实现这样的目标必须具备两个基本条件:一是物质条件,就是要快速发展生产力;二是社会制度条件,即生产资料公有制。[①] 因此,卫兴华认为,学习和发展政治经济学,搞好社会主义必须

---

① 卫兴华. 从经典著作论述中把握中国改革与发展的逻辑,中国特色社会主义政治经济学研究[M]. 济南:济南出版社,2017:155-156.

要抓紧大力发展生产力、实行社会主义生产资料公有制、遵循共同富裕这三个基本原则。

三、推进马克思主义经济学的中国化与时代化

习近平同志指出,"学习马克思主义政治经济学,是为了更好指导我国经济发展实践,既要坚持其基本原理和方法论,更要同我国经济发展实际相结合,不断形成新的理论成果。"① 理论创新必须立足于发展马克思主义,使之能更好地反映现实、指导实践。正确解读马克思主义经典著作,准确理解马克思主义经济学的基本原理,目的在于应用马克思主义经济学基本原理分析现实的社会主义经济。马克思主义政治经济学提出了一系列关于社会主义经济的一般原理,《资本论》中的经济学原理和经济规律同样适用于社会主义,但马克思主义政治经济学不可能提出实现社会主义目标的具体途径与发展策略。比如,在生产力落后的社会主义制度中如何快速发展生产力,怎样建立和发展公有制经济,怎样探寻公有制和按劳分配的具体实现形式,怎样真正使劳动人民成为社会和生产的主人,怎样实现共同富裕等,都需要后来的马克思主义学者根据历史条件的变化进行新的探索和研究。在中国特色社会主义新时代,各种社会条件和情况都发生了变化,这就需要当代的马克思主义经济学家立足我国国情和发展实践不断推进马克思主义中国化和时代化。几十年来,卫兴华在准确运用马克思基本原理的基础上,探索社会主义建设和发展理论,针对以上问题展开研究,为推进马克思主义政治经济学的中国化和时代化做出了重要贡献。

卫兴华被学界称作理论经济学泰斗,马克思主义经济学中国化的奠基人之一,"是当代中国从事马克思主义经济教学与研究的大师"。他对马克思主义经济学的教学和阐释,能够始终做到坚持与国内外的经济社会实际相结合,彰显马克思主义经济学的科学性和与时俱进的品格。他的著述不只是停留在对马克思主义经典著作的解读上,更重要的是紧扣时代的脉搏,应用马克思主义政治经济学的基本原理研究现实问题,推动马克思经济理论的创新和发展。他在马克思主义经济理论的研究过程中,力求准确应用马克思主义经济学基本原理分析现实的社会主义经济,在准确把握马克思原意的基础上,推进马克思主义的中国化、时代化。以下列举几例卫兴华教授在推进马克思主义中国化、时代化进程中提出的理论观点。

---

① 习近平. 不断开拓当代中国马克思主义政治经济学新境界 [J]. 求是, 2020 (16).

较早提出了社会主义商品经济理论。1959年，卫兴华在《学术月刊》发表论文，对当时理论界存在的社会主义非商品经济论、全民所有制内部非商品经济论、生产资料商品外壳论等见解进行了评析与商榷。提出社会主义经济中消费资料和生产资料都应是商品，应利用商品经济促进社会主义经济的发展。他指出，否定全民所有制经济中的生产资料是商品，"是忽视了不同国营企业之间的独立权利和利益，只看重了它们的统一面，而看落了它们的矛盾面。如果否认生产资料是商品，那么必然导向否认价值规律在生产资料生产中的作用"。20世纪80年代，他在学术报告中提出："有的文章认为，社会主义制度下只能提商品生产和商品交换，不能提商品经济，这种看法不能成立。社会主义要发展商品生产和商品交换，也就是要发展商品经济。""要发展社会主义经济就必须发展商品经济。大力发展商品经济，自觉利用价值规律是经济体制改革的需要。"① 他还在《中国社会科学》1998年第2期发表《对马克思、恩格斯商品生产理论的再探析》一文，论证了为什么马恩预计社会主义公有制中不再存在商品生产，而社会主义实践证明必须积极发展商品生产这一问题。

较早对公有制经济的实现形式展开研究。在改革开放的前期阶段，我国理论界侧重于从"管理体制"上理解经济体制改革。卫兴华在1986年发表的《有关我国经济体制改革的理论问题》一文中，强调提出不同所有制经济的"实现形式"问题。他提出："社会主义经济体制似不应仅仅归结为一个管理体制问题。社会主义经济体制，首先包括社会主义经济制度运行和实现的具体形式，如公有制的运行和实现形式，按劳分配的运行和实现形式，以及其他社会主义生产关系的运行和实现形式等"他还在同时期发表的其他论文中，强调提出发展和完善公有制就需要完善公有制的实现形式。他认为在实践中坚持公有制经济的主体地位和国有经济的主导作用，需要探索公有制的新的实现形式，重视完善国有资产监管体制和相关的法律法规，特别是要规范国有企业的股份制改革和改制工作。卫兴华关于探索公有制运行和实现形式的改革主张，与中央后来提出的探寻公有制的多种实现形式的要求相吻合。与此同时，他还撰写文章澄清了混淆公有制自身的存在形式和其实现形式的理论是非。当中央提出股份制是公有制的主要实现形式时，学界和媒体宣传国有经济和集体经济是计划经济下公有制的实现形式，股份制是市场经济下公有制的实现形式。认为搞股份制就不再有"姓公""姓私"的区别了，股份制就是公有制了。他在《经济经纬》2006年第4期发表的论文指出，国有经济和集体经济是公有制的两种存在形式，而不是其实现形式。

---

① 《卫兴华：要做人民拥护的经济学家》，https：//www.sohu.com/a/238199293_425345。

股份制并不否定国有经济和集体经济。股份制中依然存在公有资本和私人资本的区别。

提出发展和完善社会主义，需要将生产力标准和价值标准统一起来。卫兴华认为，要以什么标准来评价一种社会经济制度先进或落后，评价一个政党或执政者的理论、方针与政策措施的是非得失？这是我们社会主义建设过程中需要考虑的问题。改革开放以后，摈弃过去搞"阶级斗争为纲"的做法，强调生产力标准，在当时贫穷的社会主义条件下，提出生产力标准论是有针对性和现实意义的。然而，面对新中国经过多年来的发展所经历的成败得失，对其经验教训进行总结，他认为，除了强调生产力标准外，还应重视社会主义价值标准，即要处理好生产关系方面的内容。社会主义价值标准就是要以人民利益为中心，走共同富裕道路。卫兴华认为，应将生产力标准和价值标准统一起来，去判断社会主义的得失成败。社会主义制度最根本的要求就是快速发展生产力和实现共同富裕。而共同富裕体现了消灭剥削和消除两极分化，体现了社会主义公平。卫兴华在《经济学动态》2010年第10期发表的《论社会主义生产力标准和价值标准的统一》一文对相关的观点进行了系统论述。

卫兴华结合社会主义发展实践，较早提出调整所有制结构、发展多种所有制经济的观点，他发表于《新湘评论》1980年第8期的论文中，论述了"允许多种经济成分同时存在的客观依据"；他还较早提出了社会主义市场经济运行机制的概念，对社会主义市场经济运行机制展开系统研究，也因这方面的成果获得了中国经济创新奖；他还针对理论界长期流行生产力二要素或三要素观点，偏离了马克思主义的有关论述展开辨析，提出了生产力多要素论。

第二节　推动中国特色社会主义经济理论体系与实践的发展

卫兴华从教60多年来，在长期的理论研究工作中，注重对马克思主义经济理论的研究、发展与创新，撰写一系列的文章对中国特色社会主义经济理论进行研究和阐释。他撰写的《中国特色社会主义经济理论体系研究》一书，对中国特色社会主义经济理论的主要内容和科学体系进行了多方面阐述，围绕中国改革进行中的重大现实问题进行深入的研究和探索，提出许多具有前瞻性的关于社会主义经济理论的观点，为中国特色社会主义经济发展实践和改革事业提供了一定的理论参考。卫兴华关于社会主义经济理论的观点反映和体现了我国社会主义经济改革与发展的实际,并对政府经济改革与发展决策提供了科学的理论依据。卫兴华经济思想中所包含的关于中国经济建设的许多内容本身就来源于社会主义发展的实践,并被用于指导经济发展实践,并在实践检验中显示出其科学性。

一、构建中国特色社会主义政治经济学理论体系

(一) 厘清马克思主义政治经济学和中国特色社会主义政治经济学的关系

关于马克思主义政治经济学与中国特色社会主义政治经济学的关系问题,卫兴华认为二者是源和流的关系,前者是"源",后者是"流",后者是前者的继承和发展。① 理解和掌握马克思主义政治经济学理论,并将马克思主义政治经济学研究方法作为我国经济社会发展的分析工具,把握中国特色社会主义经济发展规律,是构建中国特色社会主义政治经济学的前提和基础。辩证唯物主义和历史唯物主义是马克思分析社会历史和现实问题的重要工具。卫兴华认为,研究政治经济学应该从四个方面把握经济规律:第一层次是,生产力发展与生产关系的辩证规律,即生产力决定生产关系,生产关系一定要适合生产力发展状况的规律。第二层次是,商品经济条件下存在的商品经济规律,如价值规律,这是商品经济最基本的一条经济规律,再如,竞争规律、供求规律、货币流通规律、价格运动规律等,这些规律都是以价值规律为基础并与其相联系的。第三层次是,只有在资本主义社会存在的经济规律,如剩余价值规律以及最终向新的社会制度过渡的规律。第四层次是,我们作为社会主义国家所特有的经济运行和发展规律,这恰恰是中国特色社会主义建设需要认识和掌握的经济发展规律。中国特色社会主义政治经济学需要发展和创新的领域最主要就是体现在社会主义经济运行与发展规律的内容这一方面。② 马克思主义经典作家的政治经济学中所包含的经济发展和运行规律的内容,无论与社会主义相关还是与资本主义相关,都可成为中国特色社会主义政治经济学的构建的内容。随着经济全球化的深入发展,国际产业分工日益细化,我国与国外资本主义国家的贸易往来也十分密切。在这个背景和形势下,认识和把握资本主义经济制度及其发展的规律,是我们学习马克思主义政治经济学的重要组成部分,同时也为构建中国特色社会主义政治经济学理论体系提

---

①② 何召鹏. 创建和发展中国特色社会主义政治经济学的基本理论问题研究——访中国人民大学经济学院荣誉一级教授卫兴华 [J]. 马克思主义理论学科研究,2017 (05).

供了理论和现实基础。

卫兴华认为，马克思《资本论》和马恩的其他著作里包含了许多科学的社会主义经济理论观点，对这些科学理论进行系统全面的研究，并以此为基础理论进行发展和创新，发展和总结出新的可用于指导中国特色社会主义建设事业的新经济理论，对构建中国特色社会主义经济理论性体系具有重要意义。中国特色社会主义政治经济学与马克思研究的资本主义政治经济学，由于研究任务的差异导致二者的研究对象也有所区别，前者任务主要是用于指导社会主义经济建设的理论，后者的任务主要是作为无产阶级用于革命的理论武器。这就决定了二者在研究对象上既存在共同的内容，又存在不同的一面。生产关系是二者研究的共同内容。卫兴华认为，中国特色社会主义政治经济学，相比于马克思主义政治经济学对生产关系的系统、全面和透彻的研究，在生产关系方面的研究还存在一定的欠缺。① 马克思主义政治经济学在研究生产关系时不可避免地会涉及生产力方面的内容，但这只是将生产力发展状况以及生产力的各种要素作为研究的条件，并不是将生产力内容作为研究对象。马克思主义经典作家都关注到了社会主义生产力和实现共同富裕的内容，因此，中国特色社会主义政治经济学也有必要从理论体系上对研究对象做出界定，但特别是不能忽视对生产力的研究，但不是从技术层面来研究，而是从社会层面研究生产力问题。②

（二）提出创建和发展中国特色社会主义政治经济学需要解决的问题

我国是在马克思主义的指导下建立和发展社会主义制度的，但在不同的历史时期，对马克思主义政治经济学基本原理的学习和运用的侧重点有所不同。卫兴华认为，创建和发展中国特色社会主义政治经济学需要解决几个方面的问题③：首先要充分理解和掌握马克思主义政治经济学的基本原理，并将其准确运用到社会主义实践中。弄清马克思主义政治经济学许多重要理论问题；理解、把握和坚持马克思的一些基本原理及关于社会主义的本质规定也就是规律性的东西，不能否定和动摇。④ 其本质就是社会主义要实行以国有经济为核心的公有制经济，并

---

①② 卫兴华，聂大海.马克思主义政治经济学的研究对象与生产力的关系［J］.经济纵横，2017（01）.

③ 卫兴华.创建和发展中国特色社会主义政治经济学需要解决的几个问题［J］.毛泽东邓小平理论研究，2017（02）.

④ 卫兴华.怎样理解和把握"发展当代中国马克思主义政治经济学"［J］.政治经济学评论，2016（01）.

服务于快速发展生产力从而实现人民共同富裕的两大社会主义本质要求。社会主义经济的制度基础是生产资料公有制经济，这既是社会主义本质要求，也是实现共同富裕的根本制度保障，更是当代马克思主义政治经济学必须坚守的一条根本原则。只有坚持马克思主义政治经济学基本原理和方法，经济才能顺利发展，背离马克思主义基本原理，则会导致经济发展的严重损失。其次，中国特色社会主义政治经济学的创建要立足于当代中国国情和经济实践，注重总结社会主义经济发展中成功与失败的经验教训；当前我国生产力还处于未高度发展的初级阶段，建设社会主义既要坚持公有制的主体地位，国有经济为主导，但不能实行单一的公有制，而是在坚持公有制主体地位的前提下，鼓励私营、外资、个体等非公有制经济的发展，并努力探索公有制的多种有效实现形式，这正是马克思主义政治经济学与中国特色社会主义实践相结合的政治经济学的创新与发展。再次，弄清中国特色社会主义政治经济学的研究对象是创建和发展中国特色社会主义政治经济学的前提和基础。卫兴华认为，不仅要明确中国特色社会主义政治经济学研究对象，更要结合当前经济发展的新情况、新问题对马克思主义政治经济学的研究对象和内容进行拓展。

2015年以来，习近平主席多次提出要学习、坚持和发展马克思主义政治经济学。卫兴华认为，中国特色社会主义政治经济学已经形成系统和完整的体系，但它不是静止的而是一个动态的概念，会随着社会主义建设事业的不断发展而发展，也会随着经济发展实践取得的新成就和经济发展过程中产生的新问题，而被赋予新的内涵，从而被理论界发展和总结为新的科学的政治经济学理论，并用以指导社会主义新的经济建设事业。[①] 当代我们对马克思主义政治经济学的关注不能仅停留在生产资料公有制、按劳分配、国民经济有计划按比例发展等这些传统的社会主义经济特点上，要关注改革开放以来不断发展和创新的经济理论，更要关注党的十八大以来，我国在经济社会发展和改革开放诸多方面提出一系列新的理论、新战略和新理念。

（三）构建中国特色社会主义政治经济学理论体系

改革开放以来，卫兴华在科学社会主义和中国特色社会主义经济理论研究方面提出了许多有创建的观点。2015年出版的《中国特色社会主义经济理论体系研究》一书收入了他撰写的73篇论文，这些论文既包含了他对中国特色社会主

---

① 卫兴华. 从经典著作论述中把握中国改革与发展的逻辑, 中国特色社会主义政治经济学研究 [M]. 济南：济南出版社，2017：158.

义经济理论的研究，也反映了几十年来学界关于中国特色社会主义经济理论的创新发展。他认为中国特色社会主义经济学理论体系是动态变化的，随着社会主义实践发展阶段的不同涵盖的内容也应有所不同，但其本质规定和核心内容具有共性，即大力发展生产力、公有制为基础、按劳分配的方式、实现共同富裕的目标等这些内容。① 卫兴华认为，经过改革开放40多年的探索和实践，已经形成了适用于中国特色社会主义初级阶段的经济理论体系，这个理论体系是具有普遍适用性的较为完整的理论体系，而不是个别的原理和原则，理论体系中所包含的全部内容不是独立存在，而是相互联系的，并包含生产力发展特点和生产关系体系特点。② 卫兴华在总结改革开放40多年实践和理论发展与创新的基础上，对中国特色社会主义理论体系进行总结和概括，他认为我国社会主义初级阶段的社会主义经济理论体系应包含十个方面内容：（1）社会主义本质论；（2）社会主义经济是公有制基础上的有计划商品经济论；（3）社会主义市场经济论；卫兴华对社会主义市场经济运行中政府与市场的关系进行了深入研究和探索。（4）社会主义初级阶段基本经济制度论；卫兴华在对社会主义经济制度和社会主义制度的概念进行辨析中来研究社会主义初级阶段基本经济制度理论。公有制的实现形式、股份制改革、混合所有制等也是他研究的重点内容。（5）按劳分配为主体多种分配方式并存论；（6）社会主义公平与效率统一与并重论；这是卫兴华关注的重点内容，也是他向来主张的观点。（7）三条"是否有利于"的判断标准论；卫兴华认为"三个有利于"的论断是科学的，他用"三个有利于"的标准来审视和评析改革开放所取得的成就。（8）转变发展方式与科学发展论；卫兴华一直以来关注经济发展方式的转变问题的研究。（9）坚持独立自主同扩大开放、参与经济全球化相结合论；（10）改革、发展、稳定三者关系论。由此看出，这十个方面的内容也是卫兴华研究的重点内容。卫兴华构建的中国特色社会主义经济理论体系，是以马克思科学社会主义理论为基础的，并与中国改革开放的历史和现实相结合所作出的科学总结，是适用于我国社会主义初级阶段的理论体系的，对新时期我国的经济发展具有重要的理论价值。

二、为中国特色社会主义经济改革与实践提供理论参考

卫兴华教授是一位与时俱进、与时代同呼吸的马克思主义经济学家。在长期

---

① 卫兴华.《中国特色社会主义经济理论体系研究》，中国特色社会主义政治经济学研究［M］. 济南：济南出版社，2017：101.
② 卫兴华. 中国特色社会主义经济理论体系"七论"［N］. 北京日报，2011-10-10（024）.

的理论研究工作中，他提出了诸多前瞻性的理论观点，对中国特色社会主义经济发展和改革事业做出了理论贡献。

（一）探索与创新社会主义经济理论

在我国的市场化改革开始以后，卫兴华教授的研究重点转向对社会主义商品经济运行机制的研究。① 他与他指导的博士生在1986年第2期《经济理论与经济管理》发表文章指出，在调节社会生产比例时，要充分发挥市场机制的调节功能，对经济的宏观控制由直接控制为主转向间接控制为主，国家调节市场的一个重要内容就是完善市场机制，保证市场机制能对企业进行充分调节。他和他指导的博士生在1986年《学术月刊》第1期发表的《论企业活力和企业行为约束》一文中提出，增强企业作为商品生产者和经营者的活力，并且要把其活力纳入社会主义经济的运行轨道。该文获得了1986年度的孙冶方经济学奖。1986年卫兴华教授和他的博士生合著出版的《社会主义经济运行机制》（人民出版社），以马克思主义政治经济学基本原理为指导，从我国的实际情况出发，在国内第一次对"经济运行机制"的概念作出界定，并明确提出了国家调节市场、市场引导企业社会主义市场经济运行机制。基于此，卫兴华教授和他的团队荣获了2019年中国经济理论创新奖。

卫兴华教授对收入分配理论的研究和探索，充分体现了他作为理论工作者，始终为劳动人民、为弱势群体的利益讲话的治学精神。他在收入分配研究方面的成果主要包含共同富裕问题、社会主义本质和社会主义分配原则等内容。在共同富裕方面，他以马克思在《1857—1858年经济学手稿》中提出的关于在未来的新社会制度中"生产将以所有的人富裕为目的"为研究出发点，提出通过快速发展生产力逐步实现共同富裕，是科学社会主义的本质规定。他认为，通过快速发展生产力逐步实现共同富裕，是实现社会主义初衷的唯一途径。他在发表的多篇论文中强调，中国作为社会主义国家，实现共同富裕始终是其根本目标。他提出除了发展生产力，还应依靠制度建设来保障共同富裕目标的实现。他明确指出，实行公有制是逐步实现共同富裕的制度保障，公有制、按劳分配都是服从于社会主义本质规定的，都是围绕通过快速发展生产力逐步实现共同富裕这一主线运行的。在改革开放后的一段时期，关于社会主义分配原则，学术界曾流行分配领域"效率优先，兼顾公平""初次分配注重效率，再分配注重公平"的提法，卫兴

---

① 洪银兴：在创新中严守马克思主义科学阵地——"人民教育家"卫兴华教授学术成就简述［N］.光明日报，2019 – 11 – 27.

华教授多次发表论文对此观点进行讨论,并提出,在生产领域应是效率优先,但分配领域不能强调效率优于公平。社会主义应重视分配公平,以分配公平促进效率提高。重效率轻公平,有利于资本而不利于劳动,不利于共同富裕目标的实现。初次分配不公是收入差距过分扩大的主要原因。因此,他主张在初次分配领域就要处理好公平分配问题,不能在再分配阶段解决公平问题。此外,他对按劳分配和按要素分配也进行了深入探索,他对有些学者宣称按要素贡献分配就是肯定要素价值论的观点进行辩驳,并指出按要素贡献分配实际上是按照要素的所有权进行分配,典型的自然力作为生产要素也有贡献,但它没有被私人占有,并不参与分配。在我国2020年底全面脱贫和实现全面小康后,卫兴华关于收入分配理论的探索和观点,对我国实现共同富裕的社会主义目标仍具有重要理论参考价值。

卫兴华还对社会主义事业建设中的经济体制改革理论、国企改革问题、所有制理论等展开研究和探索,提出了许多有创建的理论观点,为我国社会经济改革与建设提供了思路。

(二) 对社会主义事业发展与改革的科学评价

卫兴华教授见证了新中国经济社会发展的全过程。他个人的命运同新中国的发展过程紧密相连,有顺境,有逆境。但不管遇到多大的挫折,他始终坚持马克思主义经济学阵地、为继承和发展马克思主义经济学贡献力量。作为马克思主义经济理论工作者,他从不同角度、不同方面撰写多篇纪念文章,庆祝新中国成立70周年。他将新中国70年发展历程分成两个阶段即前30年和后40年进行回顾和评析,并在总结两个时期发展经验时,既弘扬取得的重大成就,探求成功的根源,也不回避失误和错误的事实,探求失误和错误的根源。

1. 对于前30年发展的评析

卫兴华主张对新中国前30年的发展进行实事求是的分析与评述,他认为前30年全是负面的东西的观点,或是完全肯定前30年发展道路和政策这两种认识,都是脱离实际的。

中国共产党和毛泽东主席在新民主主义革命时期,以及在新中国成立前后时期,不仅重视发展生产力,也十分重视在发展生产力发展的基础上提高人民的生活水平。即使是在革命战争年代,对生产力发展也是采取积极保护的态度。1945年抗日战争胜利后,毛泽东提出:要"使解放区农民普遍取得减租利益,使工人和其他劳动人民取得酌量增加工资和改善待遇的利益;同时又使地主还能生活,使工商业资本家还有利可图;并于明年发展大规模的生产运动,增加粮食和日用必需品的生产,改善人民的生活"。①

新中国成立初期直到1952年国民经济快速恢复,毛泽东和中央认为,由于我国革命是在生产力落后的基础上取得政权的,根据生产关系要适应生产力发展状况的原理,首先是建立新民主主义社会制度,将来再由新民主主义过渡到社会主义。这是毛泽东思想最重要的组成部分,是马克思主义与中国实际相结合的重要理论创新与发展。② 党中央在实践中践行毛泽东的新民主主义理论,根据我国生产力极端落后的国情,先建立新民主主义制度,在国有经济指导下,公私经济并存,共同发展,有利于快速发展生产力和提高人民生活水平。1949年新中国成立到1952年,我国的经济发展是快速的,三年中国民收入指数分别19%、16.7%、22.3%。到1952年底,全国工农业生产量都超过了历史最高水平,工农业产值比1949年增长77.5%,其中工业总产值增长145%,农业总产值增长485%,是具有恢复性的发展。1953年开始第一个五年计划,完成得比较好,提前一年完成。③ 我国国民经济刚恢复,就开始了消灭私有制的"三大改造",原计划经过10~15年完成改造任务,但经过三年,到1956年就基本建立了社会主义制度,这就在事实上超越了原来设想的新民主主义制度。过早超越新民主主义制度,急于消灭一切私有经济,实际上是产生了一些负面影响。

回顾新中国成立前30年的发展历程,虽然"左"的政治和经济运动对我国经济社会的正常发展造成了较大程度的破坏,但总体上还是取得了巨大的进步,比如建立了完整的工业体系;兴修了大量水利工程;农业生产条件有了一定的改善;在世界上首先育成强优势杂交水稻;建成了胜利油田和大港油田,大庆油田连年大幅增产;南京长江大桥建成;成昆铁路和湘黔铁路建成通车;我国制造的第一艘万吨远洋巨轮"跃进号"下水;发射了导弹核武器,爆炸了氢弹;发射并收回了人造地球卫星等。

改革前30年的"左"的错误确实给生产力的发展造成了很大损失。经济发展大起大落,不少年份甚至出现经济负增长,人民的生活水平也提高缓慢。不少工薪阶层20多年未涨工资。总结新中国前30年社会主义事业的经验,前30年中我国经济也有发展,但是人民生活水平长期处于贫困状态。1978年,还有几亿绝对贫困人口温饱问题没有解决。

---

① 《毛泽东选集》(第4卷)[M]. 北京:人民出版社,1991:1172.
② 卫兴华. 新中国70年的成就与正反两方面的经验[J]. 教学与研究,2019(10).
③ 虞宝棠、李学昌主编:《当代中国四十年纪事(1949—1989)》[M]. 上海:上海人民出版社,1990:57.

2. 对改革开放 40 年的科学客观评价

新中国成立前 30 年和改革开放后 40 年是紧密衔接的两个历史阶段。没有前 30 年的站起来和初步强起来奠定基础，就没有改革开放后的富起来和进一步强起来。改革开放前 30 年，虽然有严重的"左"的错误，延缓了社会主义的发展和优越性的发挥，但也还是有一定程度发展的。既有经济社会文化的发展，也有马克思主义及其中国化的发展。世界上许多国家的经济改革是走理论先行，实践跟上的路径。而我们国家的改革开放，走的是实践先行，理论跟上的路径。

我国在改革 40 多年的实践探索中，既有成功的经验，也有不同程度的失误。对于改革开放的历程、成就和改革中遇到的问题，卫兴华主张用实事求是、科学客观的态度进行评析和总结。他对我国改革开放经济实践的评价并不是一味地颂扬取得的成就，也不回避问题，而是进行正面的科学评价和纠正。他从邓小平的"三个有利于"[①]的标准来评析和审视改革开放 40 年取得的成就：第一，在生产力方面，改革开放 40 年，我国的社会生产力得到很大提高和发展，目前中国已是世界第二大经济体、世界第一大出口国和第二大进口国、世界第一大吸引外资国和第二大对外投资国。第二，在综合国力方面，改革 40 年，我国的综合国力和国际影响力得到显著提升。1978 年我国经济总量为 1495 亿美元，占世界经济总量比重为 1.8%，2017 年我国经济总量为 122377 亿美元，占世界经济总量比重提升至 15.2%。2013～2017 年 5 年来，虽然我国的经济增速有所回落，进入经济发展的新常态，但对世界经济增长的平均贡献率达 28.6%，显然中国已成为世界公认的世界经济增长的强大稳定器。越来越多的发展中国家到中国来学习发展经验，国际上也有了更多的"中国声音"。中国在世界经济和全球治理方面的分量都已经大幅提升，在国际经济事务中的话语权也得到了很大提高。特别是我国提出的"一带一路"倡议和构建人类命运共同体的理念在国际上获得了广泛认可。第三，在人民生活水平方面，改革开放 40 年来，人民生活水平得到显著改善。2017 年全国居民人均可支配收入 25974 元，与 1978 年相比实际增长了 22.8 倍，全国居民人均消费支出比 1978 年实际增长了 18 倍。[②] 在我国经济发展进入新常态的时代背景下，我们党与时俱进提出"创新、协调、绿色、开放、共享"的新发展理念，提出了供给侧结构改革经济发展的新思路，提出了经济要走高质量发展之路等新理念和新途径，这些都是发展生产力和实现社会主义生产目的的

---

① 三个有利于：是否有利于发展社会主义社会的生产力，是否有利于增强社会主义国家的综合国力，是否有利于提高人民的生活水平。

② 卫兴华. 从"三个有利于"看改革开放四十年 [N]. 人民日报（海外版），2018-11-01（003）.

新理念、新途径。卫兴华认为在这些新的经济条件下和背景下,"三个有利于"仍然是检验新时代经济成就的最合适的尺度。

我国改革开放 40 多年,在曲折的摸索和探索过程中取得了重大成就,但在发展过程中也产生了一些失误和问题,需要总结其中的经验教训。比如,在增长方式方面,我国急于发展生产力和提高生产力,在经济发展中采取了粗放型的发展模式,在经济发展中消耗了大量的自然资源,在很大程度上破坏了人们生存的自然环境;老一辈农民工,在城市中领着廉价的工资,在艰苦的环境中工作,为几十年的经济发展创造了"人口红利",过度消耗自然资源和人力资源的经济增长方式不利于经济的可持续性发展;在收入分配问题方面,我国从 20 世纪 90 年代就出现收入差距扩大的趋势,巨大成就背后的贫富分化与共同富裕的社会主义根本原则是相背离的;我国 20 世纪末到 21 世纪初期的国企改革,由于缺乏科学的顶层设计和严格的监督与管理,导致国有资产大量流失。

卫兴华认为,改革开放 40 年有几个重要的理论和实践问题值得我们重新思考:① 一是我国明确指出,建设中国特色社会主义,既不搞单一的公有制,也不搞私有化,二者在我国社会主义建设中是否存在矛盾;二是在理论上,我国坚持国有经济为主导,公有制为主体,多种所有制经济共同发展的基本经济制度,宪法和党章中都有包含"两个毫不动摇"的内容,但在实践中,目前非公有制经济的各个指标,如税收、就业、投资以及对经济的贡献率方面已经远远超过公有制经济,在这样的经济形势下,公有制的主体地位如何体现,公有制的主体地位是否还存在?三是邓小平曾预言"如果出现两极分化改革就失败了",事实上,我国已经出现了两极分化现象,是否意味着改革失败了?这是需要思考的问题;四是导致公有制经济主体地位被削弱以及贫富分化现象产生的原因很多,但与我国社会主义建设事业中采取的理论指导和政策措施不当存在很大关联。

卫兴华对改革开放经验和得失的客观总结,有利于我国未来社会主义事业改革与发展大业,对推动经济社会更好地向前发展具有重要的参考价值。

(三) 总结中国特色社会主义取得巨大成功的主要经验

社会主义实践 70 年的成功经验彰显了马克思主义"行",中国特色社会主义"好",中国共产党"能"!卫兴华认为,中国特色社会主义理论、道路、制度能够取得巨大成功,主要有六个方面的宝贵经验。②

---

① 卫兴华. 改革开放 40 年的成就与反思 [J]. 政治经济学评论, 2018 (11).
② 卫兴华. 新中国 70 年的成就与正反两方面的经验 [J]. 教学与研究, 2019 (10).

一是坚持中国共产党的正确领导。没有共产党的领导,就不会有社会主义和中国特色社会主义,也就不会有走向富强的中国。中国特色社会主义之所以取得成功,不仅在于坚持共产党领导,还在于坚持党的正确领导。在革命战争年代和社会主义建设年代,党的领导出现过一些事物,对社会主义事业的发展造成了一定程度的破坏。改革开放以来,我们党总结前30年社会主义建设事业正反两方面的经验教训,重新认识社会主义。明确了为什么要搞社会主义,什么是社会主义,怎样建设社会主义,提出了一系列新的理论、新的发展方略与途径。

二是在改革开放进程中始终坚持以马克思主义为指导。党的十八大以来,习近平总书记在多个场合一再强调学好用好马克思主义理论,学好用好政治经济学。要求和引导广大领导干部要原原本本学习和研读马列经典著作,以更好地用科学理论武装头脑、指导实践、推动工作。"马克思主义政治经济学是马克思主义的重要组成部分,也是我们坚持和发展马克思主义的必修课。我们党历来重视对马克思主义政治经济学的学习、研究、运用"。[①] 中国特色社会主义之所以取得成功,不仅在于遵循了马克思主义的基本原则,而且还根据中国的国情和时代特征对马克思主义进行创新和发展,使得马克思主义的内涵更加丰富。

三是提出了社会主义初级阶段理论。新中国成立之初,生产力十分落后和广大劳动人民生活也十分贫困。中国在特定条件下走上了社会主义道路,把马克思所讲的发达资本主义国家所建立的成熟的社会主义模式作为我国建立社会主义的起点模式,不符合中国的实际国情。只有在生产力高度发展的条件下,才可能消灭私有制,因此,我国提出了社会主义初级阶段理论,为发展私营、个体经济提供了理论支持和发展空间。在新中国成立的前30年,私营、个体经济没有获得充分发展,经济缺乏活力,各种经济要素没有充分流动。改革开放后的40年,支持鼓励和引导非公经济发展,有利于利用多种资源促进生产力的发展,增加就业,增加社会财富,满足人民多方面的需要。在社会主义初级阶段,我国各项制度、政策符合生产力发展水平的实际情况,并坚持宪法规定的以公有制为基础的社会主义经济制度和以公有制为主体,多种所有制共同发展的初级阶段的基本经济制度。

四是提出和遵循了社会主义本质论,实践三条"有利于"的标准论。改革开放前,公有制、按劳分配、有计划按比例发展是社会主义的经济特点,而较少强调发展生产力。马克思主义政治经济学和科学社会主义关于什么是社会主义、怎样建设社会主义的本质性论述,在《共产党宣言》和马克思的经济学手稿中,在

---

① 习近平. 不断开拓当代中国马克思主义政治经济学新境界[J]. 求是,2020 (16).

恩格斯和列宁的有关著作中，都有明确内容，就是要快速发展生产力，并在生产力发展的基础上不断提高人民的生活水平，最终实现共同富裕。这是社会主义建设事业中必须抓好的两大环节。如果搞社会主义不抓好这两条，只能是贫穷的公有制，贫穷的按劳分配，显示不出社会主义的优越性。搞社会主义的根本目的，是要让劳动人民摆脱受剥削、受奴役、受贫困的处境，实现共同富裕。而根本任务就是大力快速发展生产力。也可以说建设社会主义，要以快速发展生产力和实现共同富裕为纲。邓小平继承和发展了马列主义关于社会主义本质的规定，提出社会主义本质论：解放和发展生产力，消灭剥削，消除两极分化，最终达到共同富裕。这就确立了社会主义社会的生产力标准和社会主义生产关系标准，这是建设社会主义必须遵循的标准。2020年10月，习近平在《中共中央关于制定国民经济和社会发展第十四个五年规划和二〇三五年远景目标的建议》的说明中谈到，共同富裕是社会主义的本质要求，是人民群众的共同期盼。我们推动经济社会发展，归根结底是要实现全体人民共同富裕。2020年底，我国脱贫攻坚战取得了全面胜利，实现了全面脱贫和全面小康，但实现人的全面发展和全体人民共同富裕仍然任重道远。

五是实行改革开放，由市场取向的改革到社会主义市场经济体制的确立。改革开放是以解放和发展生产力，提高人民的物质文化生活水平为任务和目的的。我国市场取向的改革，经历了不断深化和曲折复杂的过程：由"计划经济为主，市场调节为辅"；到"公有制基础上的有计划的商品经济"；到计划和市场覆盖全社会"国家调节市场，市场引导企业"的运行模式，再到"计划经济和市场调节相结合"，最后确立了社会主义市场经济体制模式。事实证明，由市场决定资源配置，能够激发市场活力，能够实现资源的高效配置，有利于调节生产结构和供求关系。社会主义市场经济可以把社会主义经济的优越性与市场经济的灵活性相结合，可以更有效地发展社会主义经济。

六是选择了中国特色社会主义发展道路。选择中国特色社会主义道路是社会主义实践取得成功经验的根本。中国特色社会主义有其独立的规定性。比如，它与社会主义初级阶段有交叉，都包括公有制为主体、多种所有制经济共同发展；按劳分配为主体、多种分配方式并存。但中国特色社会主义不限于初级阶段。即使到21世纪中叶走出初级阶段，进入中级、高级阶段，将依然发展不断成熟中的中国特色社会主义。习近平同志对中国特色社会主义有系统的论述。中国特色社会主义包括中国特色社会主义道路、理论体系、制度。中国特色社会主义道路既坚持以经济建设为中心，又全面推进经济建设、政治建设、文化建设、社会建设、生态文明建设以及其他各方面建设；既坚持四项基本原则，又坚持改革开放；既不断发展生产力，又逐步实现全体人民的共同富裕、促进人的全面发展。中国特色社会主义坚持以人民为中心的立场。新时代的社会主要矛盾已转化为人民日益增长的美好生活需要和不平衡不充分的发展之间的矛盾。解决这一矛盾需要在生产供给侧提供高质量和高科技含量，更安全、更个性化的高端产品。这就需要进行供给侧结构性改革，实现新的供求平衡。

三、提出了许多与中央决策精神相契合的理论观点

卫兴华提出的关于社会主义经济理论的众多观点，与中央的相关决策精神相吻合，其观点的科学性也在社会主义市场经济发展实践中得以验证。他在从事近70年的教研工作中所研究的中国特色社会主义的重大经济理论与实践问题，既是学术界的前沿问题，也是党中央一再强调和关注的话题。

1959年，针对学界提出的社会主义非商品经济论，他提出全民所有制经济中的消费资料和生产资料都应是商品，是国内较早提出社会主义商品经济论的经济学家，并指出社会主义发展商品经济的重要意义。他提出的商品经济论为后来对商品经济与市场经济的研究奠定了前期的理论基础。1984年，党的十二届三中全会通过的《中共中央关于经济体制改革的决定》提出了"商品经济的充分发展是社会经济发展不可逾越的阶段"这一论断。改革开放以后，我国的商品经济快速发展，无论是公有制经济还是私有制经济都提倡大力发展商品经济，生产要素在市场中的流通也更加通畅和更具活力，我国的商品市场关系也逐渐由卖方市场转向买方市场。由此看出，卫兴华关于社会主义商品经济的研究不仅与后来中央所提倡的大力发展商品经济的指导思想相吻合，并为被社会主义市场经济发展实践所证明是正确的、科学的。

社会主义经济运行中政府与市场的关系是卫兴华研究的重要方向，早在1986年，卫兴华和他指导的博士生就系统和全面地研究和论述了社会主义经济运行机制理论。他们认为，发挥市场调节作用是搞活经济、改进经济管理体制的重要内容，并将市场调节分为两种类型：一类是完全由市场机制或由价值规律自发地、盲目地调节，另一类是计划指导或政府调控的市场调节。这样，就可突破"为主""为辅"的体制框架，市场调节的范围扩大了，可以更大程度地发挥价格机制引导企业改善管理的作用。这与后来党的十三大（1987）提出的"国家调节市场，市场引导企业"的论述相一致，与中央提出的国家宏观调控下市场经济的内涵相接轨。20世纪90年代后，针对计划经济与市场调节的关系，他进一步提出，应"主要用指导性计划调节市场"，由市场调节企业。计划调节对市场调节

起导向作用，是宏观层次或高层次的调节，而市场调节则是基础层次的调节，这种调节机制是二层次的纵向结合关系，并不是何者为主何者为辅的关系。计划调节的导向作用，不会把市场调节降为"为辅"的作用。卫兴华关于"计划与市场"之间是主导与基础关系的理论观点，与我国后来理论界广泛认同的"宏观调控"与市场调节的内容相一致。① 我国由计划经济转向社会主义市场经济实践过程，也证明了卫兴华关于计划与市场运行机制观点的科学性。

早在1986年，卫兴华就开始关注公有制的实现形式问题，强调指出"发展和完善公有制，就需要完善公有制的实现形式"。在改革的前期阶段，对于经济体制改革的理解大多是停留在对"管理体制"改革的观念上，卫兴华教授突破此传统观念，提出社会主义经济体制改革不应局限于管理体制方面，还要包括经济制度运行和实现的具体形式。他在《关于我国经济体制改革的理论问题》一文中提出："社会主义经济体制似不应仅仅归结为一个管理体制问题。社会主义经济体制，首先包括社会主义经济制度运行和实现的具体形式，如公有制的运行和实现形式，按劳分配的运行和实现形式，以及其他社会主义生产关系的运行和实现形式等。"卫兴华关于公有制问题提出的观点与后来中央有关文件提出的探索公有制多种实现形式的观点相吻合。卫兴华还对股份制这一公有制的重要实现形式进行探索，他认为股份制虽然是公有制的一种重要实现形式，但不能因此就得出公有制存在形式——国有经济和集体经济不存在的结论。关于股份制在国企改革中的运用，卫兴华则提出要警惕"一股灵""一刀切"下指令的方法，要加强国有企业的股份制改革和改制工作规范，才能防止公有资产的流失，才能使公有资产真正通过股份制这种新的形式发挥更大的作用。

卫兴华较早提出非公有制经济是社会主义市场经济的组成部分。1993年，他在《阵地》（现为《前线》）发表论文，肯定非公有制经济也是社会主义市场经济的组成部分。他指出："实行社会主义市场经济，市场不管是哪种经济成分参与的，都一样起到资源配置的作用。市场机制与市场体系是统一的，不能按不同经济成分划分不同的市场和市场经济。从这个意义来讲，社会主义市场经济体制，是由以公有制为主体的多种经济成分共同构成的。当然，从市场经济主体来看，依然有社会主义经济与非社会主义经济的差别。"该文中关于非公有制经济的论述与1997年党的十五大报告提出"非公有制经济是社会主义市场经济的重要组成部分"内行相一致。在中央提出社会主义初级阶段的基本经济制度包括非公有制经济时，有学者宣称非公有制经济也是社会主义经济，是社会主义经济制

---

① 黄林. 卫兴华教授学术成就简述［J］. 政治经济学评论，2014（10）.

度的组成部分，卫兴华指出这实际上是混淆了社会主义经济和社会主义市场经济的区别，混淆了"社会主义经济制度"与"社会主义初级阶段基本经济制度"的区别。

卫兴华一直以来都主张不能一味地追求经济的高速增长，不仅要保持经济增长的高速度，而且要实现高效益。卫兴华坚持运用科学的态度来看待经济增长和经济发展问题，对我国当前追求高质量经济增长的目标具有很强的现实意义。早在1996年，卫兴华就提出要实现国民经济持续、快速、健康发展，就要追求实实在在的稳定协调、高质量、高效益的快速增长；1997年他又进一步强调指出，提高经济增长的质量和效益，是中国需要着力解决的突出问题；在中央"十一五"规划建议提出，"加快转变经济增长方式"要求，卫兴华（2006年）再次重申科学经济增长方式的重要性，他指出转变经济增长方式就是要由高指标、高投入、高消耗，低产出、低质量、低效益的单纯数量扩张型增长方式，向低投入、低消耗，高质量、高效益即质量效益型的增长方式转变。2010年面对我国经济增速下滑，经济结构不合理的条件，卫兴华再次强调转变经济发展方式的重要性。卫兴华还在对粗放型和集约型经济增长方式、外延型和内涵型经济增长方式的概念辨析的过程中来研究经济增长问题，他对这些概念的详细阐释和区分，对我们当前科学的经济增长方式具有重要现实参考价值。

卫兴华在国内较早对我国社会主义初级阶段允许多种经济成分同时存在进行了论证；对社会主义消灭竞争只有竞赛的传统观点进行辩驳，提出在国有经济内部及国有经济之间也应该开展竞争的观点；关于公平与效率问题，他始终坚持效率和公平相统一与并重的分配原则，并认为社会主义应注重初次分配的公平。这与我国当前中央日益关注民生问题的发展思路相一致；卫兴华还是国内最先提出非公有制经济是社会主义市场经济的组成部分的经济学家之一，肯定非公有制经济在社会主义经济发展中的作用。他突破了生产力二要素三要素之争，主张生产力多要素论，提出运用马克思的生产力多要素论发展我国生产力，这与我国当前提出的许多关于生产力发展的新理念相一致。

第三节 对政治经济学学科建设与发展做出了突出贡献

卫兴华教授对全国马克思主义政治经济学学科建设做出了突出贡献。他不仅在政治经济学教研工作中投入了近70年的光阴，对马克思主义政治经济学理论体系进行持续关注和研究，他还十分关注政治经济学教材的编写和建设，编写了几本具有很大影响力的教材。他还通过举办学术会议、担任客座教授等方式积极支持全国各高校马克思主义政治经济学学科的发展。

一、持续研究和关注政治经济学学科建设与发展

（一）强调政治经济学的发展与创新必须坚持马克思主义的指导地位

卫兴华教授指出，发展马克思主义政治经济学，既要坚持马克思主义政治经济学的基本原理和方法，也要紧密结合中国经济发展实践，做到将坚持与创新二者相统一。① 他认为，马克思主义是立党立国的根本指导思想，也是我国哲学社会科学发展与繁荣的根本指导思想，② 社会主义经济理论体系的构建，政治经济学的发展与创新都必须以马克思主义基本原理为基础。他认为（1998），在编著政治经济学教材中，必须在坚持马克思主义理论指导地位的基础上，注重基础理论的研究，打通资本主义和社会主义部分。③ 卫兴华（2003）强调理论创新在政治经济学学科建设和发展中的重要性，但无论政治经济学经济理论如何创新，都必须坚持以马克思基本原理为基础和指导，是在对马克思主义基本原理的基础上进行创新和发展，一切疏离和背弃马克思主义的理论创新都是不科学的。他指出，在对马克思主义政治经济学进行经济理论创新时应重点解决好两个方面的认识问题。第一，弄清理论创新的目的和意义，对马克思主义理论进行创新是为了更好的发展和传播马克思主义，使之在反映现实、指导实践中更具科学性，重点是要处理好理论创新的"源"和"流"的关系。第二，在进行马克思主义政治经济学理论创新时，一定要秉承严肃和科学的工作态度。马克思主义思想的创新与发展，并不是对马克思主义基本原理换个新提法，用个新字眼。④ 改革开放以来，马克思主义政治经济学的发展和创新，不仅是对政治经济学的研究对象与体系、生产力与生产关系、商品经济和市场经济、劳动价值论等传统经济学概念和原理新的解读和发展，还出现了经济体制改革、经济运行机制、虚拟经济、公有制的实现形式、经济增长方式与发展方式转变、产业结构优化和经济全球化等新

---

①② 孙咏梅．让理论成为真理的喉舌——读《卫兴华经济学文集（第三卷）》与《卫兴华自选集》[J]．高校理论战线，2006（07）．

③ 卫兴华．关于经济学在中国发展的几个问题 [J]．经济学动态，1998（02）．

④ 卫兴华．哲学社会科学发展与繁荣的理论思考 [J]．当代经济研究，2003（09）．

的概念和理论。2006年,卫兴华发表在《当代经济研究》第4期的"不要制造'传统马克思主义'与当代马克思主义的对立——评晏智杰的有关观点"一文,对晏智杰教授关于我国经济学教学与研究中的"'西方经济学与以《资本论》为经典的经济学并重',不存在'抬高这个,压制那个'"观点提出质疑,认为晏智杰教授的观点与当时高校中普遍开设西方经济学课程,而较少开设《资本论》课程的事实不相符合,并在与晏智杰教授的商榷中对政治经济学教学和研究中应坚持马克思主义主导地位的观点进行了重申和强调。① 在新的经济条件下,马克思主义政治经济学内容无论如何丰富和创新,都要坚持马克思主义在社会主义发展与改革中的指导地位,指导思想只能是马克思主义一个,不能搞多元化。② 他认为,在经济学教学和研究中,系统地掌握马克思主义经济学和系统掌握西方经济学的理论和知识,这二者之间并不存在矛盾,在经济学的教学与研究中坚持马克思主义的指导地位,坚持马克思主义的态度,并不是要排斥西方经济学的一些经济理论,而是需要借鉴和汲取西方经济学中的有用成果。

(二) 对社会主义经济学理论体系进行持续研究

从20世纪末开始,卫兴华就开始关注社会主义政治经济学的重建和发展问题,并在中国发展实践的基础上持续关注政治经济学学科的研究进展。

(1) 对"建立中国经济学"或"重建中国经济学"等思考。一定的经济和政治环境,是构建中国特色社会主义政治经济学理论体系的重要前提和基础。20世纪末,我国经济学界有学者提出要建立一种研究中国经济问题、反映中国经济实践的"中国经济学",即具有中国特色的"本土化"的经济学。有观点认为,中国经济学应是扎根本土,从总结中国经验出发,着重研究中国问题,在吸收现有经济科学成果的基础上,形成一种研究中国经济问题、反映中国经济实践的"中国经济学",并在更深层次上,构建一个逻辑严密的理论分析框架,这个分析框架既要能反映对中国经济问题研究的成果,又要能解析和反映中国经济实践的理论体系。卫兴华认为,当时要构建本土化的中国经济学是存在很大困难的,有许多问题需要解决。③ 第一,构建"中国经济学"理论体系的逻辑起点较难定位,是要定位在成熟形态的社会主义经济制度和经济体制上,还是定位于改革开

---

① 卫兴华. 不要制造"传统马克思主义"与当代马克思主义的对立——评晏智杰的有关观点 [J]. 当代经济研究, 2006 (4).
② 卫兴华. 马克思主义经济学——随着经济实践的发展而发展和创新 [N]. 人民日报, 2009-8-21 (007).
③ 卫兴华. 关于经济学在中国发展的几个问题 [J]. 经济学动态, 1998 (02).

放以来的现实社会主义上,较难明确。第二,根据"本土论"的基本定义,中国经济学既要反映中国经济理论发展的状况,又要为中国经济发展实践提供理论解释与指导。然而不论是经济理论研究,还是改革实践和中国经济发展实践,都是动态的发展和不断变化的演进过程。在改革和发展过程中,我国政治经济学教科书尤其是涉及社会主义部分的内容缺乏基本稳定性和相对独立性,进而会影响其应有的科学性。而随着经济发展和改革的推进,特别是随着政府重大政策出台和不断变动,反映经济理论和经济实践发展进程的经济学,就不得不相应地不断地调整和改革其相关内容,甚至要对整个框架进行调整。那么,如何解决作为一种科学要求具有相对独立性和稳定性的经济学同现实经济理论与实践尤其是经济政策不断变化的事实之间的矛盾?这是建立"中国经济学"面临的困难。第三,从世界各国发展的经验看,各国历史、文化、政治、经济等方面的显著差异性,导致各国经济发展的路径、体制模式等存在明显差异。与西方各国的经济学相比,反映中国经济运行体制特点的"本土性""中国经济学",属于哪一层次的经济学不好界定。因此,他认为,在当时建立"中国经济学"的条件还未成熟,只有加强基础理论和实际问题的研究,并在经济与政治环境等条件成熟时,才能构建具有中国特色的经济学体系。

卫兴华认为,社会主义经济理论的建立和发展,与西方经济学具有本质的差别。西方国家的经济学存在诸多流派,新流派还在不断产生,而且各个流派的理论观点一般不以某个政党和国家政府的文献为遵循。西方国家的政党和政府,一般不去创造和发展什么新的经济理论,而是运用某一经济学派的理论作为制定经济政策的基础,而且在社会经济发展的不同阶段,根据当时经济发展状况的变化与需要,调整和变换其经济政策的理论依据。社会主义国家的经济理论,则一般以马克思主义为指导,理论的创新与发展,一般由党和政府的最高决策层特别是最高领导人做出。经济学家对某些理论问题尽管存在分歧与争论,但却很难形成不同的独立学派或流派。党和政府一般不是依据某一学派的理论或创新来制定其经济政策,而是相反,经济学界要依据党和政府的理论指导来研究经济问题,并进行宣传、辅导、编写和修改政治经济学教材。这一差别具有客观必然性。西方经济学和马克思关于资本主义的经济学,是在资本主义经济发展成熟的条件下创立的,是在资本主义已发展了几百年的基础上进行分析与总结。而社会主义经济制度建立的时间与资本主义产生的时间相比还比较短,还很不成熟,其发展的规律性还需要探索和揭示。因此,要构建社会主义经济理论体系,提出完全符合客观规律与实际的社会主义方针和政策,必然要经历探索与曲折的过程。卫兴华提出,社会主义经济学作为一门经济科学,应不断加强其独立性、科学性和稳定性，应鼓励中国经济学形成不同的学派，以繁荣我国的经济科学。①

（2）对中国特色社会主义理论体系的内容进行概括。随着社会主义经济建设的不断发展，构建系统化的社会主义政治经济学理论体系所需的经济和政治环境也日渐成熟。当前，我国已进入发展和完善中国特色社会主义的新的历史时期，创立具有中国特色的"系统化的经济学说"，已然成为摆在中国马克思主义经济学理论工作者的重要任务。2011年，卫兴华对中国特色社会主义经济理论体系进行研究，将其概括为十个方面的内容，社会主义本质论，社会主义经济是公有制基础上的有计划的商品经济论，社会主义市场经济论，社会主义初级阶段基本经济制度论，按劳分配为主体多种分配方式并存论，社会主义公平与效率统一与并重论，三条"是否有利于"的判断标准论，转变经济发展方式与科学发展论，坚持独立自主同扩大开放、参与经济全球化相结合论，改革、发展、稳定三者关系统一论。② 他认为，中国社会主义经济理论，经过中国共产党人九十年的不断摸索与探索，经过新中国六十多年的社会主义实践经验，特别是经过三十多年改革开放的实践与理论的发展和创新，已形成了适用于整个社会主义初级阶段的中国特色社会主义经济理论体系。该理论体系不是个别的原理和原则，而是具有丰富内容的和相互联系的、包括生产力发展特点和生产关系体系特点的较为完整的理论体系。不同阶段的中国特色社会主义经济理论体系在本质规定和核心内容方面具有共同性。无论是哪个阶段的中国特色社会主义经济理论体系均来自马克思主义的科学社会主义理论。科学社会主义和中国特色社会主义都应包含：大力发展生产力；以公有制（社会所有制）为基础；劳动者是生产和社会的主人；自觉地有计划地发展社会主义经济；实行按劳分配；消除两极分化；实现共同富裕等内容。但是，我们对待马克思主义的社会主义理论不能采取教条的态度，而是要从中国国情出发，结合中国革命和建设实际，结合中国改革开放的历史和现实实际，运用和发展科学社会主义经济理论。对马克思主义经济理论进行发展和创新，赋予其新的内容和新的理念，共同构成中国特色社会主义经济理论。科学社会主义经济理论与中国特色社会主义经济理论是"源"和"流"关系。

（3）对创建和发展中国特色社会主义政治经济学的思考。党的十八大以来，习近平总书记高度重视马克思主义政治经济学，多次就坚持和发展马克思主义政治经济学作出重要论述。习近平同志提出：要发展当代中国马克思主义政治经济学。关于如何创建和发展中国特色社会主义政治经济学，卫兴华撰写了大量文

---

① 卫兴华．关于社会主义经济学构建与发展的思考［J］．当代经济研究，2001（10）．
② 卫兴华．中国特色社会主义经济理论体系研究［J］．经济学动态，2011（05）．

章，也进行了许多思考，提出了不少有创建的观点。卫兴华（2016）认为①，要创立具有中国特色的"系统化的经济学说"，首先需要厘清马克思主义政治经济学和社会主义经济实践之间的关系。他提出，系统化经济学说的创立，既要以我国初级阶段的国情和发展实践为基础，更要坚持马克思主义政治经济学科学原理。中国特色社会主义政治经济学是马克思主义政治经济学中国化和时代化的成果，二者是一脉相承的源流关系。因此，构建中国特色社会主义政治经济学，首先应当阐明马克思主义政治经济学有关社会主义的基本原理，把马克思主义政治经济学的基本原则同中国特色社会主义政治经济学的基本原则统一起来。"学好用好政治经济学"，既要学好用好马克思主义政治经济学，也要学好用好中国特色社会主义政治经济学。② 我们在社会主义经济建设和发展的实践进程中，既会取得许多新成就，也会面临许多无法预知的新问题和新挑战，这就需要我们将其进行总结，并升华为政治经济学的新理论，并在社会主义建设事业中将这些新理论运用其中。

卫兴华（2017）认为要创建和发展中国特色社会主义政治经济学，发展马克思主义政治经济学，应重点思考和研究以下三个方面的问题：一是探究学习马克思主义政治经济学的方法。要从《资本论》和马克思、恩格斯的其他有关著作里挖掘其科学社会主义的理论观点，加以系统地研究，并将坚持、创新和发展统一起来，将其基本原理和研究方法运用到我国经济社会发展的实践中。只有掌握科学分析方法，才能准确把握复杂经济现象背后的经济发展规律，才能认识经济运动过程，提高领导我国经济发展的能力和水平。从而，更好回答我国经济发展的理论和实践问题，促进中国特色社会主义政治经济学的创建与发展。二是如何在总结我国社会主义经济发展经验教训、得失成败的基础上，研究现实经济问题。要创建中国特色社会主义政治经济学，就要敢于面对现实，总结经验教训，不要回避问题。改革开放四十多年经济发展成就巨大，但两极分化问题没有得到解决，共同富裕的目标也还未实现，因此，创建和发展中国特色社会主义政治经济学，如果回避或不重视两极分化这一现实问题，共享发展和共同富裕便只能是停留在文件和口头上的抽象概念。三是弄清楚什么是中国特色社会主义政治经济学的研究对象，他认为中国特色社会主义政治经济学的对象既要系统研究中国特色

---

① 卫兴华.当代中国马克思主义经济学者的一项重要学术任务——创立"系统化的经济学说"[N].北京日报，2016-9-26（015）.
② 卫兴华.辩明中国特色社会主义政治经济学的马克思主义理论之源毛泽东邓小平理论研究，2017（05）.

社会主义生产关系，也要研究怎样更好更快地发展生产力，即研究生产力的社会层面。① 要研究生产力的诸要素，研究怎样更好地发挥生产力诸要素的能力。他认为，快速发展生产力，实现共同富裕和发展公有制经济是建设社会主义的主要环节。中国特色社会主义政治经济学是在搞好社会主义的这三个环节的实践中推进的。②

卫兴华教授对我国理论经济学学科的发展定位，关于构建中国特色社会主义经济理论体系以及发展和创新中国特色社会主义政治经济学的思考，为后来的理论经济学教学和研究工作者指出了努力的方向，建设中国特色、中国风格、中国气派的理论经济学奠定了坚实的基础。

（三）对马克思主义政治经济学和西方经济学二者关系的思考

对待西方经济学存在两种不科学的极端态度：改革开放前，西方经济学通常被称为资产阶级经济学，在当时的背景下，西方经济学一律遭到排斥。改革开放后改称西方经济学，被大量引入。当前，西方经济学在国内通常被作为"现代经济学"也就是所谓的主流经济学。马克思主义经济学则被边缘化、空泛化、标签化，在一些学科中"失语"、教材中"失踪"、论坛上"失声"。③ 卫兴华认为，应当用马克思主义经济学驾驭西方经济学，批判地汲取其中可为我所用的部分，摒弃其不科学的为资本主义辩护的内容。针对一些高校的经济学科不再开设马克思主义经济学方面课程而只开设西方经济学方面课程，有些学校不使用"马工程"编写的西方经济学教材，而只选用某些西方经济学原著的问题，卫兴华建议有关部门应统一规定高校哲学社会科学相关专业使用"马工程"的统编教材，同时设立马克思主义理论成果奖项，以吸引、发现、鼓励、培养优秀的中国特色哲学社会科学人才。④

卫兴华认为，学习和应用马克思主义政治经济学，构建中国特色社会主义政治经济学，并不排斥借鉴和汲取西方经济学中的有益成分。马克思主义政治经济学和西方经济学的方法论和根本立场是完全不同的，这就决定了二者是完全不同

---

① 卫兴华. 创建和发展中国特色社会主义政治经济学需要解决的几个问题[J]. 毛泽东邓小平理论研究，2017（02）.
② 卫兴华. 中国特色社会主义政治经济学研究——为什么要搞社会主义，怎样搞好社会主义[J]. 河北经贸大学学报，2016（03）.
③ 何召鹏. 创建和发展中国特色社会主义政治经济学的基本理论问题研究——访中国人民大学经济学院荣誉一级教授卫兴华[J]. 马克思主义理论学科研究，2017（05）.
④ 卫兴华：造就一批中国特色哲学社会科学大家[N]. 光明日报，2016-6-30.

的经济学。马克思把政治经济学区分为劳动的政治经济学和资本的政治经济学。马克思主义的政治经济学是为劳动人民求解放和谋福祉的劳动的政治经济学；而资本的政治经济学是为资本主义和资产阶级利益服务的政治经济学。我们搞社会主义，主要是要学习、研究、运用和发展马克思主义政治经济学。因为马克思主义政治经济学是劳动人民的经济学，与中国共产党的根本宗旨是一致的，与社会主义本质是一致的。所以，习近平指出：学习政治经济学，"要坚持以人民为中心的发展思路，这是马克思主义政治经济学的根本立场。要坚持把增进人民福祉、促进人的全面发展、朝共同富裕方向稳步前进作为经济发展的出发点和落脚点"。①

在如何对待西方经济学的问题上，卫兴华教授主张，要以科学的态度辩证地看待西方经济学，完全排斥和全盘照抄都是不对的。马克思主义经济学不排斥借鉴和吸收西方经济学中合理有用的概念、原理和方法，但绝不能盲目照搬照抄，以免走上经济学西方化、使西方经济学取代马克思主义经济学的道路。卫兴华教授对政治经济学学科和西方经济学学科的发展都提出了具体的建议，如建议两个学科都要组织力量深入系统地进行研究，要分清"三个哪些"。对政治经济学来说，要分清"哪些是必须长期坚持的，并结合新的实际加以丰富发展的基本观点，哪些是必须破除的对马克思主义的教条式的理解，哪些是必须澄清的附加在马克思主义名下的错误观点"；对西方经济学来说，要分清"哪些是为资本主义制度辩护的思想观点，哪些是似是而非的没有科学价值的东西，哪些是对经济增长与发展，对管理社会化大生产，对发展市场经济和调节经济运行有理论和实际价值的概念、原理和方法"。②

二、重视政治经济学教材的编写和建设

教材的编写是政治经济学学科建设与发展关键。政治经济学教材是政治经济学传播和发展的重要阵地，也是新一代政治经济学研究人才培育的重要载体。政治经济学教材的编写及所包含的内容是否科学，关系到社会主义建设事业建设者和接班人学习政治经济学内容和研究方法是否能科学、是否能用于指导实践。卫兴华在推进马克思主义经济学中国化的过程中，十分重视政治经济学的教材建设，编写或主编过多部《政治经济学》教材，有的教材在全国发行量有数百万

---

① 坚持以人民为中心的发展思想　努力让人民过上更加美好生活 [N]. 人民日报, 2017-10-11: 6.
② 卫兴华经济学文集（第三卷）[M]. 北京：经济科学出版社, 2005: 472.

册，影响力较大，荣获国家级教学成果一等奖、国家教育改革委员会优秀教材一等奖。①

（一）高度重视《资本论》教学与研究

20世纪80、90年代，受国内国际环境的影响，马克思主义经济学曾在我国经济学界遇到严重挑战。几十年来，卫兴华教授围绕《资本论》这一经典著作持续不断的撰写文章，在知网可以查询到。卫兴华教授撰写的论文中以"资本论"为关键词的有88篇，这些文章涉及的内容有关于《资本论》原理和方法、《资本论》当代价值、《资本论》与生产力理论、《资本论》与中国特色社会主义理论创新、马克思与《资本论》写作等，他还为研究《资本论》的书籍撰写评论。卫兴华认为，《资本论》的立场、观点、方法、理论逻辑以及辩证唯物主义与历史唯物主义思想，具有强大的生命力，不仅能提高学习者的理论思维能力和分析研究社会经济问题的水平，而且能增强他们鉴别判断是非曲直的能力。因此，高等学校必须高度重视对《资本论》的继承和挖掘，真正提高《资本论》教学与研究水平。

卫兴华教授分别从教学内容和方法、教材建设、国家政策等方面提出了切实可行的建议。② 针对20世纪末我国《资本论》教学与研究处于低潮和困难的境况，卫兴华提出改进《资本论》教学内容和教学方法的建议：反对静止、封闭、注释性的教学；编写适用于大学教学使用的《资本论》节选本，解决《资本论》课程教学用书问题；通过文件形式规定马克思主义政治经济学是必修课，在经济类专业不得取消等，从而推动了《资本论》教学与研究工作。③ 他编写的《我与〈资本论〉解说》一本五万多字的通俗读本中，既正面讲解了《资本论》三卷的精要内容，也对学界长期有不同解读的某些疑难点，提出了自己的辨析。

（二）针对政治经济学学科存在独立性和稳定性问题提出建议

改革开放以前，我国使用的政治经济学教材主要是从苏联翻译过来的，如列昂节夫的《政治经济学》和由苏联多位著名学者撰写的《政治经济学教程》十六分册等，当时国内比较有影响力的政治经济学教材较少，以1973年徐禾等编写的《政治经济学概论》为代表。1978年改革开放后，理论界开始将马克思主

---

① 唐未兵. 卫兴华教授访谈录［J］. 经济学动态，2018（06）.
② 周文. "人民教育家"卫兴华经济学教育观［J］. 教育研究，2021（02）.
③ 卫兴华. 坚持和改进《资本论》与政治经济学的教学［J］. 高校理论战线，1997（05）.

义政治经济学作为研究的重要内容，特别是20世纪90年代社会主义市场经济体制建立后，学者们不仅从不同的角度在理论和实践层面研究资本主义经济问题，同时也注重将马克思主义政治经济学的基本原理和方法与社会主义实践进行结合。政治经济学教材的版本数量随之增长，高达百种以上，其内容也得到了不断更新和持续创新，推动了马克思主义政治经济学理论的发展。

20世纪50年代，卫兴华就开始撰写阅读政治经济学教材的心得体会。[①] 还通过商榷、评述的方式，发表观点来评述政治经济学教材中的一些基本理论问题。1998年，卫兴华指出当时的政治经济学教材存在两大问题，一是教材中的资本主义部分和社会主义部分缺乏内在的逻辑体系。当时教材内容一般分为资本主义部分和社会主义部分，资本主义部分又分垄断前资本主义与垄断资本主义两部分，不同部分明显地缺乏内在的逻辑一致性。垄断前资本主义部分基本上是属于马克思《资本论》的缩写本，垄断资本主义部分虽然突破了列宁《帝国主义论》的框架与内容，但叙述多而理论性弱，内在规律性研究不够，而社会主义部分则多是根据中国经济体制改革实践尤其是根据各个时期的中央文件精神编撰。在基本概念、基本分析框架及其结论等方面，没能保持前后的一致性。二是缺乏基本的稳定性和科学发展的相对独立性。政治经济学社会主义部分，在相当大的程度上是对中央文件和政府政策进行解释缓和宣传，属于"政策解释学"和"政策宣传学"，中央每开一次有关的重要会议，政治经济学教科书就得随之赶快跟着修改一遍，不断地进行着修修补补。针对教材编写中存在的两个根本性问题，卫兴华提出教材编写的几点建议，[②] 一是要注重基本理论研究，作为政治经济学教材，应该要能综合反映理论研究成果，而不是对经济对策进行转述。因而与其急于构筑新体系，不如从基本概念、基本理论研究做起，当理论深度、科学抽象达到了一定的层次，就能为新的理论逻辑体系的建立打下基础。二是要将政治经济学中资本主义部分内容和社会主义部分内容进行融会贯通。在编写政治经济学教材时要以马克思主义理论为指导，但坚持马克思主义并不等于经济学教科书特别是社会主义部分就一定按照《资本论》的体例撰写。而是运用马克思的科学抽象法、逻辑与历史相一致的方法从基本概念入手，寻找一个较好的切入点，构建一个新的分析范式和理论逻辑发展线索，形成一个具有较严密的逻辑体系的政治经济学框架，从而既能解析和把握资本主义经济的内在规律，又能把握和反映社会主义经济的运行规律。建立门新的学科，应有新的范畴作为其体系结构的

---

① 卫兴华. 学习政治经济学教科书第二十九章心得体会[J]. 教学与研究, 1959 (12).
② 卫兴华. 关于经济学在中国发展的几个问题[J]. 经济学动态, 1998. (02).

基本因素和阶梯。社会主义经济学或有中国特色的社会主义经济学，应有自己特有的经济范畴。三是摒除政治经济学与政治学是同一概念和具有相同内涵的传统观念。政治经济学不是政治学，政治经济学尽管从所表现的立场阶级性和意识形态来说，在一定程度上具有政治性，但它毕竟首先应该是作为一门科学而发挥其作用，必须具有自身的独立性。它不是政治学，更不是政策解释学，政策宣传学和思想政治工作读本。社会主义政治经济学的教学和研究，不应作为政治课或政策解释学来安排。并认为要提高政治经济学研究的独立性、稳定性和科学性，就要对其教材编写进行大幅度改革。①

改革开放以来，随着改革的推进及政府重大政策的出台，不论是经济理论研究，还是中国经济发展实践，都处于动态发展和不断变化之中。卫兴华参与和主编多版本的政治经济学教材，大多数都反映了经济理论和经济实践发展的进程。卫兴华编写的教材对马克思主义的政治经济学理论进行了极大丰富和拓展，既保持了政治经济学学科的稳定性，又保证了政治经济学学科内容的相对独立性。卫兴华教授编写或主编过多部《政治经济学》教材，有的教材在全国发行量有数百万册，影响力较大，荣获国家级教学成果一等奖、国家教委优秀教材一等奖。卫兴华于1984年与宋涛、吴树青等编《政治经济学》；1987年著《政治经济学研究》（一）和《政治经济学研究》（二）；1988年首版的《政治经济学原理》不断再版，曾长期作为全国高等教育自学考试经济管理类专业指定教材，在社会上产生了巨大影响力。1989年，卫兴华与顾学荣共同主编《政治经济学原理》；1993年首版的《政治经济学》在编写上进行了创新，适当压缩了自由竞争资本主义的内容，增大了对垄断资本主义的分析，重点介绍了当代资本主义经济发展的新情况和新问题，于1997年荣获高等教育国家级教学成果一等奖。1999年首版的《马克思主义政治经济学原理》深入浅出、言简意赅，是全国普通高等学校马克思主义理论课（公共课）的推荐教材，于2002年获得全国普通高校优秀教材一等奖。2010年，卫兴华主编《政治经济学概论》；2017年编著《中国特色社会主义政治经济学研究》。其中，他主编的《政治经济学原理》教材是当时全国影响力和发行量最大的教材之一。

（三）就加强中国特色社会主义政治经济学的教材建设提出建议

中国特色社会主义政治经济学，是马克思主义政治经济学的中国化和时代化的成果。坚持政治经济学的重大原则，就要把马克思主义政治经济学的基本原则

---

① 卫兴华. 关于经济学在中国发展的几个问题 [J]. 经济学动态, 1998（02）.

同中国特色社会主义政治经济学的基本原则衔接和统一起来，构成新时代发展与创新的政治经济学。我们强调坚持和发展马克思主义政治经济学，但是我们的社会主义政治经济学的教材、著作，没有或很少有社会主义特有的新的经济范畴，就是没有反映我们新的社会主义经济关系的经济范畴，也没有提出反映我们经济关系本质的社会主义经济规律。因此，进一步加强中国特色社会主义政治经济学的教材建设，是一个重大的系统工程。卫兴华认为，新时代中国特色社会主义政治经济学材料建设把握好以下几个方面的内容。[①]

一是要运用马克思主义的科学方法，对新中国成立以来和改革开放以来社会主义经济理论与实践得失成败的经验与教训进行总结与研究，将其提升为新的系统化的经济学说，既要认识和把握社会经济发展的一般规律，也要抓住社会主义经济特别是中国特色社会主义经济发展的特殊规律。

二是要深入理解和把握科学社会主义与中国特色社会主义在经济理论与实践上"源"与"流"的关系，既要把握好马克思关于社会主义的根本原则和本质特点及其在中国特色社会主义理论与实践中的坚持与发展，又要不拘泥于经典原著中某些不符合当代实践而值得改进的有关论述。

三是要将怎样更好地发展生产力和更好地发展社会主义生产关系统一起来，坚持以生产力和社会主义生产关系相结合作为判定社会主义是否发展的标准，将发展什么样的中国特色社会主义政治经济学和怎样发展中国特色社会主义政治经济学统一起来。

四是要弄清中国特色社会主义政治经济学的主线或核心是什么，其体系的逻辑起点或基础是什么。卫兴华对中国特色社会主义政治经济学的主线及逻辑起点问题进行了研究和思考，他认为社会主义政治经济学的核心应是通过大力发展生产力实现共同富裕，其逻辑起点或基础是社会主义公有制（详细已经在前文有论述）。而资本主义政治经济学的核心是剩余价值，逻辑起点或"普照的光"是工业资本及其资本与雇佣劳动的关系。

五是要学习贯彻习近平经济思想。党的十八大以来，以习近平同志为核心的党中央提出了一系列新发展理念和政策，这些都是中国特色社会主义政治经济学的最新成果，是对中国特色社会主义政治经济学的创新与发展。习近平经济思想是开辟了马克思主义政治经济学中国化的新境界，是中国特色社会主义政治经济学教材的基本遵循和重要内容。

---

① 唐未兵. 卫兴华教授访谈录［J］. 经济学动态，2018（06）.

三、对全国高校马克思主义经济学学科建设和发展的支持

卫兴华教授在94岁高龄时始终坚持在教学和科研的一线，对全国高校马克思主义经济学学科的支持从来没有停歇过。卫兴华教授曾任中国《资本论》研究会副会长、全国综合大学《资本论》研究会会长，推动了《资本论》的研究、传播以及全国马克思主义经济学学科的发展。卫兴华教授与老一辈经济学家宋涛、胡代光、滕维藻、蒋学模、谭崇台、关梦觉、刘诗白、吴宣恭、谷书堂、陶大镛、张维达、陈征等组织创办了"全国高校社会主义经济理论与实践研讨会"，卫兴华教授担任研讨会的秘书长，为改研讨会的组织和创办做了许多工作。"全国高校社会主义经济理论与实践研讨会"自1986年创办以来，已经举办了35次研讨会，该理论研讨会围绕社会主义经济理论与实践的前沿问题展开研讨，为全国经济学界学科交流与合作和学术思想的融合提供了一个良好的平台，为推动中国特色马克思主义政治经济学的创新发展，为建立完善中国特色社会主义政治经济学理论体系做出了重要贡献。卫兴华对地方高校经济学科的支持还表现在，他被多所高校聘为兼职教授，在身体状况良好的情况下，定期到地方高校为学生讲授马克思主义经济学课程。卫兴华教授对福建师范大学经济学学科建设提供了大力支持。在20世纪80年代，卫兴华教授就与我校陈征教授结下了深厚友谊，并每年受邀为福建师范大学经济学院学生上课，讲授经济学理论和前沿问题，不仅推动了福建师范大学理论经济学学科的发展，也为经济学院的发展培养人才，尤其在全国高校国家经济学基础人才培养基地建设方面给予了大力支持。在2017年9月23日~9月24日，92岁高龄的卫兴华教授到福州参加由福建师范大学和中国《资本论》研究会主办的"纪念《资本论》第一卷出版150周年研讨会"，并在大会上做了主旨发言，还为福建师范大学的博士生、研究生讲授了一堂生动的课程。卫兴华教授对马克思主义经济学的信仰和马克思主义经济学传承以及对全国高校马克思主义经济学科建设的支持，令所有人感动和敬佩。从事政治经济学教研工作近70年，卫兴华教授始终坚持活跃在学术界一线，在他90多岁高龄时，他的科研成果在中国人民大学经济学院众多老师中也是佼佼者。2016年确诊肺癌，他却没有对外公布，而是边治疗边写作。2019年5月卫兴华教授再次住院，在病重住院期间，他在病床上放一个小板，一如往常修改着学生的开题报告。他的博士生洪银兴教授回忆到医院看望卫兴华老师的场景说："让我永远不能忘怀的是，今年5月卫老师住院抢救，我去看他，他抓住我的手整整讲了半个小时马克思的所有制理论，尤其是对《资本论》中关于消灭资本主义私有制后重

建个人所有制的论述,他认为理论界对此存在不同的认识,需要正本清源。卫老特别讲,这个问题不搞清楚他不能死。"讲过后,卫兴华的身体奇迹般好转了,没多久就出院了,一出院,他就把2万字的关于马克思重建个人所有制的理论论文完成了。① 2019年正值新中国成立70周年,在这样重要的历史时刻,作为老一辈的经济学家,卫兴华教授对新中国70年的理论与实践有自己的思考,出院后即使烈日炎炎,卫兴华教授却没有停下来,卷着袖子奋笔书写,撰写了《新中国70年的成就与正反两方面的经验》一文,也是惶惶两万字的论文。卫兴华教授将自己的学术热情燃烧到了生命的最后一刻,为马克思主义政治经济学的研究、学科建设和发展倾尽了自己所有的精力,可谓是伟大斗争的典范。卫兴华生前曾被聘为中国社会科学院习近平新时代中国特色社会主义思想研究中心学术指导委员、北京市习近平新时代中国特色社会主义思想研究中心学术顾问、中国社会科学院"当代中国马克思主义政治经济学创新智库"顾问委员会委员、中国《资本论》研究会顾问、中国特色社会主义经济建设协同创新中心研究员以及中国社会科学院马克思主义研究院特聘研究员等,为中国马克思主义经济学科的发展和创新做贡献。

第四节 卫兴华治学精神对后来理论工作者的启示

师者,传道授业解惑。卫兴华教授从教近70年,始终坚守在教学和科研一线,努力为我国的教育事业和经济理论建设做贡献。卫兴华教授不仅在政治经济学领域做出了突出贡献,他的治学精神和态度,以及优秀的学术品质,更是为莘莘学子树立了榜样,给后来的马克思主义理论工作者以启示。

卫兴华经济学术思想和卫兴华教授的治学精神引起了学界广泛关注。国内著名经济学家洪银兴教授2002年撰写了《用马克思的方法创新社会主义经济理论——卫兴华教授从教50年学术成就简述》,对卫兴华经济思想进行评述,阐释了卫兴华经济思想的重要性和现实意义。2017年洪银兴教授在《光明日报》(2017年11月9日14版)发表《卫兴华:求实唯真的理论自信》,对卫兴华的主要经济理论观点进行了简述,重申了卫兴华经济思想的价值。还有许多高校学者如马庆泉、黄桂田、孙咏梅、张维达、黄林等对卫兴华经济思想进行评述。除此之外,国内有不计其数的报纸、期刊、电视台等对卫兴华经济思想和治学精神

---

① 卫兴华:怀安邦兴国志 治经世济民学 [N]. 光明日报,2019 – 12 – 07:05.

进行报道和肯定。《经济学动态》2002年第8期在刊登卫兴华教授从教50周年的报道中写道"卫兴华教授是以马克思主义态度从事经济学研究的典范，是坚持马克思主义学风的楷模，是当代中国从事马克思主义经济学教学与研究的大师。他的科学观点令马克思主义者推崇、非马克思主义者认知、反马克思主义者敬畏，是社会主义经济理论的宝贵财富。"2012年中央电视台《大家》栏目专访卫兴华教授开篇语对卫兴华老师进行如是评价："他是我国《资本论》研究的权威专家，他坚信理论是真理的喉舌，他以深厚的学力澄清是非，全力维护学术纯洁……"。在卫兴华教授90华诞之际，世界政治经济学学会如是称赞卫兴华教授："卫兴华教授是马克思主义经济学领域的坚强战士，是我国创新马克思主义经济学派的杰出代表和领军者之一。真正做到了'让理论成为真理的喉舌，而非权势的奴仆'，他忧国忧民的情怀和对马克思主义的坚守，堪称楷模。"[1] 2015年卫兴华获得吴玉章人文社科终身成就奖时颁奖辞如此评价："卫兴华先生，中国杰出的马克思主义经济学家，历经六十五载春秋，立经世济民之志，怀富民强国之愿，不跟风，不盲从，毕生从事马克思主义经济学和社会主义经济理论的教学与研究，是当代中国从事马克思主义经济学研究的大师。"

一、严谨的治学方法和严格的治学态度

卫兴华之所以能够在经济学界取得如此高的成就，并能在马克思主义研究方面获得广泛认可，与其严谨的治学方法和严格的治学态度是分不开的。

（一）求实唯真，科学严谨

求实唯真、科学严谨贯穿了卫兴华追求学问的始终，他多年来致力于澄清马克思主义经济学中被误解或错解的基本概念、基本原理和有关问题，坚持不懈，持之以恒。他曾经在多次被采访中说："我对理论研究的态度是，理论是真理的喉舌，而不是权势的奴仆；不唯上、不唯书、不唯风；独立思考、实事求是，服从真理；走自己的路，让他人去说。"即使在"左"风盛行的年代，他也从未发表过迎合"左"风的论著。在20世纪50年代后期到70年代的20多年时间，在"左"风盛行的背景下，他写论文、做研究始终遵从科学客观、实事求是的态度，从不"看风使舵、随风扬土"，并未发表过关于"大跃进"和人民公社之类批判

---

[1] 胡岳岷. 九十长卷为兴华桃李芬芳自成家——卫兴华教授90华诞暨政治经济学创新与发展学术研讨会侧记 [J]. 当代经济研究，2014（11）.

性质或赞美性的文章。卫兴华教授常说:"马克思主义揭示和追求的是真理,我就要用追求真理的精神去坚持马克思主义、发展马克思主义。"在"左"的一套思想、理论横行时,理论界出现了曲解马列原意的观点,他通过对马克思、恩格斯和列宁有关著作的深入研读,对存在错解和误解马克思原意的观点进行了辩驳,提出了自己关于社会主义过渡时期的理解。他还撰写了《政治经济学可以不讲〈资本总公式的矛盾〉》一文,大胆指出马克思在这个问题上存在许多疏忽。在对待西方和东欧的经济理论和经济思想的态度方面,卫兴华并不排斥,但也没有照搬照抄,而是运用马克思主义的立场和方法,对它们进行科学合理的分析,对其合理的、科学的部分采取借鉴的态度,对其存在的局限和不足之处则是大胆的提出批评。

卫兴华教授在理论与学术研究中,有许多重要的学术观点和真知灼见,是在学术争鸣中获得的。他不仅准确阐述马克思主义经济学原理,还经常针对理论界中显然错解和误解了经典作家的东西进行讨论和争鸣。公有制为主体,按劳分配为主体和社会主义市场经济的社会主义要求是他一直坚守的学术化底线。一旦发现与以上三方面内容相悖的理论观点,他都会毫不犹豫地站出来进行批判和辨析。因此,他被媒体称为理论界的"清道夫""保洁员"。他对任意歪曲马克思主义原理和社会主义理论与实践的观点从不容忍,敢于亮剑,不做"风派理论家",体现了一位中国马克思主义经济学家的道路自信、理论自信、制度自信与文化自信。

卫兴华要求自己和学生在理论工作和治学中要努力做到"四严",即"严肃的态度,严格的要求,严谨的学风,严密的论证"。他还反复对学生讲:"治学,贵在严,贵在勤,勤能补拙。""勤读,勤思,勤写"是他治学的一贯态度。卫兴华教授在其90岁高龄甚至是病重期间,每天还坚持伏案写作,不断在各学术期刊和报纸上发声,发表自己对马克思主义经济学的新观点,参加各种学术会议和各类学术活动,为马克思主义经济学的传播与传承做贡献。卫兴华先生曾说,"如果说中外学界大师,有如参天大树的话,我只是一条树枝,或一片树叶。在新事物新知识不断涌现的今天,深感自己学术知识和理论储备不足。想要追赶又心有余而力不足。但我有一点别人称道的长处,那就是勤奋。我提倡和践行三勤:勤学、勤思、勤写。我已年过九十,每天用于学习和写作的时间不少于八小时。老骥伏枥,不敢言志在千里,敢言志在百里。我还在继续带博士生,还参加各种学术会议和应邀讲学,还在不断写作。我深知留给我的时间不多了。愿在有生之年,为国家的经济社会发展,为当代中国马克思主义政治经济学的发展,继续发一点光和热,贡献一点力所能及的微薄的力量。"他不赞同自己在学术道路上"发挥余热"的说法，他认为自己"还在学术界燃烧"。

(二) 坚定信仰，守正创新

坚定的马克思主义信仰不仅是卫兴华经济思想的特点，也是其重要的治学精神。卫兴华教授严谨的治学态度来自其对马克思主义的坚定信念。他认为，作为马克思主义经济理论的研究者，不论社会主义运动处于高潮还是低潮、马克思主义处于顺势还是逆势，都应坚持马克思主义的立场观点方法，为继承和发展马克思主义经济学贡献自己的力量。[1] 在马克思主义经济学被有些人认为过时、遭受逆流冲击时，我们更应旗帜鲜明地迎接挑战，坚持、发展和创新马克思主义经济理论。卫兴华不仅坚定对马克思主义的信仰，准确把握马克思主义基本原理，他还对马克思主义政治经济学进行发展和创新。卫兴华教授在创新过程中特别重视"正本清源"。他认为研究马克思理论就要"忠于原著，全面准确地把握其理论和方法，必须准确理解和把握《资本论》原著本身的要义。""我主张原原本本、一字一句地学习《资本论》，力求忠于原著。"[2]

卫兴华教授虽然始终坚守马克思主义，但他不是一位保守的经济学家，他的研究始终站在时代的前沿，他的理论是在守正基础上的创新，富有生命力和时代价值。面对时代不断变化的重大理论问题，卫兴华教授笔耕不辍，不断探索，为马克思主义经济理论的创新发展做出了突出贡献。卫兴华认为"发展和创新马克思主义政治经济学，应包括其研究对象的发展与创新"。[3] 随着时代的发展，卫兴华教授也不断转换其研究对象。卫兴华教授致力于中国特色社会主义经济理论体系的构建，他所构建的中国特色社会主义经济理论体系包括"十个方面的内容"和"十三个重大理论是非问题"以及"六个自己的见解"，内容丰富和全面。这些成果都反映在其著作《中国特色社会主义经济理论体系研究》之中。他认为中国特色社会主义经济理论体系"是一个动态的概念"，随着社会主义经济建设事业的纵深开展，面临新情况、新问题，该理论体系会被赋予新的内涵，从而被总结并上升为新的理论。卫兴华认为理论创新是马克思主义经济理论工作的重要任务，但是理论创新绝非学者个人在书斋中的孤立活动，而是要根植于宏大的时代背景与制度变迁当中。卫兴华教授还对政治经济学的研究对象问题进行了

---

[1] 洪银兴. 让理论成为真理的喉舌——人民教育家卫兴华教授对中国特色社会主义政治经济学的开拓性贡献 [J]. 政治经济学评论, 2021 (01).

[2] 唐未兵. 卫兴华教授访谈录 [J]. 经济学动态, 2018 (06).

[3] 卫兴华. 从马克思主义到新时代中国特色社会主义 [N]. 中国国门时报, 2018-6-20.

深入的研究,并拓展了政治经济学的研究对象,他认为中国特色社会主义政治经济学的研究对象不仅继承了马克思主义政治经济学的研究对象,并根据中国实践得到了进一步拓展,两者是继承与发展的关系。改革开放以来,卫兴华教授对中国特色社会主义实践中的重大理论问题展开研究,比如对公有制存在形式和实现形式、按劳分配方式、国有企业改革、社会主义市场经济理论等问题。卫兴华教授提出了许多有创建的理论观点,他所提出的观点不仅反映中国发展的实际还解决了现实发展问题,也是对马克思主义政治经济学的创新和拓展。

(三) 为共产主义事业和马克思主义教研工作持续奋斗

在长达近70年的学术生涯里,卫兴华教授笔耕不辍,著书立说,为我国的经济科学研究事业无私地奉献了自己一生和才华,卫兴华教授用自己的一生来诠释"奋斗"二字的精髓。2019年9月,卫兴华教授荣获"最美奋斗者"荣誉称号。中国人民大学在讣告中如是概括卫兴华教授一生的足迹:是为共产主义事业奋斗的一生,是为马克思主义经济学教育与科研事业奋斗的一生,是为中国人民大学的建设和发展事业奋斗的一生。卫兴华同志的一生,为马克思主义经济学研究与人才培养、为中国特色社会主义政治经济学的理论创新作出了重要贡献。他的一生,是为共产主义事业奋斗的一生,是坚定捍卫马克思主义真理的一生,是为马克思主义经济学理论及其中国化事业奋斗的一生。①

卫兴华教授1946年参加革命工作,1952年在中国人民大学研究生毕业后就一直在该校任教,教学与科研成果卓著,不仅桃李满天下,还发表论文、文章1000多篇,荣获国家级和省部级奖励20余项(特别是荣获世界政治经济学学会颁发的"世界马克思经济学奖"和吴玉章基金会颁发的"吴玉章人文社会科学终身成就奖"及2019年中国经济理论创新奖)。卫兴华教授曾任中国《资本论》研究会副会长、全国综合性大学《资本论》研究会会长,并担任中国政治经济学学会顾问。在他90岁高龄时,他仍笔耕不辍,每年发表多篇论文,令同行赞叹不已。卫兴华教授常说,"我不赞同让退休教授'发挥余热'的说法,我还正在燃烧呢!"卫兴华教授从事教研工作近70年,为马克思主义经济学持续奋斗,直到燃烧到生命的最后一刻。

卫兴华为《资本论》研究付出了毕生心血,在与时俱进推动马克思主义原理中国化、现代化方面成果颇丰。卫兴华在年轻时曾立下志愿,要为马克思主义经济学奋斗一生。于是,他与书为伴,从《资本论》开始,许多的马列经典书籍不

---

① 深切缅怀"人民教育家"卫兴华同志 [J]. 经济学动态, 2019 (12).

知看了多少遍。"不同的章节我看的次数不一样,看得多的,有30遍、40遍的。理论的东西,特别是最核心的理论部分,要反复地看。"① 他读过的《资本论》满是批注,有的页面批注字数甚至多过了原文。2004年办理离休后,他每天学习工作时间仍然不少于8小时,并经常参加各种学术活动。2018年9月19日,《人民日报》理论版"纪念改革开放40周年"专栏发表了卫兴华教授撰写的大块文章《我国基本经济制度的确立和完善》。2019年10月14日,《人民日报》理论版发表了卫兴华教授撰写的大块文章《中国特色社会主义政治经济学的主线和逻辑起点》。卫兴华教授将马克思主义政治经济学中国化,在发展马克思主义经济学和研究中国经济重大问题方面作出了巨大贡献。卫兴华教授是我国马克思主义经济学的领军人物之一,他一生致力于共产主义事业,这种生命不息、奋斗不止的精神,不断激励后辈们沿着马克思指引的光辉道路不断前进。

二、把教书和育人相结合,传递马克思主义信仰

卫兴华不仅是著名的经济学家,还是一名教育家,卫兴华教授从事教学和研究工作半个多世纪,为国家培养了许多经济学人才,师德布四方,桃李满天下,他的学生不少已成为教授、博士生导师,还有的在政府部门担任要职,有的成为大学校长、著名学者,还有的是马克思主义经济学界的学术新星。他引导学生树立坚定的马克思主义理想信念和求真务实的科学态度,培养学生读书积累扎扎实实打好理论研究功底,要求学生秉承严肃的治学态度和严谨的学风。卫兴华教授的人才培养理念和方法对我国经济学人才培养具有普遍的推广适用性和价值引领性。② 卫兴华教授传授给学生的不仅仅是马克思主义经济学相关理论知识,以及用马克思主义理论解决中国现实问题的方法和能力,更是爱国、创新、包容、厚德的宝贵精神财富。

(一) 引导学生树立坚定的马克思主义理想信念

卫兴华将个人的命运与党和国家的命运紧密联系在一起,他在少年时期就树立振兴中华的宏愿,青年时期树立了坚定的共产主义理想和信念,并将这一理想和信念传递给学生后辈。他时常告诫年轻学生在继承与坚持马克思主义的同时,紧扣时代脉搏创新与发展马克思主义。卫兴华是一位坚定的马克思主义者,一生

---

① 卫兴华:追时间的人、追真理的人 [N]. 光明日报,2021-9-10:8.
② 周文. "人民教育家"卫兴华经济学教育观 [J]. 教育研究,2021 (02).

坚持和捍卫马克思主义，他坚决主张社会主义国家的大学必须旗帜鲜明地反对马克思主义经济学"过时论"，反对用西方经济学取代马克思主义政治经济学，反对让马克思主义经济学退出大学讲坛。[①] 卫兴华教授将 2015 年获得的吴玉章终身成就奖 100 万元奖金捐出，设立"兴华优秀论文奖"，用于支持马克思主义政治经济学学科建设、教学研究、人才培养及优秀成果奖励。在当今，马克思主义"无用论、过时论"等观点甚嚣尘上，越来越多的年轻人热衷于学习西方经济学，把西方经济学当成是主流经济学，对马克思主义政治经济学没兴趣，马克思主义政治经济学在高校成了冷门学科。卫兴华一直以来十分关心马克思主义经济学的传承与发展，关心马克思主义经济学的教育与发展问题，并思考如何将马克思经济学的精髓传承下去。在中国人民大学经济学院（新）成立会议上，卫兴华教授提出要加强马克思主义经济学人才队伍建设，赶快培养新的能在经济学领域起领头作用的年轻专业人才。[②]

卫兴华教授言传身教，不仅教授给学生知识，更在教学的过程中传递马克思主义信仰。他经常向学生和年轻的马克思主义青年学者强调：坚持马克思的科学态度是搞经济理论研究的根本，主观随意性削弱和取代科学性是不可取的。他认为在马克思主义经济学教学的过程中，激发学生的兴趣显得十分重要，那就要通过增强马克思主义经济学课程的吸引力和影响力的方式，使课程的形式更加多样化，以此来强化年轻学生的学习兴趣。他认为必须把握两个重要方面：一是紧跟时代脚步对马克思主义经济学进行创新，运用马克思主义理论来阐发时代命题；二是培养一支学贯中西，既熟悉西方经济学，又掌握马克思主义理论精髓，并且对马克思主义具有坚定信仰的教学和科研队伍。他认为在批判借鉴西方经济学思想，或阐释马克思主义经济学过程中，要充分结合国内外经济社会发展实际，让学生切实认识到马克思主义经济学的科学性及与时俱进的品格。[③]

卫兴华虽然是一名坚定的马克思主义经济学家，但他在对待西方经济学理论方面并没有盲目拒绝和批判，也没有完全排斥西方经济学的理论，他在分析经济问题时会引用西方经济学论著的相关内容。例如，卫兴华在分析市场配置资源的理论与实践问题时，引用西方经济学权威著作《简明不列颠百科全书》、美国《现代经济词典》中关于市场和市场经济的论述来阐释自己所要研究的问题。他

---

① 周文，何召鹏. 人民的忠诚卫士　青年的慈祥导师——人民教育家卫兴华先生经济学教育思想研究 [J]. 教学与研究，2021（01）.
② 卫兴华. 关于学好用好政治经济学的一些思考 [J]. 政治经济学评论，2019（03）.
③ 访中国人民大学马克思主义经济学教授卫兴华：矢志不渝求真理　不做风派理论家 [N]. 人民日报，2015 – 5 – 15（006）.

还从西方经济学著名经济学家弗里德曼、斯蒂格利茨、萨缪尔森所著的经济学论著中来分析和比较资本主义市场经济和社会主义市场经济在资源优化配置方面存在的区别。

（二）要求学生秉承严肃的治学态度和严谨的学风

在2004年办理离休后，还有许多青年学者希望能够读卫兴华教授的博士，跟他学习，卫兴华教授深感自己的责任和义务，因此，他选择继续工作，带博士生，坚持教学，并参加校内外的学术活动，几乎每周都和博士生一起讨论学术问题，引导学生谈学习体会。卫兴华教授一贯要求学生以实事求是的科学态度从事经济理论研究，不唯上、不唯书、不唯风、不唯众，独立思考、实事求是、服从真理是他一生的信条，也是他对青年学子的谆谆告诫。[①] 他对经济学教研工作的严肃态度和严谨学风在学生的学术道路上产生了潜移默化的影响。经济学是一门科学，马克思主义经济学是科学的阵地，马克思主义经济学教育是严肃的职业，秉承科学精神和严肃态度是经济学教育的基本要求。

在多年教学中，卫兴华始终坚持实事求是，始终坚持教书与育人相结合。他一向主张独立思考，敢于对马克思主义理论中的某些观点提出质疑，面对违背马克思主义经济学原理、误解马克思经典著作原意的观点敢于"亮剑"，毫不含糊。他执教初期就在《经济研究》上发表长篇论文，对当时苏联政治经济学教科书对资本主义地租理论的解释不够准确的问题展开辨析，还对政治经济学教材可以不讲"资本总公式的矛盾"、抽象劳动不是商品经济特有的范畴等观点提出质疑。卫兴华提倡要以科学的态度对待马克思主义经济学，同时也要以科学的态度对待西方经济学，在坚持马克思主义经济学与借鉴西方经济学这个问题上，既不能西化也不能僵化。[②] 卫兴华发表了大量的理论争鸣和观点商榷类的文章，对误解和错解马克思主义理论的观点展开辨析，对混淆社会主义经济理论的观念进行澄清，对误读中央有关文件精神的观点展开争鸣。在他看来道理越讲越清，真理越辩越明，作为社会科学工作者有义务明辨理论是非，对国家政策、学科发展和自身学术做出负责任的交代。卫兴华教授一生坚决反对看风使舵的"风派理论家"，反对脱离实际、不做深入研究的本本主义，反对屈从于权威、人云亦云的迎合派。他作为中国人民大学第一届研究生于1952年毕业后，一直在本校从事政治经济学专业的教学与研究工作。在"左"风盛行的年代，虽深受其害，但他对经

---

① 周文. "人民教育家"卫兴华经济学教育观 [J]. 教育研究, 2021 (02).
② 卫兴华. 继承和发展马克思主义政治经济学 [J]. 人民日报, 2004 - 8 - 3.

济学的研究并未随风转,没有写过宣传"大跃进"、人民公社之类的东西,也没有参与写过"大批判"的文章,而是选择一些与"左"的理论和实践较远的题目。学生们回忆卫兴华教授的教导时,总能想到他反复强调的"不唯上、不唯书、不唯风、不唯众,只唯实"的学风和治学态度。他认为,经济理论研究允许存在不同看法,但都应该摆事实讲道理,充分论证分析,不能为了证明自己的观点就不尊重事实,也不能不经思考、主观随意地下结论,更不能投机取巧、随波逐流。卫兴华不仅自己秉承严谨治学的学风,在向青年学生传授知识时注重培养他们实事求是的学风和追求真理的文品,培养他们独立思考的精神和敢于亮剑的勇气。他经常教导经济学教育工作者,要秉承科学精神和严肃态度,以真理为准绳,坚持原则,立场鲜明,态度坚定,进行教学时要注重概念的准确性,通过严密的论证展现所授知识的科学性,转述别人观点时要真实还原,绝不能断章取义。[1]

(三) 以身作则践行勤奋治学

卫兴华教授始终坚持实事求是的科学态度和严谨的学风、从不人云亦云,而是执着地追求真理(前文已列举多例)。他还常常教导学生治学贵在严和勤。"严"是指要有严肃的态度、严格的要求、严密的论证、严谨的学风。卫兴华以自己执教和科研经历向青年学生们诠释了治学的"严":在撰写论文和书籍时,准确把握每一个概念和范畴,运用充分的论据通过严密的论证来论证理论的科学性;在学术争鸣时,摆事实、讲道理,坚决杜绝恶劣的学风和文风;转述或引用别人的观点时,注明出处,如实把握对方的论点和论据。"卫兴华十分忠实于原著,一遇到含义有疑之处,一字也不放过,反复查阅原版,有时还要把几种文版加以对照,以求准确"。[2]

勤奋是卫兴华教授治学的一大特点。"勤"是指要勤奋,"做学问是实打实的事,需要付出辛勤的劳动,一步一个脚印地前进,来不得半点虚假,没有取巧的捷径"。[3] 卫兴华教授任教初期,"读研究生的时候,刻苦研读《资本论》,没有任何辅导材料,除了吃饭睡觉,几乎全部时间都用来上课和读书。越读越为马克思主义真理所深深折服,越读越有理论自信。"卫兴华教授多年来坚持每晚11

---

[1] 周文,何召鹏. 人民的忠诚卫士 青年的慈祥导师——人民教育家卫兴华先生经济学教育思想研究 [J]. 教学与研究,2021 (01).
[2] 洪银兴. 在创新中严守马克思主义科学阵地 [N]. 光明日报,2019-11-27.
[3] 卫兴华. 治学:勤读 勤思 勤写 [J]. 东北财经大学学报,2000 (04).

时睡觉，早晨5时起床，中午稍微休息，其他时间基本上都在工作的习惯。在卫兴华教授90多岁高龄时，他并不是安享晚年，而是依然活跃在学术界，关注经济热点问题，总有几万字的新作在报纸和或期刊问世。人民大学经济学院李佩洁老师回忆，卫兴华教授92岁时摔了一跤，"竟然独创了一种躺着写作的方法"。卫兴华在教学岗位上执教近70年，勤勤恳恳，为国家培养了大量的经济学人才，在挖掘、探索、继承、创新马克思主义经济学方面取得令人称道的学术成就：出版论著50余本，发表论文、文章1000余篇，获省部级奖数不胜数。他将勤于读书、勤于写作、勤于思考的治学作风传递给了自己的学生，为青年学生树立了"最美奋斗者"如何奋斗的优秀典范。

（四）注重培养学生的理论研究功底

卫兴华教授格外注重学生理论研究功底的培养，并有一套成功的教育方法和培养要求。他给学生列出必读书单，他不仅要求学生要阅读马克思主义经济学经典著作，也要广泛阅读西方经济学经典著作。他提醒学生，在阅读原著时，要准确理解把握作者的观点和思想，坚决忠实于原著的本意，不能误读错解、歪曲理解甚至以讹传讹。只有通过大量准确广泛阅读，才能积累知识，打好基础，也才能提高识别能力，明辨优秀和庸劣。卫兴华教授非常讲究读书方法，主张读书务必读深读透，不能贪多求快。他要求学生学会区分精读和粗读，精读细读那些有真知灼见的好书，一般书籍则有重点地选择阅读，对书籍报刊中作者的引证和论据则应亲自查证核实。① 在文献收集和资料积累方面，卫兴华教授身体力行，有自己的一套成功做法。阅读文献时，他总是一边读一边写眉批、做卡片，同一观点如果多次出现，还要特别注明出现在同一本书的哪一页或其他书的哪一页，便于比较研究。卫兴华教授收集积累了丰富翔实的研究文献和资料，打下了深厚的理论研究功底，为青年学生树立了优秀典范。据卫兴华老师的学生回忆，他不管是给一个学生上课还是给多个学生上课，他都认真备课，悉心讲授，并且针对不同的学生进行有针对性的教学，有针对性地布置书目、提出问题，为学生指明研究方向。

卫兴华教授常说，"为学当如金字塔，要能博大要能高。"② 他还常说，他不爱运动，不爱休闲娱乐，尤其爱读书。正是因为从小就养成良好的阅读习惯，读了大量书籍，才有了后期取得了研究马克思主义政治经济学的丰硕成果。读书生

---

① 卫兴华. 治学：勤读 勤思 勤写[J]. 东北财经大学学报，2000（04）.
② 孙咏梅. 卫兴华传[M]. 南京：江苏人民出版社，2017：122.

活几乎牺牲了他所有的空闲时间，但也换来了对马克思主义基本原理和方法的理解和把握，为以后的教学和科研工作奠定了坚实基础。读书阅文是基础环节，只有勤读多读才能积累丰富的资料，为研究打下坚实基础。在读万卷书的同时还要行万里路，对经济生活中出现的新现象、新情况、新问题进行实地调查研究，把书本知识和实践知识结合起来，不要常年封闭在书斋和教室中是卫兴华教授对高等学校教师和青年学子的诚恳告诫。① 读书阅文和调查实践的最终目的是要经过消化创新提出新见解、新思路、新方法，源源不断地创作出研究成果，提升学术水平。

三、践行"人民教育家"的责任和使命

在新中国成立70周年之际，由于为共和国教育事业作出了杰出贡献，卫兴华教授被授予"人民教育家"国家荣誉称号。"人民"二字贯穿卫兴华教授60余年的教学和研究。研究和探索中国经济理论与实践问题是中国经济学家不可旁贷的责任。卫兴华教授一生都在践行着人民经济学家的责任和使命，始终与中国特色社会主义经济建设、改革与发展事业同呼吸、共命运。② 卫兴华教授是我国杰出的马克思主义政治经济学家，他执教近70年，即便在耄耋之年仍然坚持带博士生、博士后、访问学者，为中国培育了一大批经济学人才，无愧于"人民教育家"的称号。③

（一）人民性是卫兴华进行经济学研究的出发点和根本立场

习近平总书记在纪念马克思诞辰二百周年大会上指出"人民性是马克思主义最鲜明的品格"。"为中国人民谋幸福，为中华民族谋复兴"是中国共产党人的初心和使命。党的十九大报告中讲，共产党必须"始终把人民利益摆在至高无上的地位，让改革发展成果更多更公平惠及全体人民，朝着实现全体人民共同富裕不断迈进"，"带领人民创造美好生活，是我们党始终不渝的奋斗目标。"卫兴华在经济学理论研究中，始终站在党和国家事业的全局高度，以国家和人民的利益为重，总是把个人的利益放在一边。在教学和研究中，他始终心系祖国，心系人民，始终如一的坚持马克思主义理论的立场、观点、方法，始终坚持为最广大人

---

① 周文. "人民教育家"卫兴华经济学教育观［J］. 教育研究，2021（02）.
② 何召鹏. 怀念恩师卫兴华［J］. 金融博览，2021（01）.
③ 余杰，范从来. 卫兴华教授经济学研究的人民性［J］. 经济学家，2021（01）.

民群众服务的学术情怀，是一名切实维护人民利益的经济学家。卫兴华教授研究马克思主义经济学的立场是鲜明的，并在多个场合阐明自己的立场。卫兴华认为："共产党的初心与马克思主义的初心是相通的，都是要解放劳苦人民，以人民为中心……我是在中国共产党创建的中国人民大学学习了马克思主义政治经济学的，深知马克思主义的初心……我将继续为增进劳动人民的福祉'鼓与呼'，为坚持和发展马克思主义经济学，为创建中国特色社会主义政治经济学贡献一份力量。"① 中国人民大学经济学院院长刘守英教授在《致敬！人民教育家卫兴华教授》一书中的序中提到，"卫老能成为'人民教育家'，在于他心中装着百姓，卫老不断叮嘱我，我们做经济研究要有基本立场，就是为老百姓说话"。

自青年时期卫兴华就投身革命，怀着坚定的共产主义信仰，立志为振兴中华而努力奋斗。在抗战时期，他毅然将名字从"卫显贵"改为"卫兴华"，以表抗日救国、振兴中华之志。在进山中学读书时，他在校长赵宗复的引导下，参与地下工作，以笔为枪，投入到无硝烟战斗中。1949 年 10 月 1 日的开国大典，卫兴华作为华北大学学生代表参加庆祝游行，他想起了为此奉献出生命的师长、同学和战友，他便更加坚定了自己要为共产主义事业奋斗的信念。卫兴华常说，对马克思主义的信仰是他人生的最大动力。在 20 世纪 50 年代中期至 70 年代中期，无论是遭受蹲监狱还是坐冷板凳等的不公正待遇，他始终对马克思主义和党充满信心，坚持将经济学研究作为自己的终身事业。即使在 90 岁高龄时，他仍坚持在教学和科研一线，积极为国家培养栋梁之材，倾力于马克思主义经济学理论与中国化，为中国特色社会主义政治经济学的建设、发展和创新，奉献他的全部光和热。从理论的立场来看，卫老多次阐明，马克思立足于整个工人阶级和全体劳动人民的立场，而中国共产党把"为人民服务"作为出发点和落脚点，从而实现了人民性与党性的统一。卫老在长期的理论生涯中也始终坚持"以人民为中心"，将"做人民拥护的经济学家"作为自己的人生目标，他所有理论成果的政策转化与指向都可以归结为"人民利益"。②

（二）关于马克思主义政治经济学研究的内容凸显了人民性

卫兴华始终认为，自己的研究工作要与国家的需要结合起来。他运用马克思主义经济理论分析现实经济生活中的问题。20 世纪 50 年代，他运用马克思主义的地租理论，分析初级农业合作社的地租形态和土地报酬问题；运用马克思主义

---

① 卫兴华. 我怎样不忘初心、牢记使命 [J]. 人民论坛·学术前沿, 2019 (12).
② 徐可. 一位马克思主义经济学者的理论品质 [J]. 社会科学动态, 2019 (09).

的价值规律理论,分析我国的价格体系、按质论价等问题。改革开放后,他转向对社会主义经济理论与实践问题的研究,并系统研究中国特色社会主义政治经济学。邓小平在20世纪90年代初进行南方谈话后,我国由局部市场经济转向社会主义市场经济。卫兴华教授在1999年发表于《中国经济问题》第6期的论文《关于社会主义市场经济理论与实践的历史回顾与评析》,系统地分析和论述了我国转向社会主义市场经济体制的曲折和复杂的过程,以及邓小平市场经济理论的发展过程。① 这展现了一位人民经济学家的责任和担当。

改革开放以来,他的研究紧扣时代脉搏,着眼于国家经济建设和发展的需要,关注改革与发展的重大现实课题,关注国家大政方针,想国家之所想,急国家之所急,如在20世纪末,面对国企改革中大量国有资产流失问题,他十分担忧,投入大量精力撰写文章研究国有企业改革问题、建立现代企业制度问题、国有企业职工再就业及企业职工主人翁地位问题;再如,21世纪以来,面对我国贫富分化问题愈加凸显的情况,他开始关注如何消除贫富分化现象的研究,人民如何实现共同富裕问题的研究,收入分配中如何实现公平与效率问题的研究;针对社会私有化浪潮甚嚣尘上的局面,在研究基本经济制度中,始终主张坚持公有制在社会主义经济制度中的主体地位,并认为公有制是中国共产党的执政基础不可动摇的观点。卫兴华还强调社会主义的本质是消灭剥削、共同富裕,对房价飙升和明星收入过高的忧虑……无不体现了人民教育家为人民的情怀。当卫兴华在经济领域取得了很大成就,获得学界的广泛认可和赞誉时,他总是把自己比喻成一棵大树中的一片叶子,认为自己在推动马克思主义经济理论的发展上做出的贡献是微不足道的;当他获得吴玉章人文社科奖时,当即就把100万奖金悉数拿出,投入马克思主义事业,为马克思主义传承和发展奉献力量。

(三) 以人民为中心,培养学生肩负社会责任和历史使命

卫兴华教授总是使自己的研究工作与国家需要结合起来、与为国家培养高级的经济人才结合起来。他一生都从人民的根本利益出发,思考怎样通过自己的学识和研究让国家富强、人民富裕,他的眼里没有自己的私心私利,只有国家和人民的利益。他教育青年学生要树立治学为民的济世情怀,秉承对国家负责、对人民负责的态度进行理论研究。对国家负责就是要肩负国家和民族的历史使命,坚

---

① 黄林. 卫兴华教授学术成就简述 [J]. 政治经济学评论,2014 (10).

持社会主义的发展方向；对人民负责就是要为劳动人民讲话，替弱势群体发声。①卫兴华不仅自己是一名拥护人民利益的经济学家，他还常常教导学生：要理论功底扎实，知识基础宏厚；要视野广阔，关心国家和人民的利益。这就需要人品和文品都达到一个比较高的境界，因为人品和文品是统一的。不能投机取巧、急功近利、唯利是图。我们应该成为人民拥护的经济学家，替老百姓说话的经济学家。②卫兴华教授经常告诫身边的青年学生，学习经济学的目的不是为了获得文凭和学位，而是要成为经邦济世、经世济民的经济学家，要用自己的才学去探索怎样才能把国家经济搞好，让老百姓生活富裕。经济学家研究成果的价值要得到人民的认同，提出的政策措施要让人民得到实惠，要做人民拥护和支持的经济学家。

青年学生是社会主义事业未来的建设者和接班人，大学时期是他们人生观、世界观、价值观形成的关键时期，作为教育者有责任通过言传身教，培养青年学生不谋私利、以国家和人民利益为重、全心全意为人民服务的初心。卫兴华教授率先垂范，以自己的言行教育青年学生要牢记青年人的社会责任和历史使命，牢记经济理论学习和研究是为人民谋福利、为国家建设出主意，不是研究者谋一己之利的工具。卫老师要求青年师生要将"为人民做学问"的道义担当放在首位。他常常教导学生，应踏踏实实，一步一个脚印地做学问，成为人民的经济学家，成为人民拥护的经济学家，成为替老百姓说话、替人民说话的世界级的经济学家。③为推进中国特色社会主义政治经济学的理论研究，全国高校社会主义经济理论与实践研讨会领导小组决定自2016年设立"兴华优秀论文奖"。设立"兴华优秀论文奖"的目的是激励学者们为创新发展中国特色社会主义政治经济学创作出更为厚重的精品力作，培养造就一大批马克思主义经济理论家特别是中青年经济理论家。2016年4月8日，卫兴华教授将自己获得的第四届"吴玉章人文社会科学终身成就奖"100万元全部捐出作为奖励金。卫兴华教授说，只有高等院校的青年学生真学真信、踊跃投身，才能为发展当代中国马克思主义注入新鲜血液和生机活力，才能让创新理论为社会主义建设事业服务。④

虽然卫兴华教授的生命之火熄灭了，然而他早已通过教书育人把思想的火种播撒到每一个学生心中，思想之火不灭，而这火焰必将引领后学们，继续照亮他们的马克思主义经济学研究之路。

---

① 周文，何召鹏.人民的忠诚卫士　青年的慈祥导师——人民教育家卫兴华先生经济学教育思想研究 [J].教学与研究，2021（01）.
② 卫兴华：杰出的马克思主义经济学家 [J].人民论坛，2015（09）下.
③ 庞庆明.卫兴华：人民的经济学家和教育家 [J].中华魂，2020（04）.
④ 致敬！人民教育家 [M].北京：经济科学出版社，2020：89.

参 考 文 献

[1] 卫兴华，洪银兴，魏杰. 社会主义市场经济运行机制研究[M]. 北京：经济科学出版社，2020.

[2] 卫兴华. 马克思与《资本论》[M]. 北京：人民出版社，2019.

[3] 卫兴华. 中国特色社会主义经济理论的发展与回顾——纪念中国改革开放40周年[M]. 北京：中国财政经济出版社，2018.

[4] 卫兴华. 社会主义初级阶段的理论与实践[M]. 北京：经济科学出版社，2017.

[5] 卫兴华. 社会主义经济理论研究集萃（2017）：开启新时代的中国经济[M]. 北京：经济科学出版社，2017.

[6] 卫兴华. 中国特色社会主义政治经济学研究[M]. 济南：济南出版社，2017.

[7] 卫兴华. 社会主义经济理论研究集萃（2016）：新发展理念指引下的中国经济[M]. 北京：经济科学出版社，2016.

[8] 卫兴华，洪银兴，黄泰岩，陶一桃. 社会主义经济理论研究集萃（2015）——"四个全面"战略布局中的中国经济[M]. 北京：经济科学出版社，2015.

[9] 卫兴华. 中国特色社会主义经济理论体系研究[M]. 北京：中国财政经济出版社，2015.

[10] 卫兴华，洪银兴，刘伟，黄泰岩等. 社会主义经济理论研究集萃（2014）——新常态下的中国经济[M]. 北京：经济科学出版社，2014.

[11] 卫兴华，洪银兴，黄泰岩，范方志等. 社会主义经济理论研究集萃（2013）——创新驱动的中国经济[M]. 北京：经济科学出版社，2014.

[12] 卫兴华. 走进马克思经济学殿堂[M]. 北京：中国财政经济出版社，2014.

[13] 卫兴华.《资本论》简说[M]. 北京：中国财政经济出版社，2014.

[14] 卫兴华.《资本论》精选[M]. 北京：中国人民大学出版社，2014.

[15] 卫兴华.《资本论》精选讲解［M］. 北京：中国人民大学出版社，2014.

[16] 卫兴华，张宇. 社会主义经济理论（第三版）［M］. 北京：高等教育出版社，2013.

[17] 卫兴华，洪银兴，黄泰岩，耿明斋等. 社会主义经济理论研究集萃（2012）——稳中求进的中国经济［M］. 北京：经济科学出版社，2012.

[18] 卫兴华. 理论是非辨析——误解错解马克思主义理论事例评说［M］. 北京：经济科学出版社，2012.

[19] 卫兴华，洪银兴，黄泰岩，林木西等. 社会主义经济理论研究集萃（2011）——从经济大国走向经济强国的战略思维［M］. 北京：经济科学出版社，2012.

[20] 卫兴华，洪银兴，魏杰，黄泰岩等. 社会主义经济理论研究集萃（2010）——加快转变经济发展方式［M］. 北京：经济科学出版社，2011.

[21] 卫兴华. 卫兴华经济文选［M］. 北京：中国时代经济出版社，2011.

[22] 卫兴华. 政治经济学概论［M］. 北京：经济科学出版社，2010.

[23] 卫兴华，洪银兴，宋冬林，黄泰岩等. 社会主义经济理论研究集萃（2009）——纪念新中国成立60周年［M］. 北京：经济科学出版社，2009.

[24] 卫兴华，张宇. 社会主义经济理论（第二版）［M］. 北京：高等教育出版社，2008.

[25] 卫兴华，赵家祥. 马克思主义基本原理概论［M］. 北京：北京大学出版社，2008.

[26] 卫兴华，洪银兴，李永杰，黄泰岩等. 社会主义经济理论研究集萃［M］. 北京：经济科学出版社，2008.

[27] 卫兴华，张宇. 公平与效率的新选择［M］. 北京：经济科学出版社，2007.

[28] 卫兴华. 卫兴华自选集［M］. 北京：中国人民大学出版社，2007.

[29] 卫兴华，张宇. 社会主义经济理论［M］. 北京：高等教育出版社，2007.

[30] 卫兴华. 卫兴华自选集［M］. 北京：中国人民大学出版社，2006.

[31] 卫兴华. 卫兴华自选集［M］. 北京：学习出版社，2005.

[32] 卫兴华. 卫兴华经济学文集（第三卷）［M］. 北京：经济科学出版社，2005.

[33] 卫兴华，顾学荣. 政治经济学原理（第5版）［M］. 北京：经济科学

出版社，2004.

[34] 卫兴华，林岗. 马克思主义政治经济学原理[M]. 北京：中国人民大学出版社，2003.

[35] 卫兴华. 卫兴华经济学文集（第一卷）（第二卷）[M]. 北京：经济科学出版社，2002.

[36] 卫兴华. 市场功能与政府功能组合论[M]. 北京：经济科学出版社，1999.

[37] 卫兴华，林岗. 马克思主义政治经济学原理：本科试用本[M]. 北京：中国人民大学出版社，1998.

[38] 卫兴华. 40位经济学家关于推进国有企业改革的多角度思考[M]. 北京：经济科学出版社，1996.

[39] 卫兴华. 社会主义市场经济体制的基本理论与实践[M]. 北京：经济科学出版社，1995.

[40] 卫兴华，马壮昌，王元龙. 新编经济学基础理论[M]. 北京：中国经济出版社，1994.

[41] 卫兴华，洪银兴. 中国共产党经济思想史论[M]. 南京：江苏人民出版社，1994.

[42] 卫兴华，魏杰. 中国社会保障制度研究[M]. 北京：中国人民大学出版社，1994.

[43] 卫兴华，黄泰岩. 我国新经济体制的构造[M]. 北京：经济科学出版社，1993.

[44] 卫兴华，吴树清，洪达. 政治经济学[M]. 北京：中国经济出版社，1993.

[45] 卫兴华，马庆泉. 什么是社会主义[M]. 北京：中国青年出版社，1990.

[46] 卫兴华，胡乃同. 经济管理大系·基础经济知识卷[M]. 上海：上海人民出版社，1990.

[47] 卫兴华等. 政治经济学教科书[M]. 北京：中国人民大学出版社，1990.

[48] 卫兴华，顾学荣. 政治经济学原理[M]. 北京：经济科学出版社，1989.

[49] 卫兴华等. 经济运行机制概论[M]. 北京：人民出版社，1989.

[50] 卫兴华，余学本，李宗正.《政治经济学》讲解[M]. 沈阳：辽宁人

民出版社，1989.

[51] 卫兴华等．经济体制改革若干理论问题探讨［M］．北京：中国经济出版社，1988.

[52] 卫兴华，顾学荣．探索·改革·振兴：社会主义初级阶段的经济［M］．北京：中国人民大学出版社，1988.

[53] 卫兴华．卫兴华选集［M］．太原：山西人民出版社，1988.

[54] 卫兴华，顾学荣．政治经济学原理［M］．北京：中国人民大学出版社，1988.

[55] 卫兴华．政治经济学研究（一）［M］．北京：求实出版社，1987.

[56] 卫兴华．政治经济学研究（二）［M］．西安：陕西人民出版社，1987.

[57] 卫兴华．社会主义经济运行机制［M］．北京：人民出版社，1986.

[58] 卫兴华，胡钧，吴树青．资本论（第二卷）（简要本）［M］．北京：中国社会科学出版社，1981.

[59] 卫兴华．怎样看待革命和生产［M］．北京：中国青年出版社，1978.

[60] 卫兴华，苏崇德．国家在社会主义建设中的作用［M］．北京：中国人民大学出版社，1958.

[61] 卫兴华．我国从新民主主义到社会主义的过渡时期［M］．北京：通俗读物出版社，1955.

[62] 卫兴华．我国过渡时期的经济制度［M］．北京：通俗读物出版社，1955.

[63] 卫兴华．新中国70年的成就与正反两方面的经验［J］．政治经济学评论，2020（1）：7-25.

[64] 卫兴华．关于学好用好政治经济学的一些思考——在中国人民大学经济学院（新）成立会议上的讲话［J］．政治经济学评论，2019，10（03）：3-8.

[65] 卫兴华．关于《资本论》基本理论问题的辨析——《马克思与〈资本论〉》前言［J］．东南学术，2019（02）：24-31，247.

[66] 卫兴华．马克思的财富论及其当代意义［J］．经济问题，2019（02）：1-4，75.

[67] 卫兴华．新中国70年的成就与正反两方面的经验［J］．教学与研究，2019（10）：5-17.

[68] 卫兴华．为什么要实行和怎样实行混合所有制经济［J］．理论学习与探索，2019（4）：21-24.

[69] 卫兴华，赵海虹．新中国的七十年：站起来，富起来，强起来［J］．

山西师大学报（社会科学版），2019，46（4）：1-5.

[70] 卫兴华，田超伟. 社会主义实践70年的成就及两个阶段的正负经验[J]. 东南学术，2019（5）：1-9.

[71] 卫兴华. 改革开放40年的成就与反思[J]. 政治经济学评论，2018，9（06）：4-11.

[72] 卫兴华.《资本论》的方法问题研究[J]. 河北经贸大学学报，2018，39（06）：1-8，44.

[73] 卫兴华. 遵照马克思的系统说明把握《资本论》的研究对象[J]. 经济学动态，2018（10）：21-26.

[74] 卫兴华. 应准确解读我国新时代社会主要矛盾的科学内涵[J]. 马克思主义研究，2018（09）：5-12，163.

[75] 卫兴华. 马克思研究政治经济学和写作《资本论》的四十年岁月[J]. 经济纵横，2018（09）：1-8.

[76] 卫兴华. 开创和发展新时代中国特色社会主义[N]. 中国国门时报，2018-08-27（003）.

[77] 卫兴华，田超伟. 从科学社会主义到新时代中国特色社会主义——纪念马克思诞辰200周年[J]. 学术研究，2018（08）：83-87，2，177.

[78] 卫兴华. 中国特色社会主义分配理论与实践的是是非非[J]. 海派经济学，2018，16（02）：1-12.

[79] 卫兴华. 从马克思主义到新时代中国特色社会主义[N]. 经济日报，2018-05-03（013）.

[80] 卫兴华. 辨析我国当前社会主要矛盾转化问题解读的理论是非[J]. 人文杂志，2018（04）：1-5.

[81] 卫兴华. 论新时代中国特色社会主义社会主要矛盾及其转化——一个马克思主义政治经济学方法论的视角[J]. 当代经济研究，2018（04）：22-29，97.

[82] 卫兴华. 深入研究中国特色社会主义政治经济学新课题[N]. 经济日报，2018-03-23（013）.

[83] 卫兴华. 对新时代我国社会主要矛盾转化问题的解读[J]. 社会科学辑刊，2018（02）：5-14，2.

[84] 卫兴华. 关于十九大报告中新思想新理论的思考[J]. 政治经济学评论，2018，9（01）：3-6.

[85] 卫兴华. 关于中国特色社会主义政治经济学的一些新思考[J]. 经济

研究，2017，52（11）：13-15.

[86] 卫兴华. 再谈学好用好《资本论》的生产力理论 [J]. 政治经济学评论，2017，8（06）：3-8.

[87] 卫兴华. 再论中国特色社会主义政治经济学研究对象 [J]. 毛泽东邓小平理论研究，2017（10）：22-25，107.

[88] 卫兴华. 准确认识当前我国发展的阶段性特征 [N]. 北京日报，2017-10-16（025）.

[89] 卫兴华. 有领导有谋划地自觉发展是社会主义的客观要求和重要特点——兼析社会主义初级阶段的理论与实践 [J]. 经济纵横，2017（10）：1-11.

[90] 卫兴华. 中国特色社会主义政治经济学的分配理论创新 [J]. 毛泽东邓小平理论研究，2017（07）：1-5，108.

[91] 卫兴华，田超伟. 论《资本论》生产力理论的深刻内涵与时代价值 [J]. 中国高校社会科学，2017（04）：21-31，157.

[92] 卫兴华. 深入认识社会主义初级阶段的理论与实践意义 [N]. 北京日报，2017-07-03（014）.

[93] 卫兴华. 辩明中国特色社会主义政治经济学的马克思主义理论之源 [J]. 毛泽东邓小平理论研究，2017（05）：13-18，107.

[94] 卫兴华. 学好、用好《资本论》的生产力理论 [J]. 政治经济学评论，2017，8（03）：3-6.

[95] 卫兴华.《资本论》的当代价值 [N]. 北京日报，2017-04-10（016）.

[96] 卫兴华. 创建和发展中国特色社会主义政治经济学需要解决的几个问题 [J]. 毛泽东邓小平理论研究，2017（02）：1-4，108.

[97] 卫兴华，聂大海. 马克思主义政治经济学的研究对象与生产力的关系 [J]. 经济纵横，2017（01）：1-7.

[98] 卫兴华.《资本论》对中国特色社会主义的指导意义 [J]. 中国社会科学文摘，2017（11）：152-152.

[99] 卫兴华. 创新政治经济学研究对象 [N]. 人民日报，2016-12-21（007）.

[100] 卫兴华，田超伟. 准确把握邓小平市场经济思想发展的曲折历程 [J]. 马克思主义理论学科研究，2016，2（04）：63-72.

[101] 卫兴华. 理直气壮做强做优做大国有企业 [N]. 中国社会科学报，2016-11-15（001）.

[102] 卫兴华. 澄清对马克思再生产理论的认识误区 [J]. 中国社会科学，

2016（11）：5-14.

[103] 卫兴华. 着力发展生产力和发展社会主义生产关系的统一[N]. 福建日报，2016-10-11（009）.

[104] 卫兴华. 创立"系统化的经济学说"[N]. 北京日报，2016-09-26（015）.

[105] 卫兴华. 评析当前关于国有经济的混淆认识[J]. 毛泽东邓小平理论研究，2016（08）：15-18，92.

[106] 卫兴华. 共享发展：追求发展与共享的统一[N]. 人民日报，2016-08-17（006）.

[107] 卫兴华. 把发展生产力与发展社会主义生产关系和上层建筑统一起来[J]. 求实，2016（08）：37-42.

[108] 卫兴华. 造就一批中国特色哲学社会科学大家[N]. 光明日报，2016-06-30（011）.

[109] 卫兴华. 澄清供给侧结构性改革的几个认识误区[N]. 人民日报，2016-04-20（007）.

[110] 卫兴华. 中国特色社会主义经济理论的坚持、发展与创新问题[J]. 理论参考，2016（04）：34-42，59.

[111] 卫兴华. 中国特色社会主义政治经济学研究——为什么要搞社会主义，怎样搞好社会主义[J]. 河北经贸大学学报，2016，37（03）：1-9.

[112] 卫兴华. 中国政治经济学蕴含的根本原则[N]. 北京日报，2016-02-29（018）.

[113] 卫兴华. 有关中国特色社会主义经济理论体系的十三个理论是非问题[J]. 经济纵横，2016（01）：1-14.

[114] 卫兴华. 怎样理解和把握"发展当代中国马克思主义政治经济学"[J]. 政治经济学评论，2016，7（01）：3-8，33-34.

[115] 卫兴华. 我与《〈资本论〉简说》——对三个理论问题不同解读的辨析[J]. 东南学术，2016（01）：1-11，246.

[116] 卫兴华. 关于学好用好政治经济学的几个理论问题[N]. 光明日报，2015-11-18（015）.

[117] 卫兴华. 学好用好深化国企改革的顶层设计[J]. 政治经济学评论，2015，6（06）：3-6.

[118] 卫兴华. 学习好、把握好中央《关于深化国有企业改革的指导意见》[J]. 毛泽东邓小平理论研究，2015（10）：1-5，91.

[119] 卫兴华. 中国特色社会主义经济理论的坚持、发展与创新问题 [J]. 马克思主义研究, 2015（10）: 5-16, 159.

[120] 卫兴华. 去除混合所有制经济改革的随意性 [N]. 北京日报, 2015-10-12（018）.

[121] 卫兴华. 全面准确地理解"发展混合所有制经济" [J]. 经济导刊, 2015（10）: 16-17.

[122] 卫兴华. 怎样认识混合所有制经济——兼评"国退民进"论 [J]. 人民论坛, 2015（27）: 71-73.

[123] 卫兴华. 发展混合所有制经济的新视角 [N]. 人民日报, 2015-07-27（007）.

[124] 卫兴华. 为什么要实行和怎样实行混合所有制经济 [J]. 山西高等学校社会科学学报, 2015, 27（06）: 3-6, 2.

[125] 卫兴华. 改革攻坚, 必须发展与完善国有经济 [J]. 红旗文稿, 2015（11）: 18-21.

[126] 卫兴华. 发展和完善国有经济是实行和发展中国特色社会主义的根本环节 [J]. 政治经济学评论, 2015, 6（03）: 51-62.

[127] 卫兴华. 发展和完善中国特色社会主义必须搞好国有企业 [J]. 毛泽东邓小平理论研究, 2015（03）: 1-5, 91.

[128] 卫兴华. 社会主义市场经济与法治 [J]. 经济研究, 2015, 50（01）: 10-12.

[129] 卫兴华, 何召鹏. 从理论和实践的结合上弄清和搞好混合所有制经济 [J]. 经济理论与经济管理, 2015（01）: 15-21.

[130] 卫兴华. 法治是市场经济的内在要求 [N]. 人民日报, 2015-01-12（007）.

[131] 卫兴华. 关于市场配置资源理论与实践值得反思的一些问题 [J]. 经济纵横, 2015（01）: 1-6.

[132] 卫兴华. 怎样认识混合所有制经济——兼评"国退民进"论 [J]. 人民论坛, 2015（27）: 71-73.

[133] 卫兴华, 黄林. 社会主义市场经济要在法治轨道上运行 [J]. 经济学动态, 2015（1）: 13-18.

[134] 卫兴华. 究竟该怎样理解"积极发展混合所有制经济" [N]. 北京日报, 2014-12-01（018）.

[135] 卫兴华, 闫盼. 论宏观资源配置与微观资源配置的不同性质——兼论

市场"决定性作用"的含义和范围 [J]. 政治经济学评论, 2014, 5 (04): 3-14.

[136] 卫兴华. 有关价值理论的一个科学说明 [N]. 中国社会科学报, 2014-08-25 (A07).

[137] 卫兴华. 科学把握生产力与生产关系研究中的唯物史观——兼评"生产关系决定生产力论"和"唯生产力标准论" [J]. 清华政治经济学报, 2014, 2 (01): 3-25.

[138] 卫兴华. 由市场决定资源配置需厘清三个问题 [J]. 人民论坛, 2014 (S1): 32-35.

[139] 卫兴华. 准确解读《资本论》的原理和方法 [J]. 当代经济研究, 2014 (06): 5-10.

[140] 卫兴华. 怎样准确研读和把握马克思的经济学原理及其当代价值 [J]. 经济纵横, 2014 (06): 1-10.

[141] 卫兴华. 近来关于经济体制改革理论认识的意见分歧辨析 [J]. 山西高等学校社会科学学报, 2014, 26 (05): 3-5, 30.

[142] 卫兴华. 关于坚持社会主义市场经济的改革方向问题 [J]. 毛泽东邓小平理论研究, 2014 (02): 24-30, 92.

[143] 卫兴华. 更加尊重市场规律 更好发挥政府作用 [N]. 光明日报, 2013-12-13 (011).

[144] 卫兴华. 推动中国特色社会主义制度自我完善和发展的纲领 [N]. 中国社会科学报, 2013-11-29 (A07).

[145] 卫兴华. 坚持社会主义市场经济的改革方向 [N]. 光明日报, 2013-11-07 (001).

[146] 卫兴华. 我国贫富分化的现实与成因评析 [J]. 江苏师范大学学报 (哲学社会科学版), 2013, 39 (05): 129-133.

[147] 卫兴华, 胡若痴. 近年来关于效率与公平关系的不同解读和观点评析 [J]. 教学与研究, 2013 (07): 52-60.

[148] 卫兴华. 创新驱动与转变发展方式 [J]. 经济纵横, 2013 (07): 1-4.

[149] 卫兴华, 张宇. 关于坚定走共同富裕的道路的对话——兼析效率与公平关系上的不同观点 [J]. 毛泽东邓小平理论研究, 2013 (06): 1-6.

[150] 卫兴华. 怎样准确把握"效率与公平"的演变与内涵 [J]. 人民论坛, 2013 (S1): 57-59.

[151] 卫兴华. 我国发展到了依靠创新驱动的阶段 [N]. 人民日报, 2013-05-22 (007).

[152] 卫兴华. 工人阶级是先进生产力和生产关系的代表 [N]. 光明日报, 2013-05-11 (007).

[153] 卫兴华. 西方经济学认为, 市场经济必然产生不公平 市场经济改革理论难点探讨 [J]. 人民论坛, 2013 (12): 21-23.

[154] 卫兴华. 把握共同富裕的几个问题 [N]. 人民日报, 2013-03-01 (007).

[155] 卫兴华. 论夺取中国特色社会主义新胜利的基本要求 [J]. 当代经济研究, 2013 (01): 1-6, 91.

[156] 卫兴华. 论社会主义共同富裕 [J]. 经济纵横, 2013 (01): 1-7.

[157] 卫兴华. 科学认识社会主义经济的本质 [J]. 政治经济学评论, 2013, 4 (01): 5-7.

[158] 卫兴华. 共同富裕是中国特色社会主义的根本原则 [J]. 经济问题, 2012 (12): 4-8, 114.

[159] 卫兴华. 政治经济学中的几个理论问题辨析 [J]. 学术月刊, 2012, 44 (11): 67-77.

[160] 卫兴华. 经济增长更加重视质量和效益 [N]. 光明日报, 2012-11-13 (015).

[161] 卫兴华. 研究我国收入分配的新视角 [N]. 人民日报, 2012-10-30 (019).

[162] 卫兴华. 社会主义市场经济理论不同观点辨析 [J]. 山西高等学校社会科学学报, 2012, 24 (10): 1-4.

[163] 卫兴华. 我国当前贫富两极分化现象及其根源 [J]. 西北师大学报 (社会科学版), 2012, 49 (05): 1-9.

[164] 卫兴华. 效率与公平关系的理论探索及科学定位 [N]. 光明日报, 2012-08-17 (009).

[165] 卫兴华. 为什么说公有制是共产党执政的基础? [J]. 红旗文稿, 2012 (15): 17-18, 1.

[166] 卫兴华. 中国特色社会主义经济制度的理论是非需要澄清——兼谈怎样正确理解邓小平南方谈话中关于"社"与"资"、"公"与"私"的论述 [J]. 政治经济学评论, 2012, 3 (03): 3-16.

[167] 卫兴华. 中国经济发展道路的新内涵与新特征 [N]. 北京日报, 2012-07-02 (022).

[168] 卫兴华. 加强马克思主义生态经济理论研究 [N]. 人民日报, 2012-

02-02 (007).

[169] 卫兴华. 关于坚持和完善中国特色社会主义经济制度的几个问题 [J]. 社会科学辑刊, 2012 (01): 104-110.

[170] 卫兴华. 劳动价值论的坚持与发展问题 [J]. 经济纵横, 2012 (01): 1-7.

[171] 卫兴华. 坚持和完善中国特色社会主义经济制度 [J]. 政治经济学评论, 2012, 3 (01): 66-79.

[172] 卫兴华. 经济全球化与中国经济社会的科学发展 [J]. 红旗文稿, 2011 (21): 15-17, 1.

[173] 卫兴华. 在弄懂和把握马克思主义的基础上坚持和发展马克思主义 [J]. 经济纵横, 2011 (11): 1-5.

[174] 卫兴华. 关于马克思主义中国化、时代化与大众化的一点思考 [J]. 山西高等学校社会科学学报, 2011, 23 (10): 1-4.

[175] 卫兴华. 中国特色社会主义经济理论体系"七论" [N]. 北京日报, 2011-10-10 (024).

[176] 卫兴华. 夯实中国特色社会主义的经济基础 [N]. 光明日报, 2011-08-15 (011).

[177] 卫兴华. 邓小平的社会主义本质论和三条判断标准论的重要意义 [J]. 高校理论战线, 2011 (08): 42-46.

[178] 卫兴华. 粗放型与外延型、集约型与内涵型可以等同吗 [N]. 人民日报, 2011-07-04 (007).

[179] 卫兴华, 洪银兴. 中国共产党在革命、建设和改革中经济思想的形成和发展 [J]. 经济理论与经济管理, 2011 (06): 5-13.

[180] 卫兴华. 中国特色社会主义经济理论体系研究 [J]. 经济学动态, 2011 (05): 10-20.

[181] 卫兴华. 关于经济发展与转变发展方式的几个理论是非问题 [J]. 毛泽东邓小平理论研究, 2011 (03): 5-9, 83.

[182] 卫兴华, 孙咏梅. 用马克思主义的理论逻辑分析国际金融危机 [J]. 社会科学辑刊, 2011 (01): 108-112.

[183] 卫兴华, 张福军. 要处理好我国经济发展中的经济与社会安全问题 [J]. 当代经济研究, 2011 (2): 50-54.

[184] 卫兴华. 从生产力标准和价值标准的统一来研究经济发展方式转变问题 [J]. 河北经贸大学学报, 2010, 31 (06): 8-12.

[185] 卫兴华. 论社会主义生产力标准和价值标准的统一 [J]. 经济学动态, 2010 (10): 16-19.

[186] 卫兴华. 坚持和完善我国现阶段基本经济制度的理论和实践问题 [J]. 马克思主义研究, 2010 (10): 5-12, 159.

[187] 卫兴华. 坚持和完善我国现阶段基本经济制度 [J]. 红旗文稿, 2010 (18): 9-12, 1.

[188] 卫兴华. 转变经济发展方式需要处理好四个关系 [J]. 红旗文稿, 2010 (15): 9-12.

[189] 卫兴华, 张福军. 当前"国进民退"之说不能成立 [J]. 红旗文稿, 2010 (09): 9-12, 1.

[190] 卫兴华, 武靖州. 我国经济结构与发展方式的突出矛盾及缓解途径 [J]. 中共中央党校学报, 2010, 14 (02): 11-16.

[191] 卫兴华, 武靖州. 经济结构失衡与发展方式转变 [J]. 人民论坛, 2010 (08): 12-13.

[192] 卫兴华. 关于误解错解马克思主义经济理论的几个问题 [J]. 红旗文稿, 2010 (04): 16-19.

[193] 卫兴华. 关于生产力与生产关系理论问题的研究与争鸣评析 [J]. 经济纵横, 2010 (01): 1-5.

[194] 卫兴华. 60年来政治经济学几个理论问题的研究与发展评析 [J]. 政治经济学评论, 2010, 1 (01): 68-81.

[195] 卫兴华. 转变经济发展方式需要处理好四个关系 [J]. 红旗文稿, 2010 (15): 9-12.

[196] 卫兴华, 侯为民. 新中国60年经济发展的历史经验及其启示 [J]. 思想理论教育导刊, 2009 (10): 16-22.

[197] 卫兴华. 新中国60年社会主义基本经济制度的形成与巩固 [J]. 红旗文稿, 2009 (17): 12-16.

[198] 卫兴华. 从商品经济到市场经济探索与认识的曲折历程——建国60年来一个重要经济学问题讨论与发展的历史轨迹 [J]. 新视野, 2009 (05): 15-19.

[199] 卫兴华. 马克思的价值论与财富论的联系与区别 [J]. 经济纵横, 2009 (06): 1-3.

[200] 卫兴华. 科学地总结改革开放三十年 [J]. 理论参考, 2008 (12): 28-30.

[201] 卫兴华,侯为民. 在科学发展观下坚持效率和公平的统一 [J]. 理论参考, 2008 (10): 34-37.

[202] 卫兴华. 劳动价值论的继承、求索和发展 [J]. 经济纵横, 2008 (09): 3-6.

[203] 卫兴华. 改革以来中国特色社会主义经济理论发展的几个问题——纪念改革开放三十周年 [J]. 学术月刊, 2008, 40 (09): 55-63.

[204] 卫兴华. 向社会主义市场经济转变的理论轨迹 [J]. 教学与研究, 2008 (09): 5-10.

[205] 卫兴华. 把握效率与公平关系的新观点 [J]. 人民论坛, 2008 (16): 8-9.

[206] 卫兴华. 关于股份制与重建个人所有制问题研究 [J]. 经济学动态, 2008 (06): 42-48.

[207] 卫兴华. 需要科学总结改革开放30年的经验 [J]. 当代财经, 2008 (06): 5-8.

[208] 卫兴华,侯为民. 在科学发展观下坚持效率和公平的统一 [J]. 经济学家, 2008 (03): 21-27.

[209] 卫兴华,张福军. 应重视十七大关于效率与公平关系的新观点 [J]. 高校理论战线, 2008 (05): 10-15.

[210] 卫兴华,张宇. 构建效率与公平相统一的收入分配体制研究 [J]. 现代财经(天津财经大学学报), 2008 (04): 3-6, 20.

[211] 卫兴华,侯为民. 关于坚持效率和公平统一的几个问题 [J]. 前线, 2008 (03): 13-16.

[212] 卫兴华. 政治经济学研究对象的继承与发展问题 [J]. 生产力研究, 2008 (02): 1-3.

[213] 卫兴华,张建君. 论马克思主义经济学方法论的整体性和层次性 [J]. 理论学刊, 2008 (01): 51-56, 128.

[214] 卫兴华. 改革开放三十年:实践和理论两个层面都要总结 [J]. 理论动态, 2008 (34): F0001-F0002, 3-5.

[215] 卫兴华,张宇.《资本论》与中国特色社会主义经济理论体系的发展——纪念《资本论》发表140周年 [J]. 经济思想史评论, 2007 (02): 3-13.

[216] 卫兴华,张宇.《资本论》与中国特色社会主义经济理论体系的发展 [J]. 经济学动态, 2007 (12): 3-7.

[217] 卫兴华. 把提高效率与促进社会公平结合起来 [J]. 经济理论与经济

管理，2007（12）：5-11.

[218] 卫兴华. 正确理解马克思关于重建个人所有制的理论观点[J]. 重庆工商大学学报（社会科学版），2007（06）：1-3.

[219] 卫兴华，张福军. 改革开放与发展中国特色社会主义[J]. 理论前沿，2007（22）：9-12.

[220] 卫兴华. 政治经济学教材内容的选择与发展问题——再谈政治经济学教材可以不讲"资本总公式的矛盾"[J]. 教学与研究，2007（09）：25-35.

[221] 卫兴华. 对当前高校经济学教学与研究现状的一些看法[J]. 高校理论战线，2007（08）：25-30.

[222] 卫兴华，侯为民. 中国经济增长方式的选择与转换途径[J]. 经济研究，2007（07）：15-22.

[223] 卫兴华. 对近年来关于效率与公平问题不同意见的评析[J]. 当代财经，2007（05）：5-8.

[224] 卫兴华. 关于公平与效率关系之我见[J]. 经济学动态，2007（5）：21-29.

[225] 卫兴华. 对社会主义经济制度若干问题的认识[J]. 红旗文稿，2007（4）：40-40.

[226] 卫兴华. 实现分配过程公平与效率的统一[J]. 价格理论与实践，2006（09）：64-65.

[227] 卫兴华.《资本论》的现代指导意义——从洪银兴等《〈资本论〉的现代解析》说起[J]. 南京大学学报（哲学.人文科学.社会科学版），2006（02）：23-30.

[228] 卫兴华. 正确对待马克思主义经济学与西方经济学的关系[J]. 理论视野，2006（03）：9-10.

[229] 卫兴华. 着力加快经济增长方式的转变[J]. 人民论坛，2006（06）：7-8.

[230] 卫兴华. 准确把握陈云关于计划与市场关系的经济思想[J]. 当代中国史研究，2006（01）：112.

[231] 卫兴华. 马克思主义政治经济学对象问题再探讨[J]. 马克思主义研究，2006（01）：27-35.

[232] 卫兴华. 警惕"公有制为主体"流于空谈[J]. 经济学动态，2005（11）：15-18.

[233] 卫兴华. 准确把握陈云关于计划与市场关系的经济思想[J]. 中国人

民大学报，2005（03）：34-40.

[234] 卫兴华. 关于提高驾驭社会主义市场经济能力的几个问题 [J]. 中国特色社会主义研究，2005（02）：20-23.

[235] 卫兴华. 关于几个不同经济学概念与原理的答问 [J]. 人民论坛，2005（02）：11-12.

[236] 卫兴华. 关于繁荣、发展哲学社会科学的几点思考 [J]. 江苏行政学院学报，2004（06）：5-9.

[237] 卫兴华. 不要混同"公有制形式"和"公有制实现形式" [J]. 经济经纬，2004（06）：11-12.

[238] 卫兴华. 完整准确地把握邓小平的社会主义本质理论 [J]. 新视野，2004（05）：4-8.

[239] 卫兴华. 繁荣发展哲学社会科学的新形势和新机遇 [J]. 南方经济，2004（08）：5-10.

[240] 卫兴华. 邓小平社会主义本质理论研究 [J]. 中国人民大学学报，2004（04）：41-47.

[241] 卫兴华. 坚持马克思主义　繁荣哲学社会科学 [J]. 高校理论战线，2004（04）：9-10.

[242] 卫兴华. 我国现阶段收入分配制度的理论与实际问题 [J]. 经济学动态，2004（04）：6-11.

[243] 卫兴华. 劳动价值论需要创新与发展 [J]. 经济学家，2004（01）：11-16.

[244] 卫兴华. 简论所有制与股份制的联系与区别 [J]. 当代财经，2004（02）：5-7.

[245] 卫兴华. 关注马克思的财富论 [J]. 人民论坛，2004（01）：7-8.

[246] 卫兴华. 几个经济理论是非界限的探讨 [J]. 山西高等学校社会科学学报，2004（01）：1-3.

[247] 卫兴华，孙咏梅. 当前政治经济学研究与发展动态 [J]. 理论动态，2004（85）：9-26.

[248] 卫兴华. 我国现阶段收入分配制度若干问题辨析 [J]. 宏观经济研究，2003（12）：11-14，58.

[249] 卫兴华. 两种"价值"概念的混淆和"效用价值论"评析 [J]. 红旗文稿，2003（23）：9-11.

[250] 卫兴华. 怎样认识和把握我国现阶段的个人收入分配制度 [J]. 新视

野，2003（05）：20-23.

[251] 卫兴华. 哲学社会科学发展与繁荣的理论思考[J]. 当代经济研究，2003（09）：3-9，41-73.

[252] 卫兴华. 哲学社会科学发展的新背景与学报发展的新机遇[J]. 中国人民大学学报，2003（04）：1-4.

[253] 卫兴华. 经济理论是非三探[J]. 理论参考，2003（05）：3-4.

[254] 卫兴华. 马克思的经济学说与当代社会主义[J]. 中国特色社会主义研究，2003（02）：11-16.

[255] 卫兴华. 几个经济理论是非界限的探讨[J]. 红旗文稿，2003（06）：5-8.

[256] 卫兴华. 马克思的经济学说与当代现实——纪念马克思逝世120周年[J]. 经济学动态，2003（03）：14-20.

[257] 卫兴华. 新中国党的经济理论和思想发展的回顾与评析[J]. 当代中国史研究，2003（01）：23-35，126.

[258] 卫兴华. 关于价值创造与价值分配问题不同见解的评析[J]. 经济学动态，2003（01）：29-32.

[259] 卫兴华. 按贡献参与分配的贡献是指什么[J]. 政治课教学，2003（5）：38.

[260] 卫兴华. 马克思主义真理依然放射着光芒[J]. 求是，2003（8）：12.

[261] 卫兴华. 对十六大报告中有关经济问题的理解与思考[J]. 经济理论与经济管理，2002（12）：5-10.

[262] 卫兴华. 劳动价值论讨论中的一些观点质疑[J]. 当代财经，2002（12）：3-5.

[263] 卫兴华.《资本论》的研究对象、结构和学习的意义[J]. 当代经济研究，2002（11）：26-32，10.

[264] 卫兴华. 哲学社会科学工作者的历史机遇与任务[J]. 探索与争鸣，2002（11）：12-14.

[265] 卫兴华，黄瑾. 进一步深化认识和不断完善基本经济制度[J]. 新视野，2002（06）：10-12.

[266] 卫兴华. 深化认识和不断完善社会主义初级阶段基本经济制度[J]. 高校理论战线，2002（07）：5-7.

[267] 卫兴华. 深化劳动价值理论研究中的几个问题[J]. 山西大学学报（哲学社会科学版），2002（02）：31-36.

[268] 卫兴华. 马克思主义经典作家的"剥削"观与我国现实 [J]. 经济学动态, 2002 (03): 4-8.

[269] 卫兴华. 马克思的劳动价值理论与当代现实 [J]. 理论学刊, 2002 (01): 7-11.

[270] 卫兴华. 当前经济理论中的几个重要问题 [J]. 发展, 2002 (02): 9-12.

[271] 卫兴华. 关于深化对劳动和劳动价值理论的研究与认识之我见 [J]. 南开学报, 2002 (01): 3-5.

[272] 卫兴华. 关于社会主义经济学构建与发展的思考 [J]. 当代经济研究, 2001 (10): 3-6, 73.

[273] 卫兴华. 三论深化对劳动和劳动价值论认识的有关问题 [J]. 高校理论战线, 2001 (08): 35-42.

[274] 卫兴华. 劳动价值论的深化与发展 深入认识劳动价值论中的几个是非问题 [J]. 学术月刊, 2001 (07): 29-32.

[275] 卫兴华. 建党八十周年的一些理论思考 [J]. 经济学动态, 2001 (07): 4-6.

[276] 卫兴华. 对中国经济发展的历史与现实的经济学思考 [J]. 经济研究, 2001 (07): 14-16.

[277] 卫兴华. 马克思的劳动价值论不是体力劳动价值论 [J]. 内部文稿, 2001 (10): 2-3, 6.

[278] 卫兴华. 按生产要素分配与劳动价值论 [J]. 经济研究参考, 2001 (15): 9-10.

[279] 卫兴华, 陈享光. 20世纪马克思主义政治经济学（资本主义部分）在中国的传播与发展 [J]. 经济评论, 2001 (02): 3-12.

[280] 卫兴华. 再论深化对劳动和劳动价值论的认识 [J]. 宏观经济研究, 2001 (03): 3-8.

[281] 卫兴华. 关于深化对劳动和劳动价值理论的认识问题 [J]. 经济学动态, 2000 (12): 9-17.

[282] 卫兴华. 社会主义经济和有中国特色社会主义经济的几个理论问题 [J]. 中共中央党校学报, 2000 (04): 59-67.

[283] 卫兴华. 社会主义经济理论中的几个是非界限探讨——怎样理解和把握邓小平理论和十五大报告的有关思想 [J]. 财经问题研究, 2000 (07): 63-67.

[284] 卫兴华. 社会主义劳动力商品论评析 [J]. 当代经济研究, 2000

(04)：52-58，73.

[285] 卫兴华. 社会主义公有制经济中的劳动力不是商品 [J]. 思想理论教育导刊，2000（03）：26-30.

[286] 卫兴华. 千年伟大思想家马克思及其《资本论》 [J]. 经济学动态，2000（03）：3-7.

[287] 卫兴华. 社会主义公有制经济中的劳动力不是商品 [J]. 思想理论教育导刊，2000（03）：26-30.

[288] 卫兴华. 社会主义经济理论与现实问题 [J]. 财经研究，2000（03）：20-26.

[289] 卫兴华，宫玉松. 关于股份制的发展历史和马克思恩格斯的论述 [J]. 中国青年政治学院学报，2000（01）：68-73.

[290] 卫兴华. 关于社会主义市场经济理论与实践的历史回顾与评析 [J]. 中国经济问题，1999（06）：1-9.

[291] 卫兴华. 50年来我国重要经济理论发展的回顾与评析 [J]. 中国人民大学学报，1999（06）：22-30.

[292] 卫兴华. 再论究竟怎样正确认识社会主义经济 [J]. 当代经济研究，1999（11）：23-34.

[293] 卫兴华. 积极探索公有制的多种有效实现形式 [J]. 理论前沿，1999（22）：3-4.

[294] 卫兴华. 五十年来我国重要经济理论发展的回顾与评析 [J]. 经济学动态，1999（11）：3-11.

[295] 卫兴华. 正确认识社会主义经济 [J]. 高校理论战线，1999（10）：25-27.

[296] 卫兴华. 国有制实现形式的新探索——"虚拟联合体"理论与实践评析 [J]. 企业改革与管理，1999（10）：6-7，9.

[297] 卫兴华. 增强把握和宣传邓小平经济理论中的准确性与科学性 [J]. 江西财经大学学报，1999（03）：3-5，80.

[298] 卫兴华. 究竟怎样正确全面认识社会主义经济 [J]. 当代经济研究，1999（04）：2-13.

[299] 卫兴华. 关于"政治经济学"的理论思考 [J]. 经济评论，1999（02）：3-7.

[300] 卫兴华. 关于按劳分配与按要素分配相结合的理论问题 [J]. 特区理论与实践，1999（03）：22-25.

[301] 卫兴华. 国有企业解困的当务之急 [J]. 理论前沿, 1999 (05): 6-8.

[302] 卫兴华. 关于"政治经济学"的理论思考 [J]. 河南社会科学, 1999 (01): 42-47.

[303] 卫兴华. 关于按劳分配与按要素分配相结合的理论问题 [J]. 经济管理学院学报, 1999 (01): 5-9.

[304] 卫兴华. 改革20年经济实践与经济理论发展评析 [J]. 学术月刊, 1998 (11): 17-22.

[305] 卫兴华. 关于繁荣与发展我国经济学的两点思考 [J]. 内部文稿, 1998 (18): 3-7.

[306] 卫兴华. 坚持和完善公有制为主体、多种所有制经济共同发展问题 [J]. 高校理论战线, 1998 (09): 4-10.

[307] 卫兴华. 国有企业改革和职工下岗再就业问题 [J]. 理论前沿, 1998 (18): 4-5.

[308] 卫兴华, 官玉松. 股份制的性质和作用问题 [J]. 高校理论战线, 1998 (07): 29-32.

[309] 卫兴华. "国家调节市场,市场引导企业"评析 [J]. 东南学术, 1998 (03): 45-47.

[310] 卫兴华. "过渡时期"多种经济成分并存中的市场与政府 [J]. 经济经纬, 1998 (03): 7-11.

[311] 卫兴华. 改革以来我国市场功能与政府功能组合关系的演变——纪念改革20年 [J]. 当代财经, 1998 (05): 3-11, 64.

[312] 卫兴华. 要完整准确地宣传十五大的有关理论 [J]. 理论前沿, 1998 (08): 8-9.

[313] 卫兴华. 中国经济学该向何处去——关于中国经济学发展的几个问题的思考 [J]. 经济评论, 1998 (02): 2-9.

[314] 卫兴华. 社会主义与生产力原则 [J]. 改革, 1998 (01): 30-31.

[315] 卫兴华, 桑百川. 正确认识社会主义初级阶段理论 [J]. 中国人民大学学报, 1998 (01): 10-16, 129.

[316] 卫兴华. 社会主义经济理论的探索性与曲折性引致的教训和思考 [J]. 学术月刊, 1998 (01): 9-17.

[317] 卫兴华. 20年来取得的巨大经济成就 [J]. 中国人民大学学报, 1998, 12 (6): 1-2.

[318] 卫兴华. 坚持和完善我国社会主义初级阶段的基本经济制度 [J]. 马

克思主义研究，1997（06）：16-22.

[319] 卫兴华. 进一步认识和把握社会主义初级阶段理论［J］. 高校理论战线，1997（08）：6-7.

[320] 卫兴华. 谁先提出"资本主义""市场经济"的概念［J］. 中国特色社会主义研究，1997（04）：64.

[321] 卫兴华. 列宁的商品经济、市场与政府理论的再评析［J］. 中共中央党校学报，1997（03）：30-39.

[322] 卫兴华. 坚持和改进《资本论》与政治经济学的教学［J］. 高校理论战线，1997（05）：41-42.

[323] 卫兴华. 谁先提出"资本主义""市场经济"的概念［J］. 经济研究参考，1997（25）：5-6.

[324] 卫兴华，黄桂田. 提高经济增长质量和效益的若干理论与实践问题研究［J］. 学术月刊，1997（01）：48-55.

[325] 卫兴华. 社会主义和资本主义产生与发展的差别所引出的理论思考［J］. 经济学动态，1997（01）：13-17.

[326] 卫兴华，黄桂田. 企业激励约束机制转换问题与改革逻辑［J］. 中国人民大学学报，1996（05）：10-17，128.

[327] 卫兴华，黄桂田. 关于国有企业职工主人翁地位的若干思考［J］. 求是，1996（16）：29-32.

[328] 卫兴华，黄桂田. 论国有企业经营管理者与职工关系的性质［J］. 经济管理研究，1996（03）：1-6.

[329] 卫兴华，黄桂田. 从公民权、企业所有权与经营管理权看职工的主人翁地位［J］. 中国特色社会主义研究，1996（04）：8-11，50.

[330] 卫兴华. 从世界范围看中国经济增长和增长方式的转换［J］. 经济理论与经济管理，1996（03）：2-8.

[331] 卫兴华，黄桂田. 迈向21世纪的中国经济增长：从行政驱动机制向市场约束机制的转变［J］. 经济评论，1996（03）：21-24.

[332] 卫兴华，黄桂田. 长治市改革：非均衡的企业状况与"因企制宜"的改革策略［J］. 中国改革，1996（05）：15-16.

[333] 卫兴华. 改革与发展中的经济平衡问题——学习陈云同志的有关思想［J］. 高校理论战线，1996（04）：20-21.

[334] 卫兴华，黄桂田. 论"三改一加强"［J］. 福建师范大学学报（哲学社会科学版），1996（02）：1-7.

[335] 卫兴华. 农村土地经营制度研究的创新之作 [J]. 中国社会科学, 1996 (02): 197-199.

[336] 卫兴华, 黄桂田. 论改革过程中公有制的地位和前途问题 [J]. 教学与研究, 1996 (01): 32-35.

[337] 卫兴华, 黄桂田. 准确分析中央财政收入与居民收入间关系是振兴财政的基本条件之一 [J]. 财政研究, 1996 (02): 28-30.

[338] 卫兴华. 从世界范围看中国的经济增长方式转变 [J]. 发展论坛, 1995 (12): 33-37.

[339] 卫兴华. 速度和效益的关系 [J]. 高校理论战线, 1995 (12): 6-8.

[340] 卫兴华, 黄桂田. 国有企业改革约束条件的改善与改革的策略调整——兼论对国有企业改革的几种认识分歧 [J]. 当代经济研究, 1995 (06): 1-8.

[341] 卫兴华. 有关市场经济的理论与实践问题 [J]. 经济纵横, 1995 (07): 19-22, 13.

[342] 卫兴华. 商品经济与市场经济辩 [J]. 内蒙古财经学院学报, 1995 (02): 28-34.

[343] 卫兴华. 关于搞好国有企业的几个问题 [J]. 当代财经, 1995 (05): 43-45, 64.

[344] 卫兴华. 摆正改革与管理的关系 [J]. 生产力研究, 1995 (03): 1.

[345] 卫兴华. 商品经济与社会主义商品经济 [J]. 高校理论战线, 1995 (04): 23-25.

[346] 卫兴华. 怎样把握邓小平同志关于社会主义本质的论述——兼评两种关于社会主义经济本质的观点 [J]. 东岳论丛, 1995 (02): 5-11.

[347] 卫兴华, 张宇. 社会主义劳动力商品论与劳动者主人翁地位是否相容 [J]. 经济纵横, 1995 (02): 3-4.

[348] 卫兴华. 关于公有制为主体是社会主义根本原则的几个问题 [J]. 马克思主义研究, 1995 (01): 35-42.

[349] 卫兴华, 黄泰岩. 制约计划与市场关系的社会经济环境 [J]. 社会科学辑刊, 1994 (03): 52-55.

[350] 卫兴华, 王元龙. 论社会主义市场经济中的宏观调控 [J]. 经济理论与经济管理, 1994 (03): 1-7.

[351] 卫兴华. 经济体制改革与职工主人翁地位 [J]. 生产力之声, 1994 (04): 22-23, 31-1.

[352] 卫兴华. 我国国有企业的困境和出路 [J]. 当代财经, 1994 (01): 45-48.

[353] 卫兴华. "两权"在企的统一 [J]. 南京社会科学, 1994 (01): 27-28.

[354] 卫兴华, 黄泰岩. 计划与市场相结合的运行机制探讨 [J]. 经济学家, 1993 (03): 11-19.

[355] 卫兴华. 社会主义公有制经济中的劳动力不应是商品 [J]. 学习与研究, 1993 (11): 20-21.

[356] 卫兴华, 黄泰岩. 在收入分配体制中引入市场机制问题 [J]. 南方经济, 1993 (02): 13-18.

[357] 卫兴华, 黄泰岩. 社会主义市场经济中的计划与市场 [J]. 《资本论》与当代经济, 1993 (01): 1-6.

[358] 卫兴华, 黄泰岩. 积极推进宏观管理体制的改革 [J]. 中国工业经济研究, 1993 (03): 14-18.

[359] 卫兴华, 黄泰岩. 论脑力劳动收入分配体制的改革 [J]. 经济理论与经济管理, 1993 (01): 34-38.

[360] 卫兴华. 建立社会主义市场经济体制的几个问题 [J]. 高校理论战线, 1993 (01): 13-17.

[361] 卫兴华. 我国社会主义保障制度的功能与作用 [J]. 社会科学战线, 1993 (01): 41-45, 234.

[362] 卫兴华. 贯彻"双百"方针繁荣社会科学 [J]. 中国高校社会科学, 1993 (4): 44-44.

[363] 卫兴华, 黄泰岩. 论作为调节手段的计划和市场 [J]. 经济学动态, 1992 (10): 6-9.

[364] 卫兴华. 有关改革开放的两个理论是非问题 [J]. 马克思主义与现实, 1992 (03): 44-49.

[365] 卫兴华. 关于社会主义经济关系的本质问题 [J]. 经济理论与经济管理, 1992 (04): 26-28.

[366] 卫兴华. 生产力标准的丰富和具体化 [J]. 经济学家, 1992 (03): 31-32.

[367] 卫兴华. 解放思想, 实事求是, 探讨计划与市场问题 [J]. 改革, 1992 (03): 18-21.

[368] 卫兴华, 黄泰岩. 论建立我国个人收入分配的新体制 [J]. 经济纵

横，1992（02）：1-5.

[369] 卫兴华. 关于姓"资"姓"社"与生产力标准问题 [J]. 中国工商管理研究，1992（02）：18-22.

[370] 卫兴华. 对社会主义经济体制的有益探索 [J]. 经济学动态，1992（02）：75-77.

[371] 卫兴华. 经济发展与改革中应注意的两个问题 [J]. 经济研究，1992（01）：13-14.

[372] 卫兴华，黄泰岩. 论作为调节手段的计划和市场 [J]. 经济学动态，1992（10）：6-9.

[373] 卫兴华，黄泰岩. 计划经济与市场调节相结合的制约因素和实现途径 [J]. 中国社会科学，1992（1）：3-14.

[374] 卫兴华，黄泰岩. 论建立我国个人收入分配的新体制 [J]. 经济纵横，1992（2）：1-5.

[375] 卫兴华. 社会主义与商品经济 [J]. 江西社会科学，1991（05）：11-14，32.

[376] 卫兴华. 有关经济体制改革几个理论问题的探讨 [J]. 经济纵横，1991（10）：1-9.

[377] 卫兴华. 发展国民经济必须重视劳动生产率的提高 [J]. 经济评论，1991（04）：1-2.

[378] 卫兴华. 关于我国不能"完全实行市场经济"的辨析 [J]. 经济纵横，1991（01）：9-10.

[379] 卫兴华. 计划经济与市场调节相结合的根据和形式 [J]. 中国社会科学，1990（05）：3-16.

[380] 卫兴华. 新议《资本论》中有关科学分析方法的论述 [J]. 经济学家，1990（04）：106-111.

[381] 卫兴华. 论认识和判断社会主义制度优越性的标准与方法 [J]. 理论教学，1990（03）：6-10.

[382] 卫兴华. 论社会主义公有制与商品经济相统一的理论根据 [J]. 南京社会科学，1990（01）：21-26.

[383] 卫兴华. 论计划经济与市场调节的有机结合 [J]. 中国人民大学学报，1990（01）：1-11.

[384] 卫兴华. 把握正确标准，认识社会主义制度的优越性 [J]. 教学与研究，1990（02）：31-33.

[385] 卫兴华. 坚持计划经济与市场调节相结合 [J]. 教学与研究, 1990 (01): 15-19, 58.

[386] 卫兴华, 魏杰. 建立新的经济运行机制的若干问题 [J]. 改革, 1989 (02): 52-58.

[387] 卫兴华, 魏杰. 收入分配体制的现实考察与对策设计 [J]. 经济研究, 1989 (01): 77-80.

[388] 卫兴华. 计划经济与商品经济 [J]. 改革与理论, 1989 (6): 31-33, 30.

[389] 卫兴华, 洪银兴. 社会主义市场经济运行与调控机制的探索 [J]. 中国社会科学, 1988 (05): 2018-220.

[390] 卫兴华, 魏杰, 马庆泉. "国家调节市场、市场引导企业"的运行过程和作用原理 [J]. 江西社会科学, 1988 (04): 15-20.

[391] 卫兴华. 个人收入分配体制的改革和分配机制的转换 [J]. 学习与研究, 1988 (10): 21-24.

[392] 卫兴华, 黄泰岩. 关于社会主义初级阶段的几个理论问题 [J]. 求索, 1988 (01): 35-41.

[393] 卫兴华. 社会主义初级阶段的个人收入分配方式 [J]. 财经研究, 1988 (01): 35-40, 64.

[394] 卫兴华. 社会主义初级阶段的根本特征是什么？[J]. 中国人民大学学报, 1988, 2 (2): 3-4.

[395] 卫兴华, 魏杰. 计划经济和社会主义商品经济的几个问题 [J]. 东岳论丛, 1987 (05): 4-10.

[396] 卫兴华, 马庆泉. 社会主义经济关系的本质是等量劳动交换吗？[J]. 经济学动态, 1987 (10): 29-32.

[397] 卫兴华, 黄泰岩. 关于社会主义初级阶段几个理论问题的探讨 [J]. 教学与研究, 1987 (05): 8-12.

[398] 卫兴华. 对政治经济学教材中几个基本理论问题的商榷 [J]. 中国经济问题, 1987 (03): 28-34.

[399] 卫兴华, 魏杰. 宏观调节手段的选择 [J]. 经济研究, 1987 (04): 35.

[400] 卫兴华. 政治经济学教材和教学中几个基本理论问题的商榷意见 [J]. 社会科学战线, 1987 (02): 40-48.

[401] 卫兴华, 洪银兴, 魏杰. 计划机制和市场机制 [J]. 经济纵横, 1987

(01): 16-23.

[402] 卫兴华,洪银兴,魏杰. 计划调节导向和约束的市场调节 [J]. 经济研究,1987 (01): 57-61.

[403] 卫兴华. 社会主义劳动力商品论不能成立 [J]. 中国社会科学,1987 (01): 41-43,33.

[404] 卫兴华,洪银兴,魏杰. 论总供给与总需求平衡 [J]. 管理世界,1986 (06): 6-19,54.

[405] 卫兴华. 社会主义商品经济的几个理论问题 [J]. 学术月刊,1986 (12): 23-29.

[406] 卫兴华. 有关我国经济体制改革的理论问题 [J]. 江西社会科学,1986 (04): 1-8,44.

[407] 卫兴华,洪银兴,魏杰. 论社会生产比例的调节机制 [J]. 经济理论与经济管理,1986 (02): 11-16.

[408] 卫兴华,洪银兴,魏杰. 论企业活力与企业行为约束 [J]. 学术月刊,1986 (04): 1-5,9.

[409] 卫兴华,洪银兴,魏杰. 社会主义经济的基本运行目标 [J]. 财经科学,1986 (03): 7-9.

[410] 卫兴华. 社会主义商品经济中自觉依据和运用价值规律问题 [J]. 经济理论与经济管理,1985 (05): 10-16.

[411] 卫兴华. 社会主义商品经济存在的原因 [J]. 经济研究,1985 (06): 64-66.

[412] 卫兴华. 《资本论》中货币流通规律公式的探讨 [J]. 学术月刊,1985 (01): 16-20.

[413] 卫兴华. 评社会主义劳动异化论 [J]. 经济理论与经济管理,1984 (02): 9-14.

[414] 卫兴华. 关于讲授社会主义制度下的商品生产和价值规律问题的几点看法 [J]. 教学与研究,1984 (04): 9-14.

[415] 卫兴华. 价值决定和两种含义的社会必要劳动时间 [J]. 经济研究,1984 (01): 47-53,46.

[416] 卫兴华. 兼顾国家、集体和个人的物质利益 [J]. 经济研究,1983 (12): 10-11.

[417] 卫兴华. 马克思的生产劳动理论 [J]. 中国社会科学,1983 (06): 59-75.

[418] 卫兴华．《资本论》和按劳分配问题——为纪念马克思逝世一百周年而作 [J]．求索，1983（01）：16-23．

[419] 卫兴华．《资本论》和社会主义经济的基本特征——为纪念马克思逝世一百周年而作 [J]．社会科学辑刊，1983（01）：55-59．

[420] 卫兴华．马克思关于劳动生产力同价值关系的三个原理和社会主义经济实践 [J]．教学与研究，1983（02）：41-46．

[421] 卫兴华．按劳分配理论问题探索 [J]．教学与研究，1982（03）：29-33．

[422] 卫兴华．怎样理解列宁关于小生产的一个论断？[J]．经济学动态，1982（03）：33-36．

[423] 卫兴华．《资本论》的研究对象问题 [J]．经济理论与经济管理，1982（01）：46-52．

[424] 卫兴华，吴树青．按质论价和价值规律 [J]．社会科学辑刊，1981（04）：66-72．

[425] 卫兴华．关于学习政治经济学的一些问题 [J]．经济研究，1981（01）：79-81．

[426] 卫兴华．关于社会主义生产目的的两点看法 [J]．教学与研究，1981（01）：29-33．

[427] 卫兴华，李凯明．关于生产力的内容和发展生产力的问题 [J]．哲学研究，1980（11）：41-48．

[428] 卫兴华．当代资本主义农业中的绝对地租问题 [J]．教学与研究，1980（05）：77-80．

[429] 卫兴华，何伟．经济管理体制的改革和企业间的竞争问题 [J]．经济科学，1980（01）：71-75．

[430] 卫兴华．我对马克思主义"过渡时期"理论的理解 [J]．教学与研究，1980（01）：61-65．

[431] 卫兴华．关于按劳分配理论的一些商榷意见 [J]．学术月刊，1979（02）：33-37．

[432] 卫兴华．论社会主义制度下的物质利益关系 [J]．经济研究，1979（01）：14-20．

[433] 卫兴华．驳所谓社会主义生产关系两因素论 [J]．经济研究，1978（04）：43-48．

[434] 卫兴华．关于抽象劳动的几个问题 [J]．中国经济问题，1964（01）：

[435] 卫兴华. 关于价值决定的两个问题 [J]. 经济研究, 1963 (12): 57-61, 26.

[436] 卫兴华. 价值规律的内容 [J]. 学术月刊, 1963 (10): 55-62.

[437] 卫兴华. 价值决定规律的作用会引起部门内部剩余劳动的再分配吗 [J]. 学术月刊, 1963 (04): 15-21.

[438] 卫兴华. 商品价值量的决定问题 [J]. 经济研究, 1962 (12): 26-35.

[439] 卫兴华. 关于效用和价值的关系问题 [J]. 学术月刊, 1962 (09): 1-5, 42.

[440] 卫兴华. 社会主义制度下商品生产的研究方法问题 [J]. 学术月刊, 1959 (11): 27-33, 40.

[441] 卫兴华. 关于社会主义制度下的"必要劳动"和"剩余劳动"、"必要产品"和"剩余产品"的问题 [J]. 教学与研究, 1959 (08): 4-6.

[442] 卫兴华. 社会主义制度下为什么存在商品生产? [J]. 经济研究, 1959 (02): 21-22.

[443] 卫兴华. 关于"剩余劳动""剩余产品"等范畴在社会主义经济中能否应用的问题 [J]. 教学与研究, 1957 (05): 24.

[444] 卫兴华. 固定资本周转的快慢对利润率有无影响? [J]. 教学与研究, 1957 (04): 32-33.

[445] 卫兴华. 关于抽象劳动的问题 [J]. 读书月报, 1957 (01): 1-2.

[446] 卫兴华. 产生经济规律的经济条件就是生产关系吗? [J]. 读书月报, 1956 (12): 15-17.

[447] 卫兴华. 关于资本主义地租理论中的一些问题 [J]. 经济研究, 1956 (01): 67-83.

[448] 中华人民共和国简史 [M]. 北京: 人民出版社、当代中国出版社, 2021.

[449] 习近平谈治国理政（第三卷）[M]. 北京: 外文出版社, 2020.

[450] 习近平谈治国理政（第二卷）[M]. 北京: 外文出版社, 2017.

[451] 习近平谈治国理政（第一卷）[M]. 北京: 外文出版社, 2014.

[452] 习近平. 摆脱贫困 [M]. 福州: 福建人民出版社, 2014.

[453] 马克思恩格斯选集 [M]. 北京: 人民出版社, 2012.

[454] 十九大报告: 决胜全面建成小康社会 夺取新时代中国特色社会主义

伟大胜利，2017.

[455] 十八大报告：坚定不移沿着中国特色社会主义道路前进 为全面建成小康社会而奋斗，2012.

[456] 马克思恩格斯文集（第1卷）[M]. 北京：人民出版社，2009.

[457] 共产党宣言[M]. 北京：人民出版社，2006.

[458] 资本论（第1-3卷）[M]. 北京：人民出版社，2004.

[459] 1884年经济学哲学手稿[M]. 北京：人民出版社，2000.

[460] 邓小平文选. 第1卷[M]. 北京：人民出版社，1994.

[461] 邓小平文选. 第2卷[M]. 北京：人民出版社，1994.

[462] 邓小平文选. 第3卷[M]. 北京：人民出版社，1993.

[463] 周文. "人民教育家"卫兴华经济学教育观[J]. 教育研究，2021（02）.

[464] 余杰，范从来. 卫兴华教授经济学研究的人民性[J]. 经济学家，2021（01）.

[465] 洪银兴. 在创新与发展中坚守马克思主义科学阵地——谨以此文纪念"人民教育家"卫兴华教授[J]. 当代经济研究，2020（01）.

[466] 洪银兴. 让理论成为真理的喉舌——人民教育家卫兴华教授对中国特色社会主义政治经济学的开拓性贡献[J]. 政治经济学评论，2020（01）.

[467] 李琼. 求实唯真，守正创新——卫兴华经济思想综述[J]. 中国人民大学学报，2020（01）.

[468] 周文，何召鹏. 人民的忠诚卫士 青年的慈祥导师——人民教育家卫兴华先生经济学教育思想研究[J]. 教学与研究，2020（01）.

[469] 李风，王慧. 人民教育家卫兴华成长史研究及当代启示[J]. 天津市教科院学报，2020（02）.

[470] 刘伟，赵晓楷. 卫兴华对捍卫与发展马克思主义劳动价值论的贡献[J]. 福建论坛，2020（04）.

[471] 洪银兴. 在创新中严守马克思主义科学阵地——"人民教育家"卫兴华教授学术成就简述[N]. 光明日报，2019-11-27.

[472] 徐可. 一位马克思主义经济学者的理论品质[J]. 社会科学动态，2019（09）.

[473] 马庆泉. 让理论成为真理的喉舌[N]. 北京日报，2018-02-12（006）.

[474] 洪银兴. 卫兴华：求实唯真的理论自信[N]. 光明日报，2017-11-

09（014）.

[475] 李建平.《资本论》第一卷辩证法探索［M］. 福州：福建人民出版社，2017.

[476] 孙咏梅. 卫兴华传［M］. 南京：江苏人民出版社，2017.

[477] 胡乃武，田子芳. 马克思经济学的当代价值——读卫兴华教授《走进马克思经济学殿堂》［J］. 当代经济研究，2015（09）.

[478] 胡岳岷. 走近马克思的经济学——读卫兴华著《走进马克思经济学殿堂》［J］. 政治经济学评论，2015（02）.

[479] 黄林. 卫兴华教授学术成就简述［J］. 政治经济学评论，2014（10）.

[480] 胡乃武，李佩洁. 运用科学的批判武器，辨明马克思主义理论是非——读卫兴华教授新著［J］. 教学与研究，2012（10）.

[481] 张建君. 马克思主义经济学研究的力作——读《卫兴华经济文选》［J］. 高校理论战线，2011（05）.

[482] 郭毅. 中国特色社会主义经济理论体系的科学探索——解读卫兴华、张宇教授新著《社会主义经济理论》［J］. 政治经济学评论，2007（01）.

[483] 孙咏梅. 让理论成为真理的喉舌——读《卫兴华经济学文集（第三卷）》与《卫兴华自选集》［J］. 高校理论战线，2006（07）.

[484] 宋冬林. 走自己的路，让他人评说——读《卫兴华自选集》有感［J］. 当代经济研究，2006（01）.

[485] 马凯，洪银兴，李连仲等. 走进经济学科学殿堂——卫兴华教授八十华诞学术研讨会论文集［A］. 北京：经济科学出版社，2005.

[486] 张建君. 社会主义经济理论发展与创新暨祝贺卫兴华教授八十华诞理论研讨会综述［J］. 经济学动态，2005（12）.

[487] 冯子标.《卫兴华自选集》评述［J］. 教学与研究，2005（11）.

[488] 孙咏梅. 卫兴华的学术风范与经济思想［J］. 海派经济学，2005（10）.

[489] 洪银兴. 用马克思的方法创新社会主义经济理论——卫兴华教授从教50年学术成就简述［J］. 学术月刊，2002（11）.

[490] 赵俊兰. 深化对劳动和劳动价值论认识的若干问题——卫兴华教授劳动价值论观点综述［J］. 江西财经大学学报，2002（06）.

[491] 黄桂田. 卫兴华经济思想简论［J］. 高校理论战线，2001（03）.

[492] 马壮昌. 经济学家——卫兴华［J］. 中国人民大学学报，1994（03）.

[493] 维达，潘石. 卫兴华经济思想述评［J］. 中国社会科学，1992（05）.

[494] 马壮昌.勇于探索,严谨治学——记经济学家卫兴华教授[J].兰州学刊,1992(03).

[495] 李善明.卫兴华《政治经济学研究》学术思想述评[J].江西社会科学,1989(04).

[496] 胡乃武.总结改革经验,积极探索社会主义经济运行规律——读卫兴华等著《社会主义经济运行机制》一书[J].中国经济问题,1987(06).

后 记

2015年至今，经历了七个春夏秋冬，《卫兴华经济学术思想研究》一书终于得以完成，全书45万字是在我的博士论文基础上修改和完善后形成的。在我看来，卫兴华教授的经济思想博大精深、内涵丰富，45万字的篇幅也不足以全面呈现和完整概括其全部内容和思想精髓。

卫兴华教授是我国著名的马克思主义经济学家、《资本论》研究的权威，马克思主义经济学界的泰斗。自20世纪50年代以来，卫兴华教授潜心研究马克思主义经济理论和中国特色社会主义经济理论，取得了丰硕的研究成果，出版了50多部著作，发表了1000多篇高质量的学术论文。2019年卫兴华教授被授予"人民教育家"国家荣誉称号和"最美奋斗者"荣誉称号。他还曾获得世界马克思经济学奖、第四届吴玉章人文社会科学终身成就奖、第九届中国经济理论创新奖等重要奖项。

虽然卫兴华教授已于2019年底永远离开了我们，但该书能够成功出版我首先还是要感谢卫兴华教授。其实，我刚开始确定《卫兴华经济学术思想研究》这一博士论文选题时，心里是十分胆怯的，在我心里卫兴华教授是泰斗级的人物，我担心自己专业水平有限，无法准确地把握和呈现卫兴华经济思想内涵和精髓。直到与卫老师见面，我心里的担心才最终落下。在几次的拜访中，卫老师总是那么的和蔼可亲，他家里的书桌上始终摆着做满了笔记和批注的马列经典著作，关于《资本论》理论问题和经济社会实践问题总是娓娓道来，他还跟我讲述过往的革命经历，每每谈及因社会主义革命事业而牺牲的战友，他总是悲伤至极、感慨万千。战争的经历让卫兴华教授倍加珍惜自己的生命时光，将自己的毕生精力都投入到马克思主义政治经济学的教学和研究中。卫兴华教授坚定的马克思主义信仰、对马克思主义阵地的坚守，使我充分感受到了《资本论》的强大生命力，激发了我学习和研究马克思主义经济理论的动力和信心。卫兴华教授结合新中国成立70多年和改革开放40多年的经济发展实践，对中国特色社会主义经济理论的不断探索与创新，启发和拓展了我研究中国特色社会主义经济理论的思路和视野。卫兴华教授面对战争、"运动"和逆境从不屈服的革命精神，面对理论界的

后　记

是非问题敢于辨析、捍卫真理的高贵学术品质更是深深鼓舞着我，使我感受到真理的力量和榜样的力量。他在90多岁高龄时还在学术界"燃烧"自己的学术品质，在身体受病痛折磨的情况下还坚持研究和写作的坚强毅力，令我敬佩和折服。在此向卫兴华教授致以最崇高的敬意！

本书能够顺利出版我要特别感谢著名经济学家洪银兴教授。洪银兴教授是卫兴华教授的第一届博士生，对卫兴华经济学术思想有比较深入的了解，他撰写了多篇论文对卫兴华经济学术思想和治学精神进行了评述和肯定，为本书的撰写提供了丰富的资料。在书稿撰写中，关于卫兴华经济学术思想的阶段如何划分这一问题一直困扰着我，2020年上半年我带着这个问题到南京大学拜访洪银兴教授，他建议我将卫兴华经济思想与新中国社会主义实践历程和背景相结合来进行分析和研究。他的建议醍醐灌顶，启发了我解决问题的思路。因我的工作是一名学术期刊的编辑，在向洪银兴教授请教学术问题的同时，我还向洪老师约稿，大概三四个月后洪老师一篇约三万字的巨作《中国共产党百年经济思想述评》如约而至，为我们的刊物增色不少。洪银兴教授一直以来对恩师卫兴华教授非常敬重，因此对《卫兴华经济学术思想研究》一书的出版也十分重视和关心，他不仅在百忙之中为此书的撰写提出了修改和完善的宝贵意见，还欣然为本书作序。在此，对洪银兴教授表示最真挚的感谢！

本书能够顺利出版要感谢福建师范大学原校长、文科资深教授李建平同志。李建平教授是卫老师生前的好友，卫老师有著作出版都会赠予他，因此他家里收集了许多卫老师的著作。当我确定"卫兴华经济思想研究"这一博士论文选题时，李建平教授便将这些书刊资料赠予我，为我的研究提供了许多第一手资料，这激发了我研究卫兴华经济学术思想的兴趣。在撰写《卫兴华经济学术思想研究》一书过程中，我对李建平教授进行了多次访谈，李建平教授向我介绍了卫兴华教授对福建师范大学理论经济学学科建设和发展所做的贡献，还讲述了福建师范大学陈征教授与卫兴华教授的学术交流往事和深厚情谊，这些都让我意识到了研究卫兴华经济学术思想的使命和责任。在书稿的写作过程中，李建平教授对我的书稿进行了精心点拨和热忱指导，让我充分认识到研究卫兴华经济学术思想的意义和价值，让我看到了马克思主义经济学理论的光芒。在博士毕业后的三年时间，李建平教授一直将《卫兴华经济学术思想研究》一书的出版挂在心上，时不时地鞭策和鼓励我，让我有动力坚持和完成此书的撰写。在此，对他表示最衷心的感谢！

我要感谢我的导师李建建教授。《卫兴华经济学术思想研究》一书是在我的博士论文的基础上修改和完善而成的。在撰写博士论文的过程中，李建建教授对我的论文进行细心指导，对论文的目录、框架和内容进行逐字逐句的修改和推敲。每一次得到他的指点，甚至每一次的交谈，都使我的研究视域得到了扩大，使研究的问题也更加清晰和明朗，并引导我逐步走进卫老先生的经济学理论之海。令我感动的是，李建建老师多次带我赴北京，到中国人民大学拜访卫兴华教授，使我有机会与卫兴华教授面对面地交流，亲身感受一代学术大家的风范。在此，谨向我的导师李建建教授致以最诚挚的谢意！

同时，我要感谢福建社会科学院副院长黄茂兴教授、福建师范大学经济学院院长黄瑾教授以及经济学院的其他诸位老师，他们为我书稿的写作提出了宝贵意见。在此，我还要感谢福建师范大学经济学院和经济科学出版社对该书出版的大力支持！感谢我的领导和同事们在工作中对我的关心、爱护和支持！

最后，我要感谢我的家人，他们是我幸福的港湾，是我一生中最稳固的确定性，因为他们给了我内生的安全感和力量。感谢我的爱人陈玉同志对我撰写书稿的鼓励和支持；感谢父母的养育之恩和一直以来对我的鼓励和期盼；感谢我的公婆，他们几乎操持家里所有的家务，帮忙照料两个孩子，他们无私的爱和奉献为我营造了良好的写作环境，让我能够腾出时间写作，没有后顾之忧；感谢我可爱的儿子和女儿，他们的吵闹和哭声，为书稿的写作增添了不少乐趣。

卫兴华教授永远地离开了我们，但他为研究马克思主义经济学留下了宝贵的精神财富。今年是卫兴华教授仙逝三周年，谨以此书的出版纪念之！

徐淑云
2022 年 4 月 24 日